福建师范大学教材建设基金资助

GUANLIXUE GAILUN

管理学概论

张铃枣　主　编　（第二版）

厦门大学出版社
XIAMEN UNIVERSITY PRESS

目　　录

第一章 导 论

　　管理活动是自有人群出现便有的,但形成自觉的管理理论体系则是资本主义大工业时代的产物。管理就是在特定的环境和条件下,管理者通过管理活动对组织所能支配的资源进行有效的计划、组织、领导和控制的动态创造性活动,以达成组织的目标。管理是自然属性和社会属性、科学性和艺术性的统一。管理的职能包括计划、组织、领导、控制和创新五个方面,而管理方法有行政方法、经济方法、法律方法和教育方法。管理者是拥有组织的制度化权力,并以这些权力为基础指挥他人活动的人。管理者角色理论将管理者角色分为人际关系角色、信息传递角色和决策制定角色三大类。管理技能包括三种基本类型:技术的、人际的和概念的技能。管理者必须认识、研究、掌控环境的变化,带领组织规避可能的风险,最大限度地创造和利用环境带来的机遇。管理学是一门系统地研究管理活动的基本规律和方法的科学。管理学是一门综合性的边缘学科,又是一门实践性很强的应用科学,也是一门不精确的科学。学习管理学可以使管理者掌握新的管理理念和思想,更好地认识管理学在推动经济和社会发展中的地位和作用,并为学习经济及管理类专业打下良好的基础。学习管理学必须运用理论联系实际的方法、比较研究的方法、数理分析的方法和案例分析的方法,才能更深刻地掌握管理学的精髓。

第一节 管 理

一、什么是管理

　　管理一词按其字面意义有"管辖"、"处理"、"管人"、"理事"等。在《现代汉语词典》中,管理有三种解释:一是负责某项工作使顺利进行,如管理财务、管理国家大事;二是保管和料理,如管理图书、公园管理处;三是照管并约束(人或动物),如管理罪犯、管理牲口。可见,管理的对象可以是某项工作,可以是某种东西,也可以是人或动物,也就是说,管理是"人类对与自身生活息息相关的活动、物、人或动物的控制、支配和约束"。尽管人们对"管理"一词并不陌生,但要对它下一个确切的定义却不是一件易事,由于每个研究者的研究视角不同,对管理的理解也存在较大差异。如有人从管理的目的来界定管理,有的从管理的功能来界定管理,有的从管理的过程来界定管理,有的从管理的作用来界定管理……由于管理活动涉及方方面面,出现对管理定义的歧义也是很自然的事了。为了更全面地了解学术界对管理的理解,我们有必要了解管理学家们是如何理解管理的。

科学管理之父弗雷德里克·W.泰勒给管理下过这样的定义:管理就是"确切地知道你要别人去干什么,并使他用最好的方法去干"。在泰勒看来,管理就是指挥他人能用其最好的工作方法去工作,所以他在其名著《科学管理原理》中就讨论和研究了两个管理问题:第一,员工如何能寻找和掌握最好的工作方法以提高效率;第二,管理者如何激励员工努力地工作以获得最大的工作业绩。

诺贝尔经济学奖得主西蒙教授对管理有个定义:"管理就是决策。"在西蒙教授看来,管理者所做的一切工作归根到底是在面对现实与未来、面对环境和员工时不断地作出各种决策,使组织的一切都可以不断运行下去,直至获取满意的结果,实现令人满意的目标要求。

法国实业家法约尔在其名著《工业管理和一般管理》中,提出了有重大影响力的管理概念。法约尔认为,管理是所有的人类组织(不论是家庭、企业或是政府)都有的一种活动,这种活动由五项要素组成:计划、组织、指挥、协调和控制。这一概念影响了整整一个世纪,奠定了管理学的框架结构。法约尔的看法使人相信当你在从事计划、组织、指挥、协调和控制工作时,你便是在进行管理,管理等同于计划、组织、指挥、协调和控制。

唐纳利认为:管理就是由一个或更多的人来协调他人的活动,以便收到个人单独活动所收不到的效果而进行的各项活动。

斯蒂芬·P.罗宾斯对于管理的定义是:管理是同别人一起,或通过别人使活动完成得更加有效的过程。

詹姆斯·斯通纳将管理定义为计划、组织、领导和控制组织成员的工作和使用所有的可用资源来达到既定的组织目标的过程。

哈罗德·孔茨认为,管理就是设计并保持一种良好的环境,使人在群体里高效率地完成既定目标的过程。

可见,对管理的理解是多种多样的,都涉及了管理的某一方面。为了使管理概念能揭示管理的本质及其内外联系的主要内容,本书认为,所谓管理,就是在特定的环境和条件下,管理者通过管理活动对组织所能支配的资源进行有效的计划、组织、领导和控制的动态创造性活动,以达成组织的目标。我们可以从以下几点来更好地理解管理这一概念。

(一)管理的目的是实现组织的目标

管理是依存组织并以组织体的力量有意识、有目的的活动行为。管理是伴随着组织的出现而产生的,是协作劳动的必然产物,当人们需要通过集体的努力去实现个人无法达到的目标时,管理就成为必要。管理是协调个人努力必不可少的因素,特别是现代,社会和经济已获得高度发展,组织的规模越来越大,组织面临的环境越来越不确定,业务作业活动越来越现代化,在这样的时代中,管理就越来越成为影响组织存亡和社会经济发展的关键因素。为了有效地把握今天,筹划、掌握未来,管理就更需要在社会实践中不断创新、变革,而不能停滞在一个水平上,这是社会及其发展对管理的本质要求。

管理活动不仅存在客观必然性,而且具有鲜明的目的性。管理实践已经证明,管理总是为达到某一预期目的或目标,有意识进行的一种社会活动,一切管理活动都服从于组织的预期目的,无目的的管理既无从产生,也没有存在的根据。管理就其实质来说,正是抱有一定目的的集团或个人为实现其目的、达成组织目标所进行的社会活动。

(二)管理的对象是组织可支配的资源

每个组织所拥有的资源尽管在数量、质量、种类上都不尽相同,但一定是有限的。组织资源的有限性首先在于人类社会赖以生存发展的自然资源是有限的,其中许多还是不可再生的,用一点就会少一点;其次,人类社会赖以生存的人文社会资源也是有限的,如人类的知识文化积累是有限的;再次,人们从自然界摄取资源后创造的财富相对于人们的需求而言也是有限的。实际上,后两个方面的有限性从根本上取决于自然资源的有限性,同时取决于人们现时认识能力和创造能力的有限性。组织资源的有限性对组织目标的确定有很大的影响,若要实现组织目标,必须有资源的支撑,组织目标的确定必须将组织的有限资源作为考虑的出发点,以组织可调动的资源为限。组织资源的有限性要求组织应该充分有效地利用这些有限的资源,使之发挥最大的效用。管理正是通过综合运用组织所能支配的各种资源,包括人、财、物、科技、信息、知识、时间、形象、关系等物化资源和非物化资源,来实现组织的目标的,只有通过科学有效的管理,资源才能成为财富之源,来确保组织目标的实现。

(三)管理的主要内容是由计划、组织、领导和控制等相互关联的管理职能连续进行的活动所构成的

管理活动实际上是周而复始、交错进行的动态过程。动态是现代科学管理的一大特点。组织目标正是在管理过程中,通过计划、组织、领导、控制等管理职能来实现的。管理职能是在管理劳动专业化过程中分化出来的一种管理劳动活动。因此可以说,管理本身产生各种管理职能,而同时,管理又是由各项管理职能构成的。管理概念中明确管理各项基本职能的活动,也就揭示了管理工作的基本内容,有利于建立起管理的理论体系。

(四)管理的环境是管理谋求组织生存与发展需要关注的首要问题

组织总是处于复杂的社会有机体中,各组织体内外联系性、依赖性、制约性很强。脱离社会环境的管理是不存在的。任何组织的管理活动都存在于一定的环境之中,依存于环境。而环境既为管理活动提供必要的条件而起到推动作用,也会起阻碍制约作用。无论哪种情形,它都会对管理的绩效产生重大影响。在管理概念的表述中明确这一点实际上也就揭示了管理是在一个开放的系统里展开的动态活动过程。因此,要实现组织的目标必须研究环境的发展变化及其规律,把握环境的现状及其变化趋势,使管理适应不断变化的环境条件。从这个意义上讲,不存在一个标准的处处成功的管理模式。

(五)管理的活力在于创造性

管理是一种动态活动,既然它对每一个具体的管理对象没有唯一的完全有章可循的模式可以参照,那么欲达到既定的组织目标与责任,就需要有一定的创造性。管理活动是一种创造性的活动,而正因为它是创造性活动,才会有成功与失败。试想如果按照某种程序便可成为管理的行家里手,那么岂非人人都可成为有效的管理者? 事实上这是不可能的,正是管理的创造性,才彰显了管理的魅力。

二、管理的性质

管理是自然属性和社会属性、科学性和艺术性的统一。

(一)管理的自然属性和社会属性

管理的自然属性也叫管理的生产力性质,它是指管理是人类所有共同劳动的必然结果,是社会化大生产的必然要求,是合理组织生产力的必要手段。人类从古至今,只要存在分工协作和公共生活,就需要管理。否则,社会生产、生活、交换、分配等都会发生混乱而无法进行。马克思在《资本论》中明确地指出:“凡是直接生产过程具有社会结合过程的形态,而不是表现为独立生产者独立劳动的地方,都必然会产生监督劳动和指挥劳动。”管理活动的产生具有客观必然性,是由人们的共同劳动引起的,是有效地组织共同劳动所必需的。正如一个单独的提琴手是自己指挥自己,但一个乐队就需要一个乐队指挥。可见,在任何社会中,管理所具有的组织生产力、监督劳动和指挥生产的属性是不以人的意志力为转移的。经济学家早就发现,集体劳动因分工协作会产生一种协作力,其劳动的效率要大大高于各成员单独劳动效率的代数和,这种协作力即来源于管理。

现代社会生产力的发展在很大程度上是依靠现代化的管理来推动的,没有现代化的管理,就没有现代化的生产力,管理已成为现代生产力中不可或缺的因素,管理也是生产力的构成要素。瑞典发展研究院对 1994 年的国际竞争力进行的研究排名显示:资源并不丰富、科技也不十分发达的小国——新加坡令人惊讶地跃居为第二名,超过经济大国日本和欧洲许多老牌国家。进一步研究发现,其最重要的原因之一就是新加坡政府对经济高超的管理,推动了该国经济的迅猛发展,极大地提高了国家的国际竞争力。

管理的社会属性也叫管理的生产关系性质。它是指管理是一定生产关系的发展要求,是维护和巩固一定生产关系和社会制度的必要手段。任何管理都是在一定的社会制度下进行的,都要反映一定的生产关系,体现生产资料所有者的意志和利益。在阶级社会中,管理的权力来源于财产权利,掌握财产权利的管理者必须利用管理来为其所代表的阶级服务。而且任何生产关系都必须通过生产、交换、分配和消费等活动来实现,这些活动的展开都离不开管理。可见,管理是社会生产关系的实现方式之一。

学习和掌握管理的自然属性和社会属性对于我们理解管理活动的规律是很有意义的。从管理的自然属性来说,社会主义条件下的管理和资本主义条件下的管理都是反映了社会化大生产的要求,如果说有区别的话,那只是组织生产力的方式在水平上的差异,但其本质内容是相同的。因而对于西方先进的管理理论、技术和方法应大胆借鉴学习,为我所用。与此同时,对于资本主义管理中属于社会属性方面的管理方法,则切忌生搬硬套,有些可以借鉴,有些则要批判,要透过现象看到资本主义管理的剥削本质的一面。

(二)管理的科学性和艺术性

管理的科学性是指管理必须遵循生产和管理活动的客观规律,并通过对这种规律的总结形成一整套科学的管理原理和原则,以及标准的管理模式、程序和方法。人们从事管理活动,必须遵循这些科学的管理原理和原则,按照标准的管理程序和方法办事。否则,就会像美国著名的管理学家孔茨所说的:医生如果不掌握科学,也只能是碰运气、凭直觉,或者照老经验办事,其结局只能是失败。

当然,在管理领域里,理论的作用在于提供一种手段,把重要的和有关的管理知识进行分类,提出一些相互关联的和对管理人员来说富有价值的原则。这些原则是基本的真理,但它们并不规定人们应该干什么。所以,管理人员在将理论应用到管理中时,必须把原则和实践结合起来。

管理的艺术性是指管理不应有一成不变的原则或模式,应因地制宜,因时制宜,有所创造并灵活地开展各项管理活动。这是因为:一方面,管理活动总是在一定的环境条件下进行的,而环境总是处于不断地变化之中,对每一具体对象的管理没有一个唯一的、完全的模式。对于那些非程序性的、全新的管理对象,更是如此。所以,具体管理活动的成效在很大程度上取决于或者说体现了管理主体管理技巧的运用和发挥。另一方面,由于管理的主要对象——人具有感情和主观能动性,且每个人受教育程度、所处环境、性格、爱好等都存在差异,不可能有"放之四海而皆准"的管理方法,必须根据不同的人、不同的环境灵活地采用多种管理方法,并对这些方法进行创造性运用。还有,当管理者从众多可供选择的管理方式和手段中选择一种适合自己的管理实践时,也体现了他管理的艺术性技能。

从管理的科学性和艺术性可知,二者不是相互排斥而是相互补充的。管理活动的开展首先要遵从管理活动的客观规律,按一定的管理原则和标准的管理模式办事,但对于一些具体的管理问题又应有一定的灵活性和创造性。管理活动必须有标准,但又不拘泥于标准。管理需要有科学的理论作指导,管理艺术性的发挥只能是在科学的理论指导下进行的。没有科学的理论基础,就不可能有真正的管理艺术。然而,管理的科学性只是对管理实践所进行的一般性的抽象概括,是对一些管理活动共有规律的总结;而对一些具体的管理问题,难以反映到科学的原则和标准之中,必须有创造性和灵活性。

三、管理的职能

管理的职能是管理者为实现特定的目标而进行的管理活动及其功能,管理职能是人们对管理及其规律性的认识程度的表象。实际上,它是一种管理思想、管理文化,随着人们对不确定性的管理理论和方法的认识与研究而不断发展。考察管理职能的目的有两个:一是要回答管理是要干什么的问题,二是要回答管理的既定目标是如何达到的。

管理活动具有哪些最基本的职能呢?至今仍有许多不同观点。最早系统提出并对管理职能做出概括的是法国的法约尔,他于1916年提出了管理的五职能说,即管理者都要履行以下五种管理职能:计划、组织、指挥、协调和控制。在其后的管理学发展历史中,随着不同管理理论派别的不断涌现,不同的管理学者纷纷从自己的理论观点的角度对法约尔的五大职能进行了补充和修改。如决策理论认为决策也应作为管理的重要职能;行为科学理论认为现代管理的重心是人,因此有关领导、激励与沟通等应包含在管理的职能之中。于是,在管理学的学科体系中,产生了多个不同的管理职能派别。

现代管理理论认为,决策与计划是密不可分的管理内容,广义的计划包含了决策,因此决策应作为计划职能的一部分而没有必要在管理职能中单列;激励与沟通本身就是领导的功能之一,应归并到广义的领导职能之中;至于指挥和协调在管理的实践中必然融合到其他管理职能之中,可以不作为独立的管理职能而存在。因此,本书以法约尔的五大职能为基础,采用学术界较公认的看法,把管理职能划分为计划、组织、领导、控制和创新五个方面。

1.计划。计划是对所管理的未来的活动进行的预先筹划和安排,是管理的首要职能。其内容包括对未来环境进行分析,以此确定组织活动目标并对目标的实施进行具体的规划和安排。计划指明了组织活动的方向并保证各项活动的有序进行。

2.组织。组织就是为保证计划的顺利实现而对组织系统的设计及对各单位、各成员在工作执行中的分工协作关系进行合理的安排,其内容包括组织设计、人员配备、组织运行和组织变革。

3.领导。领导就是指管理者利用组织赋予的职权和自身所拥有的影响力去指挥、影响和激励他人为实现组织目标而努力工作的管理活动过程,其内容包括通过激励和沟通去调动组织的所有成员,指引组织活动的方向。

4.控制。控制就是为了保证组织各部门、各环节能按既定的计划开展工作从而实现组织目标的一项管理活动。其内容包括制定控制标准,检验实际运行,发现实际与标准的偏差,查明产生偏差的原因,采取措施对存在的偏差予以纠正。

5.创新。管理创新是创造一种新的更有效的资源整合范式,以达成组织既定目标与责任的动态创造性活动。这种范式既可以是新的有效整合资源以达到组织目标和责任的全过程管理,也可以是新的具体资源整合及目标制定等方面的细节管理。这样的话,以下几个方面都是一种创新:(1)提出一种新的发展思路并加以有效实施。(2)创设一个新的组织机构并使之有效运转。(3)提出一个新的管理方式方法。(4)设计一种新的管理模式。(5)进行一项制度的创新。

一般来说,管理职能的划分应当考虑管理实践的特征和理论研究的需要而定,以便于认识问题和分析问题。

四、管理方法

管理方法是指为使管理活动顺利进行,达成管理目标,在管理过程中管理主体对管理客体进行有目的作用的方式、手段、办法、措施和途径的总和。它是管理组织及其管理者执行管理职能的手段,引导、协调管理对象共同活动的桥梁,也是管理能力的构成要素。管理方法是管理理论、原理的自然延伸和具体化、实际化,它的作用是一切管理理论、原理本身所无法替代的。

管理方法的理论基础,除了哲学、政治经济学及一些自然科学(如数学、计算机等)外,作为管理方法的直接具体的理论依据是系统论、信息论和控制论。无论何种管理方法的运用,都必须遵从这三大理论的基本原理。不同的组织,由于业务工作的性质有区别,所具体采用的管理方法千差万别,但各个组织采用的带有共性的一般管理方法是相同的,即要采用行政方法、经济方法、法律方法和教育方法来保证组织系统的正常运行。

(一)行政方法

行政方法是指依靠行政组织的权威,运用职位权力,通过命令、规定、指示、决议、规章制度等具有强制性质的行政手段,按行政隶属关系,以权威和服从为前提,直接进行管理的一种方法。行政方法对于任何管理活动来说,都是必要的,在其位,就要谋其政,行政方法是以鲜明的权威和服从为前提的,特别强调职位、职责、职权,而并非个人的能力或特权。由于在任何行政管理系统中,各个层次所掌握的信息绝对是也应当是不对称的,所以,才有了行政的权威。上级指挥下级,完全是由于高一级的职位所决定的,下级服从上级是对上级所拥有的管理权限的服从。行政管理方法的特点有:

1.强制性。它以权威和服从为前提,属于"硬"约束。

2.垂直性。行政指令一般是自上而下纵向直线下达的。只能在垂直隶属的管理关系上发挥作用。

3.具体性。行政方法比较具体,上级管理者可根据管理所要处理的问题、管理的对象和管理的实际环境等具体情况,灵活地选择行政方法的具体形式以达成一定的管理目的和要求。

4.速效性。它所产生的效果快于其他方法。

行政方法有利于组织的运行保持集中统一,能够迅速有力地贯彻上级的方针、政策,对全局活动实施有效的控制。但行政方法也对管理者提出了较高的素质要求,尊重客观规律,发扬民主,切忌官僚主义和长官意志,并有健全的组织管理制度作保证。

(二)经济方法

经济方法是根据客观经济规律的要求,运用经济手段来调节有关方面的经济利益关系,以获取较高的经济效益和社会效益的管理方法。这里所说的各种经济手段,主要包括价格、税收、信贷、利润、工资、奖金、罚款、经济合同等。经济方法的核心问题是经济利益问题,经济利益是人们进行社会实践活动的动因。用经济利益作为内在动力与外在压力,推动被管理者去做什么,怎么做,最大限度地调动他们的积极性、主动性、创造性和责任感,这就是管理的经济的实质。经济方法的特点有:

1.利益性。经济方法是通过利益机制引导被管理者去追求某种利益,间接影响被管理者行为的一种管理方法。

2.非强制性。它不是靠命令和服从来执行管理职能的,遵循的是经济规律(如价值规律等),属于软约束。

3.关联性。每一种经济手段的使用都会造成社会多方面经济关系的连锁反应。有时,它不仅影响当前,而且会涉及长远,产生一些难以预料的后果。所以必须和其他方法结合才能更好地发挥作用。

4.灵活性。经济方法的灵活性是由调节经济利益的手段多样性所决定的。

在使用经济方法管理手段时,切忌单打一,必须和其他方法配套使用,才能收到更好的效果。同时要综合运用各种经济手段,科学地确定经济方法的应用范围和力度。

(三)法律方法

法律方法是根据国家的法律法规,通过司法、仲裁机构,对社会组织及其成员进行规范、监督、处理、调解、制裁的一种管理方法。尽管法律是由国家立法部门制定的,强制全体公民遵守的共同规范,具有不可更改性,但法律仍然是国家或组织管理社会经济和组织行为的重要手段。首先,法规的制定过程及法律的健全程度是一个国家的管理活动运行过程和管理水平的反映,没有健全的管理体制,就难以有健全的法规体系;其次,人们在处理各种关系时,必须引用法律条文,依法办事。因而从这个意义上说,法律也是一种基本的管理方法。法律方法的特点有:

1.强制性和权威性。法律体现的是国家的意志,并且是由国家强制力保证实施的,一切组织和公民都须遵守法律。

2.严肃性和稳定性。法规和法律的制定必须严格地按照法律规定的程序和要求进行,一旦制定和颁布,就具有相对稳定性。用法律方法进行管理,有法律、法规条文作准绳、作根据,必须做到有法必依,执法必严,违法必究。保持法的严肃性、公正性。

3.规范性。法律法规都是用极严格的语言,准确阐释一定的含义,并且只允许对它做出一种意义的解释。

法律是保障社会秩序的最后一道屏障,管理者、被管理者都要树立法律意识,依法办事,善于运用法律武器维护社会和组织以及公民个人的权利。

(四)教育方法

教育方法是通过思想工作进行启发、说服、引导、教育,解决被管理者思想认识问题,使其自觉地按组织的愿望和要求去行动的一种管理方法。教育方法是实现管理目标的思想保证,是激发人们积极性的重要手段。教育方法的特点有:

1.非强制性。教育方法主要以提高思想觉悟和认识水平为主,属于软约束。

2.长期性和渐进性。思想认识问题往往不是一朝一夕就能解决的,思想观念的确立更是需要一个较长的教育过程,但一旦达到教育目的,其作用的发挥是长期性的。

3.灵活性。即教育方式是不确定的,因人因环境而异。教育方法的运用要求管理者做到言传身教,言行一致,率先垂范,在方法上做到动之以情,晓之以理,以情动人,以理服人,发扬民主,并把思想教育工作和解决实际问题结合起来,才能收到良好的效果。

第二节 管理者与管理者的角色

一、管理者与管理者的分类

(一)管理者

管理者是管理的主体,是一个组织的核心人物,或者说是组织的灵魂。组织是管理者的舞台,没有组织,就没有管理者。组织是由组织成员组成的集体,组织成员一般可分为两类:一类是直接从事组织业务活动的作业人员,他们不具有监督其他人工作的职责,如工人、教师、医生;另一类是为了保证组织的业务活动有效运行和组织目标的实现而从事管理活动的管理人员,这些承担管理工作、履行管理职能的人员就是管理者。管理者是指挥别人活动的人,当然,他们也可能担任某些作业职责。比如校长在从事学校管理工作之外,可能会承担指导学生、授课的任务。但他们作为管理者,一定有自己的属下。

管理者是拥有组织的制度权力,并以这些权力为基础指挥他人活动的人。所以作为管理者,应具有以下几个特征。

1.管理者拥有制度化的权力,特别是奖惩他人的权力。当然,不同职能部门、不同层次的管理者所拥有的制度化权力大小和性质不同。一个组织的主管拥有全面的指挥权,对所管辖的成员拥有最大的奖惩权。一个职能部门如计划部门的管理者,其指挥他人的权力就可能需要通过计划的实施过程来体现。

2.管理者必须执行一定的管理职能。管理者的职能就是管理的职能,管理者与管理一样,是任何一个组织都不可缺少的要素。

3.管理者的人格通常是双重的。每一个管理者都是活生生的人,有着其自身的利益,而他们同时又是一定职位的代表,是组织权力的化身,是组织利益的保证。这两种人格、两种利益有时是一致的,但更多的情况下可能存在矛盾,合格的、有效的管理者必须正确处理这对矛盾。

(二)管理者的分类

管理者的类型可以按不同的分类标准进行划分,最常见的是根据管理者从事的工作性质和管理领域进行分类或根据管理人员在组织的纵向结构中所处的位置来进行分类。

按管理者从事的工作性质和管理领域进行分类,可以将管理者分为综合管理人员和专业管理人员。综合管理人员负责组织全部活动的组织和指挥,对组织活动的最终结果负责。如厂长、总经理,其管理的内容涉及组织管理的多个方面,包括生产、销售、人事、财务、计划等。专业管理人员负责组织中某一特定活动或特定工作的管理,根据管理者所处的专业领域性质的不同,可将专业管理者具体划分为生产管理者、营销管理者、人力资源管理者、财务管理者以及研究开发管理者等。与综合管理者相比,对专业管理者的专业技能要求较高。要注意的是:传统组织由于规模较小,组织的综合管理者仅仅指高层管理人员,而现代组织由于规模的扩大,除高层管理人员以外,有些中层管理人员也属综合管理者。如事业部组织结构中的事业部经理就是综合管理者。

按管理者在纵向结构中所处的位置一般可分为高层管理人员、中层管理人员和基层管理人员。高层管理人员是指对整个组织的管理负全面责任的人,其主要职能是制定组织的总目标、总战略,掌握组织的大政方针,并评价整个组织的绩效。高层管理人员往往以组织代表人的身份与外界交往。高层管理人员管理的内容主要是战略性的。中层管理人员是指处于高层管理人员和基层管理人员之间的一个或若干个中间层次的管理人员。其主要职责是贯彻执行高层管理者所制定的重大决策,监督协调基层管理人员的工作。中层管理者管理的内容一般为战术性的。基层管理人员,是指处于组织最低层次的第一线管理人员,他们所管辖的仅仅是作业人员而不涉及其他管理者。他们的主要职责是给下属分派具体的工作任务,直接指挥和监督现场作业活动,保证各项任务有效完成,一般属作业性的管理内容。

二、管理者的角色和技能

(一)管理者的角色

20 世纪 60 年代末期,亨利·明茨伯格在大量观察和分析的基础上,提出了一个管理者扮演着 10 种不同的但却是高度相关的角色,这 10 种角色可被归入三大类:人际关系角色、信息传递角色和决策角色。如图 1-1 所示:

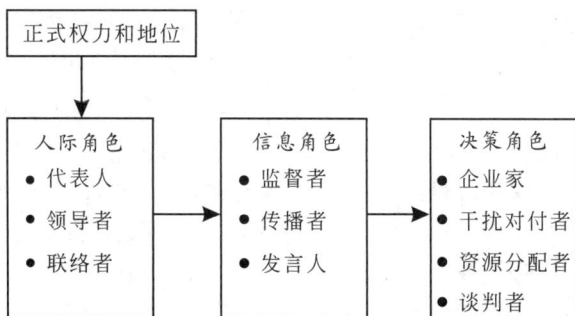

图 1-1 领导者的角色

1.人际关系角色。指所有的管理者都要履行礼仪性和象征性的义务。管理者在处理与组织成员和其他利益相关者的关系时,就在扮演人际关系角色。如经理参加社区活动,宴请重要客户时,学校校长在毕业典礼上颁发毕业文凭时,扮演的就是一种首脑或代表人的角色;而所有的管理者都在扮演领导者的角色,包括雇佣、培训、激励、惩戒雇员等。管理者还要充当联络员,与提供信息的来源接触。如销售经理从人事经理那里获得信息属于内部联系关系,而他通过市场营销协会与其他公司的销售经理接触时,就拥有了外部联络关系。

2.信息传递角色。指所有的管理者在某种程度上都从外部组织或机构接受和收集信息,同时他们又是所在单位的信息传递中心和其他工作小组的信息传递渠道。如当管理者关注外部关系,了解公众趣味的变化或竞争对手可能正打算干什么时,他们正在扮演监听者角色;当管理者作为信息通道向其他部门或组织成员传递信息时,他们扮演着传播者的角色;当管理者代表组织向外界表态,如向董事和股东说明组织的财务状况和战略方向,向消费者保证组织切实履行社会义务时,他们是在扮演发言人的角色。

3.决策角色。作为企业家,管理者密切关注组织内外环境的变化和事态的发展,发现机会,利用机会,发起和监督那些将改进组织绩效的新项目;作为干扰对付者,管理者采取纠正行动应付那些未预料到的问题,如处理冲突,对员工之间的争端进行调解,平息客户的怒气,应付合作的供应商等;作为资源分配者,管理者决定组织资源用于哪些项目;最后,当管理者为了自己组织的利益与其他个人或团体议价和商定成交条件时,他们是在扮演谈判者的角色。

从明茨伯格的角色理论,我们可以确定管理者在组织中担当着重要的角色,但明茨伯格的角色理论是基于观察具体的管理活动而得出的,它有两个不足:一是它没有从不同层次的管理者的角色中抽取出其中的共性。虽然管理者都扮演着相似的角色,但是,可以肯定地说,随着管理者在组织的等级结构中层次的变化,他们担当的角色是有较大区别的。特别是代表人、联络者、传播者、发言人和谈判者角色,相对于高层管理者,比低层管理者更为重要;相反,领导者角色相对于低层管理者,要比中高层管理者更重要。二是明茨伯格的管理者角色理论过于琐碎和分散。因此,学术界有人这样概括管理者的角色:(1)组织的决策者。决策是管理者不可或缺的首要职责。在某种意义上讲,管理就是以决策为特征的。(2)组织的设计者。管理者将组织的目标和任务进行分解,根据目标和任务将组织的成员进行分类或分组,建立一个授权明确的权力指挥系统,并形成能够保证纵向和横向相互协调的组织结构。(3)组织资源的整合者。管理者必须把一个组织的人、财、物、信息这几种最基本的资源加以合理整合,才能最大可能地发挥它们各自的作用,尤其是优化和整合它们的作用,组织的目标也才能够实现。(4)组织活动的组织者和指挥者。组织的一切目标都是通过各种有效的组织活动来实现的,要使组织活动有目标,有序、有效地进行,就必然存在一个如何配置各种资源、如何整合各种力量、如何开展和协调各种活动的问题,组织活动需要统一的组织和指挥,担当此重任的只能是组织的各级管理者。(5)组织各种利益和关系的协调者。组织的管理者必须将分散的甚至是相互冲突的利益要求整合为利益共识。要整合好利益共识并非易事,因为利益共识并不是各种利益的简单相加,但又必须顾及到各种利益要求;利益整合并不可能达到利益平均,但又必须做到利益的相对公平和合理,必须协调好组织中的各种关系,使各种力量真正形成合力,共同实现组织的目标。(6)组织信息的管理者。管理者的管理活动在很大程度上可以说是对各种相关信息的获取、分析、整理和传播的过程,就像是组织的神经中枢,各种信息在这里交汇,经过一定的取舍整合处理之后又传输到组织的各个角落。所以,管理者必须及时寻找和获取组织内外各种相关信息,并通过正式或非正式传播渠道将信息传递给其他组织成员。(7)组织对外的形象代表和发言人。组织的管理者要担当组织挂名首脑的角色,协调和处理各种外部关系,接待来访者,签署法律文件,履行法律性或社会性义务,代表组织对外谈判、协商等。同时也作为组织的发言人,对外传递和发布组织的各种相关信息,塑造和维护组织的公众形象。

(二)管理者的技能

不论属于何种类型,处于什么层次的管理者,都需要具备一些管理技能。究竟需要具备哪些技能,管理学家们提出了许多说法,其中以美国学者罗伯特·L.卡茨提出的观点最具代表性。他认为管理者要具备三种技能,即技术技能、人际技能和概念技能。

1.技术技能。指使用某一专业领域有关的工作程序、技术知识和方法完成组织任务的能力。没有一定的技术技能,管理者就很难与他们管理领域内的专业技术人员进行有效的沟通,从而也就无法对他们所管辖的业务范围的各项管理工作进行具体的指导。对于管理者来说,虽然不一定要成为精通某一行业、某一领域的专家,但却不能是所从事工作的门外汉,否则不能胜任管理工作。

2.人际技能。这是指处理人际关系的能力,即理解激励他人,与他人进行沟通的能力。人际技能包括了领导能力,但人际技能的内涵远比领导能力广泛。因为管理者除了领导下属人员以外,还得与上下左右及组织外部的有关方面产生交往,建立一种复杂的协调关系,形成人际关系网。人际技能对组织内各层次的管理者都非常重要,是各级管理者必备的一项重要技能。

3.概念技能。这是指综观全局,洞察组织与环境要素之间的相互影响和作用关系,引导组织发展方向的能力。概念技能实质是一种抽象思维的能力,管理者要能够洞察组织及组织所处环境的复杂性,并能根据环境的变化迅速作出对客观事物的发展规律的抽象概括。管理者在面对复杂的环境变化时,要能够认清组织的优势和劣势,准确地把握机会,迅速作出有利于组织发展的决策。因而这种思维能力和决断能力十分重要。

以上三种技能是任何层次的管理者都要具备的,只是随着管理者的管理层次的变化而各有侧重而已。一般来说,管理者在组织中所处的层次越高,其面临的问题越复杂,就越需要管理者有很强的洞察与思维能力,即需要有较强的概念技能;而对于基层管理者,因其从事的是具体的业务工作,需要有较强的技术技能;至于处理人际关系的能力即人际技能,对高、中、低层管理者有效地开展管理工作都非常重要,因为各层次的管理者都必须在与上下左右和组织内外进行有效沟通的基础上相互合作,这样才能共同完成组织目标。

第三节　管理环境

一、管理环境的含义及其分类

组织不是一个封闭的系统。管理总是在一定的环境中进行的。管理者必须时刻明智地对周围环境的变化作出反应,只有与环境相适应的管理方法才能取得良好的管理效果。

环境是对组织绩效起潜在影响的外部因素、条件和力量的总和。环境是组织生存和发展的土壤,它在为组织活动提供必要条件的同时,又对组织有着制约作用。在现代社会条件下,环境有两个最基本的特征:一是环境的变动性,即环境经常处在不断的变化之中;二是环境的机会与风险并存,即环境不但为组织发展提供很多新的机会,同时也可能对组织的生存与发展造成某种不利的威胁或风险。管理者必须认识、研究、掌控环境的变化,带领组织规避可能的风险,最大限度地创造和利用环境带来的机遇。

管理环境可以从以下角度进行分类:

(一)一般环境因素

通常而言,一般环境因素主要包括政治、经济、社会科学技术等方面,这些环境对一个组织运转的影响尽管不那么直接,但各个组织中的管理者仍必须考虑这些因素。一般环境因素由下列因素构成。

1.政治、法律环境。政治环境,主要指国家的社会制度、政治制度、执政党的性质、政府的方针和政策等政治要素。政治环境的影响对处于其中的所有组织往往是根本性的。不同的国家、不同的社会制度、不同执政党政府,对处于其中的组织都有着不同的要求和限制,而且不断地发生变化。一般的组织及其管理者难以预测其变化,但变化后会给本组织及其管理活动带来什么影响,却是可以预见并能及时采取应对措施加以利用的。因此,为使组织活动符合国家和社会利益,赢得政府的支持和保护以实现本组织的目标,必须对政治环境及其变化给予充分的关注,及时正确了解国家、政府鼓励干什么,允许干什么,禁止干什么。

法律环境,是指社会法制系统及其运行状态。它包括国家法律规范、国家司法机关和社会组织的法律意识。法律环境对组织及其管理活动的影响具有刚性约束的特征。这是由法的强制性所决定的。因此,组织及其管理活动要加强法制观念,特别要及时了解、熟悉与本组织活动相关的法律,切实做到在法律许可的范围内以法律许可的方式从事各项管理活动。

2.社会文化环境。这是指一个国家或地区的社会阶层及其成员构成变动,人口数量及其增长趋势,公民教育程度和文化水平,民族构成、宗教信仰、风俗习惯、审美观念、价值观念等等。社会文化环境主要就是通过作用于组织成员以及与组织活动相关的社会成员而对组织及其管理活动发生影响的。例如,人口数量多,意味着其劳动力资源丰富,总体市场规模较大,这些可为企业的经营活动和社会经济发展创造有利条件,但如果人多而受教育程度低,使得劳动力的素质低,又构成经济发展的障碍。又如,价值观念影响着组织成员及其上司、下属以及与组织相关的社会成员、公民等对组织目标、组织活动以及组织存在的态度。社会文化环境的影响,一般不具有刚性,易为组织及其管理者所忽视,这是要引以为戒的。

3.经济环境。这是指国家经济政策和社会经济状况。经济环境是一个多元的动态系统构成的环境,主要包括社会经济结构、经济发展水平、经济体制和宏观经济政策等四个要素,每个要素又包含许多内容。其中,社会经济结构就包括产业结构、分配结构、交换结构、消费结构和技术结构等,而以产业结构最为重要。经济发展水平是指国家经济发展的规模、速度及所达到的水平,反映一个国家经济发展水平的常用的主要指标有国民生产总值、国民收入、人均国民收入以及经济发展速度和经济增长速度等。经济体制是指国家组织经济的形式,它规定了国家与企业、企业与企业、企业与各经济部门的关系,并通过一定的管理手段和方法,调控或影响社会经济活动的范围、内容和方式等。宏观经济政策是国家或政府制定的实现一定时期国家经济发展目标的战略和策略,包括综合性的全国经济发展战略和产业政策、国民收入分配政策、价格政策、物资流通政策、金融货币政策、劳动工资政策、税收政策、对外贸易政策等等。而对于企业等营利性组织来说,所在地区或所服务地区的消费者的收入水平、消费结构、储蓄情况、就业程度等等构成的微观经济环境,也是非常重要的经济环境。

4.科技环境。它包括整个社会科技水平、科技意识、社会科技力量、国家科技体制以及国家科技政策和科技立法所形成的环境。科技环境直接影响着组织及其管理活动的物质条件的技术水平、科技含量和组织活动效率。就一般环境而言,20世纪下半叶以来变化最迅速的因素就是科技。信息化、柔性制造系统、激光、集成电路、新材料、新能源层出不穷。在当今充满变化的世界里,任何企业欲求生存,都必须在产品、服务、经营方式等方面保持技术的先进性。那些能适应于技术进步的组织,相对于不关注技术进步的组织,在竞争中占据了更有利的地位。

科学技术对劳动力、劳动资料、劳动对象产生重大影响,进而推动着生产力的发展,不同的技术和技术过程,又要求有不同的管理方式和方法。技术的发展也改变着管理活动的进行,在规划、决策、计划调度、组织、控制等方面,技术都占据着重要的位置,组织方式和领导方式也随着技术的发展而改变。

5.自然环境。这是指一个国家或地区的自然条件,包括地理位置、气候条件、资源状况等。自古以来,人们从事各种管理活动,都十分重视"天时"、"地利"、"人和"。如果说"天时"更多地取决于机会和国家政策的话,"地利"则主要与地理位置、气候条件和资源状况有关。对管理工作而言,"地利"只是个既定条件,如何利用才是我们应重点研究的问题。

(二)特殊环境因素

特殊环境是对某一具体组织来说,具有直接的、具体的和经常性的亦即特殊影响的特定环境,因此也称具体环境或微观环境或工作环境。

组织及其管理活动都是在特定的具体领域内进行的。不同的组织既依存于共有的环境,普遍受到一般环境的某种程度影响,甚至是相同程度的影响;同时也面临着各自不同的具体环境的特殊影响。各个组织的特殊环境差异甚大,对大多数组织而言,其特殊环境因素主要包括资源供应者、服务对象(顾客)、竞争对手、政府管理部门和社会特殊利益代表组织。

1.资源供应者。一个组织的资源供应者是指向该组织提供人、财、物、信息技术、服务和关系等资源的人或单位。对大多数组织来说,金融部门、政府部门、股东是其主要的资金供应者,学校、劳动人事部门、各类人员培训机构、人才市场、职业介绍所是其主要的人力资源供应者。新闻机构、情报信息中心、咨询服务机构、政府部门是其主要的信息供应者。大专院校、科研机构、发明家是其技术的主要源泉。

由于组织在其运转过程中依赖于供应者的资源供应,一旦主要的资源供应者发生问题,就会导致整个组织运转的减缓或中止。因此,管理者一般都要避免在不了解供应者的情况下进行有关决策。为了避免自己陷入困境,在战略上一般都努力寻求所需资源的及时稳定、保质保量供应,并避免过分依赖于一两个资源供应者。

2.服务对象(顾客)。它是指组织产品或服务的购买者,既包括以直接使用产品或服务为目的的个体,又包括以再加工或再销售为目的而购买的团队组织,既可以是组织产品或服务的最终消费者,又可以是某些中间商。

任何组织之所以能够存在,是因为有一部分需要该组织产出的服务对象的存在,如果一个组织失去了其服务对象,该组织也就失去了其自身存在的基础。而任何一个组织的服务对象对组织来说又是一个潜在的不确定的因素。顾客的需求是多方面且会经常改变的,要成功地拥有顾客,又必须满足顾客的要求。为此,管理者必须深入市场,分析顾客的心理,根据顾客需求的变化及时推出新产品、新服务,确保及时地向其顾客提供满意的商品和优质的服务。这应成为各组织管理者的头等大事。

3.竞争者。一个组织的竞争者是指与其争夺资源、服务对象的人或组织,包括现有竞争者、潜在竞争者和相关竞争者等。任何组织,都不可避免地会有一个或多个竞争者。这些竞争者之间不是相互争夺资源,就是相互争夺服务对象。

基于资源的竞争一般发生在许多组织都需要同一有限资源的时候,最常见的资源竞争是人才竞争、资金竞争和原材料竞争。对经济资源的竞争可能来自不同类型的组织。当各组织竞争有限资源时,该资源的价格就会上扬。基于顾客的竞争一般发生在同一类型的组织之间,或许这些组织提供的产品或服务方式不同,但它们的服务对象是同一的,就同样会发生竞争。没有任何一个组织可以忽视竞争对手,否则就会付出沉重的代价。竞争对手是管理者必须很好地研究并及时作出反应的一个重要环境因素。

4.政府管理部门及其政策法规。政府管理部门如工商行政管理局、技术监督局、烟草专卖局、物价局、财税局等。政府管理部门拥有特殊的法定权力,可制定有关的政策法规、规定价格幅度、征税、对违反法律的组织采取必要的行动等,而这些对一个组织可以做什么和不可以做什么以及能取得多大的收益,都会产生直接的影响。政府的政策法规,一方面会增加组织的运行成本,另一方面则会限制管理者决策的选择余地。为了符合政府的政策法规和政府管理部门的要求,组织就必然要增加运行成本,例如为了取得消防管理部门的认可,企业必须按规定装设消防设备。而某些政策法规,规定了组织可以做什么和不可以做什么,从而限制了管理者的选择余地。

5.社会特殊利益代表组织。社会特殊利益代表组织是指代表着社会上某一部分人的特殊利益的群体组织,如工会、妇联、消费者协会、环保组织及新闻媒体等。他们虽然没有像政府部门那么大的权力,但同样可以对各类组织施加相当大的直接影响。他们可以通过直接向政府主管部门反映情况,通过各种宣传工具制造舆论以引起人们的广泛注意。事实上,政府经常会对某些社会特殊利益代表组织提出的要求、建议作出回应。

二、研究环境的意义

通过以上分析,我们知道环境本身是一个多主体、多层次、发展变化的多维结构系统。具有多元价值观的当代社会,环境更具有高度的不确定性,充满着不稳定的因素。因而各类组织及其管理活动处于一个极其复杂、多变的动态环境之中。环境对管理活动绩效产生着重大影响。环境影响着组织的生存和发展,环境影响着组织的战略制定和管理决策,环境影响着组织内部的管理关系,环境也影响企业经营管理的特色。所以,各类组织要获得生存和发展而不被淘汰,各层次、各种管理活动要能有效地开展,都要努力利用环境提供的条件和机会,也都要想方设法避开不利环境的威胁,减少或避免环境制约带来的不利影响。因此,研究管理,开展管理活动,就必须研究环境,研究环境的发展变化及其规律,正确地把握环境的现状、特点及其变化趋势,以制定相应的对策,有针对性地采取措施。

由于环境包容的范围相当广泛,各环境因素对不同组织,不同类型和层次的管理活动的影响以及影响的程度不同;由于各个组织,各个层次的管理,研究环境的目的、任务、要求也各不相同,因此,要适应和利用环境,谋求组织的生存和发展,就要对环境进行分类研究。特别要重视研究那些对本组织及其管理活动影响程度高而又直接的环境因素。

总而言之,研究环境是因为组织要生存发展,必须以环境为前提条件,通过管理人员主观能动性的发挥,努力避免环境威胁,最大限度地克服或减少环境不确定性的影响。捕捉环境机遇,充分运用环境提供的生存和发展条件。

第四节　管理学

一、管理学的研究对象

管理作为一种实践活动自古就有,但管理成为一门科学则是近代资本主义社会的产物,它是人们通过对管理实践的总结、概括和提炼而形成的。管理学就是研究管理活动的基本规律和方法的科学。它要研究人类的各种管理活动,从中找出使管理活动能够顺利进行、能够有效地提高管理效率、能够最大限度地实现管理的预期目标的规律,并从理论上加以分析、归纳、概括和抽象,形成揭示管理活动的基本规律和一般方法的基本概念、原理和方法等知识,并将这些管理的知识加以体系化,从而形成的一门独立的科学。管理学诞生以后,人们才能用科学的管理理论来指导管理实践,管理才由自发走向自觉,由经验走向科学。

管理学的研究对象就是管理活动的客观规律,它具体涉及三个方面内容。

1.从管理的实践出发研究管理思想和管理理论的发展史,即研究管理思想、管理理论及其研究方法的起源,追溯其发展进程,透视不同时期的管理环境,全面而深刻地理解管理发展的历史进程。

2.从生产力、生产关系和上层建筑三个方面研究管理学。在生产力方面,管理学主要研究生产力诸要素相互间的关系,即合理组织生产力问题。研究如何根据组织目标的要求和社会的需要,合理地获取、配置和使用人、物、财、机会和信息等资源,使之充分发挥作用,创造好的经济效益和社会效益。在生产关系方面,管理学主要研究国民经济的发展规律、价值规律、按劳分配规律、人际关系、劳动分工和协作、工资奖励等,研究生产关系的目的是调整生产关系,以适应或促进生产力的发展。在上层建筑方面,管理学主要研究如何使组织内部环境与不断变化的外部环境相适应的问题,研究如何使组织的规章制度与社会的政治、经济、法律、道德等政治上层建筑保持一致的问题,从而维护现行社会的生产关系,促进生产力的发展。

3.从管理者出发研究管理过程。管理活动是由一系列活动组成的动态的过程,需要研究管理活动涉及哪些职能。不仅如此,还需要对执行这些职能涉及的组织要素进行研究,对执行各项职能中应遵循的原理、采用的方法和技术进行研究,同时要对执行职能过程中遇到的阻力以及如何克服阻力进行深入的研究。

管理学发展到今天,已经构建起较为成熟、稳定的研究体系,发展成为一个较庞大的谱系,几乎每一个专门领域都已经形成了自己的专业管理学,如企业管理学、行政管理学、军队管理学、文化管理学、公共管理学、家政管理学等等。管理学阐释适用于各领域管理的一般原理和原则,各专门领域的管理学则以此为基础,着重研究该领域管理活动的特殊规律。前者不仅成为后者的基础,而且从专门的管理学中吸取带有共性的新理论和新观点,推动管理学自身不断地发展。

二、管理学的特征

1.管理学是一门综合性的边缘学科。这是指管理学的知识体系涵盖了自然科学、政治经济学、哲学、社会学、心理学、生理学、人类学、伦理学、政治学、法学、数学、计算机科学、系统科学等等多门学科,同时处于多学科的边缘。这主要是由于人类管理活动的覆盖面广,内容非常广泛,管理的对象涉及人、财、物、信息、技术、环境、关系等多个变量,必然要借助多学科的研究成果来分析问题、解决问题。一般来讲,哲学为管理学的研究提供方法,政治经济学是管理学研究的理论基础,数学、计算机、运筹学等自然科学是管理学的研究工具,心理学等社会科学是管理学研究不可或缺的重要依据,还有环保学、法学等都是管理学研究要涉及的内容。这就要求管理者具有广博的知识,才能对各种各样的管理问题应付自如。

2.管理学是一门实践性很强的应用科学。管理学的研究不是纯理论的研究,更不是为了研究而研究,管理学的出发点、历史使命和终极目标都是为了更好地指导人们的管理实践,为管理实践提供一般的知识和方法。然而,由于管理过程的复杂性和管理环境的多变性,管理知识在运用时具有较大的技巧性、创造性和灵活性,很难用成规或原理定义固定下来,因此管理具有很强的实践性。管理学科的实践性,决定了学校是培养不出"成品"管理者的。要成为一名合格的管理者,除了掌握管理学基本知识以外,更重要的是要在管理实践中不断地磨炼,积累管理经验,干学结合才能真正领悟管理的真谛,因此,我们可以说管理学是理论联系实际最紧密的学科之一。

3.管理学是一门不精确的科学。人们通常把在给定条件下能够得到确定结果的学科称为精确的科学。如数学,只要给出足够的条件或函数关系,按一定的法则进行演算就能得到确定的结果。化学也一样,只要条件相同,其反应过程和反应结果也必然相同。管理则不然,在管理学中几乎不存在什么纯粹的定律。

管理学的原理、概念、范畴等都是对管理实践活动规律的总结和描述,但是即使在投入相同的人、财、物、信息等资源,在完全运用相同的管理原理和管理方法的前提下,最后的结果很可能并不一样,有时甚至会大相径庭或截然相反。这是由于影响管理绩效的因素太多、太复杂,有许多因素不是管理者能准确预测和有效把握的。如国家政策、法规的变更,社会突发事件,消费者的心理变化等。更何况管理的投入只能计算一般资源可量化的部分,但管理更多是与人打交道,人的身体状况、思想素质、精神状态、品格因素、工作作风,以及人际关系,这些因素是无法量化甚至难以描述和判断的。因而要对管理作出精确的计算是不可能的,但是管理学作为一门科学,已经形成了反映管理过程客观规律的理论体系,据此可以解释管理工作中过去的和现有的变化,并预测未来的变化。正因为管理学是一门科学,所以我们能通过学习掌握其基本原理并据以指导实践;而正因为它是不精确的科学,所以在实际运用时要具体问题具体分析,不能死记硬背、生搬硬套。

4.管理学是一门发展中的科学。管理学发展到今天,已经历了许多不同的历史发展阶段,在每一个历史阶段,由于历史背景不同,产生了各种管理的理论和管理方法,这些管理理论和管理方法有的已经过时了,有的还有一定的科学性,今天仍被管理实践所采用。管理学作为一门科学还是非常年轻的科学,还处于不断更新、完美的大发展中。作为一门与社会经济发展和科技进步紧密相连的学科,必将随着社会经济大发展和科技大进步而蓬勃发展,将会出现新的管理理论和管理方法,反过来促进社会进步。

三、学习管理学的意义和方法

(一)学习管理学的意义

1.学习管理学可以使管理者掌握新的管理理念和思想

长期以来,人们并没有真正认识到我国管理观念、管理手段、管理方法的落后,更没有认识到或根本不愿意承认管理是一门科学,以为管理只要手中有权力,凭权威、经验、直觉就可以了。中国有句古话:半部论语治天下。这句话从管理的角度来讲是不够科学和严谨的,它无视飞速发展着的世界政治经济环境,带有浓重的保守意识。改革开放以来,我们认识到我国不仅管理理论和管理方法比较落后,更重要的是管理思想大大落后了,不具备现代的管理理念和现代管理思想,就难以有现代的管理理论和管理方法,甚至阻碍我们去学习别人的现代先进的管理理论和管理方法。要提高管理水平,首先就要具备现代管理理念,包括效率意识、责任意识、创新意识、开放意识、人本意识、风险意识、形象意识、创新意识、服务意识、协调意识、社会意识、全球意识等。通过管理学的学习,可以培养起现代的管理理念和管理思想,紧跟世界经济政治发展步伐,不落伍,并在学习借鉴他人优秀管理经验的同时,有所创新,有所超越。

2.学习管理学,更好地认识管理学在推动经济和社会发展中的地位和作用

美籍华人张闻选教授曾说过:"我在国外研究中国已有多年,得出的结论是:中国的主要问题不是科技问题,而是经济问题和科技管理问题。中国的科技比美国落后5年至10年,但经济上却落后几十年。谈经济,就要讲效益,讲效益,就要讲管理。只有通过科学管理提高效率,中国才能有较快的进步。反之,管理不灵,进步就慢。由于管理不善,影响中国经济步伐的事实是众所周知的。在一个管理好的社会里,问题一发生,就有人去设法解决,而在一个管理效率不高的社会里,发生了问题,大家可能视而不见。正是因为这个缘故,大家都吃亏,生活水平不能尽快提高。有问题不去解决,有了技术却不能尽快推广,这当然不能说是技术问题,而是管理问题。不解决管理问题,国富民强则是勉为其难的。"从张教授的论述中,我们看到中国和西方发达国家之间存在着经济和技术上的差距,但更重要的是管理差距。正是管理上的落后制约了经济的发展和技术的进步。中国要发展,就必须抓管理,必须尽快提高管理水平,因为管理与科学、技术一起被看作是促进现代社会文明发展的三大支柱,也有人认为先进的管理和先进的科学技术是推动现代

社会发展的"两个轮子",缺一不可。而要改变我国管理落后的状况,就必须加强管理理论的研究,普及科学管理知识,推动管理科学的发展。

3.学习管理学既开阔了学术视野,又为学习经济管理类专业的其他知识打下良好的基础

管理学是管理学科群中最为基础的学科,是经济与管理类专业共同的基础课,是进一步学习其他经济与管理类专业其他课程的基础,如财务、行政管理、生产管理、营销管理、物业管理、房地产经营和管理、工程管理、人力资源管理、物流管理、电子商务管理等都离不开管理学的基本思想、基本原理和基本方法的指导。学习管理学,可以为知识积累和能力提升打下较为扎实的基础。

当然,学习管理学并不一定会成为管理者,也不是只有希望成为管理者的人才需要学习管理学。事实上,我们每个人在工作中都离不开管理,要么是管理者,要么是被管理者,即使是被管理者也需要对自己的工作或任务进行管理,也需要有工作计划,需要与他人协调、配合和沟通,更应该较好理解和领会管理者的管理意图和目的。所以,学习管理学,就能更好地理解组织的运作模式,理解自己在组织中的作用,以及如何在组织中更好地发挥自己的作用,谋求事业上的更大发展。

(二)学习管理学的方法

学习和研究管理学的方法是多种多样的,总的来说,唯物辩证法是研究和学习管理学的总的方法论指导。应坚持实事求是的态度,深入管理实践,进行调查研究。要用联系的、发展的观点认识和研究管理活动和管理过程,用全面的、历史的眼光观察和分析管理问题,重视管理学的历史、现状及其发展趋势的研究。所以学习管理学必须运用理论联系实际的方法、比较研究的方法、数理分析方法和案例分析的方法,才能更深刻地掌握管理学的精髓。

1.理论联系实际

管理学是在管理实践中诞生的,是对人类管理实践活动的规律的总结和理论升华,而从实践中产生和总结出来的管理思想、管理原则、管理方法又反过来指导人类管理实践活动。依照唯物主义观点,认识来源于实践,又必须接受实践的检验,在实践中得到进一步丰富、发展和修正。所以,对于实践性、应用性很强的管理学来说,一定要运用理论联系实际的方法,注意将管理理论和管理活动相结合,尤其是注意通过管理实践来检验、丰富管理理论、管理原则和管理方法,同时要注意将现代科学技术的成果运用于管理过程。

2.比较研究

管理是人类共同的活动,管理学反映的是管理的一般规律,但是管理实践却因时、因地、因环境等多重变量而有较大差异,所以在学习管理学时,必须注意纵

向和横向的比较分析,通过比较才能更好地揭示事物之间的共性和个性,更准确地认识和改造事物。因而在学习管理学时,注意从历史发展的角度和不同企业、不同地区、不同国家的角度对人类的管理实践、管理活动进行比较研究,鉴别优劣、取长补短、古为今用、洋为中用,探索管理活动的普遍性规律和特殊性实践,丰富和发展管理学的理论体系。

3.数理分析

数理分析方法是建立在数学和系统论、信息论和控制论等科学基础上一系列数量分析和决策方法,诸如线性规划、投入产出分析、排队论和博弈论等。数理分析方法的主要特点是:模型化,即在一系列假设前提下,运用数理逻辑分析,就拟解决的问题建立起一定的数学模型;客观性强,即在使用这些方法时,除假设条件和数量分析方法的选择之外,在建立模型和进行推导的过程中,基本上不受人为因素的影响,其结论具有较强的客观性。所以合理应用数理分析法,可以提高管理的科学性和决策的准确程度。但由于管理环境的复杂多变,许多变量是难以准确量化的,无疑会影响结论的可信度。同时,数理分析方法的应用对管理人员的素质和专业化水平提出了更高的要求。

4.系统观点

系统观点和方法就是按照客观事物本身的系统性,把研究的对象在系统中进行研究和分析。管理活动和管理过程往往都被看作是一个系统,它由许多既相互作用又相互依赖的要素组成,具有特定功能的有机整体。管理活动的效果来自这些要素的整体功能,体现"整体大于部分",而且这些因素组成的管理系统又是整个社会系统的一个子系统,系统与系统之间不断地交换能量和信息。用系统的观点来分析、研究和学习管理活动和管理理论,就是将管理过程、管理职能、管理技术和方法作为相互关联的系统,用整体观点、"开放的"与相对"封闭"的观点、信息反馈的观点、分级观点、等效观点等系统论的基本观点来分析和研究管理问题,研究管理过程和管理职能。

5.案例分析

案例是指实际的管理活动或管理过程的整理和记录,具有典型性、概括性、客观性和针对性的特点。案例分析就是通过对真实的、典型的、针对某个具体问题的案例进行分析和研究,去总结或归纳管理的原则和方法,或应用相应的管理理论、管理原则和管理方法去分析实际的管理案例,印证所学的管理知识。通过案例的调查研究分析,带着问题学习,边学习边实践,有助于学习者运用管理的基本理论去发现问题、研究问题,更有效地提高人们分析问题、解决问题的能力。但要注意,案例只是对已经发生的管理活动的描述,即使是成功的管理案例,由于时空条件的变化,也是无法复制的,切忌生搬硬套,犯教条主义和经验主义的错误。

【课后案例分析】

郭宁最近被一家生产机电产品的公司聘为总裁。在他准备去接任此职位的前一天晚上,他浮想联翩,回忆起他在该公司工作20多年的情况。

他在大学时学的是工业管理,大学毕业后就到该公司工作,最初担任液压装配单位的助理监督。因为他对液压装配所知甚少,在管理工作上也没有实际经验,他感到几乎每天都手忙脚乱。可是他非常认真好学,他一方面仔细参阅该单位所定的工作手册,努力学习有关的技术知识;另一方面监督长也对他主动指点,使他渐渐摆脱了困境,胜任了工作。经过半年多时间的努力,他已有能力独自承担液压装配的监督长工作。可是,当时公司没有提升他为监督长,而是直接提升他为装配部经理,负责包括液压装配在内的四个装配单位的领导工作。

在他当助理监督时,主要关心的是每日的作业管理,技术性很强。而当他担任装配部经理时,他发现自己不能只关心当天的装配工作状况,还得做出此后数周乃至数月的规划,还要完成许多报告和参加许多会议。他没有多少时间去从事他过去喜欢的技术职责。当上装配部经理不久,他就发现原有的装配工作手册已基本过时,因为公司已安装了许多新的设备,吸收了一些新的技术,这令他花了整整一年时间去修订工作手册,使之切合实际。在修订过程中,他发现要让装配工作与整个公司的生产作业协调起来是有很多需要进一步研究的工作。他还主动到几个工厂去访问,学到了许多新的工作方法,他也把这些吸收到修订工作中去。由于该公司的生产工艺频繁发生变化,工作手册也不得不经常修订,他对此都完成得很出色。工作了几年后,他不但自己学会了这些工作,而且还学会如何把这些工作交给助手去做,叫他们如何做好,这样他可以腾出更多时间用于规划工作和帮助他的下属工作得更好,用更多的时间去参加会议、批阅报告和完成自己向上级的工作汇报。

当他担任装配部经理六年之后,正好该公司负责规划工作的副总裁辞职,郭宁便主动申请担任此职务。在同另外5名竞争者较量之后,郭宁被正式提升为规划工作副总裁。他自信拥有担任此新职务的能力,但由于此高级职务工作的复杂性,仍使他在刚接任时碰到了不少麻烦。但是,他还是渐渐适应了,做出了成绩,之后又被提升为负责生产工作的副总裁,而这一职位通常是由该公司资历最深的、辈分最高的副总裁担任。到了现在,郭宁又被提升为总裁。他知道一个人当上公司最高主管职位之时,他应该自信自己有处理可能出现的任何情况的才能,但他也明白自己尚未达到自己的水平。因此,他不禁想到自己明天就要上任了,今后数月的情况会怎么样?他不免为此而担忧!

试回答以下问题：

1. 你认为郭宁当上总裁后,他的管理职责与过去相比有了哪些变化?
2. 从管理者职能的角度,对郭宁 20 多年的管理工作进行分析。

第二章　西方管理思想的发展演进

　　起源于古希腊灿烂文明的西方管理思想,它在近代资本主义条件的推动下发展演变为具有一定科学形态的管理理论,对现代人类的经济社会发展产生了重大影响。泰勒等人的"科学管理"使管理理论研究走上了科学轨道,并标志着管理学的最终确立;法约尔的一般管理理论、韦伯的行政组织理论以及梅奥等人的人际关系与行为科学理论等近代主流理论也直接促进了管理学的发展。20世纪中叶以来,生产力和科学技术的迅猛发展以及社会变革极大地推动了管理实践和管理理论的深入研究,管理过程理论、系统管理理论、管理文化理论等新的分支、新的流派不断涌现,形成了管理理论的"丛林"。进入21世纪,人类社会步入新的发展阶段,管理科学的发展也要与社会发展相适应,也必然呈现一种不断深入发展的趋势。

第一节　古典管理理论

一、泰勒的科学管理理论

　　19世纪末20世纪初,科学技术和社会经济都发生了巨大变化,这对企业管理提出了新的要求,也为创造管理理论提供了有利条件。

　　弗雷德里克·温斯洛·泰勒(Frederick Winslow Taylor,1856—1915年;又译为"泰罗")在西方管理学界被公认为"科学管理之父"。他参加工作后,发现许多工人在工作中往往表现出他所谓的"故意偷懒"、"磨洋工",工作效率很低;虽然实行计件工资制,但由于雇主在工人提高生产后就降低计件单价,也造成工人不愿多做工作,实行"有组织的偷懒",生产效率仍难以进一步提高。根据自己的经验,泰勒认为,谋求提高生产率,生产出较多的产品是完全可能实现的,关键在于要确定一个工作日的合理工作量。从这一点出发,泰勒于1880年在米德维尔钢铁公司的一个车间进行时间研究和金属切削等试验。通过上述一系列试验和长期的管理实践,他总结了一些管理原理和方法,并将其系统化,形成了"科学管理"。他的代表作《科学管理原理》(1911年)一书的出版意味着管理科学的形成。

(一)泰勒创建"科学管理"的出发点

　　首先,谋求最高工作效率。在《科学管理原理》中,泰勒开宗明义地说,最高的工作效率是工厂主和工人共同达到繁荣的基础。它能使较高的工资和较低的劳动成本结合起来,使工厂主得到最大利润,工人得到最高工资,进一步提高他们对扩大再生产的兴趣,从而促进工厂的继续发展和工厂主、工人的共同富裕。因此,提高劳动生产率,是泰勒"科学管理"理论的基本要求。

其次,用科学管理代替传统管理,是达到最高工作效率的重要手段。泰勒认为,完善的组织管理虽然是无形的,但比有形的设备更为宝贵,而完善的管理是一门科学,必须采用科学的方法。要把科学的方法应用于一切管理问题,使管理制度化,建立明确的规章条例,而不是寻找超人来管理业务。因此,要努力建立起科学管理的原理。这种原理对于人类的一切行为,从最简单的个人行动,到最需要合作的公司日常业务,都是适用的。

再次,科学管理的精华是要求管理者和职工双方实行重大的精神变革。泰勒强调,科学管理是一种概念性的哲学,其精华不在于具体的制度和方法,而在于重大的精神变革。科学管理要求工人方面进行彻底的精神变革,改变对工作、对同事、对雇主的责任观念;同时科学管理也要求管理人员方面——领工、监工、企业所有者、董事会等进行完全的精神变革,改变其对工人以及对一切日常问题的责任观念。这种重大的精神变革使管理人员和工人双方都把注意力从盈余的分配转移到增加盈余量上来。当他们用友好合作和互相帮助来代替对抗和斗争时,他们就能生产出比过去大得多的盈余,从而使工人的工资大大增加,企业主的利润也同样大大增加。他们没有必要再为盈余的分配而争吵。

(二)作业管理的原则和方法

1.制定科学的作业方法

把工人多年经验所积累起来的大量的传统知识和技艺收集起来,记录下来,或列制成表,进行研究,将它们归纳成为规律、规则,甚至列成数学公式,建立起一种科学,以代替过去单凭工作经验进行作业的方法。具体做法包括:

(1)采用时间和动作研究的方法,制定出所谓的标准作业方法。具体地说,这是对工人作业的每一个动作和每道工序的时间,用马表测定,并分析研究,除去动作中多余的和不合理的部分,把最经济的、效率最高的动作集中起来,确定标准的作业方法。

(2)实行作业工具和作业环境标准化。

(3)确定每个工人一天必须完成的标准工作量。

2.科学地选择和培训工人

泰勒认为,管理者必须经常地、长期地仔细研究每个工人的特点、性格和工作成绩,发现他们的局限性,然后有系统地训练和教育他们,尽可能使他们承担所能胜任的最高的、最有趣的、最有利的工作。他认为人具有不同的天赋和才能,只要工作对一个人合适,他就能成为第一流的工人。

3.实行差别计件工资制度

所谓差别计件工资制度(Differential Piece-rate System),这是按照标准的工作定额,确定两种不同的工资率。对完成和超额完成工作定额的工人,以较高的工资率计件支付工资。对完不成工作定额的工人,则用较低的工资率支付工资,与此同时,还发给一张黄色工票,以示警告,要求其改进工作,否则就要撤换工作。

(三)组织管理时的原则和方法

1.把计划职能与执行职能分开

这里的计划职能相当于现在的管理职能,执行职能相当于现在的实际操作。过去,工人用什么方法作业,使用什么工具等,都是由工人自己根据习惯与经验来决定。而泰勒认为,必须有专门的计划部门来制定"标准方法"和"定额",向企业各部门和工人发布完整的书面指令和命令,详细规定完成任务的时间,并对各部门和工作进行有效的监督和控制。泰勒要求管理部门与工人互相呼应,密切合作,以保证工作按科学的设计程序进行。

2.实行职能组织制

这种做法是将整个管理工作划分为许多较小的管理职能,使所有的管理人员(如工长)尽量分担较少的管理职能。如有可能,一个工长只担负一项特定的管理职能。这样工人就不是只接受一个顶头上司的领导,而是要有几个直接上级领导。泰勒认为这样做有三个优点:(1)对管理人员的培养可花较少的时间;(2)管理者的职能明确,可提高效率;(3)由于作业计划已由计划部门拟定,工具和操作方法已标准化,车间现场的工长只需进行指挥监督,因此低工资的工人也可以从事较复杂的工作,从而降低生产费用。后来的事实表明,一个工人接受多头领导,容易引起混乱,因此没有得到推广。

3.遵循例外原则

泰勒认为,小规模的企业可采用上述职能组织,规模较大的企业,还需要运用例外的原则。所谓例外原则,就是指高级管理人员为了减轻处理纷乱繁琐事务的负担,把处理各项文书、报告等一般日常事务的权力授予下级管理人员,高级管理人员只保留对例外事项(即重要事项)的决策权和监督权,如基本政策的制定和重要的人事任免等。

泰勒是科学管理的先锋,其追随者和同行也对科学管理做出了重要的贡献。亨利·甘特用图表进行计划和控制的做法是当时管理思想的一次革命。从一张事先准备好的图表上,管理部门可以看到计划执行的进展情况,并可以采取一切必要行动使计划能按时或在预期的许可范围内完成。根据这个思想设计的甘特图现在还常被用于编制进度计划。亨利·福特在泰勒的单工序动作研究基础之上,进一步对如何提高整个生产过程的效率进行了研究。他充分考虑了大量生产的优点,规定了各个工序的标准时间定额,使整个生产过程在时间上协调起来,创建了第一条流水生产线——福特汽车流水生产线,使成本明显降低。同时,福特进行了多方面的标准化工作,包括产品系列化,零件规格化,工厂专业化,机器、工具专业化,作业专门化等等,泰勒及其同行与追随者的理论与实践组成了我们经常所说的泰勒制,因此,以泰勒为代表的学派也被后人称为科学管理学派。

综上所述,以泰勒为代表人物所倡导的科学管理理论是适应历史发展的需要而产生的,它的产生是管理从经验走向理论的标志,也是管理走向现代化、科学化的标志,其意义绝不亚于蒸汽机发明所导致的工业革命。实践证明,科学管理理论对提高美国劳动生产率,以至于使之超过西欧国家,具有显著的促进作用。该理论本身也为美国和其他西方国家管理理论和管理方法的发展奠定了基础,并且,该理论不仅在工商界,而且在行政机构和学校、医院等非营利机构也被广泛应用,它对世界各国工商界和经济产生了巨大的影响。但是,在特定历史条件下产生的科学管理理论难免有其自身的局限性。首先,它是建立在"经济人"的假说基础之上的,认为人工作的唯一动机就是经济利益,这无疑限制了泰勒的视野和理论高度。其次,由于泰勒本人长时间从事现场的生产工作,所以他的一系列主张主要还是侧重于生产作业管理,其研究的范围比较小,内容也比较窄。另外,泰勒对于现代企业供应、财务、销售、人事等方面内容基本没有涉及。尽管如此,科学管理理论在管理学史上的极端重要意义仍然是不容否认的,泰勒当之无愧是科学管理理论的开山鼻祖。

二、法约尔的一般管理理论

亨利·法约尔(Henri Fayol,1841—1925 年)与泰勒是同一时代的人,他长期从事高层管理工作,对全面管理工作有深刻的体会和了解,积累了丰富的经验,并写了很多著作,内容包括采矿、地质、经济和管理等。而他在管理领域的杰出贡献,更使他受到后人的瞩目。他的代表作《工业管理与一般管理》发表于1916 年,这也是他一生管理经验和管理思想的总结。其主要内容包括:

(一)企业活动的类别

法约尔第一次明确区分了经营和管理的概念。他认为,经营是指导或引导一个组织,趋向某一既定目标,它的内涵中包括了管理。为了明确说明这两个概念的区别,法约尔从企业角度出发,将企业的经营活动划分为六种,而管理活动只是组织经营活动中的一种。同时,法约尔认为,不论企业大小,复杂还是简单,这六种活动总是存在的。这六种基本活动是：

（1）技术活动，指生产、制造、加工等；

（2）商业活动，指购买、销售、交换等；

（3）财务活动，指资金的筹集、运用和控制等；

（4）会计活动，指盘点、制作财务报表、成本核算、统计等；

（5）安全活动，指维护设备和保护职工的安全等；

（6）管理活动，指计划、组织、指挥、协调和控制。

法约尔经过分析后发现，工人主要要求的是技术能力，随着在组织层次中职位的提高，人员的技术能力的重要性降低了，对管理能力的要求反而逐渐加大，随着企业规模的扩大，管理能力显得越来越重要。那么如何提高管理能力呢？法约尔认为，人的管理能力可以通过教育来获得，"缺少管理教育"是由于"没有管理理论"，每一个管理者都按照他自己的方法、原则和个人的经验行事，但是谁也不曾设法使那些被人们接受的规则和经验变成普遍的管理理论，所以他很强调管理教育的必要性和可能性。

（二）管理的五大职能

如前所述，法约尔首先提出了管理的组成要素，即划分了管理的五项职能。法约尔认为，管理就是实行计划、组织、指挥、协调和控制。

1.计划。计划就是探索未来和制定行动方案。

2.组织。主要是建立执行工作任务和权力的结构，确定完成任务所需的机器、物资和人力的恰当结合。

3.指挥。使每一个人都履行其所负责的职责，从而使整个组织运转起来。

4.协调。统一和协调企业各部门以及各个职工的活动，指导他们走向一个共同的目标。

5.控制。核实总的发展是否同既定的计划、规章、下达的命令相符，以便及时发现错误，采取措施加以纠正。

（三）管理的一般原则

法约尔十分重视管理原则的系统化。他根据自己长期的管理经验，提炼出14项管理原则，作为管理教育的内容和企业管理的指导方针。他强调，这些原则并不完整，也不能回答特殊问题，在实际工作中不要盲目运用。他认为，如何使这些原则灵活地适用于各种环境和特殊情况，要依靠管理人员的"艺术"。这14项原则是：

1.分工。分工的目的是提高效率。法约尔认为，分工不仅限于技术工作，也适用于管理工作。

2.权力与责任。权力和责任是互为因果的，因为有权力必定就有责任，权力与责任应相一致。

3.纪律。没有纪律,企业就难以发展。建立和维护纪律的最好方法,一是各级要有好的领导,二是企业与职工之间的协议要尽可能明确和公正,三是实行制裁要公正。

4.统一指挥。这条原则与泰勒的职能组织制正好相反。法约尔认为一个职工的任何行动,都只能接受一个上级的命令。双重命令对于权威、纪律和稳定性都是一种威胁。

5.统一领导。凡具有统一目标的全部活动,只能有一个领导人和一套计划。不要把统一领导与统一指挥相混淆。人们通过建立完善的组织来实现一个社会团体的统一领导,而统一指挥取决于人员如何发挥作用。

6.个人利益服从整体利益。集体的目标必须包含员工个人的目标。但每个人都不免有私心和缺点。这些因素常促使员工将个人利益放在整体利益之上。因此,领导要经常监督并以身作则,才能缓和两者之间的矛盾,使其一致。

7.职工的报酬。必须保证报酬公平合理。但奖励应以能激起职工的热情为限,否则将会起副作用。

8.集权。集权本身无所谓好坏。企业集权和分权的程度,应根据企业规模、条件和经理个人的性格以及下属人员的可靠性等因素来决定。

9.等级链。这是由企业的最高领导到最基层之间各级领导人所组成的等级系列,它显示出执行权力的路线和信息传递的渠道。但是如果顺着这条等级链沟通会造成信息的延误,故应允许越级报告和横向沟通,以保证重要信息的畅通无阻。

10.秩序。指人与物各得其所。职位要适合于职工,职工要适合于职位。

11.公平。法约尔把公平解释为亲切、友好和公正。用这样的态度对待已经建立的规则、对待职工,可以鼓励职工忠诚地履行他们的职责。

12.保持人员稳定。如果人事不断变动,工作将不能良好地完成。

13.首创精神。这是事业壮大的源泉。要鼓励个人发挥创造性。

14.集体精神。企业内部应保持团结和和谐。法约尔说:"分裂敌人的力量是聪明的,但分裂自己的队伍是对企业的严重犯罪。"

以上这些原则,有些虽然在早期的工厂制度中已有所反映,但把它们概括成为一套概念纲要,确实是法约尔的贡献。

法约尔的一般管理理论是西方古典管理思想的重要代表,后来成为管理过程学派的理论基础(该学派将法约尔尊奉为开山鼻祖),也是以后各种管理理论和管理实践的重要依据,对管理理论的发展和企业管理的历程均有着深刻的影响。管理之所以能够走进大学讲堂,全赖于法约尔的卓越贡献。一般管理思想的系统性和理论性强,对管理五大职能的分析为管理科学提供了一套科学的理论构架,来源于长期实践经验的管理原则给实际管理人员巨大的帮助,其中某些原则甚至以"公理"的形式为人们接受和使用。因此,继泰勒的科学管理之后,一般管理也被誉为管理史上的第二座丰碑。

三、韦伯的行政组织理论

被誉为"组织理论之父"的德国管理学家马克斯·韦伯(Max Weber,1864—1920)与泰勒、法约尔是西方古典管理理论的三位先驱。马克斯·韦伯的伟大贡献在于其创立的官僚组织模式(Bureaucratic Model)理论(即行政组织理论),对后世产生了最为深远的影响。在这个理论中,他明确而系统地指出了理想的组织应以合理合法权力为基础,这样才能有效地维系组织的连续和目标的达成。为此,韦伯首推官僚组织,并且阐述了规章制度是组织得以良性运作的基础和保证。这里不能狭义地理解官僚组织(此处的官僚是中性的)。企业的长生不老不仅仅依赖于其英雄人物的"超凡卓识",应在更大程度上依赖于其"顺应自然"的原则体系——公正地识人、选人和用人的体系。

按照韦伯的观点,任何组织都必须以某种形式的权力作为基础,没有某种形式的权力,任何组织都不能达到自己的目标。人类社会存在三种为社会所接受的权力。这些权力分别是指:

(1)传统型权力(Traditional Authority)。这是一种通过传统惯例或世袭而得到的权力;

(2)超凡魅力型权力(Charismatic Authority)。这是一种来源于别人的崇拜与追随而获得的权力;

(3)法理型权力(Legal-rational Authority)。这是一种通过社会公众理性——法律所规定的权力。

对于传统型权力,韦伯认为:人们对其服从是因为领袖人物占据着传统所支持的权力地位,同时,领袖人物也受着传统的制约。但是,人们对传统权力的服从并不是以与个人无关的秩序为依据,而是在习惯义务领域内的个人忠诚。领导人的作用似乎只为了维护传统,因而效率较低,不宜作为行政组织体系的基础。

而超凡魅力型权力的合法性,完全依靠对领袖人物的信仰,他必须以不断的奇迹和英雄之举赢得追随者,超凡魅力型权力过于带有感情色彩并且是非理性的,不是依据规章制度,而是依据神秘的启示。所以,超凡魅力型的权力形式也不宜作为行政组织体系的基础。

韦伯认为,只有法理型权力才能作为行政组织体系的基础,其最根本的特征在于它提供了慎重的公正。原因在于：(1)管理的连续性使管理活动必须有秩序地进行。(2)以"能"为本的择人方式提供了理性基础。(3)领导者的权力并非无限,应受到约束。

有了适合于行政组织体系的权力基础,韦伯勾画出的理想官僚组织模式具有下列特征：

1.明确的分工。把企业的全部活动划分为各项基本任务,系统地分配给组织中各个成员负担。每个职位的权力和义务都有明文规定。

2.等级原则。各个职位是按照职权的等级原则组织起来的,形成一个指挥体系或阶层体系。这是一种按照职位高低层层控制、井然有序、权责分明的组织体系。各级领导不仅要为自己的行动对上级负责,而且也要为自己下级的行动负责。

3.正式的规章和制度。组织是根据明文规定的规章制度组成的,规章制度不变更,组织结构也固定不变。组织的任何一个成员都受规章制度的控制。他们的工作必须遵循固定的程序,按照规定行使权力。

4.非人格化。组织成员之间的关系,只是一种职位关系,不受个人情感的影响。这是一种非人格化的关系。这种公正的态度,不仅适用于组织内部,而且适用于组织同顾客之间的关系。

5.人员的任用、升迁与工资。人员的任用通过公开的考试,有严格的选择准则。这些准则完全是根据工作的客观标准、职务上的客观要求确定的,它的运用也是非人格化的,不因人而异。

6.管理权与所有权分离。组织的管理者应是职业化的专业人员而不是他所管理的组织的所有者,他们领取固定的工资并在组织中追求他们职业生涯的成就。

韦伯认为,理想的官僚组织体系,从纯技术观点来看,是最符合理性原则、效率最高的。它在精确性、稳定性、纪律性和可靠性方面都优于其他组织形式,能适用于各种管理工作及当时日益增多的各种大型组织,如教会、国家机构、军队、政党、经济企业和各种团体。韦伯的这一理论,是对泰勒、法约尔理论的重要补充,对后来的管理学家,尤其是组织理论学家有很大的影响,因而他被称为"组织理论之父"。

四、古典管理理论的贡献与局限

以泰勒、法约尔、韦伯等为代表的古典管理理论为管理理论与管理实践的发展作出了巨大的贡献,主要体现在以下几个方面：(1)用科学即系统化的知识来代替凭经验的方法;(2)在集体活动中取得协调一致以代替不一致;(3)实现人们

的彼此合作以代替混乱的个人主义;(4)为最大的产出量而劳动,而不是限制产
出量;(5)尽最大的可能培养工人,从而使他们自己和他们的公司都取得最大的
成就。

　　管理理论的研究对象可以分为三大部分:(1)对工作与组织的研究;(2)对人
的研究;(3)对生产与营运过程的研究。古典管理理论在研究对象方面的局限性
表现在仅注重对工作与组织的研究而忽略了对人与生产及营运过程的研究。同
时也很少考虑组织外部环境的影响,从宏观高度上来研究经济和社会管理方面
的问题也有待进一步提升。由于管理要素中最重要、最关键的是人,因此,管理
理论研究中往往涉及对人的性质或类型的假设。古典管理理论对人的假设是
"经济人",只追求物质利益,而忽略了人的社会属性即"社会人"的特点。研究方
法方面的局限性主要表现在只运用了观察、实验等研究方法,而尚未使用心理
学、社会学等科学原理与方法。

第二节　行为科学理论

一、梅奥与霍桑试验及其结论

　　梅奥(Elton Mayo,1880—1949 年)是人际关系运动的带头人。梅奥在早期
的研究中发现,职工的问题不能用任何一个单独的因素来解释,而必须从总体情
况来探讨。他把组织作为一个社会系统来看待。1927—1933 年他参加了著名
的霍桑试验(Hawthorne Studies),于 1933 年出版了《工业文明的人性问题》一
书,总结了霍桑试验的第一阶段的工作,以后又继续试验,到 1936 年才结束。
1945 年他又出版了《工业文明的社会问题》一书,进一步阐明了自己的观点。在
书中,梅奥等人就试验及访问交谈结果进行了总结,得出的主要结论是:生产效
率不仅受物理的、生理的因素的影响,而且受社会环境、社会心理的影响。

　　梅奥在对霍桑试验中获得的大量第一手资料进行分析后得出以下结论:

(一)职工是"社会人"而不是"经济人"

　　以前的管理理论都把人看成是仅仅为了追求最大经济利益而进行活动的所
谓的"经济人",梅奥等人则认为员工是"社会人"(Social Person)。影响人们生
产积极性的因素,除了物质方面的因素外,还有社会和心理方面的,如他们追求
人与人之间的友情、安全感、归属感、受人尊敬等等。

(二)企业中存在着非正式组织

　　所谓正式组织就是具有一定的目标,并且由规章、制度、政策等规定各成员
间相互关系和职责范围的组织。非正式组织(Informal Organization)就是成员

在共同的工作过程中,由于抱有共同的情感和爱好而形成的非正式团体。这些团体有自然形成的不成文规范和惯例,其成员必须遵守。这种非正式组织对于职工的行为的决定极为重要,它是影响生产率的重要因素。领导者要诱导非正式组织向健康的方向发展。

(三)应提高职工的满足度

梅奥认为,提高生产效率的主要途径是提高工人的满足度,即要力争使职工在安全方面、归属感方面、友谊方面的需求得到满足。职工的满足度越高,其士气就越高,从而生产效率就越高。

霍桑试验是管理思想的一个伟大的历史转折,它为人际关系理论的形成以及后来行为科学的发展奠定了坚实的基础,它使西方管理思想在经历了早期的管理理论和古典管理理论阶段之后,进入了行为科学理论阶段。

行为科学的代表性理论有美国著名的心理学家和行为学家马斯洛提出的需要层次理论。他认为,人是有需要的动物,人的需要至少有五类,这五类需要有低级和高级之分,按其发生的先后顺序排列,可以分为五个层次,即生理的需要、安全的需要、感情和归属的需要、尊重的需要和自我实现的需要。马斯洛的需要层次理论具有一定的参考价值。管理者在了解了什么条件下应满足下属的何种需要之后,可因人而异地采取适当的管理方法。在此基础上另一位美国学者赫茨伯格又提出了双因素理论,又称"保健因素—激励因素理论",这也是一种激励模式理论。其中,激励因素是以工作为中心的,即以对工作本身是否满意,工作中个人是否有成就,是否得到重用和提升为中心;保健因素则与工作的外部环境有关,属于保证工作完成的基本条件。一定程度上可以说,赫茨伯格的双因素理论是对马斯洛的需要层次理论的补充,他划分了激励因素和保健因素的界限,分析出各种激励因素主要来自工作本身,这就为激励工作提出了方向。关于这两者的相关理论还可参阅第七章的详细内容,下面主要介绍的是行为科学理论的另一位代表性人物麦格雷戈的人性假设理论。

二、麦格雷戈的人性假设理论

道格拉斯·麦格雷戈(Douglas Mcgreger,1906—1964 年)是美国麻省理工学院教授、心理学家。1957 年他在《美国评论》杂志上发表文章,第一次提出了 X 理论和 Y 理论。在 1960 年出版的《企业中人的因素》一书中,他系统地阐述了关于人性假设的理论。

(一)X 理论

X 理论认为,工人生来就是懒惰的、被动的,必须采取"强硬"的管理方法,施行严密的监督、控制和奖惩等外界刺激才能提高其劳动积极性。这是传统管理理论对人的本性的看法。X 理论的主要内容是：

1. 人天性懒惰，尽可能逃避工作；

2. 人大都明哲保身，不愿承担责任，宁愿受人指挥；

3. 人皆自私，对组织和他人的需要漠不关心；

4. 人本性不诚实，容易被愚弄；

5. 人习惯于墨守成规，反对变革，不求进取。

麦格雷戈认为，X 理论曾经是企业领导人中非常普遍的一种信念，对美国的企业管理工作有过重大影响。以 X 理论为指导思想，管理人员把人和物等同，忽视人的自身特征和多种需要，只注意人的心理需要和安全需要，常常以金钱作为管理工具，对不合要求的行为则采取惩罚手段。显然，在这种人性假设基础之上的管理方法对本属于"社会人"的人们来说，是难以激发其动机的。

(二) Y 理论

麦格雷戈不同意 X 理论，提出了与 X 理论截然相反的 Y 理论，Y 理论的主要内容是：

1. 人并不是天生就厌恶工作的。对人来说，在工作中应用体力、脑力就像游戏和休息一样自然。

2. 外部的控制和惩罚的威胁并不是促使人们为实现组织目标而努力的唯一办法，人们对自己所参与的目标会实行自我指挥和自我控制。

3. 在适当的条件下，人们不但能接受责任，而且能主动地承担责任。

4. 大多数人都有解决问题的丰富的想象力和创造力，在现代工业的条件下，一般人的智力潜能只得到了部分的发挥。

麦格雷戈把 Y 理论称为"人员管理工作的新理论"，是"个人目标和组织目标结合"的理论。他主张，在 Y 理论对人性假设的前提下，管理者所采取的主要管理方式就应是正确激励下属。具体地说，就是要协调组织目标与个人目标之间的矛盾，让工人参与组织目标的设计，相信下属有良好工作的愿望，让他们自己参与管理，使之承担一定的责任，并注意在组织中创造有利于个人发展的良好环境，使下属的智慧、能力得以充分发挥，以更好地表现组织与个人的目标。

对比 X 理论和 Y 理论可以发现，它们的差别在于对工人的需要看法不同，因此采用的管理方法也不相同。按 X 理论来看待工人的需要，进行管理就要采取严格的控制、强制方式；如果按 Y 理论看待工人的需要，管理者就要创造一个能多方面满足工人需要的环境，使人们的智慧、能力得以充分的发挥，以更好地实现组织和个人的目标。

三、行为科学理论的贡献与局限

行为科学理论的贡献包括对人际关系理论的贡献、对个体行为理论的贡献、对团体行为理论的贡献和对组织行为理论的贡献四大方面。其中,对人际关系理论的主要贡献在于它说明了:(1)人不仅是经济人,而且还是社会人;(2)要通过提高职工的满足度来鼓舞职工的士气;(3)要正确对待非正式组织,发挥其正面的作用。对个体行为理论的主要贡献在于它说明了:(1)要正确了解组织成员的真实需要;(2)要掌握调动组织成员积极性的各种需求因素,如马斯洛的需要层次理论、赫茨伯格的激励双因素理论等;(3)对不同的人要采用不同的管理方式,如要依据麦格雷戈提出的 X 理论与 Y 理论,对不同的人采用不同的管理方式。对团体行为理论的主要贡献有:(1)在管理实践中要正确地发挥团体压力与从众行为的作用;(2)在管理实践中要注意提高团体的士气;(3)在管理实践中要正确利用建设性冲突,尽量避免和防止破坏性冲突的发生。对组织行为理论的重要贡献是:(1)领导者要实施有效领导必须不断提高自身素质;(2)领导者不仅要关心工作,更要关心人;(3)组织的变革与发展要适应环境变化的需要。

但是行为科学理论本身也有其固有的局限性。行为科学理论在研究对象方面的局限性同上述科学管理理论一样,仅仅只是关注对人与组织管理的研究,而忽略了对工作管理的研究与对生产及营运过程管理的研究。在对人的假设方面的局限性在于,行为科学理论强调了"社会人"、"自我实现人"、"复杂人"的概念,却忽略了"经济人"这一假设的合理部分,过分轻视人的经济欲望。另外,行为科学理论在研究方法方面的局限性在于,虽然运用了心理实验方法,但尚未能运用信息论、控制论与系统论等原理及方法。研究成果也局限在如何对人和组织的管理上,它只强调企业内部人际关系对职工行为的影响,忽视外部环境中劳动力的供求关系、社会状况、经济状况及工会机构等对职工所产生的影响。

第三节　现代管理理论丛林

随着管理学的不断发展,尤其是在西方古典管理理论和行为科学理论出现以后,产生了许多新的理论和学说,从而形成了许多学派。它们相互影响、相互渗透、相互作用,形成了盘根错节、竞相争荣的局面。1980 年孔茨发表的《再论管理理论丛林》一文,指出西方的管理理论的发展已经出现了"管理理论的丛林"。目前,管理丛林中流派纷呈,关系复杂。主要包括以下几个学派:

一、管理过程学派与经验管理学派

(一)管理过程学派

管理过程学派又叫管理职能学派、经营管理学派。这个学派是在西方继古典管理理论学派和行为科学学派之后影响最大、历史最悠久的一个学派。法约尔是这个学派的创始人,后来经美国的管理学家哈罗德·孔茨等人发扬光大,成为现代管理理论丛林中的一个主流学派。

管理过程学派的基本思想和基本方法主要包括:

1.管理是一个过程。它的研究对象就是管理的过程和职能,可以通过分析管理人员的职能从理论上很好地对管理加以剖析。

2.管理存在共同的基本原理。根据在各种企业中长期从事管理的经验,可以总结出一些基本的管理原理,这些原理对认识和改进管理工作能起到说明启示作用;可以围绕这些基本原理开展有益的研究,以确定其实际效用,扩大其在实践中的作用和适用范围;这些基本原理只要没有证明不正确或被修正,就可以为形成一种有用的管理理论提供若干要素;就像医学和工程学那样,管理是一种可以依靠原理的启示而加以改进的技能;有时在实际管理工作中,会违背某一管理原理而造成损失,或采用其他办法来弥补所造成的损失,但管理中的某些原理与生物学和物理学中的基本原理一样,是可靠的。

3.管理有明确的职能和方法。孔茨把管理描述为通过别人使事情做成的各项职能:计划、组织、人事、指挥和控制等。他认为协调的本身不是单独的职能,而是有效地应用了这五种职能的结果。

4.管理拥有自己的基本方法。分析每一项管理职能的一些基本问题,如特点和目的,基本结构,过程、技术和方法及其优缺点等,研究其有效实施的障碍和排除这些障碍的手段和方法。

5.管理人员的环境和任务受到文化、物理、生物等方面的影响,管理理论也从其他学科中吸取有关的知识。

(二)经验管理学派

经验管理学派又被称为经验主义学派。该学派强调管理经验的作用,主张通过分析经验(通常也就是一些案例)来研究管理问题。其最突出的特点是强调管理的艺术性,认为管理很难说是一门严密的科学,只能从企业管理的实际出发,以大企业的管理经验作为研究对象,通过对这些管理经验的分析和总结,掌握管理的诀窍,然后传授给管理人员或向经理提出实际的建议。尽管如此,他们并不否认管理存在一些普遍适用的原理和原则。

这一学派的代表人物是彼得·德鲁克、欧内斯特·戴尔、威廉·纽曼和艾尔费雷德·斯隆等人。其主要管理思想包括：

1.关于管理的性质

管理是对人进行管治的一种技巧，是一个特殊的独立的活动，也是一个独立的知识领域。管理活动有其特殊的内容，管理活动是各种领导方式的主要组成部分，是一种同所有的其他活动在性质上都不同的活动。管理侧重于实际应用而不是纯粹的理论研究。

2.关于管理的任务

管理的任务主要有三项：取得经济成果，使企业具有生产性并使工作人员有成就感，妥善处理企业对社会的影响和承担社会责任。

3.关于管理的职责

作为企业主要领导的经理，有两项职责是别人不能替代的。一是他必须造成一个生产的统一体，有效调动企业各种资源，尤其是人力资源的作用；二是经理作出一项决策或采取某一行动时，一定要把眼前利益与长远利益协调起来。

4.关于组织结构

重视组织结构的设计，建立规范的、合理的组织结构。德鲁克认为，当今世界管理组织结构的新模式可以概括为五种：集权的职能性结构、分权联邦式结构、矩阵结构、模拟性分散管理结构和系统结构。他还强调，各类组织要根据自己的工作性质、特殊条件以及管理人员的特点，来确定本组织的管理结构，切忌照搬别人的模式。

5.提倡实行目标管理

目标管理是使管理人员和广大职工在工作中实行自我控制并达到工作目的的一种管理技能和管理制度。德鲁克首先提出目标管理的建议，其后又有许多学者共同参与了该项研究。

二、人际关系行为学派与群体行为学派

(一)人际关系行为学派

该学派认为管理就是让别人或同别人一起去把事情办好，因此，必须以人与人之间的关系为中心来研究管理问题。它将社会科学方面的有关理论、方法和技术用于研究人与人之间的关系，从人的个性特点到文化关系，范围广泛，无所不包。

这一学派注重人的行为的动因研究，把行为的动因看成是一种社会心理学现象。其中，有人着重研究人的行为与动机之间的关系，以及激励和领导问题；有些人强调处理人的关系是管理者应该而且能够理解和掌握的一种技巧；但也有些人把"管理者"笼统地看成是"领导者"，甚至认为管理就是领导，结果把所有

的领导工作都当成管理工作。

(二)群体行为学派

群体行为学派同人际关系行为学派密切相关。但它关心的主要是一定群体中的人的行为,而不是一般的人际关系和个人行为;它以社会学、人类文化学、社会心理学为基础,而不是以个人心理学为基础。

这一学派着重研究各种群体的行为方式,即"组织行为"研究,这里,"组织"一词被用来表示公司、企业、政府机关、医院以及任何一种机构和实体。其最早的代表人物和研究活动是梅奥和霍桑试验。20世纪50年代,美国管理学家克里斯·阿吉里斯又提出了所谓"不成熟—成熟交替循环的模式",他认为:如果一个组织不为人们提供使他们成熟起来的机会,或不提供把他们作为已经成熟的个人来对待的机会,那么人们就会变得忧虑、沮丧,甚至还会按违背组织目标的方式行事。

三、社会协作系统学派与社会技术系统学派

(一)社会协作系统学派

社会协作系统是从社会学的角度来分析各类组织,将组织看作是一种社会系统,是一种人与人相互关联的协作体系,受到社会环境各方面因素的影响。

这个学派的创始人是美国的切斯特·欧文·巴纳德,其代表作是1937年出版的《经理的职能》。其管理思想主要包括:

1.协作对系统的意义。社会的各级组织都是一个由人们有意识地加以协调的各种活动的系统,这个系统能否继续生存,取决于协作的效果、协作的效率和协作目标能否适应环境。

2.正式组织存在的三个条件:协作的意愿、共同的目标和信息联系。在正式组织内部还存在着非正式组织,非正式组织对正式组织有着很重要的作用。

3.关于权威的新概念。权力不是表现为服从,而是表现为接受;权威的来源不在于"权威者"或发布命令的人,而在于下级接受还是不接受这个权威。

4.关于经理的职能。经理最重要的任务是维持组织的协调,为此,他的三个主要职能是提供一个协调的信息交流系统、获得必要的个人努力和制定目标。

社会协作系统学派的怀特·贝克(White Bake)还从社会学角度提出"组织结合力"的概念,对管理理论有很大的意义。贝克指出,企业中的组织结合力包括职能规范系统(由于协作而划分和安排工作岗位所产生的合作系统)、职位系统(直线的职权层次)、沟通联络系统、奖惩制度以及组织规程(使组织具有特性和个性的构想与手段)。

社会协作系统学派以组织理论为研究重点,对管理理论的发展做出了重要

贡献,并对其他学派的形成有直接影响。

(二)社会技术系统学派

社会技术系统学派是由英国的特里斯特及其同事创立的。他们根据对煤矿中"长壁采煤法"研究的结果认为,管理的绩效,以至组织的绩效,不仅取决于人们的行为态度及其相互影响,而且取决于人们工作所处的技术环境。要解决管理问题,只分析社会协作系统是不够的,还必须分析研究技术系统对社会和对个人的心理影响。管理人员的主要任务之一就是确保社会协作系统与技术系统的相互协调。

这一学派首次把组织作为一个社会系统和技术系统综合起来考虑,集中研究科学技术对个人和群体行为以及对管理方式等的影响,尤其注重工业工程、"人—机"工程等方面的研究,促进了管理理论和管理实践的发展。其代表著作有《长壁采煤法的某些社会学的和心理学的意义》、《社会技术系统的特征》等等。

四、决策理论学派与权变管理学派

(一)决策理论学派

这是在第二次世界大战之后综合了行为科学、系统理论、运筹学、计算机科学等新兴学科发展起来的一大管理学派,它将新科学运用于管理的决策问题,形成了有关决策过程、准则、类型及方法的较完整的理论体系。其最有名的代表人物是曾获诺贝尔经济学奖的赫伯特·西蒙(Herbert Simon)。决策学派的主要观点包括:

1. 管理就是决策。决策在管理中居于最重要的地位,贯穿于管理的全过程。

2. 决策程序应当科学化。这是保证决策正确的重要条件。决策过程包括四个阶段:搜集情况、拟定计划、选定计划、评价计划。其中,每一个阶段本身又都是一个复杂的决策过程。

3. 决策以"令人满意"为准则。以往的管理学家往往把人看成是以"绝对的理性"为指导,按最优化准则行动的理性人。西蒙认为,事实上这是做不到的,应该用"管理人"假设代替"理性人"假设,用"令人满意"准则代替"最优化"准则。

4. 程序化决策和非程序化决策。组织的决策根据其活动是否反复出现分为程序化决策和非程序化决策。不同层次的管理者决策的内容是不同的,高层管理者应当将主要精力用来进行非程序决策。

5. 肯定型决策、风险型决策和非肯定型决策。根据决策条件,每一种决策所采用的方法和技术都是不同的。

6. 集权与分权。组织中集权和分权的问题是和决策过程联系在一起的,有关整个组织的决策必须是集权的,而由于组织内决策过程本身的性质及个人认识能力的有限,分权也是必要的。

(二)权变管理学派

权变管理学派是 20 世纪 70 年代在美国形成的一种管理理论流派。权变管理学派强调管理的艺术性特征,认为不可能有放之四海而皆准的所谓管理理论。

这一理论的核心是研究组织的各子系统内部和各子系统之间的相互联系,以及组织和它所处的环境之间的联系,并确定各种变数的关系类型和结构类型。它强调在管理中要根据组织所处的内外条件随机应变,针对不同的具体条件寻求不同的最合适的管理模式、方案或方法。

美国尼布拉加斯大学教授卢桑斯在 1976 年出版的《管理导论:一种权变学》一书中系统地概括了权变管理理论,其主要内容为:

1.把环境对管理的作用具体化,并使管理理论与管理实践紧密地联系起来。认为过去的管理理论可分为四种,即过程学说、计量学说、行为学说和系统学说,这些学说没有把管理和环境妥善地联系起来,其管理观念和技术在理论与实践上相脱节,所以都不能使管理有效地进行。

2.研究有关环境的变数同相应的管理观念和技术之间的关系,使采用的管理观念和技术能有效地达到目标。在通常情况下,环境是自变量,而管理的观念和技术是因变量。在某种环境条件下,为更快地达到目标,就要采用某种相应的管理原理、方法和技术。比如,在经济衰退时期,市场供过于求,企业采用集权的组织结构,就更适于达到组织目标;在经济繁荣时期,市场供不应求,那么,采用分权的组织结构可能会更好一些。

3.环境变量与管理变量之间的函数关系是权变关系。这是权变管理理论的核心内容。环境变量和管理变量的具体内容如表 2-1 所示。

表 2-1　权变学派的环境变数和管理变数

环境变数			管理变数			
外部环境		内部环境	管理程序变数	计量变数	行为变数	系统变数
一般环境	特定环境		计　划	决　策	学　习	一般系数
社　会	供应商	组织结构	组　织	经济批量	激　励	理论系统
科学技术	顾　客	决策程序	指　挥	排队模型	团体动力	设计与分析
经　济	竞争者	联系与控制	联　系	模拟模型	组织发展	管理信息系统
政治法律		技术状况	控　制			

资料来源:郭咸纲著:《西方管理思想史》,经济管理出版社 2002 年第 2 版,第 331 页。

五、经理角色学派与管理文化学派

(一)经理角色学派

经理角色学派是 20 世纪 70 年代在西方出现的一个管理学派,它以对经理所担任的角色的分析为中心来考察经理的职务和工作,以求提高管理效率。加拿大管理学家亨利·明茨伯格是该学派的主要代表人物。他于 1973 年出版的代表作《经理工作的性质》是经理角色学派的经典著作。

经理角色学派的主要观点包括:

1.经理职务的异同。在各种类型的经理职务之间存在着一些区别,也存在着一些基本的共同点,找出这些共同点就可以找到探讨提高经理效率的途径。

2.经理工作的六个共同特点:工作量大,节奏紧张;活动短暂、多样而琐碎;把现实的活动放在优先的地位,对现实的、具体的和当前大家关心的问题作出积极反应;爱用口头交谈方式;重视同外部和下属的信息联系;责任与权力的结合。

3.经理的十种角色和六项基本目标。其中,经理的十种角色是指:名义首脑、领导者、联络者、监听者、传播者、发言人、企业家、矛盾调停人、资源分配者、谈判者。经理人的六项基本目标是:保证他的组织实现基本目标,有效地生产出产品或服务;设计和维持他的自治业务的稳定性;负责组织的战略决策系统,并使组织以一种可控制的方式适应变动的环境;保证组织为那些对组织有影响的人服务;在组织环境之间建立起关键的信息联系;负责组织的等级制度运行。

4.提高经理工作效率的十个要点:与下属共享信息;自觉克服工作中的表面性;在共享信息的基础上,由两三个人分担经理的职务;尽可能地利用各种职责为组织目标服务;摆脱非必要的工作,腾出时间规划未来;以适应当时具体情况的角色为重点;既要掌握具体情节,又要有全局观点;充分认识自己在组织中的影响;处理好各种对组织有影响力的人和机构的关系;利用管理科学家的知识和才能。

(二)管理文化学派

管理文化学派强调管理的文化特征。它产生于 20 世纪 70 年代后期,流行于 80 年代。其背景是在当时的世界市场上,美国企业遇到了来自日本企业的强势挑战,美国企业的竞争力下降。就技术基础而言,美国企业无疑比日本企业要先进得多,是什么原因使日本企业有如此强大的竞争力? 管理学家开始从管理上、从文化上找原因。通过比较,他们发现美国企业多注重硬件方面,强调理性的科学管理;日本企业则重视为全体职工确立共有的价值观念,注重强化职工对本企业的向心力,注重企业中的人际关系。研究的结果使美国的学者和管理者认识到,文化是企业管理中不可忽视的重要因素,对于企业的成功具有深刻的影响。此后,管理文化学派在理论和实践方面均得到了长足的发展,管理文化学已成为一门新兴边缘学科,成为现代管理学的重要分支。管理文化学派的形成标志着企业管理从物质的、制度的层面向文化层面发展。

除上面介绍的这些学派以外可能还存在其他一些学派,因为管理学界对这些流派的划分也是仁者见仁,智者见智,但是不管如何划分,这些所谓的不同学派都是当今管理理论的重要组成部分。值得一提的是,管理学研究的各流派之间没有也不应该彼此割裂,而是相互联系、互为补充的。

第四节　最新管理理论

随着科技的发展和社会的进步,管理思想和理论在过去的几十年中又有了许多新的发展。本小节着重介绍最近 20 多年来对管理产生深刻影响的几种理论和方法。

一、全面质量管理

全面质量管理(Total Quality Management,TQM)是指企业的所有部门和员工,以提高和确保质量为核心,把专业技术、管理技术同现代科学结合起来加以灵活运用,建立一套科学的、严密的、高效的质量保证体系,控制影响质量的全过程的各项因素,以优质的工作质量和经济的办法,系统地研制、生产和销售用户满意的产品。简言之,就是由企业全体人员参加的,用全面工作质量保证生产全过程质量的管理活动。

(一)全面质量管理的产生与发展

质量管理的概念早在 20 世纪初就被提出来了。质量管理的发展大体经历了质量检验、统计质量管理和全面质量管理三个阶段。

1.质量检验阶段

质量检验阶段也称事后检验阶段,大致从 20 世纪初到 20 世纪 40 年代。20世纪初,科学管理的创始人泰勒首先提出职能分工,包括实行生产职能和检验职能的分工,使产品检验从制造过程中分离出来,成为一道独立的工序。这样做是对传统小生产方式的一次重大变革,促进了生产专业化水平的提高,不仅大幅度提高了生产效率,而且发挥了质量检查工作的监督作用。从此企业普遍设立专门质量检验机构和专职检验人员。

采用这种事后检验挑出不合格产品的质量管理方法,虽然在一定程度上防止了不合格产品流入下道工序或出厂,但不能解决生产过程中出现废品以及由废次品所引起的成本增加的问题。

2.统计质量管理阶段

统计质量管理阶段从 20 世纪 40 年代初开始,到 50 年代末结束。随着现代工业的迅速发展,产品数量剧增,不但要求企业用经济的方法进行质量检验,而且迫切要求"防止缺陷"和预防废品的产生。特别是在第二次世界大战爆发后,美国在武器、军需生产以及物资调运方面,出现了由于产品质量低劣、废品率高、经常发生事故或拖延交货日期、贻误军机等严重问题。为此,美国政府要求生产军需产品的企业一律采用统计方法控制产品质量。同时,美国标准协会受政府委托,制定出一系列关于统计质量管理方法的标准,在全国推广普及。结果,产品质量迅速提高,成本大幅度降低,于是统计控制方法在质量管理中占据了重要的位置。战后统计质量管理方法很快地被欧洲和日本等许多国家所采用。

实践证明,统计质量管理方法是保证产品质量,预防出现废品的一种有效的管理方法。但在这一阶段,一些企业在质量管理过程中过分强调数理统计方法,缺乏与整个组织管理工作的有机结合,加上数理统计方法理论深奥,没有简化和普及,因而影响了统计质量管理的全面普及和推广。

3.全面质量管理阶段

全面质量管理阶段开始于 20 世纪 60 年代。60 年代初,世界科学技术有了新的突破,电子计算机、宇航工业、精密制造等大量行业对产品质量提出了更高的要求,连日用消费品也由于市场竞争越来越激烈,用户对产品质量亦提出越来越高的要求,使产品质量概念有了新的发展。经营嗅觉敏锐的企业家越来越清楚地认识到,企业的质量管理仅仅是控制产品制造过程的质量和事后检验已远远不够。产品统计、原材料供应、加工制造、贮存运输以至产品的销售和服务等各环节,都对产品的质量产生影响。这就要求企业突破原有的统计质量概念,建立统计控制方法与企业组织管理相结合的综合质量管理。于是在 60 年代初美国通用公司的经营业管理专家费根堡姆(Armand V. Feigenbaum)和质量管理专家约瑟夫·朱兰(Joseph Julan)首先提出了全面质量管理的概念。费根堡姆在其专著《全面质量管理》(1961 年)中主张从产品设计、制造、销售到使用等各个环节都展开质量管理,以确保用最经济的方法,生产出能满足用户需要的产品,提出质量成本和加强经营等全面质量管理的理论。全面质理管理理论一经提出,很快传到世界许多国家,并得到广泛推广。

日本结合本国企业管理的实践,在美国全面质量管理的基础上有所发展。日本强调企业从以经理(厂长)为首的经营层、管理人员、技术人员直到工人都参加质量管理,即从"全面"的"全过程"的质量管理发展到"全员"的质量管理。他们十分重视对全体职工进行普遍的质量管理教育,在企业内广泛开展群众性的质量管理活动。

　　质量管理的发展历史表明,全面质量管理已形成一门新兴的科学,它是一种新的质量管理思想观念、理论和方法。

(二)全面质量管理的特征

　　全面质量管理的特征就在"全面"上,所谓"全面"有以下四个方面的含义:

　　第一,全面质量管理的内容是全面的,不仅要管理好产品质量,还要管好产品质量赖以形成的工作质量。工作质量是指企业的生产工作、技术工作和组织工作对达到产品质量标准和提高产品质量的保证程度。企业各方面工作的质量,其影响更为直接。工作质量是产品质量的保证。全面质量管理要以改进工作质量为重要内容。通过提高工作质量,不仅可以保证提高产品质量,预防和减少不合格产品,而且还有利于达到降低成本、供货及时、服务周到、更好地满足用户方面使用要求的目的。

　　第二,管理的范围是全面的,包括产品设计、制造、辅助生产、供应服务、销售直至使用的全过程的质量管理。全面质量管理要求把不合格产品消灭在其形成的过程中,做到防检结合,以防为主,并从全过程各环节致力于质量的提高。因此,必须把质量管理的重点从单纯的事后控制不合格产品转移到产品生产过程以及产品设计方面来,做到防患于未然,形成一个能够稳定生产合格产品的生产系统。实行全过程的管理还要求企业所有工作环节都必须树立"下道工序就是用户"的思想。只有每道工序都为下道工序和用户着想,在质量上坚持高标准、严要求,才能确保产品达到质量标准,并不断提高产品质量。实现全过程的质量不仅要保证设计和工艺加工过程的产品质量,保证产品的出厂质量,而且还要保证使用质量,即要建立保证用户在产品规定期限能够正常使用的质量保证制度。

　　第三,参加质量管理的人员是全面的,是全体人员参加的全员质量管理。产品质量的好坏是许多工作和许多生产环节活动的综合反映,涉及企业各部门和广大职工。实行全员性质量管理,首先必须抓紧对员工的教育;然后根据目标要求、存在的差别或问题,建立质量管理小组;由质量管理小组组织员工进行现场质量管理,开展全员性质量管理活动。

　　第四,质量管理的方法是全面的,根据不同情况和影响因素,采取多种多样的管理技术和方法,包括科学的组织工作、数理统计方法的应用、先进的科学技术手段和技术改造措施等。

(三)全面质量管理的基本内容

　　全面质量管理的工作内容包括以下几个方面:第一,设计试制过程的质量管理。产品设计试制过程是产品质量形成过程的第一个关口,有人认为产品质量问题有 20%～40%发生在设计过程中,因此,设计过程的质量管理是全面质量管理的起点和关键。设计试制过程的质量管理一般应抓住以下几项工作:(1)制定好产品质量目标;(2)加强设计中的试验研究工作;(3)严格遵守设计试制过程中的工作程序;(4)进行产品质量的经济分析。

第二,制造过程的质量管理。制造过程是产品质量的直接形成过程。制造过程质量管理应抓住以下几项工作:(1)加强工艺管理,严格工艺纪律;(2)搞好均衡生产和文明生产;(3)组织好技术检验工作;(4)掌握好质量动态,做好产品质量的原始记录、统计和分析;(5)加强不合格产品的管理。

第三,使用过程的质量管理。产品的使用过程是考验产品实际质量的过程,它既是企业质量管理的归宿点,又是企业质量管理的起点。使用过程的质量管理应抓住以下三项工作:(1)积极开展技术服务工作。对用户的服务形式有:编制产品说明书;采用多种形式传授安装、使用和维修技术,并代培技术骨干,解决使用上的难题;提供易损件图纸,供应备用品和配件;设立维修网点,做到服务上门;对某些复杂的产品,应协助用户安装、调试并负责技术指导。(2)进行使用效果和使用要求的调查。(3)认真处理出厂产品的质量问题。

二、企业再造

企业再造(Re-engineering,或译为"再造工程"、"重建"或"重构")这一概念来源于美国著名管理专家迈克尔·哈默(Michael Hammer,麻省理工学院教授)和詹姆斯·钱皮(James Champy,CSC Index 管理咨询公司董事长)合著并于1993 年出版的《再造公司——企业革命宣言》(*Reengineering the Corporation — A Manifesto for Business Revolution*)一书。所谓企业再造,是指为了获取可以用诸如成本、质量、服务和速度等方面的绩效进行衡量的显著的成就,对企业的经营过程进行根本性的再思考和关键性的再设计。这个定义提示了企业流程再造的核心。

(一)企业再造的起源与发展

"再造"一词出现于 1987 年前后,当时迈克尔·哈默是信息技术方面的顾问,那时候"再造"之说仅在一个很小的知识分子圈内流传。1993 年哈默和钱皮合著的《再造公司——企业革命宣言》正式把"再造"学说介绍给全世界。

有人认为"再造"的种子是约瑟夫·朱兰和爱德华·戴明(Edward Deming)在 40 年前倡导全面质量管理时播下的。朱兰和戴明在全面质量管理学说中明确地以流程为导向,主张从整体看工作场所的所有活动。他们的学说主张未受到西方企业的重视,结果美国人的主张在日本开花结果,一直到 20 世纪 70 年代末和 80 年代初,才由日本传入美国并在美国企业界广泛应用。

有学者认为,世界上最先注重"流程"的是日本人,现在讲"再造",着眼点还是在流程,源头自然在日本。早在 20 世纪 60 年代,一些日本公司就开始追求流程方面的卓越,意在提高产品质量和降低成本。当时在这方面处于领先地位的是日本丰田汽车公司。我们现在听说的"准时生产制"(Just-in-time Manufacturing,JIT,或译为"适时生产制")就是起源于丰田汽车公司的一种生产管理方式。丰田公司认为,只要把生产系统理顺,提高质量并大幅度降低成本,就会赢得市场。1973年以后,日本其他公司学习了丰田公司注重流程的观念,也开始转向以流程为推动力来组织生产。由于日本企业获得了质量和成本优势,其产品从20世纪70年代初开始大举占领欧美市场。美国公司这时候虽然面临内部机构膨胀复杂、管理难度加大的威胁以及日益严峻的外部环境的挑战,但仍然把工作重点放在"市场营销"上,而其市场情况却每况愈下,竞争力下降。这一形势迫使美国企业反思,进而认识到进行企业再造成是企业走出困境、奋发自救的根本途径。

不少企业通过再造,重新激发了企业活力,并取得明显的绩效。这些公司包括福特汽车、IBM、克莱斯勒汽车、强生、AT&T、百事可乐、惠普、哈尔马克(Hallmark)卡片公司、塔果贝尔(Taco Bell)快餐公司、大西洋贝尔(Bell Atlantic)公司等等。到20世纪90年代中期,约有80%的美国大型企业已经或正在进行再造。甚至有人认为,美国的国际竞争力自20世纪90年代以来超过日本,其主要原因之一就是美国企业再造的成功。

从美国现有的经验看,进行再造的企业大体可分为三类:第一类为身陷困境,走投无路,试图通过再造使企业获得新生的企业;第二类是当前情况尚可,但未雨绸缪,在走下坡路之前进行再造的企业;第三类是正处于巅峰时期,领导者不安于现状,勇于进取的企业。由此可见,企业再造并不一定要等到企业走投无路的时候才做,处于不同境况下的企业都可以做,关键是企业要认清形势,把握机会,下决心去做。

(二)企业再造的原则与方法

企业再造原则和方法很多,但重点有以下几条:

首先,要紧密配合市场需求确定企业的业务流程;

其次,要根据企业的业务流程确定企业的组织结构;

再次,以新的、柔性的、扁平化的和以团队为基础的企业组织结构取代传统的企业组织结构;

最后,强调信息技术与信息的及时获取,加强企业与顾客、企业内部经营部门与职能部门的沟通与联系。

企业再造是围绕业务流程展开的。通俗地说,所有的企业首先要问一句:"我们做事情要达到什么目的?"和"我们怎样做好我们所做的事情?"其中"目的"有关企业存在的理由,而"怎样"则有关业务流程。业务流程再造的关键是重新设计业务流程。再造的目的不是略有改变,稍有好转,而是要使业绩有显著的长进,有大的飞跃。

(三)企业再造的不足

企业再造尚不是一套完善的理论或方法,在实践过程中,也出现过不少问题。例如,要实施企业业务流程再造,就必须实现组织结构的扁平化,于是有人就把企业再造仅仅作为削减员工的工具或手段,破坏了企业再造的形象,这是企业再造鼓吹者们始料不及的。

再有,就连哈默和钱皮也承认,在推行企业再造的一开始,就未能对"人"的问题给予足够的重视。在李威·施特劳斯公司(Levi Straus & Co.),仅仅因为公司要求 4000 名白领员工在企业业务流程重组中重新给自己定位就产生了一场骚乱。针对这种情况,两位学者正在努力加以改进。哈默于 1995 年将企业再造培训班由原来的 3 天改为 5 天,新增的两天时间全部用来讨论"人的重要性"问题。

三、学习型组织

美国著名管理学教授罗宾斯(Steven P. Robbins)在其所著的《组织行为学》(第 10 版)中指出:"全面质量管理是 80 年代的潮流,企业再造是 90 年代初的潮流,学习型组织已成为跨世纪的最新潮流。"

学习型组织(Learning Organization)是指通过营造整个组织的学习气氛充分发挥员工的创造性思维能力而建立起来的一种有机的、高度柔性的、横向网络式的、符合人性的、能持续发展的组织。美国麻省理工学院彼得·M. 圣吉(Peter M. Senge)教授于 1990 年出版了《第五项修炼——学习型组织的艺术与实践》一书,指出未来组织所应具备的最根本性的品质是学习。该书把研究带出了纯理论性与概念性的探索,进入了可操作的实践性领域,试图推动人们刻苦修炼,学习和掌握新的系统思维方法。圣吉教授认为,要使组织变成一个学习型组织,必须具有以下五项修炼的扎实基础:

(一)系统思考

系统思考(Systems Thinking)是五项修炼的核心,强调把各个独立、片断的实践联系起来看,以发现其内在的互动关系。因此组织在处理问题时,必须扩大思考空间和时间范围,了解前因后果,才能辨识问题的全貌。动态系统的变化,可以通过计算机模拟将情境推演出来借此建立企业常需处理问题的系统基模(System Archotypes),熟悉它们就能轻而易举地看出问题的全貌。或者说,由于每个人、每个组织都是处于综合而复杂的系统之中,为了避免看问题的不全面性,就要以系统的、整体的、动态的思考方式代替原来机械的、零散的、静态的思维方式,并以此来观察世界,从而正确决定一个企业的行动。

(二)自我超越

自我超越(Personal Mastery)是五项修炼的基础,强调要认识真实世界并关注于创造自己的最理想境界,并由这两者之间的差距产生不断学习的意愿,不断地自我创造和自我超越。在这个过程中,并非降低理想来与现实相符,而是提升自我以实现理想,由此培养出创意与能耐,并以开阔的胸襟来学习、成长和不断超越自我。

(三)改善心智模式

人人都有根深蒂固的心智模式(Mental Models)或思维方式,如那些既有的习惯、偏见、假设或印象等理所当然的想法,往往会阻碍人们的创新、改变和进步。如果一个人无法掌握市场契机和在组织中推行变革,而是墨守成规,很可能是这些契机和变革与他自己心中隐藏的、强有力的心智模式相抵触。因此,人们要学习如何改变自己多年来养成的思维习惯,摒弃陋习,下力气强制和约束自己进入新的心智模式,破旧立新。

(四)建立共同愿景

所谓共同愿景(Shared Vision),是指鼓舞组织成员共同努力的愿望和远景,或者说是共同的目标和理想。共同愿景主要包括三个要素:共同的目标、价值观与使命感。"愿景"强调的是大家共同愿意去做的远景,因此与纯粹只是告诉大家什么是"远景"不同。有了衷心渴望实现的共同目标,大家才会努力学习,才会追求卓越,不是因为他们被要求这样做,而是由衷地想要如此。因此组织需要建立共同的理想、共同的文化、共同的使命,能使员工看到组织近期、中期和远期的发展目标和方向,从而使员工心往一处想,劲往一处使,使每个人的聪明才智得以充分发挥,使组织形成一种合力。

(五)团队学习

团队学习(Team Learning)就是组织化的学习或交互式的学习,这是组织中沟通与思想的对话工具,强调彼此在不本位、不自我防卫、不预设立场、不敬畏的情况下共同学习,以发挥协同作用,充分体现集体智商大于各个人智商的效力。因此,团队学习的修炼,也包括学会找出不利于组织学习的障碍,如局限思考、归罪于外、缺乏整体思考的主动性和积极性、专注于个别事件、忽视渐变的恶化、经验主义错觉和屈服于压力的妥协等等。团队学习也是适应环境突变的最佳方式。唯有大家一起学习、成长、超越和进步,才能让组织免遭冲击,创造持续佳绩。

圣吉教授提倡的学习型组织突破了原有方法论的模式,以系统思考代替机械思考,以整体思考代替片断思考,以动态思考代替静止思考。该理论试图通过一套修炼方法提升人类组织整体动作的"群体智力"。现代企业和其他许多组织面临复杂多变的环境,只有增强学习能力,才能适应种种变化,未来真正出色的组织将是能够设法使组织各阶层人员全心投入,并有能力不断学习的组织,也就是"学习型组织"。

【课后案例分析】

纽曼公司的利润在过去的一年来一直在下降,尽管在同一时期,同行们的利润在不断上升。公司总裁杰克先生非常关注这一问题,为了找出产生利润下降的原因,他花了几周的时间考察公司的各个方面。接着,他决定召开各部门经理人员会议,把他的调查结果和他得出的结论连同一些可能的解决方案告诉他们。

杰克说:"我们的利润一直在下降,我们正在进行的工作大多数看来也都是正确的。比方说,推销策略帮助公司保持住了在同行中应有的份额。我们的产品和竞争对手的一样好,我们价格也不高,公司的推销工作看来是有成效的,我认为还没必要改进什么。"他继续评论道:"公司有健全的组织结构、良好的产品研究发展规划,公司的生产工艺在同行中也占领先地位。可以说,我们的处境良好。然而,我们的公司却面临这样的严重问题。"

会内的每一个人都有所期待地倾听着。杰克开始讲到了劳工关系:"像你们所知道的那样,几年前,在全国劳工关系局选举中工会没有取得谈判的权利。一个重要的原因是,我们支付的工资一直至少和工会提出的工资率一样高。从那以后,我们继续给员工提高工资。问题在于,没有维持相应的生产率。车间工人一直没有能生产足够的产量,可以把利润维持在原有的水平上。"杰克喝了点水,继续说道:"我的意见是要回到第一个原则。我们的公司是为股东创造财富的,不是工人的俱乐部。公司要生存下去,就必须要创造利润。我在上大学时,管理学教授们十分注意科学管理先驱们为获得更高的生产率所使用的方法,这就是为了提高生产率广泛地采用了刺激性工资制度。在我看来,我们可以回到管理学的第一原则去,如果我们的工人的工资取决于他们的生产率,那么工人就会生产得更多。管理学先辈们的理论在今天一样地在指导我们。"

试回答以下问题:

1. 你认为杰克的解决方案怎么样?
2. 利润率低的原因还可能有哪些?

第三章　东方管理概要[①]

东方管理学是研究古今中外管理的理论与实践及其运行规律的现代管理科学的重要学派之一。它融合古今中外管理之精髓,因应新世纪新管理的需要而产生,并且开创了东方管理教育之先河。东方管理学派立足本土、博采众长、融会古今中外管理精华,逐步形成一套"三为"、"四治"、"五行"的东方管理学理论体系,其中"三为"是东方管理的本质。东方管理学派将管理哲学概括为"十五"要素,并形成了一门现代的人为科学。另外,从管理实践来看,自 20 世纪 80 年代以来,日本及"亚洲四小龙"经济的快速发展促使人们再一次把目光聚焦到东方管理,从管理学的视角去探究其经济发展的奥秘。特别是随着全球经济一体化进程的不断加速以及互联网技术的日益普及,各种文化形态和管理模式之间相互取长补短、相互融合的趋势日益明显。因此对东方(尤其是中国)与西方、传统与现代的管理理论进行系统地研究,把现代的先进管理理论与中国国情相结合,做到东方与西方、传统与现代、理论与实践的融会贯通,已成为当代管理理论不断完善与日益更新的大势所趋。

第一节　东方管理概述

一、东方管理的含义

理论界对于东方管理思想的研究已经有相当长的历史了,而管理实践中成功运用东方管理思想的事例也不胜枚举。然而迄今为止,许多研究尚不能从纷繁复杂的历史典籍中提炼出一条脉络清晰的主线来,更多的是就事论事的经验式体会,或者贴标签式的注解。显然,这样的纷杂局面不利于从理论上对东方管理文化进行系统地总结和提炼,本章节主要是介绍以复旦大学东方管理研究中心为核心的东方管理学派长期以来的研究成果及其提出一整套以"以人为本、以德为先、人为为人"为本质属性的东方管理的理论框架,从而进一步推动和加深

[①]　由于资料及国内研究所限,本章大量参考和转述了苏东水教授的《东方管理学》(复旦大学出版社 2005 年版)。正是由于以苏东水教授为代表的东方管理学派的艰辛探索及其所取得的大量科研成果才使本章得以完成,在此深表谢忱!

对东方管理文化的提炼和整合,以便促进东西方管理思想的交流与融合,共同完成世界管理理论与实践的升华和进步。

以复旦大学苏东水教授为代表的东方管理学派的研究指出,东方管理学是研究古今中外管理的理论与实践及其运行规律的现代管理科学的重要学派之一,它是一门融合东西方管理思想精华的新学科。东方管理学根植于东方管理文化,汇集了东西方各族人民的智慧,其研究的主要范围涵盖了渊源于亚洲黄河、长江流域,印度河流域和两河流域,以及非洲尼罗河流域的一切人类管理活动的精华,它也是东方各民族在漫长的历史生产和生活实践活动过程中创造并积累下来的。

从渊源来看,东方管理的历史比西方管理要长得多。在西方,把管理作为一门学科进行系统研究,只不过是最近 100 多年的事情;而在中国,有史料可查的管理典籍可以上溯到 2000 多年前的《尚书》、《周礼》,虽然当时并没有形成一个符合现代西方标准的、能够体现各种管理工作共同特点的管理学,但史料中所记载的东方管理的组织设计、典章制度构建、信息沟通、物流管理及工程建设等许多方面都令现代人啧啧称奇。按照文化的传承性来看,这些具体的管理人物和管理事件,都必然会在其后的管理实践中留下一定的痕迹,构成东方悠久的管理历史中的重要一环。

从内容来看,东方管理要比西方管理丰富得多。东方管理除了涵盖西方管理学科体系中的国家行政管理、企业管理、教育管理、工业管理、农业管理、科技管理、财政管理、城市管理等等以外,还包括治家管理、治身管理等关乎人的生命存在质量的内容。

从目标来看,东方管理比西方管理更注重实现人与自然、人与社会、人与人的关系的和谐发展,即人的成长、成熟与生存质量。一般而言,西方管理强调完成的目标通常是企业利润最大化、股东利益最大化等,只是在近几十年才开始意识到,即便组织的目标是好的,也会在一定程度上损害他人和社会的利益,或者实现目标的方式也可能会违背一定社会行为规范。这种意识的萌发实际上正是西方管理向东方管理复归的表现之一。

由此可见,东方管理对于“什么是管理”这个基本命题的认识,与西方管理有着本质上的不同。在东方管理学派看来,管理就是遵照事物发展的客观规律,合理地发挥人与其他物质资源的综合效率,以有效地实现人与自然、人与社会、人与人关系的和谐统一,达到逐步提高人的生命存在质量这一目标的过程。

一方面,东方管理并不否定人们的求利行为和欲望。的确,企业要生存发展,人们要吃饭穿衣,必须首先解决物质利益问题。然而,另一方面,人们无限制地追求私利,必然会彼此间产生利害冲突和矛盾,造成社会的动乱,严重的话还会危害到人们赖以生存的自然环境。所以东方管理主张"以德为先",用合理的道德规范来制约人们的求利活动;主张加强人的自身品德修养,树立正确的人生观和价值观,以良好的品行服务于大众,造福社会,即"人为为人"。所谓"君子爱财,取之有道",就是这个道理。所以,西方管理所强调的追求利润最大化或成本最小化,不过是东方管理的初始目标或具体的行动目标,东方管理的终极目标是:有效地实现人与自然、人与社会、人与人关系的和谐统一,达到逐步提高人的生命存在质量的人生目标。

为了实现东方管理的终极目标,各行各业的人和各种层次的管理者都需通过计划决策、组织指挥、监督控制等职能进行资源、职责、权力和利益的分配,协调人与自然、人与社会以及人与人之间的关系,因而东方管理的研究对象也就是人们在各种管理实践中所包含的普遍适用的管理原理和方法。在这一点上,东西方管理之间并不存在大的分歧。

二、东方管理的理论架构

20 世纪 80 年代前后,亚洲经济在日本和"亚洲四小龙"的带动下迅速崛起,直接威胁了欧美等老牌发达国家的经济领先地位。这些国家中一些行之有效的管理理论和方法手段,便由此成为人们广泛关注的焦点。从历史上看,这些亚洲国家受中华传统管理文化的影响较大,其中尤其以日本为代表,更是极力推崇中国的儒教、道教中的管理哲学思想、方法和《孙子兵法》的谋略,并曾经借此击败美国,后来居上。这些国家的企业在实践中借用了许多东方管理理论中的原则和方法,使中国古代的管理理论和方法开始受到世界各国管理学者的重视。但出于文化差异的缘故,也由于缺乏一个完整的东方管理理论体系的指导,许多学者常常很难准确把握东方管理理论的全貌,断章取义、以偏概全的情况时有发生。因此,客观上需要有一个东方管理理论体系作为统领,既有利于研究者以此为基础开展讨论和研究,同时也有利于东方管理思想自身的推广、普及和发展。

从 20 世纪 70 年代初开始,以复旦大学东方管理研究中心苏东水教授为代表的东方管理学派便着手东方管理的研究,经过多年探索,汲取中国管理文化中道家、儒家、法家、释家、兵家、墨家以及伊斯兰教和西方管理、华商管理等派别主干思想的合理养分,终于开创性地提出了概括东方管理文化本质特征的"以人为本、以德为先、人为为人"的"三为"原理,在中国管理、西方管理和华商管理的基础上形成了治国、治生、治家和治身的"四治"体系,以人本论、人德论、人为论为核心,包括人道、人心、人缘、人谋、人才"五行"管理的东方管理理论体系,并提出东方管理学的管理目标是构建和谐社会的和贵、和合、和谐(苏东水,2005)。这样,东方管理学的体系可以总结为五个字:"学"(三学)、"为"(三为)、"治"(四治）、"行"（五行）、"和"（三和）。东方管理学还从管理主体、管理权力、管理组织、管理文化和管理心理等五方面，归结出管理成功的基本要素：以管理主体为出发点，凭借职位权力和非职位权力施加影响力，依靠管理组织去协调人们的活动，通过管理文化规范管理主体的心态、意识和行为方式等，从而使组织目标顺利实施。贯穿于这个过程的是管理主体的心理行为过程。因此管理主体也成为管理的归宿。就其管理哲学思想而言，东方管理的要素可以概括为"道、变、人、威、实、和、器、法、信、筹、谋、术、效、勤、圆"等 15 个方面（苏东水，2001）。就管理未来的发展来看，管理的现代化包括管理思想的现代化、管理组织的现代化、管理手段的现代化、管理方法的现代化和管理人才的现代化等五个方面。目前，根据已经取得的研究成果，东方管理的理论体系，如下图所示。

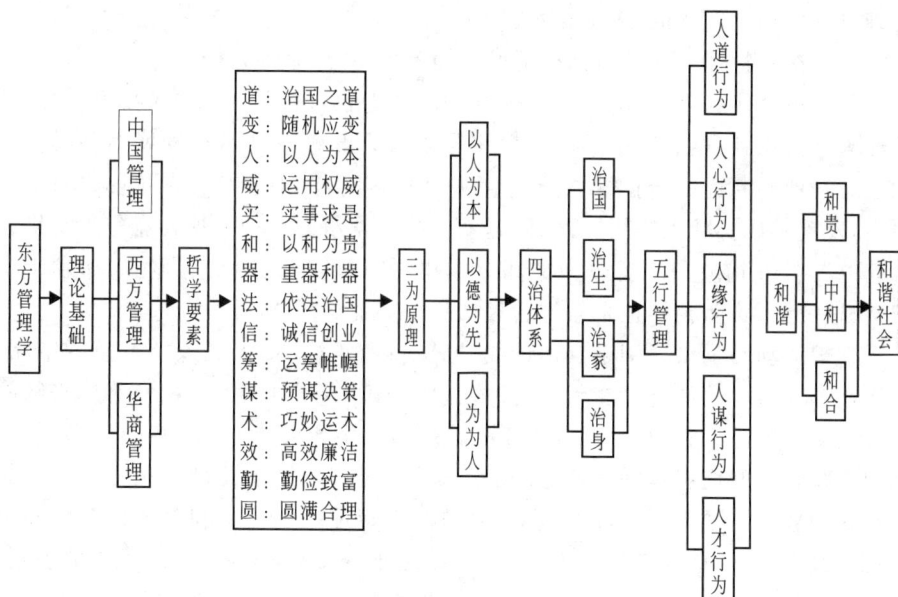

图 3-1　东方管理的理论体系示意图

三、东方管理的启示

（一）东方管理的推广代表了企业管理人性化的发展方向

现代管理学的研究和实践表明，无论是宏观管理还是微观管理，对人的进一步重视，对人的潜能的更深入的开发，无疑会促进管理效能的继续提高。东方管理理论和方法在企业管理上的作用，已经在越来越多的企业经营管理实践中得到了证明。对东方管理文化的更深切的理解，将有助于更多的企业取得经济、社会和文化上的更大的综合效益。

东方管理的振兴,满足了现代管理要求强化人性、整体、共生和"人为为人"的管理价值的需要,推动其进一步走向整合化、柔性化和人性化。现代社会,人才作为企业中最宝贵、最稀缺的资源的观念,已经广泛为东西方管理界人士所接受。但从本质上讲,倡导以人为本历来是东方管理哲学的专利。从以物为主的管理,转变为以人为主的管理;从硬性管理,转变为柔性管理,是西方管理理论的发展,在 20 世纪经历了几次重大的转变后才实现的。

人性化的管理,要求在企业中用富有号召力的企业价值理念,来包容员工的个人需要,创立一种人人认同并遵守的企业文化,并使员工以此为目标,自觉、主动、创造性地开展工作。从某种程度上,这正是体现了东方管理的精髓之一。可以预计,21 世纪的企业将更加关注其各个环节上人的需要、尊严和价值的实现,管理将是更加人性化的、人本化的。

(二)东方管理的普及有助于提升产业竞争力,增强综合国力

新经济时代的到来,使许多国内外著名企业已经逐步在失败的教训和成功的经验中意识到,核心竞争力的培养将是未来企业赖以立足和发展的基石。中国战略发展研究会副会长管益忻先生,从 1989 年开始对青岛海尔集团进行追踪研究,发现其成长壮大"最核心的问题就是核心竞争力。……这种竞争力是别人没有的"。① 在构成核心竞争力的诸要素中,知识的地位越来越重要,而勤于学习、快速灵活、团队精神正是东方管理文化的灵魂。

知识活动乃是人区别于其他动物的特有的活动。知识是人类智慧的结晶,是人类个性力量的源泉。在新经济时代以前,知识产生的巨大经济效益,被物的生产关系所掩盖;而在现代经济中,知识是第一生产要素,是经济的核心要素。知识的联合将取代资本联合和劳动联合,成为经济发展的关键。东方管理正是以知识的载体——人为管理的根本,它与西方管理中以追求利润或股东利益最大化为最高目标,把人作为实现这一目标的手段的"人本管理"有着根本的差别。日本、韩国、新加坡、我国台湾和香港现代化成功的经验表明,东方管理具有强大的产业国际竞争力。同时,东方管理也是促进我国改革开放和现代化建设进一步发展的有力手段之一。

(三)东方管理的应用有助于人与自然、人与社会、人与人关系的和谐发展

东方管理文化的复兴,将避免个人主义、人类中心主义的失误。近代发展中国家的发展之道,必经人身、体制和心灵三次解放,而东方管理文化可能在三次解放中发挥重大作用。东方管理文化倡导人生健康、成功、自在,实现身与心、人与人、人与组织、人与环境的和谐一体,是对东西方管理文化整合的促进。

---

① 　转引自张望:《企业制胜之道:提升核心竞争力》,载《中国青年报》2000 年 4 月 18 日。

东方管理历来强调"和为贵"的原则,谋求的就是人与自然、人与社会、人与人关系的和谐统一。孔子主张"仁者爱人",号召人们以血缘亲情之爱为根本,"推己及人"、"克己复礼",故要求人们"感情发而皆中节",即符合法度、常理,实现天下之"和合"。

日本创价学会名誉会长、国际知名学者池田大作,在《21世纪与东亚文明》一书中,将东亚文明的这种"共生性道德气质"描述为"在比较温和的气候、风土里孕育出的一种心理倾向,就是取调和而舍对立,取结合而舍分裂,取'大我而舍小我'。人与人之间,人与自然之间,共同生存,相互支撑,一道繁荣"。"东亚这种精神气质的特征,在于它不止于人类社会,甚至囊括自然,显示出宇宙般无边无际的广阔。"

现代西方管理界也极力推崇团队精神、合作竞争战略,以及强调企业的社会责任和经济的可持续发展,表面上看与东方管理中的"和合"精神相契合,但从本质意义上讲还是有区别的。东方管理所积极倡导的注重和谐的伦理规范,有助于人们在物质、技术高度发达的今天,加强组织内部的凝聚力,满足人的精神需要,进行有效的国际合作,灵活适应环境的变化,为地球上的各种生物共建一个温馨美好的大乐园。

(四)东方管理的探索将促进治国、治生、治家、治身思想的升华和创新

如上所述,东方管理理论体系所包容的要远远超过西方管理。西方管理在企业微观管理理论与实践方面,的确走在了东方人的前面,但是它的管理理论体系中很少涉及关于家庭的和睦、成长、理财、教育以及人自身德、智、体全面发展的内容,必须依靠东方管理的不断探索与发展来弥补。另外,东方管理的治国论与治生论中,有许多思想对于现实都有着十分巨大的指导作用,比如合作竞争的思想、德法兼治的思想等,还需我们不断地去挖掘和整理。

东方各国思想家和实干家在治国、治生、治家、治身四个方面都有大量的论述和亲身实践的案例,但是由于长期缺乏系统理论体系的指导、归并和整理,难以形成可以进行系统传授和指导实践的原则及方法。东方管理学派提出的东方管理理论体系,从哲学思想、方法论,到具体的管理手段和方法,都进行了科学的界定,这必将为现代管理从治国、治生、治家、治身等方面,寻找到创新的突破口并打下基础。

四、东方管理的国际影响

(一)东方管理在经济全球化进程中的地位

1. 经济的全球化是发展东方管理的大前提

经济全球化是全球网络社会形成的基础,这正是东方管理文化发展的大前提。

2.科技的人文化是东方管理复兴的策动力

从广义来说,科技属于文化经济的范畴,是一种在历史上起推动作用的最高意义上的革命力量。如何提高人们的科学文化素养,提高人的创造能力,弘扬科学的文化精神,加快探索新兴管理文化,已越来越受到业内人士的关注。

3.管理的人性化体现了东方管理的精髓

进入经济全球化时代以来,知识管理、网络管理、创新管理等一系列新的理论,都充分注意到人的因素,这与我国古代儒家"天人合一"的理念下对"人"的理解是一致的。

4.中国的富强和东亚的繁荣是复兴东方管理的物质基础和实验场所

中国改革开放以来,GDP 增长速度持续、稳定。第二次世界大战以来,日本和东亚的"四小龙"靠儒家资本主义的理念实现了现代化。这为东方管理的复兴和现代化提供了物质基础和实验场所。

5.海外华商兴起是东方管理成功应用的范例

陈嘉庚、李嘉诚、霍英东、包玉刚等华商的成功证明以亲、地、文、商、神等五缘(苏东水,1986)为基础、家族式经营、网络化经营特征的经营模式具有很强的生命力。

6.文化传播手段的现代化推动东方管理的传递

现代传播手段使企业管理全面实现计算机化和企业运行信息化,从而极大地推动了东方管理的传播。两种文明汇合推动东西方管理文化融为一体,这必将促进新世纪管理学科的发展。

(二)东方"和"文化与世界和平[①]

基于东方"和"文化的"以和为贵"思想是东方管理的核心理念之一,这一理念对维护世界和平与发展正发挥着越来越重要的作用。

1954 年,中华人民共和国提出以"互相尊重主权和领土完整、互不侵犯、互不干涉内政、平等互利、和平共处"为内容的和平共处五项原则,和平共处五项原则的基本内容也被联合国的一些宣言所吸收,成为国与国之间建立和发展友好合作关系的公认准则。20 世纪 80 年代,邓小平又提出"和平与发展"的理念,并得到世界各国的响应。中国之所以成为和平与发展的积极倡导者,有其深刻的历史和文化必然性。五千年的历史孕育出中华文化兼收并蓄、富于包容的特征——"和"。"和为贵"、"和而不同",鼓励相互学习、相互借鉴;懂得"己所不欲,

---

① 参见王家瑞:《东方"和"文化与中国和平外交》,载第八届东方管理论坛论文集(《人口与经济》2005 年特刊),第 7~10 页。

勿施于人"。中国人民"和"的理念体现在崇尚和平、反对暴力和战争的思想中。近代中华民族深受强权欺压,历经百年的救亡图存,更珍惜和维护来之不易的和平环境。中华人民共和国成立之初就选择了维护世界和平、永远不称霸的和平发展道路。

20世纪以来的国际形势的发展和世界安全领域的新变化,反复证明多边主义才是解决全球性安全问题的唯一选择。在21世纪,和平与发展仍是时代的主流。只有遵循多边主义的精神和原则,才能有助于建立公正合理的国际政治经济新秩序,促进国际关系的民主化与世界的多极化,进而实现国际社会长期追求的和平、发展与安全的目标。因此,倡导以多边主义来解决全球性问题,比以往任何时候都来得更加重要和紧迫。

在与大国关系方面,中国强调改善和发展战略合作伙伴关系,扩大共同利益的汇合点,妥善解决分歧。在与周边国家关系方面,中国坚持与邻为善,以邻为伴,本着"睦邻、安邻、富邻"的基本方针,缓解矛盾和分歧,促进合作与发展。在与发展中国家关系方面,中国继续加强与广大发展中国家的传统友谊,努力扩大务实合作,积极探索新形势下建立长期稳定、平等互利、全面合作的新型伙伴关系。在多边地区性国际组织框架内,中国积极参与亚太经合组织、上海合作组织、亚欧首脑会议、东亚合作系列峰会等,谋求与诸多国家在多个领域的友好合作关系。中国通过与世界各国的坦诚对话和交流,增进了国际社会对中国的了解和理解。针对台湾问题和借台湾问题遏制中国的敌对势力,中国明确地表明维护祖国统一的严正立场,指出"台独"的严重危害。"和平统一、一国两制"的方针也正在赢得国际社会越来越广泛的认同和支持。

(三)东方管理的振兴将对世界的发展作出贡献

东方管理学派认为,未来适应全球化信息时代的管理学科体系,将是融合了东西方管理和华商管理的新型管理理论体系。这一新兴的管理体系,将是涵盖了自然科学和人文科学精华的艺术与科学结晶。过去的一个世纪,西方管理已经在重理性、重科学的道路上走了很远,并推动了世界经济的加速发展,但与此同时,它缺少人情味的一面也越来越随着时代的进步,日益显现出来。当今时代,新经济的发展使得知识加工、知识资本、知识型服务产业等,在国民经济发展和运行中的作用越来越大;而无库存生产、虚拟化工厂、电子商务、供应链管理、需求链管理等,正越来越成为企业管理的基本内容。如何在新经济运行条件下,做好知识管理、柔性管理以及个性化管理等,是摆在所有管理界同仁面前的跨世纪的重大课题。

东方管理的振兴,代表了当今世界对知识、技能、人力资本和信息等无形资产日益重视的趋势。如果说在泰勒时代直到第二次世界大战以后的20多年时间里,无形资产还只是企业中食之无味弃之可惜的"鸡肋"的话,那么当今世界的经济增长,已经越来越离不开知识带动的高新科技的进步。于是,世界各国都普遍把发展教育、保护知识产权和加强无形资产的管理,放在了国民经济发展的重中之重的位置。国与国之间、企业与企业之间的竞争,更多的是依靠高新技术、知识产权、商誉、顾客的忠诚度等无形资产的竞争,而有形资产的价值甚至可能在一夜之间消失殆尽,即使存在也不可能长期保持竞争优势。而重视人的作用,重视无形资产的力量,正是东方管理长期以来所倡导和一贯遵循的基本原则。因此,东方管理的振兴,从某种意义上说,就是对新经济时代人性发展和人性解放探索的褒扬,这势必会影响世界未来发展的趋向。

第二节　东方管理研究的发展阶段

一、古为今用阶段

20 世纪 70 年代中期至 80 年代中期,是东方管理研究的古为今用阶段。典型代表有《"红楼梦"经济管理思想》、《中国古代经营管理思想——孙子经营和领导思想方法》、《现代管理学中的古为今用》、《中国古代行为学说研究》、《试论管理科学的对象与性质》等文章,在学术界引起了较大反响,其中复旦大学东方管理研究中心苏东水教授的《中国古代行为学说》把中国古代管理行为学说分为十类,这是对东方管理中的行为模式最早的研究之一。

中国古代管理行为学说分类:

(1)关于人的行为规律的研究。如韩非提出"天有大命、人有大命"。

(2)关于发挥人的主观能动性的研究。如荀子提出:"从天而颂之,孰与制天命而用之。"

(3)关于人的本性问题的研究。如荀子的"性恶论"、孟子的"性善论"、清末王夫之的人性"日生日成"论等。

(4)关于人的欲望和需要的研究。如管仲提出"仓廪实而知礼节,衣食足而知荣辱",类似马斯洛的需求层次论。

(5)关于奖励与惩罚问题的研究。如荀子指出:"赏不行,则贤者不可得而进也;罚不利,则不肖者不得而退也。"

(6)关于"人和"的思想。如《论语》中提出"和为贵",孟子也有"天时不如地利,地利不如人和"的说法。

(7)关于群体行为和组织行为的思想。如荀子提出:"人之生不能无群,群而无分则争,争则乱,乱则穷。"

(8)关于用人问题的研究。如荀子提到："贤能不待次而举,罢不能不待须而废。"

(9)关于领导行为的研究。如荀子提到的"篡论公察"、"赏克罚偷"、"兼听则明"、"度己以绳"的领导技巧。

(10)关于怎样运用权力的研究。荀子指出："威有三:有道德之威者,有暴察之威者,有狂妄之威者",强调道德之威强国,暴察、狂妄之威亡国。

二、理论创建阶段

20 世纪 80 年代中期至 90 年代中期,是东方管理学说的创建阶段。东方管理学理论创造性地提出"以人为本、以德为先、人为为人"的"三为"思想,并将东方管理思想的本质概括为"人为为人"。"人为"即每个人必须首先注意自身的行为和修养,"正人必先正己",然后从为人的角度出发,来从事、控制和调整自己的行为,创造良好的人际关系和激励环境,使管理者和被管理者都能够持久地在激发状态下工作,主观能动性得到充分发挥,为人类社会更好地服务。"人为"和"为人"二者具有辩证关系,相互联系并可以相互转化。这一思想最初渗透在苏东水教授 1987 年出版的《管理心理学》(第 1 版)中,并成为其独创的"人为科学"的理论基础。"人为为人"的东方管理理论充满生命力,在以复旦大学学者群为代表的国内外学者的共同努力下,对东方管理思想的研究不断深入。

随着对东方管理思想研究的逐渐深入,对中国浩如烟海的传统管理文献进行梳理和提炼的必要性越发突出。1996 年,耗时三年多,由苏东水教授担任总主编、上百位国内外学者参与编撰的《中国管理通鉴》出版了,这是第一部对中国古代管理思想进行系统整理和研究的著作,内容丰富全面,分人物、要著、名言和技巧四卷,共计 280 余万字。《中国管理通鉴》的出版为东方管理思想的研究奠定了坚实的文献基础。

苏东水教授从 1992 年开始连续参加世界管理协会联盟(IFSAM)举办的世界管理大会。先后在东京、达拉斯、巴黎、马德里等国的会议上提交和宣读论文,向国外学者介绍东方管理思想研究的最新进展,使他们从不了解到感兴趣,再到与中国学者开展合作研究。1997 年,苏东水教授主持召开了在国内外管理学术界和企业界具有深远影响的世界管理大会(上海),国内外 50 余家媒体到会采访,《人民日报》的报道称大会标志着"东方管理文化在世界叫响"。苏东水教授在大会的主题发言《面向 21 世纪的东西方管理文化》中弘扬了东方管理文化,提倡东西方管理思想融合发展。通过参加 IFSAM 的世界管理大会,不断向世界管理学界宣传以中国优秀传统文化为核心的东方管理思想,深得与会各国学者的认同,扩大了东方管理思想的国际影响。从 1997 年起,我国连续举办八届世界管理论坛暨东方管理学术研讨会,一届世界华商管理大会(1999 年),就东方管理思想研究展开广泛探讨,在海内外学术界和企业界产生了深远影响。有国外学者将苏东水教授所创建的东方管理学说的"三为"思想——"以人为本、以德为先、人为为人"称为管理学的 S(Su)理论或 O(Oriental)理论。

在"三为"核心思想的基础上,经过多年研究,全面构造了"三学"(中国管理学、东方管理学、华商管理学)、"四治"(治国、治生、治家、治身)、"八论"(人本论、人德论、人为论、人道论、人心论、人缘论、人谋论、人才论)的东方管理学理论体系。

三、影响扩大阶段

20 世纪 90 年代中期以来,东方管理学说日益走向成熟。作为国家自然科学基金项目"东方管理学思想研究"成果之一——《东方管理》一书于 2003 年 1 月正式出版。在该书中,东方管理学派的学者将东方管理理论进一步完善,并以继承儒家思想为内核的中华传统文化为主,广泛汲取东方管理文化中儒家、道家、释家、兵家、法家和伊斯兰教等思想流派的学说,结合华商管理实践与中国改革开放的成就,融合西方行为管理、过程管理、决策管理、权变管理、知识管理等管理理论的精华,形成了更为全面和完善的东方管理理论体系。

近几年,在苏东水教授编著的《中国国民经济管理学》、《产业经济学》、《管理学——东方管理学派的探索》、《应用经济学》等著作中,成功地把东方管理思想嵌入宏观经济管理、中观产业政策、微观企业管理中,受到了学术界的一致好评,也扩大了东方管理思想的影响。其中 2001 年出版的被视为东方管理学研究的阶段性总结著作《管理学——东方管理学派探索》一书弘扬了优秀的中国传统管理文化,整合了古今中外的管理理论精华,系统地对比了东西方管理理论,总结出华商管理理论的基本思想,东方管理思想的学术价值和社会意义由此得到进一步的阐释和挖掘。该书不仅丰富了管理学的内容,专辟章节阐述治国、治生、治家,在框架上也突破了西方管理过程学派的束缚,充分重视文化和心理的影响和作用,从管理主体、管理权力、管理组织、管理文化和管理心理五个方面归纳出管理的基本要素。

从东方管理教育与管理人才的培养来看,从 20 世纪 80 年代开始,由苏东水教授主持的复旦大学经济管理系、经济管理研究所就开始在工业经济、企业管理、产业经济学等学科下招收东方管理方向的硕士生、博士生,近几年应用经济学和工商管理的博士后流动站开始招收东方管理方向的博士后。2003 年,复旦东方管理研究中心正式设立了东方管理学博士点和硕士点,成为全国首家,现已开始正式招生,这标志着东方管理学科的人才培养开始进入一个崭新的发展阶段。

2005年9月由中国企业联合会和国际管理咨询协会理事会(ICMCI)共同主办的"世界管理论坛(暨第四届中国管理咨询高峰会)"在上海国际会议中心举行。峰会围绕会议主题"赢在管理——全球化视野与中国式管理"共设置了7个中外焦点分论坛,分别围绕:国际管理发展趋势与中国式管理、全球化进程与中国企业的管理缺失、国际管理经验中国本土实践的"是与非"、"中国兵团"与"外资兵团"的"红与黑"、管理瓶颈突破与中国企业的两难传承、管理范畴三层面泛论"中国式管理"、管理咨询业与信息化发展等七大议题展开交流,与会的中外著名管理学家、企业家、咨询师以及政府官员等共计600左右。在经济全球化进程中,中国经济持续、快速、健康发展,已成为全球关注的焦点。中国企业如何持续发展,做强、做大、做久;如何面对管理变革;中国管理咨询业如何健康成长,真正成为助推中国企业持续发展的社会力量等等。中外企业家、专家学者和咨询机构围绕上述共同关心的热点和焦点话题进行了深入探讨,把脉企业运营中的管理得失,探索中国企业管理的未来发展之路。有关"中国式管理"问题的探讨以及会上苏东水教授所作的《东方管理学思想的兴起》的主题发言等等,可以说,也进一步扩大了东方管理思想的影响。此外,2004年在瑞典歌德堡召开的IF-SAM理事会上,经过努力争取,我国力克加拿大、南非等竞争对手,赢得第九届世界管理大会的主办权,这届大会将于2008年7月在上海召开。

第三节　东方管理理论的特征、基础及其本质

一、东方管理理论的特点

东方管理理论是在总结中华管理实践与理论探索的基础上形成的一整套理论体系,具有独到的理论特点。

(一)包容性

中华传统管理文化的博大精深,得益于它在不断地发展完善的过程中,能够包容和吸收其他管理文化中先进的成分。从古代的"吾日三省吾身"、"三人行,必有吾师焉",到近代的"师夷之长技以制夷",可以说东方管理对于不断吸收学习的重视是一脉相承、历久不衰的。这种思想远比当前热炒的学习型组织的提法,要早上千年。正是这种极具包容性的管理文化,才使得东方管理能够博采众长,汇纳百家学说而融为一体。因此,我们提出西方管理向东方管理的世纪回归,也正是基于它的这一鲜明特性。

东方管理的博大精深也深深地影响了朝鲜、日本、越南等周边国家和地区,形成了一个大的"中华文化圈"。

（二）人本性

西方管理从一开始就将人与土地、资本等生产要素相提并论，也就是将其视为与土地、资本等具有相同作用的"物"。西方的哲人们更偏向于从人与自然对立的角度去观察世界。

古希腊哲学家提出原子论，认为原子之间互不依赖，人与人之间也如原子般自由、独立；现代西方的人本主义管理学家，他们也始终没有离开"人"这样一个中心和出发点，去研究自然界、社会和人与人的相互关系。在西方管理中，人不过是追求利润或效率最大化过程中的手段。东方管理则强调人是管理的根本，是主体，追求的是人的全面自由发展，因为没有人就没有了组织，没有了成功的可能，所以，在东方管理中人的发展才是最为根本的。

（三）系统性

东方管理讲究管理中的整体协调，反对简单的因果对应。整体观念是东方管理系统论的核心。天地、万物、人类社会、意识形态便是一个完整的、多层次的复杂系统。从宏观方面来看，自然界和人类社会就是一个整体；从微观方面来看，天文、地理、动物、战争、农业、狩猎、祭祀、婚姻等方面也是一个整体。

由于在一个系统中，不同的部分具有不同的作用，所以，就要求人们在考虑问题时，必须进行综合考虑。要把问题放到系统中去，视其在系统中的地位和作用，再作出具体的处理决定。

（四）创新性

东方管理在其不断的发展演化过程中，融合了多种其他学科的知识和理论，而每一次的融合，不仅丰富了东方管理的理论体系，而且还提供了新的更有效的方法来整合理论资源。

（五）柔和性

东方管理讲究在研究人们的心理和行为规律的基础上采用非强制方式，在人们心目中产生一种潜在的说服力，从而把组织意志变为人们自觉的行动。因而它主张的管理手段是"仁治"，所以，东方管理的柔和性最终还是"以人为本"思想在管理中的忠实体现。

（六）服务性

东方管理与西方管理的一个很大的区别，体现在两者对人与社会相互关系的处理上。西方管理强调人的个体意识，承认人的独立性，因此人有权力向社会索取他（她）所需要的任何东西；而东方管理则强调人的群体意识，突出人的社会性、服务性，因此人人有义务为社会的安定和发展尽自己的一份力量。更重要的是，东方管理强调服务社会、服务他人的前提是"人为"，也就是要求管理者加强自身素质的修养。自身修养提高了才能更好地"为人"，即服务。

二、东方管理理论的基础——十五哲学要素

东方管理将管理的要素概括为"道、变、人、威、实、和、器、法、信、筹、谋、术、效、勤、圆"(苏东水,2001)等15个方面,可以说,这15个要素为东方管理奠定了深厚的管理哲学基础。

道,就是治国之道。东方管理主张一切管理工作都要顺"道"。那么究竟何谓"道"呢?道就是管理工作中必须遵循客观规律。所谓"顺道"也就是指管理者应该遵循被管理的人、组织和物的基本属性和运动本质属性和运动特征,从而"治大国"才可以如"烹小鲜"般易如反掌,达到"无为而治"的境界。

变,随机应变,就是在把握"道"即客观规律的基础上,随时随地根据外部环境的变化而相应地采取变通的方法,去解决管理工作中所遇到的具体问题。老子曰:"天不变,道亦不变。"如果反其意而理解就是说,外部环境变化了,事物运行的客观规律也会变。因此,东方管理的管理模式实质上就是一种应变式的管理。

人,就是以人为本。东方管理强调人际关系的协调,注重关心他人,爱护他人,帮助他人共同成就事业。近来,西方管理学者也强调"以人为本"。但如前所述,东西方管理在对于"以人为本"的理解上存在着差异。西方管理中讲"以人为本",目的是发挥人的积极性和主动性,以使人这种资源能够得到充分的利用;东方管理中讲"以人为本",最终的目的却是要获得人性的解放,改善人的生命质量。

威,就是运用权威。管理者在实践活动中,通常要涉及运用权力来指挥和影响组织成员的过程。其中有些权力是制度所赋予的,而有些权力则是依靠管理者个人的魅力、品格和专长等自发产生的。相对而言,东方管理更主张管理者加强自身的道德素质培养,突出依靠榜样的力量实施言传身教的重要性。

实,就是实事求是。实事,就是客观存在的一切事物;求是,就是探求客观事物的内部联系,即规律性。在《论语》中,孔子强调修身是一切管理的基础。从天子直到普通老百姓,都应该以修养个人的善良品行作为根本。而实事求是的精神和工作作风,是其中很重要的品行之一。孔子认为,管理者不能仅仅凭着自己的主观判断,就妄断下属的善恶或事情的曲直。他告诫说:"知之为知之,不知为不知,是知也。"[①]他提出,观察下属的善恶品行要看那个人每天所做的事情、所使用的东西,考察他过去的所作所为,看他周围居住的环境和他的住所,再看究竟什么样的事情令他感到欣慰和高兴。这一原则体现在管理活动中,也就是要

①　《论语·为政》。

求凡事量力而行,用人扬长避短,办任何事情都应该注意时机和地点的选择,要不偏不倚,既不要过激,也不要不及。

和,就是以和为贵。东方管理中强调"和为贵",一方面是要求社会中的每一个人加强自身的修养,时时处处从他人的角度为他人的利益着想,并最终从社会的和睦中实现"我为人人,人人为我"的共同协作与发展的状态。尤其是对管理者来说,"人无笑脸莫开店"的古训更是一条必须牢记的管理原则,此所谓"内和"。另一方面,以和为贵还要求实现人类社会与自然界、人类社会的方方面面的友好相处、相互爱护和共同进步,此所谓"外和"。内和与外和是相辅相成、互为表里的。

器,就是重器利器。孔子说得好:工欲善其事,必先利其器。① "器",也就是生产工具,对于人类的生产和生活的作用是十分巨大的。管理的成功除了要有正确的思想和理论指导以外,还必须依靠先进发达的工具和设备来辅助人们改进和提高工作效率。要发展和改进生产工具,就必须加强社会的分工与协作。孟子曾经指出,农夫不能兼"百工之事",必须和其他的工匠换自己需要的物品,如果一定要他自己生产才能够享用,这就是要把天下的人都领到贫困的道路上去。② 荀子和韩非子等也肯定生产工具的进步对社会财富的增加具有积极的促进作用。荀子认为"百工忠信而不楛,则器用巧便而财不匮矣"③。意思是说,灵巧方便的生产工具可以增加财富的生产。他的学生韩非子也认为,"明于权计,审于地形、舟车、机械之利,用力少,致功大,则入多"④。实际上就是告诫人们要懂得因事、因时、因地制宜,仔细研究地形、车、船和机械的利用,做到费力小而效果大。中国古代的四大发明、西汉时出现的粮食加工机械——水碓,以及黄道婆推广的先进纺车和纺技等,都极大地提高了中国当时的生产能力和中国人的生活质量,并为世界的发展进步做出了应有的贡献。中国近代甚至出现了"机器兴邦说"等思想,可见重器利器一直是贯乎古今的重要管理思想。

法,就是依法治国。依法治国可以避免"人治"中的种种随意性和独断性,从而在平等的基础上公正地对待每一个人和每一件事。但是,依法治国并不能因此被片面地理解为韩非子所说的"为治者,不务德而务法"⑤。也就是说根本否定道德修养在管理中的积极作用,过分地去崇尚严法酷律的威慑力。事实上,东

---

① 《论语·卫灵公》。
② 《孟子·滕文公上》。
③ 《荀子·王霸》。
④ 《韩非子·难二》。
⑤ 《韩非子》。

方管理所宣扬的依法治国,是采取德法兼容的方式来实现的。

信,就是取信于民。在东方,人们要求管理者"正人先正己",就是希望管理者能够通过自身修养的提高,在群众中树立良好的个人形象。个人形象的树立和保持的过程,也就是个人信用的建立过程。因此,《孙子兵法》在谈到将帅的素质时,曾经提出了"智、信、仁、勇、严"的"五德"标准,其中孙子对"信"的解释为:"信者,号令划一,言必行,行必果,取信于人。"①显然,朝令夕改、巧言令色、满腹阴谋诡计的人是无论如何也无法得到下属的信任和爱戴的,也就无法胜任管理的工作。这一点即便是在西方,政府官员的丑闻被曝光,当事者也会迫于社会舆论道德的压力而去职。

筹,就是运筹帷幄。《孙子兵法》中说:"夫未战而庙算胜者,得算多也;未战而庙算不胜者,得算少也。"②意思是说,兴兵作战之前,充分估计各种主客观条件,精心运筹帷幄的,胜利的可能性就大一些;预见获得胜利的主客观条件不充分,就不容易得胜。因此,管理过程中,尤其是涉及竞争决策的情况下,运筹帷幄的好坏常常决定了管理的成败。

谋,就预谋决策。所谓凡事预则立,不预则废,讲的就是要提前预谋筹划,才能把握局势发展的先机。据史料记载,秦末农民起义时,刘邦率部攻入咸阳,文武百官纷纷去争抢金银珠宝,唯有萧何不动声色地将秦朝的大量地图和典藏资料收集起来,加以妥善保管和研究。这不仅为刘邦日后击败项羽建立西汉王朝,而且也为汉王朝一系列大政方针的制定和实施提供了宝贵的情报保障。从某种意义上讲,把萧何誉为"竞争情报"实践的始作俑者,是毫不为过的。另外,战国时范蠡提出的"旱则资舟,水则资车"以及"知斗修备"等原则,也集中体现了东方管理的预谋决策思想。比较而言,"谋"更侧重于预测和把握未来发展的动向;"筹"则是反反复复根据当时当地的内外部条件,侧重比较各种备选方案,两者是有区别的。

术,就是巧妙运术,也就是要讲求方式方法。同样的一件工作,采用不同的管理手段和方法,其效果会截然不同。大禹的父亲鲧治水用堵的方法失败了,而大禹用疏导的方法治水却成功了。我们原来在发展农村经济方面推行"一大二公"的超越型理念,结果却严重地挫伤了广大农民的生产积极性,阻碍了农业生产的发展。后来,政府及时采取了农村家庭联产承包责任制,将土地承包给广大农民,迅速搞活了农村经济,也使我国经济的腾飞有了一个坚实的基础。这些事例充分说明了合理运用管理方法的重要性。

---

①　《孙子兵法·计篇》。
②　《孙子兵法·计篇》。

效,就是高效廉洁。所谓廉洁,就是指不贪财货,立身清白。东方管理在强调管理者提高工作效率、合理利用资源的同时,也注重从人的自身道德素质这一根本入手,主张身教重于言教。正如孔子所言:"其身正,不令而行;其身不正,虽令不从。"①意思是说,为官执政的人自身清正廉洁,即使不下命令,老百姓也会跟着行动;为官执政的人自身不清正廉洁,即使下命令老百姓也不会服从的。可见,东方管理所主张的"以德为先"正是保障管理者的指挥高效畅通的重要原则。

勤,就是勤俭致富。东方管理不仅要求管理者勤勉为政,而且要求在广大群众中提倡克勤克俭,反对奢侈享乐。也就是要勤俭建国,勤俭持家。"民生在勤,勤则不匮"②,也正反映了东方管理对劳动的要求;而勤劳与节俭又是相互联系的,人们只有通过自己的辛勤劳动,才能真正懂得节俭的道理。在东方管理界看来,不论是修身、治家,还是平天下,勤俭节约都应该成为一种必需的品质或要求。

圆,就是圆满合理。这要求管理活动的结果一定要符合广大人民群众的需要,兼顾各方面的利益。能在兼顾其他人的利益的情况下,仍然达到管理的目的,才是东方管理所强调的管理的最佳境界。

三、东方管理理论的本质——三为原理

"以人为本、以德为先、人为为人"是东方管理理论的核心思想。"以人为本",强调的是人本管理,将人界定为主体人,主体人的最大特征就是能充分发挥自己的主观能动性,在管理中我们要尊重个体的主观能动性;"以德为先",强调的是人德管理,将道德在管理中的作用提高到一定的层次,管理者不仅在治身、治企中要强调伦理道德的修养,而且在治国实践中也必须强调以德治国;"人为为人",强调的是人为管理,每个人注意自身的行为修养,然后从"为人"角度出发,来从事和调控自己的行为,创造一种良好的人际关系和激励环境,使人们能够持久地在积极状态下工作,主观能动性得到充分的发挥。

(一)以人为本管理

东方管理学强调在管理实践活动中要重视人的作用,认为人是管理活动的核心,人类各项活动的目标是追求人的全面发展。

1.人是管理活动的核心

中国古代有着丰富的人本论、民本论、人贵论、民贵论之类的思想,许多思想

---

① 《论语·子路》。
② 《左传·宣公十二年》。

家都提倡以人为本。孔子主张"因人之所利而利之"①。《吕氏春秋》中说:"凡为天下,治国家,心务本而后末。所谓本者,非耕耘种植之事,务其人也……务其本也。"②现代东方管理学研究古人的以人为本思想,主要用于指导我们的管理实践活动,提出人是管理活动的核心。它包括以下三层含义:

(1)各种生产要素组合中人力资源已成为核心资源

传统的资源如劳动力、土地、资本和自然资源支撑了 20 世纪的发展,进入 21 世纪,知识信息将成为最大的资源,知识经济时代,资本追逐知识,拥有掌握大量先进技术、科技知识的人才的组织必将在市场竞争中处于领先地位。

(2)管理活动中要充分发挥人的主观能动性

既然拥有大量科技、管理人才是企业取胜的法宝,那么就要努力去调动这些优秀人才的工作积极性,创造良好的环境,谋求和推动人自觉地、全面地、自由地发展。管理实践的经验也告诉我们,自觉自愿地努力与被动强迫地催促,所产生的管理效果差距是显而易见的。

(3)充分尊重人的个性化发展

未来世界是一个多元化、丰富多彩的社会,如何按照自己的意愿和潜力发展自己,寻求适合自己的工作,将是本世纪优秀人才发挥作用的一个最大特征,也只有一个能使员工个性化发展和团队协作精神有机结合的企业组织,才能够在未来的市场竞争中取得最大限度的成功。

2. 管理活动的目标是追求人的全面发展

在物质不甚丰富的 20 世纪中,大众迫于生计去追逐物质利益,经济学家们以此构造的理论体系和现实的经济体系,努力满足人们对物质生活的极大需求。进入新的世纪,满足人的更高层次的需求,追求人的全面发展是人类管理活动的一个新的长期目标。

(1)先进的管理组织模式一定要适应个性化全面发展的人的要求

现代社会发展日新月异,一些巨大的僵化的组织已不能适应快速变化的外部环境。新世纪具有竞争力的组织模式,必须以能迅速适应外界的变化,充分发挥组织内全体员工能力的方式存在。只有这样的组织模式才能适应形势的发展,具有竞争优势。

(2)管理活动的目标是要不断满足、实现人的物质和精神的需求

回顾人类管理活动的实践,形式与方法有多种,但目标却都是一致的,那就是充分关注人的需要和欲望,对正常合理的需要和欲望加以满足和实现,以发展

---

① 《论语·尧曰》。

② 《吕氏春秋·孝行》。

人的能力,提高人的满意度为管理目标。特别在市场经济条件下,离开了对个人需要和欲望的满足、对个人利益的追求这一内在动因,就无法调节经济主体的经济行为,也就无法实现资源要素的最佳配置,从而无法最终实现社会福利的最大化。进入知识经济时代后,物质生活不断丰富,经济管理活动的目标是更多地在物质层次方面追求极大的满足,全面的、综合的人的价值的实现仍为各项管理活动的终极目标。

(二)以德为先管理

中国古代管理思想非常重视道德的作用,提出了"修身、齐家、治国、平天下",将修身即道德的管理放到了优先位置。现代东方管理学派重视道德管理作用,提倡培养积极正确的伦理道德观念,强调伦理道德在管理活动中的重要作用。

1. 培养积极正确的伦理道德观

现代西方管理模式中虽然日益强调管理伦理即管理者的职业道德修养,但维系企业有序运作的依然是纪律与规则。东方管理模式固然重视纪律规则,强调赏罚分明,但更重要的是采用道德软约束的方式来规范员工及管理者的行为。具体分为修己安人、诚信为本、义利合一。

(1)修己安人

管理者先"修己"以做出道德示范,在无形中影响被管理者的行为,从而达到"安人"的目的。"修己"与"安人"是一种人性化的、根本性的管理方法,强调通过道德威望的感召与示范,在无形中通过提升道德伦理力量而达到管理效果。"己所不欲,勿施于人"也含有这个方面的意义。

(2)诚信为本

儒家文化强调"仁、义、礼、智、信",对道德作用非常重视,认为德为立身之本,即道德修养是一个管理者和普通员工立足于社会,取信于各方的根本。现代企业发展重视无形资产的培育,特别是信誉在经济工作中的重要性,充分体现了这一点。

(3)义利合一

以德为先强调人们在"义"与"利"之间要有所选择。"君子爱财,取之有道。"既要注重经济利益,但也要分清是非,不义之利应该杜绝。

2. 伦理道德在现代经济活动中发挥着重要调节作用

厉以宁在《超越市场与超越政府》中提出:习惯与道德调节是市场调节、政府调节之外的第三种调节。通过分析可以清楚地了解到,即使在市场调节与政府调节都起作用的场合,在法律产生并被执行的场合,习惯与道德调节不仅存在着,而且它的作用是市场调节与政府调节替代不了的,也是法律替代不了的。我们知道现代社会人是一个"社会的人",不一定只从经济利益角度来考虑问题和选择行为方式,也不一定被动接受政府的调节。在这种情况下,道德调节在社会中发挥其重要作用。道德调节有以下几个特点:

(1)在经济交易活动中,市场调节失灵、政府调节失灵时,道德调节会发生主要调节作用;

(2)在非经济交易活动中,交易活动不受市场规则约束,政府调节也难以进入其领域干预,道德力量调节为主要调节;

(3)在经济高速发展中,特别是进入知识经济时代,道德调节作用越来越明显。网络经济更需要道德力量的约束。

(三)人为为人管理

"人为为人"是东方管理学本质的核心命题。它是由"人为"与"为人"两个命题所组成。"人为"是人的行为、作为,中国哲学重视人的道德和行为的可塑性,为人的发展提供了广阔的可能性。"为人"是"人为"所要达到的目的,也是"人为"所考虑的角度、所瞄准的方向、所遵循的规矩。就是说,管理活动始终要兼顾管理对象,不要主观肆意妄为。"人为为人"包含着深刻的管理民主化思想。

人为亦即"事在人为"的思想,面对世事变迁,即使困难重重,也不应该放弃希望、放弃努力,而应积极与命运抗争,去争取一切可能。这一思想实际上表达了一个积极的人生哲学。人为学说顺应了人的行为规律,如学习规律、竞争规律、强化规律等,人为学强调要重视人的行为规律的研究、人的欲望和人的需要的研究、奖励和奖惩的研究、关于人们的思想研究、关于群体行为和组织行为的思想的研究、关于用人的研究、关于领导行为的研究、关于如何运用权力问题的研究、关于发挥人的主观能动性的研究、关于人的本性的研究等十个方面。

为人包括两个层面的意义:(1)管理主体与管理客体相互协调,有互动作用。即管理者不能再以传统的"命令与服从"的关系来理解和处理与被管理者的关系,而应该以一种同舟共济的心态来看待二者之间的关系。(2)管理主体的行为与活动是为管理客体服务的。如何做好为人呢? 简言之,必须了解、关心、帮助被管理者。比如按照马斯洛人的需要层次划分,为满足被管理者的"生理"需要,应该关心被管理者的日常生活、温饱等问题;为满足被管理者的"安全"需要,应该尽量避免随意解雇职工;为满足被管理者的"社交"需要,应该经常找员工谈话沟通;为满足被管理者的"尊重"需要,注意尊重员工人格,不伤害其自尊心;为满足被管理者"自我实现"的需要,应该给予员工均等的晋升机会。

人为为人的道理告诉我们,企业的股东或者管理者不应把企业视为自己的私有财产,而应该把企业当作一种各种资源优化配置的组织形式,通过大家的共同努力,实现共同的利益。企业的生存与发展离不开员工的辛勤工作,员工的工作成就与进步是企业发展与成长的基础,而企业的兴衰又直接影响着员工个人的生活与事业。

第四节 东方管理理论的主要内容

一、四治体系

四治(治国、治生、治家、治身)理论是东方管理学在管理理论体系领域的一大创新。这一理论体系的提出源于对中国传统管理思想的提炼,它不仅涵盖管理实践中的各个层面,而且也符合中国儒家"修身治国平天下"的推演逻辑。

(一)治国——国家管理

早在18世纪,法国启蒙思想家伏尔泰就曾说过:中华民族"是世界上最古老的民族,它在伦理道德和治国理政方面,堪称首屈一指"(《路易十四时代》)。的确,中国古代思想文化中,很早就注意到治理国家的重要性。治国思想作为一个国家管理者基本世界观的具体体现,决定了他们在解决现实世界中各种矛盾、各种问题时所采取的方法和手段。中华民族数千年来经历了无数次的改朝换代和多种外来文化的渗透,积累了丰富而深邃的治国理念,最具代表性的有:

1. 以民为本的治国理念。国家管理者制定方针政策时,一切要以老百姓的根本利益为出发点,关心人民的疾苦,减轻人民的负担。为老百姓谋福利,为老百姓办实事,与老百姓同甘共苦,同忧同乐,这样才能赢得人民群众的信赖与拥护,正所谓得人心者得天下,民为邦之本,"以民为本"就是要统治者爱民、养民、富民。如此,国家就会兴旺发达,繁荣富强。

2. 道法自然的治国理念。这一思想实际上包含着三个层面的意思:一是指顺应自然界和人类社会的基本原则和规律办事,正本清源,按照事物本来的运动发展规律去认识它、把握它、利用它;二是指按照管理活动本身所应该遵循的基本原则和规律办事,比如需要依靠组织结构来完成的任务就不能一个人蛮干;三是指依照人民大众的共同心理,顺势加以引导,使人民群众自觉地服从国家颁布的管理条例与法律。在现实当中,道法自然就是要求那些国家和政府的管理者,首先应该加强对客观规律的认识。了解了这些规律,才能辨明自然和社会发展的方向,才不会犯原则性、方向性的错误。其次,作为国家和政府的领导人,还必须通晓处理各种事务的基本程序,也就是说要知道一些管理的基本方法和技巧,否则很可能事倍功半,自己还疲于应付。再次,国家和政府的领导人尤其要精通与人打交道的各种方式和方法,因为所有的领导意志最终都是要通过人去完成和实现的。下属工作积极性的高低,多数情况下要受到上级管理方式和方法的影响。其实,这也就是东方管理所以强调"人为为人"理念的重要原因。

　　3.德法兼容的治国理念。从我国历史发展来看,法律和道德都是治国的手段,统治者不会单纯依靠法律或道德治理国家和管理社会的,法治与德治是相辅相成、相互促进的。当前我国实行依法治国与以德治国相结合的治国方略就是对古今中外治国经验的科学总结,但是在本质和内容上不同于过去的模式。社会主义中国实施的是以依法治国为主,以德治国为辅,二者相结合的治国方略。社会主义依法治国以"法律面前人人平等"代替了古代社会的"刑不上大夫"的特权,罪刑法定原则抛弃了古代法治的弊端,使治者与被治者都受法律的管辖和约束,任何人都不能超越法律制度。社会主义以德治国把治者与被治者合二为一,强调的是用社会主义的道德治国,是强调培养植根于中华民族五千年的优秀道德传统的基础上,又体现时代特征、融传统美德与现代美德为一体的现代道德,是建立在全体人民普遍认同和自觉遵守基础上的社会主义道德体系。实施依法治国与以德治国相结合的治国方略,既可以保证我国社会稳定和健康发展,也能更好地促进我国有中国特色社会主义事业的顺利进行。

　　4.东方管理中的治国思想还包括了一系列治国法则。所谓治国法则就是指在具体管理国家事务的过程中所遵循的基本原则和基本方法。东方特色的治国法则主要有:首先要强根固本,作为民众意愿代表的国家管理者,首要的任务就是解放和发展生产力,解决关系国计民生的重大矛盾,为经济的腾飞打好基础、创造条件。国家和政府的管理者首先要把人民大众的温饱问题,当作头等大事来抓。尤其是在我们这样一个相对不发达、处于由农业化向工业化社会转型的国家,解决十几亿人口的吃饭问题,一直是任何一届政府都无法回避的重中之重。但是"衣食足"只是保证了民众物质需要的满足,而人对于信仰和终极关怀的探求,则需要发展各种教育来满足。教育能够帮助人们培养忧患意识,使之养成艰苦奋斗的习惯。其次就是集分适当。用现代的话说,集分适当就是指要处理好中央和地方的关系。最后就是坚持开放创新。自古以来,中国就是一个统一的大国,周边都是相对弱小的国家,因此,元朝以后的治国者考虑如何安抚往往要多于如何竞争,以致日益愚昧落后,最后国破受辱。历史证明,闭关锁国的政策祸国殃民,贻害无穷。其实,中国并非自古以来就夜郎自大,而且还曾经因为不断吸收借鉴外来文明优秀的东西,丰富和发展了华夏文明,创造了东方世界的辉煌。熟悉中国历史的人们都会发现,正是开放贸易和不断地向外来文明学习和借鉴,才支撑了华夏文明几千年源远流长的发展。

(二)治生——经营管理

　　治生,是经营、谋生计的意思。东方管理的治生论,是以"德本财末"道德观和"诚、信、义、仁"伦理思想为哲学核心,依循所发现的客观经济规律,以及由此所发展出来的预测、战略计划、市场营销、人事管理和质量管理等方面的方法和技巧。

治生理念,主要反映东方管理文化中的生产经营管理思想与治生伦理。东方管理学中一贯强调"以德为先",同时鼓励人们依靠自己的辛勤劳动致富。综观中国古代关于勤劳的论述,其具体含义可概括为:(1)民生在勤。《左传·宣公十二年》载:"民生在勤,勤则不匮,是勤可以免饥寒也。"墨子更是大力倡导勤劳的美德,指出:"赖其力者生,不赖其力者不生。"这一名言鲜明地表达了自食其力的观点,强调了人的生存发展都要靠自己的辛勤劳作。(2)吃苦耐劳。这是勤劳的具体表现。勤与劳相通,而在一定意义上,劳与苦相连。只有真正经受得住吃大苦、耐大劳考验的人,才算得上具有勤劳美德的人。(3)自强不息。勤劳美德的动因是自强不息。自强不息是进德、修业、立人之本。中国传统道德不但重视勤劳,而且重视节俭。勤与俭是一个事物的两个方面,互为表里,相辅相成。勤的本质在于勤奋努力,艰苦劳动;俭的本质在于对劳动者的尊重,对资源和劳动成果的珍惜,对物用的精打细算。勤因俭而贵,俭因勤而诚。东方管理的治生理念在华商身上表现得就很明显。综观华商的家庭出身多半都比较贫寒,其发迹都是"白手起家"。为了生存下来,他们首先干体力劳动,这就是华商三部曲的第一步。接下去,他们勒紧裤腰带存钱,只要有一点小资本,就开始做小本生意,这是华商三部曲的第二步。第三步,扩大经营,力求发展,也就是在事业有一定起色后,或开分店,以求遍地开花;或进行多种经营,以规避风险。大多数华商就是这样过来的。另外,在道德观影响下所形成的东方管理治生伦理,可以概括为四个字,即"诚、信、义、仁"。诚,就是诚实经营;信,就是讲求信誉;义,就是以义为利,不违法乱纪;仁,就是有仁爱之心。

治生规则,反映的是生产经营管理的规律和事理。在树立了正确的治生理念之后,治生之道其实不过是趋利避害、贱买贵卖那样简单。但是,贱买贵卖并非人人都能做到,原因是要把握一些经济规律。比如治生之道要把握好经济周期规律。古代商人计然认为,农业丰歉的循环周期是"六岁穰(注:丰收的意思),六岁旱,十二岁一大饥"。计然这里所发现的实际上就是经济周期类型中的农业周期,这样的思想比基钦、朱格拉、库兹涅茨等人的发现要早几千年。治生之道就在于把握好这样的规律,提前做好准备,适时应变,才会有最终的收获。另外,计然主张"论其有余不足,则知贵贱,贵上极则反贱,贱下极则反贵",说的就是治生之道要注意把握商品价格取决于市场供求关系的规律。此外,还要注意"务完物无息币"的规律。"务完物"的意思是指,在治生实践活动中,要充分重视商品的质量,务必使所经营的商品保持完好。对于以物易物的买卖,容易变质腐败的商品不要库存,不要贪图高价销售牟利而人为积压,以免造成商品贬值损失。

"无息币"则是指钱币应该像流水一样不停地流动周转,不要积压在手中,也就是要加快资金的周转速度。

治生策略,则是指生产经营管理实践中的原则。东方管理中的治生策略很强调"与时逐"的原则,根据市场行情变化的趋势和规律性,"乐观时变",以把握住买卖的最佳时机。另外,还提倡成本控制、质量管理、开拓创新等的治生策略。

治生行为,是指从事生产经营管理的人所应具备的行为素质和技巧。首先,要具备预测决策的能力。找到了市场行情变化的规律后,经营者便应该密切注意市场行情的细微变化,把握有关信息,准确地加以预测,提前做好准备。这样方能出奇制胜,收到奇效。另外还要制定相应的战略计划,制定战略计划,不仅可以为经营指明行动的方向,而且还可以为控制设立相应的标准。东方管理治生理论就借鉴了很多《孙子兵法》中的战略思想。东方管理治生理论还很注重互通商情。作为我国十大商帮之一的晋商就采取过总号分号的经营方式,一般是五天一信、三天一函,互通各地商情,从而在长途贩运中收益甚丰。其次,要深知组织用人的重要性。关于识人方面,古代的白圭在总结自己的治生经验教训的基础上,创立"治生之学"并设学授徒。在他看来,欲成为一个精明强干的经营者,需要具备智足以权变、勇足以决断、仁能以取予、强能以所守等基本条件。

(三)治家——家业管理

中国古代管理思想中,家庭内部的管理和秩序始终被人们所重视。在中国传统社会中,家庭管理、教育等各方面都是人们所考虑的问题。孟子就说过:"天下之本在国,国之本在家。"①家庭管理的好坏直接关系到国家的统治秩序及社会的发展。

关于家庭管理方面,家庭是最基本的社会细胞,既是社会的生产单位,又是社会的消费单位,因此家庭关系的协调和稳定,具有十分重要的意义。家庭管理也是维系社会安定、发展生产的一个重要因素。家庭管理的主要内容是对家庭各成员之间关系的处理。首先,以"孝"、"慈"即尊老爱幼为核心思想的亲子伦理关系,也是家庭管理的核心内容。其次,倡导夫道尚义,妻德尚贤,夫妻之间要讲礼义、互敬互爱的夫妻行为规范。由以上两种关系延伸扩展开来就是进一步强调家庭亲属之间的和睦相处。当然,现代家庭管理方面又被赋予新的内容,其中最重要的一个特征是民主、法律意识的逐渐增强。家长权威和家庭成员之间的单方面依附越来越少,家庭民主、家庭平等和法治化越来越深入人心,在维持家庭整体利益和家庭和睦目标的前提下,对家庭成员个人的人身权、财产权、隐私权越来越重视。这些趋势值得我们进一步研究探索。

---

① 《孟子·离娄上》。

关于家庭教育方面,道德教化是基本的治家理念,家庭教育也强调"德为教本",以道德教育为根本,在此基础上重视智育。相对于其他组织,家庭的规模比较小,成员朝夕相处,因此家庭管理者要想取得比较好的教育效果就务必要以身作则,以其言行风范为子女作出榜样,使其乐于接受教育。同时,搞好家庭教育还要重视家庭"软件"的开发,即营造良好的家风和家庭文化氛围。另外,家庭教育的规范化、程式化受到了普遍的重视。在现代社会,家书、家训的价值正在被重新重视起来。相继出现的"家训"、"家范"、"家仪"、"治家格言"等家教书籍也起到了一定作用。虽然家人之间的联系方式越来越发达丰富,但书信仍是最正式、最能够传达感情的,而且越来越多的人选择更方便快捷的电子邮件来传递家书。在创建和谐社区与和谐家庭的工作中,许多基层组织都发挥了家训的教育感化和引导约束作用。

关于家业管理方面,虽然中国的治家思想和方法侧重于道德教化,但也并不排除家庭经济管理。任何一个家庭,若要存在和繁衍、发展下去,必须对家业进行正确地经营管理,只有家业兴旺,家庭和睦的管理目标才能够有坚实的物质基础。一方面,要讲究科学计划。家庭计划贯穿在家庭活动的各个方面,直接影响到家庭的管理和正常秩序,对家庭稳定影响极大。因此,在家庭计划过程中要强调目标性,要以家庭的道德提高和稳定和睦为主要目标。另外,还要强调家庭计划的经济性原则,家庭计划注重财富的积累,勤俭节约,精打细算,既体现了家庭消费的现象,同时也是日常家庭计划的一个主要方面。此外,家庭计划也要注意"远"、"近"结合,长期目标与近期计划紧密结合。另一方面,要讲究勤俭持家。勤俭持家,既是中华民族的优良传统,也是当前建设和谐社会所倡导的家庭美德的重要内容。在家庭消费中,量入为出,合理消费,无论对家庭的总支出,还是家庭成员的个人消费,以及家庭的日常消费和特殊消费,都有详细而深刻的认识。既要重视对消费资金的积累,通过辛勤劳动,积少成多,集腋成裘,又要反对铺张浪费,盲目攀比,片面追求物质享受。

(四)治身——自我管理

东方管理思想非常重视治身,强调人的自身修养和行为示范,以达到服务社会、服务于人的宗旨。治身是一个具备礼义之德的渐进过程,其中所经历的境界也是一个由低到高的发展过程。中国传统治身过程中,人们追求的最高层次的理想人格就是"圣人"。孔子把圣人视为儒家理想中的最高人格,圣人的人格特征包括两方面:(1)内在心性修养达到了最高境界,其道德品质足以为人楷模,教化百姓;(2)在经世济民、治国平天下方面建立丰功伟绩,其历史作用足以名垂千古,百世共仰。而要达到这样一种治身境界,就要做到以德修身、修己安人,其中修身方法有:虚心学习、内省改过、力行重德等。当今时代,经济全球化和新技术革命冲击以及知识经济大潮扑面而来，人类经济和社会正以前所未有的速度向前发展。市场经济更加激烈，环境更加复杂多变，传统的管理方式已经无法适应当今时代的挑战。这对领导者素质也提出了新的要求，因为领导者自身的素质是决定领导者成败的关键。因此，领导者治身要行"五德"："智"，即知识、信息、智慧、才能。领导者要多谋善断，随机应变，善于分析和决策。"信"即以诚待人，言必信，行必果，说到做到。"仁"是仁者爱人，尊重、关心、爱护、体贴部署，以仁爱对待顾客和社会。"勇"要求领导者要勇于创新，勇于进取，具有冒险精神。"严"就是要有严肃认真的态度，"令己以文，齐之以武，是消必取"。要制定严格的规章制度，严格管理，领导者还要严于律己。作为领导者要想管理好组织，首先要管理好自己，要想正人，先正自己，只有这样，才可能赢得别人的信赖，进而影响他人。

二、五行管理

"五行"是指管理过程中运行的五种行为：人道行为、人心行为、人缘行为、人谋行为以及人才行为。它们是"三为"、"四治"理论在实践环节中的具体表现，并分别与现代西方管理学科体系中管理哲学、管理心理、管理沟通、战略管理以及人力资源管理等相对应。这五种行为相互联系，构成了一个完整的系统，形成了一门现代管理学科。

人道行为，即管理哲学，强调的是在管理过程中必须"得道遵道"，管理者与被管理者之间要形成一种良性互动，管理者必须尊重个体的主观能动性，效法自然，实行无为而治，引导被管理者修身养性，进而赢取民心，化解矛盾。

人心行为，即管理心理，任何管理过程最终的实现都必须通过心理认知环节。在管理实践中，管理者个人对人性的认识、假定决定了其管理方法、哲学，东方管理学认为以往的人性假设都失之偏颇，因而提出了"主体人"之假设。在管理心理领域，有两大主题是无可回避的，那就是激励与挫折。东方管理学派在激励领域提出了人为激励理论。所谓"人为激励"，即人为科学视角的激励，它是指一个主客体的交互过程，即在一定的时空环境下，激励主体采用一定的手段激发客体的动机，使激励客体朝着一个目标前进，同时，激励客体也会主动采取一些手段来诱导激励主体的行为，使激励主体表现出激励客体想要的行为。可见，人为激励就是激励主客体通过交互作用从而朝着一个预期目标前进的过程。

人缘行为，即管理沟通。东方文化特别注重关系互动，甚至于有学者认为中国传统文化就是一种"关系本位"的文化。东方管理学派基于对传统文化以及华商管理实践的考察，提出了东方五缘网络体系（即亲缘、地缘、文缘、商缘、神缘）。这五缘网络不仅构成了人际互动的切入点，而且也是一种极有价值的社会资本。

诚信是东方人缘沟通的基石,而和合则是东方人缘沟通的目标。

人谋行为,即谋略管理。中国兵法学说中蕴涵着璀璨的谋略思想,这比西方《战争论》中开始涉及战略这一主题早了几千年。东方管理学派在这一领域的最新研究成果是人为决策理论。人为决策谋略在企业管理中的各个层次都有运用:在公司层面,有企业战略;在事业部层面,有产品战略;在职能部门层面,有企业发展战略、企业经营战略、企业能力资源战略、企业财务战略等等。我国古代的决策谋略思想可以在现代企业管理中得到充分而有效的运用。

人才行为,即人才管理。在西方管理学体系中,这又称为人力资源管理。东方管理学在这一领域的最新研究成果是人为价值论。东方管理学派认为,人才之所以成为人才,是因为社会行为主体在正确的价值观的指导下的能动性的行为达到符合社会行为客体心理认知,并起到激发社会行为客体心理与行为的客观效果。人才已成为第一资源:对于企业而言,人才是基业常青之根;对于国家而言,人才是强国之本。

三、三和论

"和谐"是东方管理的主旋律。在东方管理"三为"、"四治"和"五行"的创新运用过程中,均存在各种矛盾的和谐问题。"和谐管理"也一直是东方管理研究的重要主题。"和"在我国古代得到了极大的关注,并形成了人和文化。人和的概念可以概括为各种要素之间的和谐相处。人和又分为三个层次:第一个层次是发生在个体内部,即能做到心气平和,个体的欲望与现实能达到一种平衡;第二个层次是个体与个体之间,能做到相互理解,友好相处;第三个层次是个体与群体之间和谐相处,个体能认同群体的价值观,群体也能让个体自由发展。人和思想可以在现代众多管理实践中得到有效运用,如个人管理、家庭管理、企业人际关系管理以及国家管理。在个人管理方面,人和理论可以应用到个人心理情绪的调整上。在家庭管理方面,主要可以用来处理家庭各个成员之间关系的协调,营造一种良好的家庭氛围,正所谓"家和万事兴"。在企业人际关系管理方面,可以用来处理企业与企业之间、劳方与资方之间、上级与下级之间、同事之间的关系,正所谓"和气生财"。在国家管理方面,则可以应用于构建和谐社会。构建和谐社会,一直都是中华民族的价值理想。无论是商周以前禅让制的王道之治,还是《礼运》篇"大同"的理想世界,以至孙中山"天下为公"的共和理想,都没有放弃建构和谐社会的追求。中国传统文化所强调的和谐是包含了矛盾与冲突的和谐,它与西方人强调的外部的形式和谐、对称和谐不同,中国传统文化强调的是由里及外的和谐观。和谐不仅是一种客观存在,更是一种主观感受,它反映了认识主体的价值准则,即特定系统内相互依赖、相互作用的诸要素、诸子系统之间能良好地并存和发展。我们当前提出构建和谐社会不是否定差别,也不是消除差别,而是一个社会结构合理的社会,是一个多种水平、多个层次和谐的社会。我们可以通过从我国传统文化中吸取构建和谐社会的思想与方法;引导民众进行个人修炼,形成一种良好的社会文化;妥善处理社会各阶层之间的关系;德法同治,法以扬德,德以贯法;建立有效的公共管理体系等途径来构建一个民主法治、公平公正、诚信友爱、充满活力、安定有序、人与自然和谐相处的社会。

第五节　东西方管理思想比较研究及其发展趋势

一、东西方管理思想的共性研究

不同的国家和地区,其管理模式的差异是非常巨大的,其中文化差异导致的管理差异又是最重要的,诚如美国管理思想家丹尼尔·雷恩指出的那样,"管理是文化的产儿"(雷恩,Wren,1979),管理思想的发展既是个文化过程,又是文化的产物。例如美国、日本和中国的管理思想就鲜明地反映了不同文化的差异性。美国在继承了欧洲核心文化遗产的同时,又吸收了众多国家的文化特点,形成了独特的美国式的文化和管理思想,如其核心就是以个人主义为核心的"变"文化,由此导致其在管理思想、管理方式上的独特性。美国文化的这种特点是与历史密不可分的。美国的建国时间比较短,没有太多的文化底蕴,同时,其大部分公民都是依靠移民积累起来的,因而,在以西方文化为主的基础上,吸收了其他很多国家文化中的精华。而日本的文化基础比较深厚,但是很大一部分是受着中国儒家文化的影响。第二次世界大战后,日本作为战败国被迫接受美国的军事管制,同时在政治模式和法律法规上都没有摆脱模仿美国的痕迹,此后,在重建日本工业的过程中,又大量引进美国和西方的管理思想和管理模式。即使是在这种情况下,日本的"和"文化和"精益求精"的精神仍然占据着主流地位,这与日本文化在一定程度上的排外性是密不可分的。例如日本人一向认为大和民族是"优秀民族",甚至还有人认为大和民族是世界上最优秀的民族,日本的这种文化模式自然就孕育出了日本式的管理思想,日本管理思想的核心内容就是"和",例如终身雇佣制、年功序列制等,即使是所谓的全面质量管理和 JIT 库存管理,虽然刚开始是从美国学过来的,但是其中起核心作用的仍然是日本式的团队精神力量。我国的传统文化源远流长,博大精深,包含了儒家、道家、法家等思想,其中蕴藏着许多哲学思想和道理,对我国管理思想和管理实践的发展产生了重大影响。其中中国管理思想中有一个明显的特点就是追求宽容和谐的内部环境,管理中感性的比例偏高。以儒家为代表的伦理型管理思想可概括为"修己"与

"安人"，即以自我管理为起点，以社会管理为过程，最终实现"平天下"之目标。格物—致知—正心—诚意—修身—齐家—立业—治国—平天下，是其管理思想的逻辑演绎，将家、业、国、兴天下的管理只看成是人口和范围的不同，而管理模式和方法没有本质的差异，对家庭的管理方法同样适用于企业和国家，这样就形成了以家族管理思想为出发点的中国传统管理思想，并且这种伦理型管理思维也一直影响到今天。

当然，文化差异导致的管理思想和管理模式的差异，中间的实现还必须依赖于具体的人去实现。文化差异、传统观念和行为模式的差异是反映在活生生的生命个体上的，不同的管理者反映个体通过在管理过程中贯彻自己的管理理念和管理哲学，将自身所携带的文化烙印渗透到具体的管理行为当中。随着人类科技发展水平的不断提高，各个国家和地区的人们之间的交往日益频繁和密切，各自的文化和地域差异在不断融合的过程中趋向同一。因此，在比较管理思想的过程中，我们应该采取"变"的思维模式，在动态发展中把握不同的管理思想之间的区别和联系，这是我们在研究各个国家和地区的管理思想时必须明确的一个方面。

虽然东方管理思想和西方管理思想之间由于种种原因存在着巨大的差异，但是，作为维持人类社会组织得以高效运转的重要工具源泉，东方管理思想和西方管理思想之间还是存在着很多共性的。

首先，无论是东方管理思想，还是西方管理思想，在讨论管理问题时，都是将人放在第一要位的。只不过西方管理思想中是将单纯的被管理者个体放在第一位，通过对被管理者个体的尊重达到组织的不断创新和发展，因此，也才有了西方的个人英雄主义和个人奋斗精神。也就是说，西方管理思想中是通过实现个人的卓越从而达到组织的卓越，也就是通过个人的理性实现组织的理性。而在东方管理思想中，由于具有几千年的文化传统，而且从一开始就是将人本放在关怀的第一位，因此，反映在后代的管理思想中也带着浓厚的人文主义色彩。即使如此，东方的管理思想中仍然是将集体的重要性放在个体的重要性之上，反映在管理思想上，就是集体的性格特征往往将个体的性格特征完全掩盖了，个体处在集体的阴影下，几乎没有自己的个性可言。虽然这种管理思想的出发点是想通过集体的卓越实现个体的卓越，但是个体的卓越在这种环境下却往往难以实现，因此，在这种管理体制下的个体往往缺乏创新和独立奋斗精神。也就是说，东方的管理思想并不一定能够通过集体理性实现个人理性。但是无论如何可以看出，东方管理思想和西方管理思想都是以活生生的行为主体为目标对象的。

其次，东方管理思想和西方管理思想都是以追求社会组织的高效运转为最高目标的。无论是古希腊、古罗马的管理思想，还是后来的科学管理学派、管理过程学派、管理决策学派,都是为了不断提高管理效率,将追求社会组织的高效率运转视为自己的最高目标。同样,在古老的东方国度,管理思想的产生和提出也是为了提高组织效率,无论是孔子的"仁政"也好,还是道家的"无为而治"也好,或者是近代社会的各种企业管理理论和行政管理理论,其出发点都是为了不断地提高组织效率,充分发挥集体的作用。

归根结底,东方的管理思想和西方的管理思想都是探讨如何在特定的社会文化和自然环境下,充分协调好被管理者的个体行为和集体组织目标之间的关系,从而实现组织和个人的双重发展。

再次,无论是东方的管理思想,还是西方的管理思想,都不是所有人类社会组织管理通用的灵丹妙药,任何管理思想和管理模式都有一定的适用范围。即使是进入工业革命以后产生的科学管理思想,如果完全照搬到当时尚处于封建社会的中国,没准还会大大降低劳动生产率。就是曾经取得过巨大成就的日本管理模式,也是在不断借鉴东方儒家思想和西方科学管理思想的基础上,然后再与大和民族的本土文化相融合的产物。

另外,东方管理思想和西方管理思想也如同文化形态一样,存在着强势管理模式和弱势管理模式之分。在人类社会的文明史上,各种文化形态之间的竞争使得很多人类的文明形态区域消亡,例如玛雅文明就是一个典型的例证。同样,在不同的管理模式之间也存在着竞争关系,任何一种管理思想和管理模式要生存和发展,都必须不断地吸收其他管理思想和管理模式的优点,如果一味地封闭,最终只能导致退化,甚至消亡。此外,不同管理模式之间的强和弱也不是固定不变的,而是一个不断发展、不断变化的过程,正像中国的老话所说的"三十年河东,三十年河西",曾几何时,日本还在美国老师的教导下一步一步地学习着西方的管理模式,可是时隔不到 40 年,美国的管理学者们已经在开始认真研究这位当年还是学生的日本管理模式了。

随着全球经济一体化的加速,各种文化形态和管理模式之间的融合也在不断增强,特别是随着互联网技术的发展和普及,阻碍人类社会交往和融合的空间和时间因素正在逐渐趋于淡化,同时,各个国家经济结构之间的差异也正在不断缩小,因此,各种不同的管理模式之间的优劣很快就能在实践中检验出来。这样,东方管理思想和西方管理思想的共性将会逐渐增多,这是一个管理思想领域发展的必然趋势。

二、东西方管理思想的互补性研究

东方管理思想和西方管理思想不仅在经过漫长的融合过程后具有很大的互补性,而且在一开始就存在着很大的互补性。同时,西方管理思想经过科学管理后,正在逐渐引入东方式的人文管理,而东方管理思想又过于注重以人治为特征的人本管理,从而引发了一系列问题,再加上现代工业的发展,急需引入西方的科学管理模式,由是可知,东方管理思想和西方管理思想之间的互补性应该是显而易见的。

概括起来,东方管理思想和西方管理思想之间的互补性主要表现在如下几方面:

(一)精确的科学管理和注重人情味的人本管理

西方管理思想向来以科学管理著称,但是这种科学管理由于过分强调精确化和程序化,以至于被管理者很难感觉到人文气息的关怀,而东方的人文管理刚好可以弥补这一缺陷。同时,东方管理思想中过于注重人治,其带来的弊端就是柔性有余,刚性不足,而西方的科学管理刚好可以弥补这一缺陷。因此,西方的科学管理和东方的人本管理正好可以形成一对绝妙的互补关系。

(二)西方管理思想中的整体管理和东方管理思想中的系统论观点

在现代西方管理思想中,出现了诸多的整体管理理论,例如系统论、控制论、信息论和协同论等。但是在古希腊的思想源泉中,只有整体管理思想的初步萌芽,而没有得到系统完善的发展。在以后的发展中,西方的管理思想和管理实践领域都非常注重分解思维。但是在古老的中国,整体论和系统观念从一开始就得到了充分的发展,再加上中国延续了五千年的悠久历史,又再次强化了这种系统观点的整体性。虽然西方管理观念和东方管理思想中的系统论观点在方法论上存在着相通之处,但是两者之间仍然存在着很大的互补性。

(三)西方管理思想中的目标管理和东方管理思想中的跨度思维

在现代西方的科学管理中,目标管理是其中的一个重要管理方法。目标管理的特点就是在特定的时期内,通过确定组织总体发展目标和总体方针,在具体实施的过程中,通过将总目标分解为一个个可操作的子目标,然后在严格的考核程序下,通过组织内部的自我控制以达到管理目标的一种管理模式。这是一种基于严格的逻辑推理基础上的管理模式,必须按部就班、循序渐进地进行,在组织处于稳定的发展期,这种管理模式的效果将非常明显。而古老的东方式管理却擅长于跨度思维。也就是说,可以不用凭借严格的逻辑基础而直接深入到事物的内在矛盾中,从而抓住问题的主要矛盾进而解决问题的管理方法,这也是东方人的顿悟思维技巧,在很多时候往往能够跨越问题处理过程中的诸多中间环节,从而直接接触到事物的关键环节。当年,日本的管理学者在比较了西方科学管理中的目标管理和东方的古典管理思想后就认为,当组织处在稳定发展时期,西方科学管理中的目标管理将非常有效;当组织处在不稳定的发展时期,东方管理思想中的跨度思维管理方法将非常有效。日本企业也正是成功地应用了东西方管理思想中的互补特性而取得了巨大的成功。

(四)西方管理思想中的权变理论和东方管理思想中的辩证观点

现代西方管理思想中的权变理论包括权宜和应变两方面的意思,这是适应现代经济复杂多变的内在要求而产生的一种管理模式。权变理论有狭义和广义两种模式,狭义的权变理论是指必须在既对人又对物的双重重视的过程中组织管理的管理模式,广义的权变理论是指以现实为中心选择不同的管理模式的管理。不管是狭义权变理论,还是广义权变理论,其核心都是以现实为中心,以目标多变性为特点,从而确定具体管理模式的管理思想。同样,中国古代管理思想中的辩证观点也认为,任何事物都是不断发展变化着的,任何矛盾也都是可以转化的,所谓"福兮,祸之所伏;祸兮,福之所倚"是也,如果再加上东方古代管理思想中的直观理性思维方法就可以成为现代西方权变管理理论的方法论基础了。此外,权变理论在今后的发展和完善过程中,多多借鉴东方的古代管理思想也是大有裨益的。

(五)现代西方的战略管理和东方管理思想中的韬略思维

在西方管理思想中,特别注重战略管理。其实,战略管理并不神秘,也就是我们经常听到的系统管理、目标管理和权变管理的综合。而与战略管理存在相通之处的中国古代管理思想中的韬略思想已经具有了悠久的历史,而且这种韬略意识在各个管理领域都曾经发挥过巨大的作用。例如《孙子兵法》中就非常注重韬略思维在战争中的作用,而当年刘备三顾茅庐时引出的《隆中对》更是韬略思想的典范之作。此外,我们经常听到的俗语"刘邦将将,韩信将兵"就是由于刘邦精于战略而韩信精于战术的客观反映。东西方管理思想中的韬略管理仍然存在着取长补短的余地。应该说,东方管理思想和西方管理思想之间的互补性是非常强的。

三、东西方管理思想的共性趋势研究

无论是中国的管理思想,还是同为东亚国家的日本管理思想,或者是西方国家的管理思想,在它们的发展过程中都存在着一个共同的趋势,那就是西方科学管理思想和东方人本管理思想的有机融合。

在漫长的封建社会,中国的主流管理思想都是儒家管理思想。在新中国建立后到改革开放之前,由于受特定历史条件的影响,中国主要是向原苏联学习现成的管理思想和管理经验,在很多方面甚至完全照搬原苏联的管理模式,在这个阶段,由于人民公社和"文化大革命"的影响,中国传统的管理思想一度被打入冷宫,特别是儒家管理思想,更是被戴上了种种"莫须有"的罪名。改革开放之后,中国开始从"以阶级斗争为纲"转向经济建设,在建设社会主义市场经济的实践中,中国主要是学习西方的管理思想和管理模式,先后引进了不少管理学派的理论,如泰勒的科学管理理论、行为科学管理理论以及企业文化理论等,同时,中国对西方管理思想的引进比西方管理思想自身的发展节约了上百年的时间。应该说,在任何时候,这样不同民族文化之间的融合都是非常必要的。但是有一段时间,中国的管理思想界和管理实践界存在着"凡是西方的都是优秀的"这样的错误认识。在经过一段时间的引进之后才发现,外来的和尚不一定会念经,没有创新的一味照搬是没有用的。于是,国人又转而开始反思中国的传统文化和传统管理思想。因此,中国的管理思想发展虽然几经曲折,但是最终仍然走上了人本管理和科学管理相融合的道路。

同时,西方的管理思想的发展也是一条不断摸索的渐进式道路,在现在的西方管理思想中,以人为本已经成为了管理思想界和管理实践界的共识。但是,这主要是无数的西方管理学者和管理大师们经过无数次的成功与失败,经历过长期实践所得出来的结论。自从梅奥的"社会人"假设和麦格雷戈 Y 理论提出来之后,人在管理过程中的自尊自主地位才在管理思想界得到确定。从严格意义上来说,人本管理影响最大的时期是在日本的"7S"理论提出来之后,也就是现在西方的企业文化理论。很显然,这里的人本主义管理理论不包含"经济人"或"实利人"假设的理论,但是却是建立在一定的人性假设基础上的。其实,就是中国的儒家思想也是建立在一定的人性假设基础上的,例如儒家思想中强调的"义"和"利"这对矛盾,从人的本质层次来分析,"义"和"利"都是人的本质属性的产物。"义"是人的社会性和精神层面的属性,而"利"则是人的生物属性的产物。其实,人的生物性和人的社会性肯定是同时存在的,只是在特定的历史条件下,人的生物性和社会性二者之间存在着一定的强弱关系。随着人类社会向文明社会的迈进,人的社会性肯定会远远超越其生物性,我们在讨论不同民族的社会文化和不同文化形态下的管理思想,其实就是在讨论人的社会性。只是在进行管理措施和激励方案的制度设计时,有时还必须兼顾到人的生物性。

西方的管理思想渊源于古希腊和古罗马的文化形态,远在古代的希腊,就已经形成了一种向外探求的、关注客体的特殊精神气质,这种精神气质逐渐在以后的岁月中奠定了西方文化的结构基础,由于管理思想与社会文化的密切联系,整个西方的管理思想界也不可避免地受到这种精神气质的影响和熏陶。这种关注客体的态度最早可以追溯到当时地中海地区复杂的关系——文化的、政治的、社会的关系的相对性。这种相对性激发了人们对主体和客体关系的思考。那时的人们都将自身看作是矛盾对立双方中的一方,从此开始了对自身与外在世界之间关系的思考,同时,在以后漫长的实践过程中,这种思考招致了人类征服自然欲望的不断升级。于是,西方的现代科技和文明得到了迅速的发展,特别是人类进入工业社会以来,各种先进的科技手段层出不穷,这些工具几乎无一例外地都成为了人类征服自然和征服人类的帮手。也正是在这一过程中,西方的科学管理思想得到了迅猛地发展。科技的发展激发了科学管理思想的诞生,科学管理思想的进步和完善又促进了科技的巨大发展,最后形成了我们新千年时期的人类现代文明。西方文化的本质要求也促使着西方管理思想不断进行着思想殖民,不断地向有别于西方文化的社会领域扩展,但也是这种不断地扩展最终导致了西方管理思想开始与其他文化形态下的管理思想的互相融合。西方文化和管理思想在向其他社会文化和管理思想渗透的过程中,自己也不可避免地受到了来自这些文化和管理思想的冲击。在全球经济一体化的今天,特别是当人类已经跨入了新千年的时候,大家都已经认识到,所谓"现代"并不仅仅是西方模式下的"现代",无论是文化形态,还是管理思想都没有也不可能成为西方的一统天下。相反,西方现代社会高度发达的物质文明,已经使得人们对于原来曾经极力追求过的物质关怀习以为常了。就像中国古语所说的"仓廪实而知礼节",这些话语从另外一个侧面表明,在物质要求得到满足后,人们将转而寻求更高层次的精神要求了。西方社会目前就处在这样一个时期,完全依靠原来的科学管理和物质刺激已经很难达到高效率的管理了,必须将对员工的精神关怀也纳入管理的要素。而中国以儒家文化为特征的传统管理思想刚好可以满足这一要求,因为中国的儒家管理思想强调的是对主体的关注,在这种管理模式里,认识和管理的主要对象不是单纯的客体,而是主体和客体的有机统一。儒家管理思想首先体现于个人行为中的社会责任感以及对己、对人和对待自然的负责态度以及追求和谐的政治伦理观。概括地说就是:人被放置于一个超越个体之上的,笼罩世界万物的内在关联系统之中。同时,儒家文化所推崇的"仁"、"义"、"礼"、"智"、"信"都是实现组织和谐、管理高效的主观因素。其实,东方传统管理思想对西方科学管理思想的有益补充也可以从东方国家的现代化中反映出来。应该说,西方的现代化很早就抵达了众多的东亚国家(包括中国和日本),这些东亚国家也确实在西方现代化的推动下出现了社会转型,虽然东亚各国在转型过程中都充满了生机和活力,但是传统因素不仅没有因为西方文化的到来而消亡,反而呈现出不断复兴的迹象,这也正是中国式现代化的特点。这些现象都无一例外地表明了传统文化基因在现代化历史进程中的重要作用,与文化基因的作用相类似,中国的管理思想基因也将在已经走过和即将走过的现代化历史进程中发挥着重要的作用。此外,随着中国传统文化向西方国家和社会的传播,又进一步加速了西方社会的人本主义价值取向。

其实,从前面介绍的内容中也可以看出,西方的管理思想发展路径是从科学管理思想开始,发展到科学管理思想与人本管理思想的磨合,最后向科学管理与人本管理的有机融合方向发展。中国的管理思想发展路径是从人本管理开始，发展到人本管理与科学管理的磨合，最后向人本管理思想与科学管理思想的有机融合方向发展，不过融合后的管理思想可能更加具有中国自己的特色。虽然东西方管理思想的发展起点不一样，但是最后仍然能够实现殊途同归，那就是朝着科学管理与人本管理的有机融合方向发展。

【课后案例分析】

案例-1

康洁利公司是一家中外合资的高科技专业涂料生产企业。总投资594万美元，其中固定资产324万美元，中方占有60％的股份，外方占有40％的股份，生产玛博伦多彩花纹涂料等11大系列高档涂料产品。这些高档产品不含苯、铅和硝基等有害物质，无毒无味，在中国有广阔的潜在市场。

开业在即，谁出任公司总经理呢？外方认为，康洁利公司引进的90年代先进的技术、设备和原材料均来自美国，中国人没有能力进行管理，要使公司迅速发展壮大，必须由美国人来管理这个高新技术企业。中方也认为，由美国人来管理，可以学习借鉴国外企业管理方法和经验，有利于消化吸收引进技术和提高工作效率。因此，董事会形成决议：从美国聘请米勒先生任总经理，中方推荐两名副总经理参与管理。

米勒先生年近花甲，但身心爽健，充满自信，有18年管理涂料生产企业的经验，自称"血管里流淌的都是涂料"，对振兴康洁利公司胸有成竹。公司员工也都为有这样一位洋经理而庆幸，想憋足劲大干一场，好好地赚大钱。

谁料事与愿违。公司开业9个月不但没有赚到一分钱，反而亏损70多万。当一年的签证到期时，米勒先生被总公司的董事会正式辞退了。1994年3月26日，米勒先生失望地返美。

来自太平洋彼岸的洋经理被"炒鱿鱼"的消息在康洁利公司内外引起了强烈的反响，这位曾经在德国、荷兰主持建立并成功地管理过涂料工厂的洋经理何以在中国"败走麦城"呢？这自然成了议论的焦点。

米勒先生是个好人，工作认真，技术管理上是内行，对搞好康洁利公司怀有良好的愿望，同时，在吸收和消化先进技术方面做了许多工作。米勒来中国之前也曾经参加过关于中国文化方面的一些培训，自以为对中国文化比较了解。在管理过程中，中方管理人员曾建议根据中国国情，参照我国有关三资企业现成的成功管理模式，结合国外先进的管理经验，制定一套切实可行的管理制度，并严格监督执行。对此，米勒先生不以为然。他的想法是"要让康洁利公司变成一个纯美国式的企业"。他害怕别人会用计划经济的一套做法去干预他的管理工作。

米勒先生煞费苦心地完全按照美国的模式设置了公司的组织结构并建立了一整套规章制度,而且,米勒坚持要在企业中建立以美国文化为基础的企业文化。他认为,虽然在康洁利建立以美国文化为基础的企业文化会与中国的民族文化产生冲突,但是如果能够成功地形成这种企业文化,就证明可以在中国建立与民族文化相冲突的自身文化。但最终他还是使一个生产高新技术产品且有相当实力的企业缺乏活力,陷入十分被动的局面,并且,公司的员工流失率非常高,每年都有很多的员工跳槽离开康洁利。

对于中国的市场,特别是中国"别具一格"的市场情况和推销方式,米勒先生也不屑一顾。他将所有有关市场营销的事情都交给一位中方副总经理,但他和那位副总经理的关系并没有"铁"到使副总经理为他玩命去干的程度。在绩效管理过程中,米勒对表现出色的员工给予很丰厚的分红奖励,并给优秀员工提供带薪旅游的机会,他认为这样做可以提高员工工作积极性,然而这却并没有刺激公司业绩的提高。

在管理体制上,米勒先生试图建立一套分层管理制度:总经理只管两个副总经理,下面再一层管一层。但他不知道,这套制度在中国,如果没有上下级间的心灵沟通与相互间的了解和信任,会出现什么样的状况和局面。最后的结果是,管理混乱,人心涣散,员工普遍缺乏主动性,工作效率尤为降低。并且米勒认为,中国的员工缺少主见,缺少对公共决策过程的参与积极性,因此对公司的决策进程缓慢大为恼火。

米勒先生还强调,我是总经理,我和你们不一样,你们要听我的。他甚至要求,工作进入正规后,除副总经理外的其他员工不得进入总经理的办公室。

思考题:

1.请用东方管理理论分析该案例,进一步东西管理文化的差异。

2.反思总结总经理米勒的管理行为。

案例-2　刘永行:观念是第一生产力

近几年,在集团举行的各种会议上,我每一次都要谈企业文化,谈我们集团为大家耳熟能详的"做大众文化价值的提供者"的价值理念,谈"为消费者付出多一点,贡献多一点,我们的得到是在其中,随其后,随之而来的"这些企业生存发展的辩证关系。我们的企业文化体系从萌芽到成形,我集中花了六年时间。集团很多基本观念都以此为出发点衍生而来。

我有一个观点:观念是第一生产力。我不是要推翻邓小平"科学技术是第一生产力"的论断,在当时的背景下,邓小平的话肯定是对的。但现代科技已发展到很高的水平,很多时候观念起决定性的作用。这也许有点唯心主义的成分,但确实好的观念才能带来好的行动,并产生好的结果。

　　观念表现在企业里,就是有一个健康、向上的强势文化,我们的经营理念、行动模式、思维习惯都来源于此。我们集团能够健康发展,就是因为我们有自己优秀的文化,有优秀文化凝聚的团队,为"诚信,正气、正义","付出多一点,贡献多一点","先付出,再得到",干部要成为"榜样、教师、教练"……强势文化让人更加自信,也更容易成功。

　　在毛泽东时代,导弹和原子弹都能够造出来,原子弹爆炸、卫星上天,那时我们中国的科技也发达,但为什么生产力水平那么低下?是观念没有转变,其实邓小平本身就是一个很好的例证,正是邓小平提出改革开放,提出"让一部分人先富起来"的观念,极大地调动了个人积极性的发挥。允许办私营企业,允许市场这只无形之手发挥作用,观念一变,就产生了一系列的变化,带来中国经济前所未有的繁荣。一个企业的发展要有各种各样的人才,但并不是有了专业知识就能把事情做好,还取决你有怎样的观念,那将带来你怎样的行动和怎样的结果。

　　为此,我们的干部都要成为"榜样、教师、教练",要成为我们企业文化的积极传播者,引导员工不断走向成功。随着集团的发展实现自己的人生价值,同时要去积极影响周围的人,带动社会不断进步。(转自《东方希望集团报》)

　　思考题:
　　请用东方管理学理论分析刘永行管理思想的内涵与外延。

第四章　决　策

制定有效决策是管理的一个重要基础。组织结构的设计、管理权限的配置，涉及的是组织上的决策问题；激励方案的选择、冲突的认识与解决思路，是领导上的决策问题；在运作结果与计划目标作比较的基础上，提出纠正偏差的工作措施，是控制上的决策。管理中的决策具有普遍性，决策贯彻管理的各个层次、各个方面和全过程。对于一个组织的领导者来说，决策是其工作的核心。任何一位领导者要想获得事业的成功，都必须站在战略的高度，运用科学的体制和决策方法，准确把握决策对象的本质与规律，并从各种行动方案中做出最佳的抉择，以达到最"满意"的决策效果。

第一节　决策的意义与类型

一、决策概念的理解

决策是管理工作的本质。管理的各项职能——计划、组织、领导、控制和创新——都离不开决策。决策的核心意思是指人们从为实现一定目标而制定的两个或两个以上的方案中选择一个"令人满意"的方案作为未来行动指南的活动过程。

理解决策的这一含义有必要对以下几点认识加以强调：

1.决策的本质是择优。择优包括两个方面的意思：(1)决策总是对若干有价值的方案进行选择，决策水平的高低就表现在能否从诸多问题中辨析出关键问题，从诸多方案中选择一个适宜的可供执行的方案。(2)这里所讲的"优"并不是最优的理解，而是"满意"的理解。在管理决策中，对结果的"最优"追求，并非不可能，但可能付出的成本太高、代价太大，实现的难度大。这样，决策者只好退而求其次，去寻找那种投入与产出、成本与收益、所费与所得对比上比较合理，又有较高实现把握的决策方案。管理上有"追求完美是效率的敌人"这么一种见解。确实，在环境多变、要求工作速度加快的今天，现在就能马上付诸实施的有效决策方案胜过以后才能付诸实施的完美决策方案。决策中坚持的"满意原则"是一般原则，而"最优原则"则多是个别原则。

2.决策是一个活动的过程。一般说来，不论是理性决策，还是直觉决策，它均是一个或长或短的收集信息、处理信息和生成决策结果信息的过程。没有这个过程，很难有合理的决策。应该说明的是，决策者在紧急情况下，当机立断地给出执行方案，是在压缩形式中跨越过决策的全过程，它并不简单地等同于有人所说的决策就是拍板这种见解。

3.决策必须明确目标。绝大多数决策是为了解决存在的问题。有问题存在，而且决策者认为这些问题需要解决，这时才会有决策。决策是通过问题的解决通向目标的达成。目标是决策的前提，拟定备选方案，评价和选择这些方案，对决策实施效果的检查都要依据目标，没有目标的决策或目标不明的决策会导致决策的无效或失误。

二、决策的意义

决策是管理者从事管理工作的基础，在管理活动中具有重要的地位与作用。决策在管理中的重要性主要体现在以下几个方面：

1.决策贯穿于管理过程始终

管理者在管理过程中要履行计划、组织、领导、控制等职能。这些工作一旦展开，就具有相对的稳定性。决策则不同，它是管理者经常要进行的工作，管理者的主要意图均需通过决策来实现，它贯穿于组织的各项管理活动中。

2.决策正确与否直接关系到组织的生存与发展

决策是任何有目的的活动发生之前必不可少的一步。组织的兴衰存亡，常常取决于管理者特别是高层管理者的决策正确与否。长期以来，决策是以个人的知识、智慧和经验判断为基础的，这对于一些情况简单、容易掌握和判断的问题尚可应付，即使失误了影响也不大，易于扭转。但在现代，管理者所面临的许多复杂问题已远不是经验决策所能够解决得了的。许多问题都涉及巨额的投资、各方面利益的平衡及诸多关系的处理，需要运用多学科的知识审慎判断；而竞争的加剧又需要反应灵敏、及时决策。这就要求决策必须科学化，并努力提高决策的正确率。

3.决策能力是衡量管理者水平高低的重要标志

要求决策正确，光有主观愿望是不够的。决策是一项创造性的思维活动，体现了高度的科学性和艺术性。有效的决策取决于三个方面：一是具有有关决策原理、概念和方法的丰富知识；二是具有收集、分析、评价信息和选择方案的娴熟技能；三是具备经受风险和承担决策中某些不确定因素的心理素质。由于管理者所面临的问题常常涉及众多的因素，错综复杂，因此需要管理者具有多方面的才能方可作出正确的决策，加上决策在管理中的重要作用，决策能力便成为衡量管理者水平高低的重要标志。

三、决策的类型

1.按决策的重要程度,可分为战略决策、管理决策和业务决策

战略决策是指对涉及组织目标、战略规划的重大事项进行的决策活动,是对关系到组织生存和发展的根本问题进行的决策,具有全局性、长期性和战略性的特点。比如确定或改变企业组织的经营方向和经营目标、开发新产品、企业上市、兼并企业、开拓海外市场、合资经营、高层管理人员的人事变动等,都是战略决策。战略决策面临的问题比较复杂,主要是协调组织与内外部环境的关系,决策过程所需考虑的环境变化多,决策方案的设计、研究、分析乃至最后的抉择,都需要决策者具有敏锐的洞察力与很强的判断能力。这类决策大多由高层管理人员作出,必要时,可聘用组织外部人员对方案进行分析设定,借助"外脑"进行有效决策。

管理决策是属于执行战略决策过程中的基本战术决策,具体包括对组织的人力、资金、物资等资源进行合理配置,以及对组织机构加以改变的一种决策,具有局部性、中期性与战术性的特点。管理决策的制定必须纳入战略决策的轨道,为组织实现战略目标服务,如机构重组、人事调整、资金分配、市场营销策划、人力资源的配置和培训等等,都属于管理决策的范畴。管理决策不直接或在短期内影响组织的生存和发展,但它对整个组织的运行起重要作用,直接影响到组织战略目标的实现。这类决策大多由中层管理人员作出。

业务决策是涉及组织中的一般管理,属于处理日常业务的具体决策活动,具有繁琐性、短期性与日常性的特点。例如,设备维修、文件整理、产品的销售服务、职工休假安排等。业务决策是组织所有决策中范围最小、影响最小的具体决策,是组织中所有决策的基础,也是组织运行的基础。如果许多业务决策都不正确,很难想象战略决策能够顺利执行。业务决策的有效与否,在很大程度上依赖于决策者的经验和常识。这类决策一般由基层管理者作出。

2.按照决策的性质分,可以分为确定型决策、风险型决策和不确定型决策

确定型决策是指各种决策方案的未来的各种情况都非常明确,决策者确知需要解决的问题、环境条件、决策过程及未来的结果,在决策过程中只要直接比较各种备选方案的可知执行后果,就能作出精确估计的决策。例如,某企业要贷款,可从三家银行获得,利率分别是8%、7%、9%,在其他条件相同的情况下,当然是从利率为7%的银行贷款。事实上,在组织中,确定型决策并不多,特别是对高层管理者来说,这是一种理想化的决策活动。一般来说,这种确定型决策可用数字模式求最优解,如库存决策、成本—利润—产销量决策等。

风险型决策是指决策者不能预先确知环境条件,各种决策方案的未来的若

干种状态是随机的,但面临的问题明确,解决问题的方法是可行的,可供选择的若干个可行方案已知,各种状态的发生可以从统计得到一个客观概率。在各种不同的状态下,每个备选方案会有不同的执行后果,所以不管哪个备选方案都有一定的风险。例如股票投资决策、产品开发决策、扩大企业规模的投资决策等,都属于风险决策。此类决策一般通过比较各方案的损益期望值来进行决策。

不确定型决策是指决策者不能预先确知环境条件,对可能有几种状态和各种状态的概率都无从估计,解决问题的方法大致可行,供选择的若干个可行方案的可靠程度较低,决策过程模糊,方案实施的结果未知,决策者对各个备选方案的执行后果难以确切估计,决策过程充满了不确定因素。不确定型决策可采用数字模型来帮助进行。实际上,大多数组织的决策都属于不确定型决策。不确定型决策,关键在于尽量多地掌握有关信息资料,根据决策者的直觉、经验与判断,果断行事。

3. 按例行性分类分,可以分为程序化决策与非程序化决策

程序化决策是指能够运用常规的方法解决重复性的问题以达到目标的决策。组织运行中面临的问题极其繁多,但有许多问题是管理者日常工作中经常遇到的。在处理这类问题时,管理者凭以往的经验就能找到问题的症结,并提出解决问题的方法。许多组织把这些经验和解决问题的过程,用程序、规范等规定下来,将这些经过管理实践检验的规则作为以后处理类似问题的依据和准则。

程序化决策使管理工作趋于简化和便利,可降低管理成本,简化决策过程,缩短决策时间,也使方案的执行较为容易。程序化决策具体规定了决策的过程,能使大量的重复性管理活动授权到下一级管理层,使最高管理层能够避免陷入日常繁忙的事务堆中,有时间考虑组织的重大问题,有精力处理与组织的生存和发展等有关的非常规的重大战略问题。对于组织来说,应尽可能运用程序化决策方法解决重复性问题,并有意地把繁琐的管理事项交给下一管理层处理,以提高管理效率。

非程序化决策是指为解决偶尔出现的、一次性或很少重复发生的问题作出的决策。对于组织来说,应对偶尔出现的问题加以辨别,确定这些问题是偶然的还是一次性、很少重复发生的问题。当这类偶然性的问题再次出现或出现频率增加时,及时制定出程序性文件,将其纳入程序化决策范围内。管理者必须依靠非程序化决策寻找到独特的解决方法。如决定是否与另一个企业合并,资产如何重组以提高效率,或是否关闭一个亏损的分厂,都是非程序化决策的例子。当管理者面临突发性或是新出现的问题时,并没有经验性、常规性的解决方法可循,需要一种应变式的反应。

较低层的管理者主要处理日常熟悉的、重复发生的问题,往往依靠像标准操

作程序那样的程序化决策；而较高层的管理者所面临的问题极有可能是突发性的，因为低层管理者往往自己处理日常决策，而把他们认为无前例可循或困难的决策向上呈送，类似地，管理者将例行性决策授予下级，以便将自己的时间用于解决更棘手的问题。因为高层管理者所面临的许多问题不具有重复性，对高层管理者而言，强烈的权益和权力动机促使他们制定标准程序、规则以及领导其他层次管理者的政策。

当然，在现实社会中，完全程序化的或完全非程序化的管理决策极少，这仅是两个极端，绝大多数决策介于两者之间。程序化的决策程序有助于找出那些日常重复性、琐碎问题的解决方案；非程序化决策则能帮助决策者找到那些独特的、突发性问题的解决方案。

4. 按照决策主体作出决策的依据分，分为经验决策与科学决策

经验决策是决策者依照过去的经验和对未来的直觉进行的决策。这类决策的感性成分比较多，理性成分比较少，决策者的主观判断与个人价值观起着重大作用。不少决策问题包括较多的难以定量化的抽象因素，要解决这些问题，运用经验是不可缺少的。用经验来设计和选择决策方案能否见效，不仅取决于决策者的经验是否丰富，还取决于决策者对过去的那些决策行为同现在的决策之间的异同点能否有正确的认识。此外要注意发扬民主作风，集合他人的经验。

科学决策是指决策者按照严密的程序，依据科学的理论，用科学的方法所进行的决策。科学决策有一套严密的程序：先进行大量的调查、分析、预测，然后在明确目标的基础上确定各种备选方案，再从可行性、满意性和可能后果等多方面分析、权衡各备选方案，而后进行方案择优，最后执行该方案，并收集反馈信息。在整个决策过程中，要注意使用现代化的决策技术，比如运筹学、结构分析、计算机模拟等，有时还借助现代化的决策工具，如电子数据处理系统、管理信息系统、决策支持系统等。

此外，决策还可以按照时间的长短分为中长期决策和短期决策；按照目标的多少分为单目标决策和多目标决策；按照决策使用的分析方法可分为定性决策和定量决策；按照决策的主体分为集体决策与个人决策；按业务内容分为生产技术决策、物流供应链决策、销售决策、财务决策及组织人事决策等。应指出，一项具体的决策可能兼备多种类型的特征。决策者应善于从不同的方面进行分析，综合认识决策活动的特点，以科学合理地开展决策。

第二节　决策的理论

一、古典决策理论

古典决策理论又称规范决策理论,是基于"经济人"假设提出来的,主要盛行于 20 世纪 50 年代以前。古典决策理论认为,应该从经济的角度来看待决策问题,即决策的目的在于为组织获取最大的经济利益。

古典决策理论的主要内容是:(1)决策者必须全面掌握有关决策环境的信息情报。(2)决策者要充分了解有关备选方案的情况。(3)决策者应建立一个合理的自上而下的执行命令的组织体系。(4)决策者进行决策的目的始终都在于使本组织获取最大的经济利益。

古典决策理论假设:作为决策者的管理者是完全理性的,决策环境条件的稳定与否是可以被改变的,在决策者充分了解有关信息情报的情况下,是完全可以作出完成组织目标的最佳决策的。古典决策理论忽视了非经济因素在决策中的作用,这种理论不一定能指导实际的决策活动,从而逐渐被更为全面的行为决策理论代替。

二、行为决策理论

行为决策理论的发展始于 20 世纪 50 年代。对古典决策理论的"经济人"假设发难的第一人是赫伯特·A·西蒙,他在《管理行为》一书中指出,理性的和经济的标准都无法确切地说明管理的决策过程,进而提出"有限理性"标准和"满意度"原则。其他学者对决策者行为作了进一步的研究,他们在研究中也发现,影响决策者进行决策的不仅有经济因素,还有其个人的行为表现,如态度、情感、经验和动机等。

行为决策理论的主要内容是:(1)人的理性介于完全理性和非理性之间,即人是有限理性的,这是因为在高度不确定和极其复杂的现实决策环境中,人的知识、想象力和计算力是有限的。(2)决策者在识别和发现问题中容易受知觉上的偏差的影响,而在对未来的状况作出判断时,直觉的运用往往多于逻辑分析方法的运用。所谓知觉上的偏差,是指由于认知能力有限,决策者仅把问题的部分信息当作认知对象。(3)由于受决策时间和可利用资源的限制,决策者即使充分了解和掌握有关决策环境的信息情报,也只能做到尽量了解各种备选方案的情况,而不可能做到全部了解,决策者选择的理性是相对的。(4)在风险型决策中,与经济利益的考虑相比,决策者对待风险的态度起着更为重要的作用。决策者往往厌恶风险,倾向于接受风险较小的方案,尽管风险较大的方案可能带来较为可观的收益。(5)决策者在决策中往往只求满意的结果,而不愿费力寻求最佳方案。导致这一现象的原因有多种:①决策者不注意发挥自己和别人继续进行研究的积极性,只满足于在现有的可行方案中进行选择。②决策者本身缺乏有关能力,在一定情况下,决策者出于个人某些因素的考虑而作出自己的选择。③评估所有的方案并选择其中的最佳方案,需要花费大量的时间和金钱,这可能得不偿失。

行为决策理论抨击了把决策视为定量方法和固定步骤的片面性,主张把决策视为一种文化现象。例如,威廉·大内(William. Ouchi)在对美日两国企业在决策方面的差异所进行的比较研究中发现,东西方文化的差异是导致这种决策差异的一种不容忽视的原因,从而开创了决策的跨文化比较研究。

除了西蒙的"有限理性"模式,林德布洛姆的"渐进决策"模式也对"完全理性"模式提出了挑战。林德布洛姆认为决策过程应是一个渐进过程,而不是大起大落(当然,这种渐进过程积累到一定程度也会形成一次变革),否则会危及组织内的稳定,给组织带来结构、心理倾向和习惯等的震荡和资金困难,也使决策者不可能了解和思考全部方案并弄清每种方案的结果(这是由于时间的紧迫和资源的匮乏)。因此,"按部就班、修修补补的渐进主义决策者或安于现状的人,似乎不是一位'叱咤风云'的英雄人物,而实际上是能够清醒地认识到自己是在与无边无际的宇宙进行搏斗的足智多谋的解决问题的决策者"。这说明,决策不能只遵守一种固定的程序,应根据组织内外环境的变化进行适时的调整和补充。

三、当代决策理论

继古典决策理论和行为决策理论之后,决策理论有了进一步的发展,即产生了当代决策理论。当代决策理论的核心内容是:决策贯穿于整个管理过程,决策程序就是整个管理过程。

组织是由作为决策者的个人及其下属、同事组成的系统。整个决策过程从研究组织的内外环境开始,继而确定组织目标,设计可达到该目标的各种可行方案,比较和评估这些方案,进而进行方案选择(即作出择优决策),最后实施决策方案,并进行追踪检查和控制,以确保预定目标的实现。这种决策理论对决策的过程、决策的原则、程序化决策和非程序化决策、组织机构的建立同决策过程的联系等作了精辟的论述。

对当今的决策者来说,在决策过程中应广泛采用现代化的手段和规范化的程序,并以系统理论、运筹学和电子计算机为工具,辅之以行为科学的有关理论。这就是说,当代决策理论把古典决策理论和行为决策理论有机地结合起来,它所概括的一套科学行为准则和工作程序,既重视科学的理论、方法和手段的应用,又重视人的积极作用。

第三节　决策的原则与步骤

一、决策的基本原则

1. 满意原则

这是现代决策理论学派代表人西蒙所提出并已为管理学界普遍认可的一项重要的决策原则。它是指在抉择前预先拟定一套令人满意的标准,只要备选的替代目标及其实现方案达到或超过了这些标准,就是可以选用的。"令人满意"的原则,是对于传统的所谓"最大化"或"最优化"原则的扬弃。西蒙认为,当代组织处于不断变动、不确定的外界环境影响之下,人作为"管理人"而非"理性人",收集到的信息和主观的预见不一定全面;多种可替代的技术经济路径,备选方案中不一定完全囊括;用以评价替代方案的感觉、经验也不一定充分可靠,故而绝对化的"最优"决策是无法实现的,绝大多数决策者实际上都是在寻找和选择令人满意的方案。西蒙的观点不仅合乎哲理,而且具有实践指导意义。有助于人们从现实的主客观条件出发,本着不断探索、追求完善的精神开展决策;把握决策优化的"度",降低决策的成本,提高工作效率。

2. 整体优化原则

它是指在决策目标的确定和方案的选择过程中,必须持系统观念,全面、综合、动态地处理影响组织发展的各种因素,不断探求优化的行动方案,以获得既定主客观条件下满意的长远的整体效益。社会组织是由多个互相联系制约、各具一定权责利益,又相对独立的组织体(子系统)所构成,不同社会组织之间也相互关联。在经济和社会生活中,决策者面对的是人、资源、自然生态及持续发展目标之间错综复杂的"博弈"关系。系统论揭示:"结构重于要素",某些决策从局部(子系统或个别组织的当前利益)看,可能是"最优化"的,但从全局(组织整体或社会的长远利益)看,则是不利甚至有害的;反之,暂时牺牲某些局部的利益,有利于全局获得长远的效益。中国古代著名的博弈案例——"田忌赛马",就生动、有力地说明了这一道理。因此,决策活动应科学、理性地统筹局部与全局、当前与长远;组织各构成单元(子系统)所追求的任何目标都必须有利于组织整体的长远发展,社会中各个组织追求的任何目标都必须有利于社会整体的长远发展。

3. 应变原则

它是指决策应具有一定的灵活性,在确立目标、设计方案时,充分估计到未来可能出现的有利或不利因素,并尽可能周密地制定对策预案,以指导执行者适时调整策略,达成组织预期的基本目的。决策是对于组织未来行动的运筹谋划,而组织环境未来的发展是不以人的主观愿望为转移的。变化之速、动因之多,往往始料未及。在经济、技术、市场态势飞速更替、"未知"因素层出不穷的当代世界,更是如此。今日之长,或为明日之短;眼前顺利平安,难保以后不会问题丛生。因此,决策时必须缜密研究组织环境未来可能出现的各种情况及其制约因素,做到未雨绸缪、积极应变。上述动态决策,就较好地体现了应变原则。一般而言,贯彻应变原则的技术经济组织措施主要有:科学的预测、开展敏感性分析(预算变量的影响)、采用模拟技术(制定预案)、预留机动力量等。

4.可行性原则

这是指任何一项决策都应该实事求是地评估其实现的条件,确保方案能够付诸实施并取得预期的良好效果。其内容包括:目标的确立,适应社会经济文化发展的当前或长远需要;设计的路径、方法,符合法律规范与工程技术规律;作业活动的组织,具有人、财、物、信息等各种资源的可靠保证。根据这一原则,在决策方案的评估选择中,要求人们对每一方案都从技术、经济、管理等多个侧面进行认真的可行性研究,综合分析论证方案的技术先进性、经济合理性和实际可行性。实现需要与可能的有机统一,使遴选的方案不仅在理论上具有必要性和优越性,而且经过努力,可以由蓝图变成现实。

5.定性分析与定量分析相结合的原则

即决策技术的使用,应针对客观事物量、质两方面的规定性,注意量与质的研究相统一。定性分析是指依靠个人或集体的经验、智慧和判断能力,对事物的性质及其发展趋向作出逻辑推断。定量分析是指运用有关的科学原理收集数据资料,建立一定的数字模型进行计量分析,揭示事物的特征及其发展程度。定性分析与定量分析的目的、手段和侧重点各有不同,前者主旨在于明了事物的"本质是什么"、"去向何方";后者主旨在于掌握事物的"规模多大"、"速度多快"。但两类方法的运用,都必须建立在深入调查研究、科学认识事物客观规律的基础之上。而且两类方法密切联系、相辅相成,彼此不可或缺。结合使用定量分析与定性分析两种方法,有助于人们合乎客观法则地进行科学决策。

二、决策的步骤

(一)问题诊断与目标确定

所谓问题就是应有状态与实际状态之间的差距。决策是从问题开始的,是为了解决决策者认为必须解决的问题而着手进行的。所以,决策的一开始就是问题的识别、分析。它是对问题做系统的诊断,明确问题的性质、范围和产生问题的关键所在。有些问题很明确,就可以直接进入下一个决策步骤。常规性决策问题的识别、分析工作量就比较小。还有一些问题则很难找到,并需要花较多的时间来加以识别、分析。复杂的决策问题牵涉的因素很多,问题的表现与原因之间的关系很复杂。它们之间也许是相关关系,也可能是因果关系,还可能好像是上面的两种关系,但实质上是虚无关系,应花时间去探究问题的真正原因所在。在问题诊断中,有些时候问题分析较问题识别难。比如,成本超出了就说明出了问题,但要精确地进行分析却不怎么容易。有些时候,问题识别又较问题分析难。我们平常所说的"提出问题比分析问题更可贵",说的就是这个道理。工作上责任心不够,缺乏进取精神,知识面不够广,业务素质不高等,对问题就会熟视无睹,看不出是问题,或"有眼无珠",发现不了问题。没有找出问题的实质,或没认识到真正的问题,也是决策过程第一工作步骤中易犯的错误。产生这类错误的通常原因,是我们有些决策者分析问题时急于求成和随意猜测,占有的信息不适用,当然也可能与指导思想不对头,所采用的分析方法不科学有关。

正确的问题诊断只解决了目标的针对性问题,它是决策目标确定的一个基础。决策目标是决策者希望通过决策活动所要获有的结果或是希望出现的预期状态。决策目标是决策的出发点,也是决策的归宿点。方案的拟定与评价,要以决策目标为依据;决策方案的实施是否取得预期结果,要以决策目标为尺度。某一决策问题的决策目标确定好了,下面的决策工作内容就有一个可靠、扎实的基础。在提出和确定目标的环节中,首先要注意的是:为避免遗漏最切合实际、最令人满意的目标,应该预设多个目标备选;社会的复杂多样,也决定了解决一个问题实际上可以提出多个目标。但是,当最后选定的目标为多个时,又必须进行适当的技术处理。因为多目标固然考虑问题比较全面,能客观地反映复杂的现代管理活动的多样化要求,同时也可能导致面面俱到,不易抓住重点或中心,而且还增加了决策的难度。基本的技术处理思路是在满足决策需要、区分目标重要程度的基础上,结合线性规划等计量方法的采用,简化或综合多目标为单一目标。此外,在设立目标的同时,须相应明确其约束条件,使目标的"满意度"和预期水平保持在各种约束条件的范围内,增强决策目标的现实性和可行性。

(二)方案的拟定

为解决某一问题而设计出的多个可行的供决策者抉择的方案,就称为备选方案或备择方案。备选方案至少要两个或两个以上,决策者才可能从中进行比较,然后选出最理想的方案。

方案的拟定,必须遵循详尽性和互斥性的原则。所谓详尽性,是指尽可能毫无遗漏地将既定主客观条件下实现某一决策目标的备选方案全部罗列出来,以获得最令人满意的方案。所谓互斥性,是指实现同一目标所拟定的各种可行方案由于特定时空资源的约束而具排他性,执行其中某一方案,就不能同时执行另一个或几个方案。

拟定备选决策方案是一项十分复杂的工作,一般可分为轮廓探索和细节设计两个阶段。在轮廓探索阶段,要仔细研究影响目标实现的可控因素和非可控因素、积极因素和消极因素,以及决策对象将来一段时间的发展趋势与状况。在此基础上,依照决策的目标要求,把各种有关因素同决策对象未来发展趋势与状况的各种估计进行比照研究,拟出适量的初步决策方案。在初步淘汰掉一些优越性不大的方案后,就进入了细节设计这一工作过程。轮廓探索阶段,吸收经验和大胆创新是关注的重点。经验是有益的,但经验主义是有害的。应对过去的或他人的决策经验同现在的决策对象和要求的异同点有着清醒的认识,利用老办法、旧经验进行决策方案的轮廓探索要有权变观点。要在吸收经验、占有信息的基础上尽量打开思路,从新的角度、变量、因素、层次去分析决策对象,作多方面的开拓探索,大胆创新,并注意吸收、挖掘他人提供的新见地和新设想。细节设计阶段的工作任务主要是对初步筛选余下的方案确定细节,作较系统的可行性研究,评估实施结果。做好这项工作需要严格的论证、细致的推敲、反复的预计测算,要虚心听取他人的意见,尤其是批评性的,甚至是挑剔性的怀疑、反对意见。由于所拟定的方案都是为了相同决策目标的实现,解决的都是同一问题,因此,预选的各个不同方案(即使是被初步淘汰的方案)或多或少都有一些有益的思想成分,要注意吸收补益。

(三)方案的评价与选择

评价和选择方案就是对各备选替代方案的经济与社会效益进行比较,选择能够达到决策目标要求的"令人满意"的方案。这是决策过程中的关键环节。

评价和选择方案的基本要求是:首先,验证方案效果是否与决策目标相一致。着重是分析方案的针对性如何,即设计者是否明了问题产生的真正原因,所拟技术经济组织措施是否做到了"对症下药",以及可靠性和可行性如何,必要时,可以进行实验检验。其次,审查方案的可比性。主要是审查满足需要的可比性(替代方案必须是满足相同的需要)、耗费的可比性(不同方案费用消耗所涉及的范围是一致的,现代条件下要求在全社会范围内考核耗费,如计算环境成本)、价格的可比性(保持各方案计价时间的一致性,并考虑货币的时间价值)等。再次,系统分析,综合评判。方案的取舍,不能孤立地依据某个单项技术经济指标的水平高低,而应遵循整体优化原则,综合比较备选方案的各项技术经济指标及其社会效益。可预先使方案的各项效果指标计量化,适当综合,以方便评估和优选。评选过程中,要注意发挥集体智慧,如组织有代表性的专门评审组进行分析论证;还要注意发现方案可能带来的不良影响和潜在问题,选择那些正面效果好、负面影响小的方案。

评估方案通常采用的方法有三种,即经验判断法、数学分析法和试验法。经验判断法是一种古老的方法,它尤其适用于对定性因素的分析、决断。与方案拟定中的经验运用应注意的问题一样,不能机械地、简单地操作。个人的经验或某些人的经验是有限的,要集中大家的经验。对于比较复杂的方案,最好把每一方案的优缺点都列出来对比,用一些关键评价标准来决定一些方案的淘汰。与经验判断法不同的是,数学分析法是一种定量的决策方案选择法,它用数学模型进行科学测算后对诸多方案加以选择。试验法在方案选择中有其特殊的用途。对方案的选择既无经验可鉴,又难以采用数学模型进行评估,同时,这个决策所关系的问题又是重大的,在这些情况下,可先选择少数单位作试点,以取得经验和数据,最后来确定选择一个作为最终正式推出供实施的决策方案。

当择取某一最终方案供决策实施用后,应对这一方案实施的潜在问题进行防范分析。防范分析是前馈控制。前馈就是预测某一决策方案在进入实施后可能出现哪些偏差,需要什么必要条件使这一决策活动的管理者在实施之前或者偏差出现之前就预先采取措施,从而防止偏差的产生和发展。防范分析的过程,据黄孟藩先生的描述一般按以下步骤进行:一是全面预计方案执行中和执行后可能出现哪些潜在问题;二是对所预计的所有潜在问题按其危险度或威胁性进行排队分类,危险度或威胁性的高低是按每一潜在问题出现的概率同其危害性(用分等计分的方法估计)的乘积来表示,一般可分为大、中、小三类;三是根据上述分类来决定是否采取预防措施和应当采取哪些预防措施;四是为危害性极大的潜在问题或事先极难预防的潜在问题准备应急措施,以备后用。

(四)方案的实施与追踪

决策是个动态的过程,方案的选定并不意味着决策活动的完结。首先,只有将优选出来的方案付诸实施(这需要综合发挥计划、组织、领导、激励、控制等管理职能),在实施中不断完善原有决策方案(修改或提出新目标、补充新方案等等),使蓝图变成现实,才算达成了决策目标,完成了一项决策任务;其次,社会组织持续发展的使命决定了决策职能的连贯性,通过一项决策的执行追踪,验证其科学性和合理性,才能更有效地开展下一轮的决策活动。所以,包括西蒙在内的许多管理学家都主张把决策的执行实施和追踪检查作为决策过程的第四步骤。

具体追踪处理措施有三类:一是保持现状,不采取措施;二是采取措施纠正偏差;三是修正原决策。到底选择哪一种方法,取决于许多条件。具体来说,如果出现的偏差较小,不致影响决策的全局效果,或者纠正偏差需要付出较大的代价或已超出现有的条件,那么往往听任偏差的存在,继续观察。如果对实施结果及偏差原因作出分析后,认为原决策在现有条件下仍然是正确的,或者说客观条件的变化还不足以表明具有修正决策的必要,而已经出现的偏差又会影响决策的效果,那么,在这种情况下就应采取措施纠正偏差,以保持原决策目标的顺利实现。

对原决策加以修正的缘由出自三种情况:一是原决策在制定时,由于对客观条件估计有误而存在明显缺陷,例如,发现它的执行后果完全脱离原先的预料或根本无法执行,或者发现它与现行法令严重抵触等等,这种情况就非修正决策不可。第二种情况是,决策在制定之时是正确的,但由于客观条件发生了巨大变化,致使决策变成不适用、不正确或无法实行,这时就有必要对决策作出修正。再一种情况是,虽然原决策本身是正确的,但实施决策的组织工作很差,而这种状况目前还不可能有根本性的改变,此时也往往要对决策作适当的修正,避免同实施环节相脱离。只要决策的修正有必要,组织的领导者就必须有勇气加以改变,并努力克服各种阻力与惰性。

决策的四个基本程序之间客观上存在着严格的先后顺序,反映了决策活动的内在规律性,是不能主观随意地超越或颠倒的。其中每一个程序都是下一程序的前提或先决条件,只有依序一环接一环地开展工作,才能顺利地完成决策的任务,实现预期的组织目标。否则,决策工作将无法进行,在一定的环境条件下,甚至可能导致组织盲目行动,造成重大的失误。

第四节　决策方法与技巧

一、决策的方法

(一)定性决策方法

1.头脑风暴法

头脑风暴法又称畅谈会法。这种方法是指把少数成员召集在一起,在一个宽松的、不加思想约束的气氛中,大家的思想火花、创造性设想互相激发、碰撞。这种方法能够起到与会成员知识互补、思想共振、扩大思考领域、获得大量思想的作用。这种聚集、激发思想的会议方法对于提高决策的科学性、有效性、创新性是十分有益的。

本方法的倡立者奥斯本为这种会议运作规定了四个原则,贯彻头脑风暴法的原则是成功运用头脑风暴法的关键。这些原则是:

(1)禁止批判原则。会议不允许有对任何人的见解进行批评的行为,对任何提议、设想都不下结论。为了本原则得以实质性地贯彻,在会上也禁止溢美、吹捧之言。这样做的目的,就是让与会人员无所顾忌地畅所欲言。禁止批判原则是第一重要的原则,下列几条原则能否发挥作用,直接取决于这条原则的落实情况。

(2)自由奔放原则。这条原则鼓励与会人员尽可能发挥自己的想象力、联想力,尽可能地多因素、多角度、多变量、多层次地考虑问题,摆脱传统思维习惯和陈规旧论的束缚,使自己的思维处于一个活跃、自由、独立的状态,尽力捕捉脑子里闪现的思想火花。

(3)追求数量原则。见解提得越多越受欢迎。会议对与会者所表达的想法是否成熟、是否深刻没有加以要求,只要求获得最大量的灵感。会议能集聚到更多的见解、主张、理解、看法,就为生成优质的解决问题的思想、方案提供一个扎实的基础。

(4)借题发挥原则。与会者除了提出自己的意见外,还可在吸收别人思想的基础上,就其提出更多的补充性思想,这有助于引起他人对原先提出的思想进行再思考。利用头脑风暴法要达成的就是这种思想碰撞与连锁反应的效果。

头脑风暴法有诸多一般会议讨论所起不到的作用,但也有一些局限,主要表现在:与会者素质可能参差不齐,所产生信息、思想的数量与质量受到他们的经验、知识、业务水平、思维能力水平等多方面的限制,主持者水平高低也是一个重要的影响因素。

在头脑风暴法的基础上,又出现了一种反向头脑风暴法。它也称为质疑头脑风暴法,具体做法是:在召开头脑风暴法会议的基础上,召开第二次会议。这次会议的任务只对第一次会议提出的各种点子、见解、方案等进行质疑性评论,要尽量挑毛病,甚至达到吹毛求疵的地步。通过召开这样的质疑性会议,重新考虑决策性构想,使之完善。

2.德尔菲法

德尔菲法是一项技术性很强也很实用的预测、决策方法。它是一种专家背靠背即专家不能就预测、决策问题进行思想交换的集体判断法。这种方法主要的技术性要求有:

(1)选择专家参与这种性质的活动,要事先征得专家本人的同意。

(2)专家的人选构成上要充分考虑专家的各方面特质,达到合理匹配。

(3)所设计的调查表要简明扼要,所提的问题不能模棱两可。

(4)每位专家至少有一次修改自己主观意见的机会。

具体实施过程是:

(1)工作小组将征询的问题以书面形式交给专家,专家将自己的意见以不记名的方式填于表内。

(2)工作小组对第一轮征询的结果进行汇总整理,并将处理后的意见分布和要询问的问题,在第二轮征询表中加以反映。将此轮的征询表分送给各位专家。

(3)收回并汇总整理第二轮对专家的征询结果。

(4)根据情况再设计第三轮征询表,由各位专家继续填写。

(5)汇总整理第三轮征询结果。如果意见较集中,就可结束这次决策问题的征询活动;若需要,还继续下轮次的征询。

(6)分析处理最后一轮的专家意见,写出总结报告,报交决策者。

德尔菲法主要有三个特点:(1)匿名性。这可使专家较客观地发表意见。(2)集体性。专家可从工作小组人员的反馈中得知集体的总体意见,并据此作出自己新的判断,最后得出的调查结论是集体意见的集中。(3)规范性。所指的规范性是指可运用统计方法对专家们的意见进行分析处理。这种方法也有一些缺点:对所征询的问题基本上只能作直观分析,专家个人和综合而来的集体意见的论证程度可能都不够高。

把德尔菲法列入定性决策方法,是因为它的早期运用带有定性的方法特征。应该指出的是,现在不少人在运用这种方法时,使用了大量定量数据进行问题征询,对结果信息的处理也应用许多定量分析方法。

(二)确定型决策方法

确定型决策是指各个备选方案都只有一种确定的结果的决策。对确定型决策问题,制定决策的关键环节是判断什么样的行动方案能更好地实现既定的决策目标。

1. 直观比较法

因为确定型决策中一个方案只有一种确定的结果,一般说来,这类决策比较好做,只要通过比较各个方案的结果状态,就可做出决策,不需要借助数学手段。例如:某企业拟投产三种新产品,即有三种可能投产方案。该企业判定三种产品的市场前景分景气与不景气这两种情况,景气情况下,估计 A 产品、B 产品、C 产品三个产品的销售量分别为 560、740、1440 个单位数;不景气情况下,估计 A 产品、B 产品、C 产品三个产品的销售量分别为 460、840、720 个单位数。决策准则是争取最大的销售量。该企业通过调查,有把握地判断出近两年这三种产品的未来市场前景都是不景气的,那么,应该选择 B 产品投产方案。而如果确定未来两年 A 产品不景气、B 产品景气、C 产品也景气,那么就该选择 C 产品投产方案。从此例可以看出,对于确定型决策来说,掌握足够的相关信息是做好决策的关键。

2. 盈亏平衡分析法

盈亏平衡分析是企业常用的一种决策的方法,基本思想是通过对销售量、成本、利润三者之间的相互关系的分析(此方法因此也称量本利分析法),根据找出盈亏平衡点来选择经济合理产量。此种方法被推广运用到利润决策、目标成本控制、生产方案优选、定价等决策问题上。盈亏平衡分析中一个重要概念是盈亏平衡点。在这一点上，企业生产经营活动正好处于不盈不亏的状态，也就是所得的收入恰好等于所费的成本状态，这种状态亦被称为保本点。

我们将企业生产经营的成本分为固定成本和变动成本两部分。固定成本（或称不变成本）是在一定期间内，当企业产销量变化时其总额保持不变的成本。它们通常是由一些不易调整、使用期限较长的生产要素引起的费用，如折旧费、租赁费、利息支出和一般管理费等。无论产销量多大，这些费用都是稳定不变的，只有当产销量跃升到另一个区间时才表现为另一个固定的数额。如钢铁厂的高炉有一定的生产量的限制，超过了该界限就必须增添另一座高炉，由此引起固定成本的跳跃式变化，但在该界限范围之内的产量增减变动不会引起固定成本发生变化。

与固定成本相反，变动成本是指随产销量的增加而同步增加的费用或成本。如直接人工费、原材料消耗等费用，当产量为零时，其数额也等于零，当产量增加时，变动成本额随之按比例增加，所以称之为变动成本。这里要注意，变动成本是就总成本而言的。若从单位产品成本的角度来考察，固定成本与变动成本的概念恰好相反。因为固定成本总额（F）在一定的时间内总是不变的，单位产品的固定成本就会随产销量的增加而降低，这意味着产销量越大，对企业越有利；而变动成本总额是随产销量等比例变化，所以单位产品的变动成本值（Cv）则保持相对不变。据此，可以推算出如下公式：

$$利润 = 产销量 \times 单价 - 产销量 \times 单位变动成本 - 固定成本$$
$$= QP - QCv - F$$
$$= Q(P - Cv) - F$$

式中，$P-Cv$ 为单位贡献毛益，即产品销售单价超过单位变动成本的部分。欲计算保本销量，通称盈亏平衡点产销量，只要取利润值等于零（即不盈不亏），即可由 $Q(P-Cv)-F=0$，推导求得：

$$Q = \frac{F}{P - Cv}$$

也即：

$$盈亏平衡点产销量 = \frac{固定成本}{单价 - 单位变动成本}$$

企业的生产经营规模必须达到保本产销量水平，才不至于发生亏损。之后增扩的生产只要能确保产品单位贡献毛益值大于零，即可为企业带来利润的增加，举例如下：

　　假设某电子器件厂的主要产品生产能力为 10 万件,产销固定成本为 250 万元,单位变动成本为 60 元。根据全国订货会上签订的产销合同,国内订货共 8 万件,单价为 100 元。最近有一外商要求订货,但他出的单价仅为 75 元,订量 2 万件,并自己承担运输费用。由于这外销的 2 万件不需要企业支出推销费和运输费,这样可使单位变动成本降至 50 元。现该厂要作出是否接受外商订货的决策。

　　本例中企业的生产能力尚有富余,可以考虑增加订货生产。是否同意接受该外商的订货,要看降低了售价后是否还能给企业带来利润。表面上看,外销价格明显低于内销价格,外销单位贡献毛益也比内销低(内销产品单位贡献毛益为 $100-60=40$ 元,外销产品单位贡献毛益为 $75-50=25$ 元)。但是,实际上这家企业生产所投的固定成本已在内销产品中得到全额补偿并有盈余 70 万元($8\times40-250=70$ 万元),所以接受外商订货可使企业再净赚利润 50 万元($2\times25=50$ 万元)。可见,要是这家企业没有其他更好的销售机会,应该作出接受外销订货、增加产销量的决策。

(三)风险型决策方法

　　风险型决策是指决策方案的自然状态有若干种,但每种自然状态发生的概率是可以作出客观估计的决策,所以亦称为随机型决策或统计型决策。在这种决策下,方案实施可能会出现几种不同的情况(自然状态),但每种情况下的后果(即效益)是可以确定的,而不可确定的是最终将出现哪一种情况(自然状态)。犹如天气有晴、雨、阴等几种状态,哪种状态将最终出现,谁也无法事先作出肯定的判断,所以就面临决策的不确定性,但只要人们基于历史的数据或以前的经验就可以推断出各种自然状态出现的可能性(即概率),那么这种决策就只是风险型决策。

　　根据统计中的大数定律,当经营次数趋于无限时,平均损益是以损益的期望值为标准表现形式。所谓期望值,就是方案各不可控状态的概率与其出现时所带来的损益的乘积的总和,而标准差就是各状态损益值相对于期望值的离差程度。标准差与期望值之比,就代表经营的风险度。在风险型决策下,由于人们计算出的各方案在未来的经济效果只能是考虑到各自然状态出现的概率的期望收益。该数值与这一方案在未来的实际收益值并不会刚好相等,因此,据此选定决策方案就不免伴随着一定的风险。风险型决策的基本目标,就是要达到期望值最优(即预期平均收益最大或预期平均成本最小),同时使方案的风险度保持尽可能低。

　　风险型决策的方案评价方法有很多,我们这里主要介绍决策树和决策表两种计算法。举例如下:

　　某公司为投产某种新产品拟定两个方案:一是建设规模较大的工厂,二是建设规模比较小的工厂。假设两者的使用期一样,但建大厂需投资 30 万元,建小厂只需投资 20 万元。这种新产品未来的销路有好坏两种情况,它们出现的概率分别为 0.7 和 0.3,相应的损益值预测结果是:建大厂方案下,如果销路好,生产经营这种新产品能带来 100 万元的收益,但如果销路差,则要损失 20 万;建小厂方案下,如果销路好,经营收益能达到 40 万元,而如果销路差,则只有 30 万元的收益。试问哪一种方案更可取?

　　1.决策树法

　　这是一种以树形图来辅助进行各方案期望收益的计算和比较的决策方法。决策树的基本形状如图 4-1 所示。

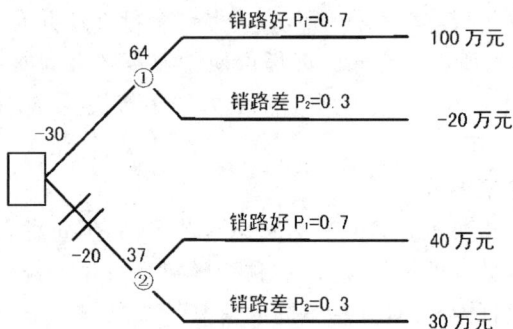

图 4-1　决策树示意图

　　图中,方框"□"表示决策点,由决策点引出的若干条一级树枝叫做方案枝,它表示在该项决策中可供选择的几种备选方案,分别以带有编号的圆形结点"①"、"②"等来表示;由各圆形结点进一步向右边引出的枝条称为方案的状态枝,每一状态出现的概率可标在每条直线的上方,直线的右端可标出该状态下方案执行所带来的损益值。

　　用决策树的方法比较和评价不同方案的经济效果,需要进行以下几个步骤的工作:

　　(1)根据决策备选方案的数目和对未来环境状态的了解,绘出决策树图形。

　　(2)计算各个方案的期望收益值。首先要计算方案各状态枝的期望值,即用方案在各种自然状态下的损益值分别乘以各自然状态出现的概率(P_1、P_2);然后将各状态枝的期望收益值累加,求出每个方案的期望收益值(可将该数值标记在相应方案的图形结点上方)。在上例中:

　　第一方案的期望收益$=100×0.7+(-20)×0.3=64$(万元);

　　第二方案的期望收益$=40×0.7+30×0.3=37$(万元)。

　　(3)将每个方案的期望收益值减去该方案实施所需要的投资额(该数额可标

计"，实际上面临着司马懿进城攻打和不进城退去两种后果。诸葛亮神机妙算，
料定司马懿有很大可能性不会进城，所以大胆使用了"空城计"方案。

对于非确定性决策问题，决策者无论是否知道决策方案执行后会产生什么
样的后果，他们作决策时都必须预先设定某种适用的决策准则，依次才可能对各
种行动方案进行比较和选择。不同的决策者由于其个性和风险偏好的不同，选
用的决策准则不可能一样。下面以 A、B 两企业间的竞争为例，介绍非确定型决
策的四种典型的方案选择准则。

假设 A 企业为经营某产品制定了四种可行的策略，分别是 A1、A2、A3、A4。
在该产品目标市场上，有一个主要竞争对手——B 企业，它可能采取的竞争性行
动有 B1、B2、B3 三种。A 企业没有指导自己确定四种策略成功概率的经验，但
知道在 B 企业采取特定反击策略时自己的收益(如表 4-2 左半部所示)。

表 4-2　A 企业在对手三种不同反击策略下的收益状态及方案选择

企业的可能反应 ＼ 企业的策略	B1	B2	B3	乐观准则 (X)	悲观准则 (Y)	折中准则 ($\alpha X + \beta Y$)
A1	13	14	11	14	11	
A2	9	15	18	18	9	
A3	24	21	15	24	15	
A4	18	14	28	28	14	
相对收益最大值 及选取的方案				28 A4	15 A3	

那么，A 企业应该采取什么样的策略最好？这实际取决于其决策者的择案
标准。理论上说，择案标准或者方案选择原则有以下四种：

1. 乐观准则，亦称"大中取大"或"好中求好"决策法。持这种准则的决策者
是一个乐观者，认为未来总会出现最好的自然状态，因此他对方案的比较和选择
就会倾向于选取那个在最好状态下能带来最大效果的方案。如表 4-2 所示，乐
观者在决策时是根据每个方案在未来可能取得的最大收益值，也就是方案在最
有利的自然状态下的收益值来进行比较，从中选出能带来最大收益的方案(A4
方案)作为决策实施方案。

2. 悲观原则，亦称"小中取大"或"坏中求好"决策法。与乐观准则正好相反，
悲观的决策者认为未来会出现最差的自然状态，因而为避免风险起见，决策时只
能以各方案的最小收益值进行比较，从中选取相对收益为大的方案。以表 4-2
所示的例子来说，悲观者在决策时首先会试图找出各方案在各种自然状态下的
最小收益值，即与最差自然状态相应的收益值，然后进行比较，选择在最差自然

状态下仍能带来"最大收益"(或最小损失)的方案作为拟付诸实施的决策方案。本例中,按照悲观准则所选取的方案是 A3 方案。

3.折中准则。持折中观的决策者认为要在乐观与悲观两种极端中求得平衡。也即,决策时既不能把未来想象得非常光明,也不将之看得过于黑暗,而认为最好和最差的自然状态均有可能出现。因此,可以根据决策者本人的估计,给最好的自然状态定一个乐观系数(α),给最差的自然状态定一个悲观系数(β),使两者之和等于 1(即 $\alpha + \beta = 1$);然后,将各方案在最好自然状态下的收益值和乐观系数相乘所得的积,与各方案在最差自然状态下的收益值和悲观系数的乘积相加,由此求得各方案的期望收益值,经过该值的比较后,从中选出期望收益值最大的方案。

4.最大后悔值最小化准则。这是考虑到决策者在选定某一方案并付诸实施后,如果在未来实际遇到的自然状态并不与决策时的判断相符合,这就意味着当初如果选取其他的方案反而会使企业得到更好的收益。这种情况无形中表明,这次决策存在一种机会损失,它构成了决策的"遗憾值",或称"后悔值"。这里,"后悔"的意思是:你选择了一种方案,实际上就放弃了其他方案可能增加的收益。所以,决策者将为此感到后悔。"最大后悔值"最小化决策准则就是一种力求使每一种方案选择的最大后悔值达到尽量小的决策方法。根据这一准则,决策时应先计算出各方案在各种自然状态下的后悔值,即用某种自然状态下各方案中的最大收益值去减该自然状态下各方案的收益值,所得的差值就表示如果实际出现该种状态将会造成多少的遗憾,然后从每个方案在各状态下的后悔值中找出最大的后悔值,据此对不同方案进行比较,选择最大后悔值最小的方案作为拟付诸实施的最满意决策方案。(参见表 4-3)

表 4-3　最大后悔值最小化决策方法

企业的可能反应／企业的策略	B1	B2	B3	后悔值			最大后悔值
				$24 - B1$	$21 - B2$	$28 - B3$	
A1	13	14	11	11	7	17	17
A2	9	15	18	15	6	10	15
A3	24	21	15	0	0	13	13
A4	18	14	28	6	7	0	7
相对收益最大值	24	21	28				
最大后悔值中的最小值及选取的决策方案							7　A4

　　以上情况说明,对于非确定型决策,决策者本身对决策所应依据的准则的选择,将最终影响其对决策方案的选择。因此,在不确定情况下,决策实际很难达到真正的"最优化",理想的决策方案只不过是按照决策者事先选定的准则或原则来选择的相对最满意的方案。所以,满意化决策要比最优化决策在现实中更具有代表性。

(五)高速变化环境下的决策方法

　　当前,在一些行业中,竞争和技术改变的速度是非常快的,以至于市场数据不是不可获得就是过时的。决策失误的代价就是企业经营的失败。通过对在高速变化的环境中作出的成功与失败的决策进行比较,可以得出以下在高速变化环境下的决策指导原则:

　　第一,成功的决策者时时跟踪信息,以增进对所处行业深入、直觉的把握。企业通常每周举行2～3次由主要决策人参加的高层会议。决策者跟踪现金、材料、存货情况与经营统计信息,以持续地感知实际情况进展的状态。决策失败的企业更多的是关注未来的计划和前瞻的信息,而没有密切关注现实中的情况。

　　第二,在重要的决策中,成功的企业一开始就迅速规划多个备选方案,在企业最终选定方案之前,已经在同时实施各种可能的选择。决策迟缓的企业只制定一个可选方案,只是在第一个方案失败后才寻求另一个方案。

　　第三,快速、成功的决策者从众多的人那里寻求建议并聘请1～2个有专业声望、值得信任的同事作为高参。决策迟缓的企业不能在最优秀的人群中建立信任和共识。

　　第四,快速决策的企业在决策中能够涵纳每一个决策相关者,努力在他们之间建立共识;如果达不成一致,高层管理者作出选择并带头实行。如果等到所有人意见一致,会造成代价过于昂贵的拖延。决策迟缓的企业通常拖延决策直到达成完全一致。

　　第五,成功决策的企业能够将快速、成功的选择同其他的决策、企业整体战略相整合。企业做决策时如果不考虑与其他决策的相互联系,将会形成过于抽象的决策,从而使决策成功的概率下降。

　　组织决策会产生许多错误,特别是在高度不确定性的环境下做决策时更是这样,管理者不能确定或预期哪一个选择方案能解决问题。在这种情况下,组织可采用试错的方式。如果一个选择方案失败了,组织将从中学习并尝试另一个更适于环境的方案,组织应鼓励管理者在管理中培育勇于实验的精神,以利于产生创造性的决策。失败是成功之母。如3M的技术人员就是根据一种失败的产品——不结实的胶条研制出了一次性方便胶条。Pepsi-cola等企业认为,如果它们所有的新产品都获得成功,它们肯定是做错了什么。每一次失败都会提供新的信息和经验教训。管理者应勇于试验决策而不是畏惧潜在的失败。只有通过尝试错误,管理者和组织才能经历决策学习的过程并获得足够的经验和知识,在未来进行更有效的决策。

二、决策技巧

决策既是一门科学,又是一项艺术。我们虽然无法排除不确定因素和各种风险的干扰,但完全可以通过学习增强识别它们的能力。决策能力可通过两条相关途径得到提高:一是通过对科学决策理论和方法的学习;二是学以致用,通过反复实践以提高决策技能。

在进行重大问题的决策时,遵循理性决策过程有助于提高决策的正确率。尽管按照理性的决策过程进行决策,并不能够保证最终的决策一定正确,但如果决策出现失误,必然是因为没有遵循理性决策过程,在其中的一个环节或几个环节出现了失误。在实际决策时,要特别注意以下几个问题:

(一)准确收集利用信息

信息是决策的基础。决策的正确性在很大程度上取决于决策时所依据的信息量的大小。如果可以获得完全信息,就可以作出最优的决策。为了理解问题,找出真正的问题,需要准确收集和分析与问题有关的各种信息。

为了扩大决策时所依据的信息量,使决策建立在群体信息基础之上,从而提高决策的正确率,我们一方面要认识到个人能力和知识、经验的局限性,愿意听取别人的意见;另一方面要注意方式和方法,善于征求他人的意见。

另外在收集、利用信息时,管理者要避免因疏忽而误入"陷阱":

1. 不要轻信别有用心或与该决策有根本利害关系的人提供的信息,偏见会导致信息的扭曲。要从各方面听取意见,并注意分析比较。

2. 要注意平均水平与实际情况的差异。平均水平往往掩盖了实际存在的特殊情况。如果 50％ 以上的实际情况与平均水平相比,要相差 25％ 以上;或 25％ 以上的实际情况与平均水平相比相差 50％ 以上,则马上可认为这种平均水平很值得怀疑。

3. 不要轻易放弃相互矛盾或截然相反的意见。既然有不同的意见,就必然存在着一些问题,要注意深入调查,在搞清事实的基础上作出决策。

4. 对专家意见要避免盲从。同样的一组事实或信息,可作出种种不同的解释,专家的解释和建议为决策者以同样的方式去解释信息提供了便利,但不可盲从专家的意见。无论何时,只要有可能,就应当根据专家提供的有关信息得出自己的结论。

5. 要注意信息的时间性和获取信息的代价,不要指望在收集到所有的信息后再作出决策。"信息"本身并不能告诉我们解决问题的方案,而且情况随时在变,收集有关问题的每一点信息都需要付出相应的代价。

(二)正确运用直觉

在决策过程中依靠直觉是有一定的时间、地点和角色限制的。人们在思考问题时,本能上具有侧重左脑思维或右脑思维的倾向。左脑思维是线性的、逻辑的和分析性的思维方式,右脑思维是整体的、相关的和非线性的思维方式。左脑思维和右脑思维在决策中分别表现为理性决策和直觉决策。尽管严格区分这两种思维方式非常困难,但通常倾向于这两种思维模式的人各占一半。

一个优秀的管理者应努力学会正确运用自己的直觉,在普通管理者尚未发觉之前就能感知到问题的存在,在最终决策时能够运用直觉对理性分析的结果进行检查,从而协助其作出正确的抉择。

直觉不是理性的反义词,更不是随意的猜测过程。相反,它建立在分析问题和解决问题的广泛的实践经验基础之上,只要这些实践经验是有根据的,是合乎逻辑的,那么直觉也会是合乎逻辑的。当我们面临一个新问题时,我们的思维就开始在我们长期记忆的分类信息中搜索,一旦发现存在类似或相关的情况,我们的脑海中就会闪出一个念头,这就是直觉。其实,我们每个人每天都在利用我们的直觉进行日常问题的决策。例如,大多数人在选择一件衣服时就常依赖于自己的直觉,在穿衣镜前审视自己穿上衣服后的整体效果,通过视觉观察产生一个整体感觉,并最终确定合不合适。

在以下情况下,直觉在决策时常发挥着重要的作用:

1.客观事实很少且不相干,但仍要求作出决策时;

2.事实摆在面前,但并不能指明方向,我们看不出应当做什么时;

3.时间很紧,广泛收集信息进行分析已不大可能时;

4.有数种可行的解决方案,在逻辑上都说得通,但需要作最后评判时。

应当明确,直觉并不是对严密的理性分析的替代,而是对理性分析的补充,两者相辅相成。一般地,在理性分析的基础上再依据直觉作出的决策,从理论上而言,其正确的概率比单纯地依赖理性分析作出的决策或直接依靠直觉作出的决策更高,因为前者决策时所依赖的信息比后两者更宽广。

(三)明智地把握决策时机和确定决策者

应该懂得,在不适当的时候作出正确的回答仍是一项低劣的决策。轻率浮夸是工作的大敌,过早作出决策或在时机尚未成熟的情况下草率作出决策,很可能得不到应有的效果;而拖延决策,可能会进一步扩大矛盾,带来不可收拾的后果。因此,在工作中要明确各类问题的核心和关键,分清轻重缓急,以准确把握决策时机。

正确的判断是决策的关键。决策不仅仅表现为在适当的时机果断决策,还表现为在适当的情况下改变决策。把一个决策当作是最终的决策,是决策实施阶段常犯的错误。我们生活在一个多变的时代,没有任何东西可长期保持不变。一个决策在上周看还很好,而在这周就可能变得不切实际。优柔寡断是错误的,墨守成规也是错误的。因此,我们必须认识到决策是一个开放的不断反复的过程,在决策实施过程中密切关注事态的发展,一旦原有的决策方案不再能够达到原有的决策目标时,就要准备重新开始决策。

另外,作为管理者而言,还要认识到:并不是所有问题都必须由你来解决。作为管理者,与其说是问题解决者还不如说是问题发现者。对于现实中发生的很多问题,并不需要管理者亲自去解决。在面对问题时,管理者更多的时候不是直接决策,而是问一些简单的问题:在这个组织中,谁最合适来解决这个问题?我可不可以只作适当的指示,然后把整个问题的解决都交给下属?在管理实践中,决定由谁来决策有多种选择,如表 4-4 所示。

表 4-4　决策方式的选择

决策方式	特　　点	优　　点	缺　　点	适用场合
个人决策	由个人评估问题,根据自己的判断作出决定	决策速度快	依赖于个人经验和知识	时间紧迫或危机问题;秘密性质的问题;情况较清楚,实施仅涉及决策者个人,即使失误损失也不大的问题
协商决策	在与他人协商和听取他人意见的基础上由决策者作出最终决定	基于群体信息	需要较多时间,易受他人影响	时间允许且其他人对此问题有相关经验时;需要他人参与实施的问题,决策者对此问题有较多疑问时;所需解决的问题有较强专业性时
集体决策	将问题交由团队分析,通过相互交流,最终由团队按少数服从多数的方式确定决策方案	群体信息和智慧,相互交流和启发,可产生更具创造性的方案	效率低下,不一致时需要妥协,有被别人操纵的可能	问题重大,需要考虑多方面因素或需要创新性方案时;涉及面广,实施需要各方面配合或涉及多方利益时

(四)克服决策过程中的心理障碍

在面临决策问题时,有些管理者会表现出如下三种典型的心理:

1. 优柔寡断。有些管理者在实践中惯于采用"回避决策的战术",包括决策前过于强调信息的不足;决策时希望问题会自生自灭,拖延决策;让他人代为决策或不到万不得已不采取决策行动等。他们考虑最多的常常是如何避免风险、明哲保身,如何把个人承担风险的可能性降至最低,而不是考虑如何解决问题,因此面临决策时总是犹犹豫豫,唯恐出错。

2.急于求成。与优柔寡断者相反,有些管理者不愿意忍受问题的煎熬,希望问题能迅速得到解决。因此在决策时,他们几乎从不考虑问题的根源,而只是穷于应付。他们常常采用应急管理和直观管理方法,处理问题时仅凭条件反射,在考虑还不周到的情况下就贸然决策,强行采取行动。这些管理者实际上常常只是在同问题的表面现象打交道。"欲速则不达",当我们发现存在某个问题时,最好把它当作一种症状来处理,然后通过各种方法找出真正的问题,就事论事只会导致同一问题的一再发生。

3.求全求美。有的管理者面临问题时,总是希望找到一个十全十美的方案,这会导致问题迟迟不能得到解决。如果我们要开发出完美的产品才把它推向市场,那么我们能够实施决策的机会会非常少。我们寻求的是能解决问题的方案,它们不一定要非常完美,只要这些方案可行,能解决问题,易于管理并能满足目标要求就可以了。

(五)学会处理错误的决策

人无完人,决策者在决策时,或因为知识面窄,处理某些问题感到力不从心,或由于决策能力的限制,或由于只凭经验看待问题,难免会出现决策差错。通过自我反省认识错误,并采取适当方法予以弥补,可提高我们的决策能力。因此,一旦发生决策错误,应当采取以下积极的行动:

1.承认。要有勇气承认客观事实,错误已经发生,就应当承认过失,以集中精力分析原因,及时加以弥补,而不要忙于追究责任或推卸责任。

2.检查。由于决策过程中包含了很多步骤,因此要追溯决策的全过程,逐一检查,以找出在哪一步犯了错误。此外,还要分析决策的时间、方式和方法。通过检查反思,可使你学到一些决策的技巧,并避免重蹈覆辙。

3.调整。若一个决策总的来看是可行的,而只是在贯彻执行上发生了问题,则可通过发现薄弱环节予以调整,使这一决策趋于完善。

4.修正。若一项决策经过检查和调整仍无法修正,则要针对原因拟定一个修正计划,以改正决策错误,减少由于决策失误而可能造成的损失。

【课后案例分析】

如果你是一名认真的长跑者,那么在 20 世纪 60 年代或 70 年代初,你只有一种合适的鞋可供选择:阿迪达斯(Adidas)。阿迪达斯是德国的一家公司,是为竞技运动员生产轻型跑鞋的先驱。在 1976 年的蒙特利尔奥运会上,田径赛中有 82% 的获奖者穿的是阿迪达斯牌运动鞋。

阿迪达斯的优势在于试验。它使用新的材料和技术来生产更结实和更轻便的鞋。它采用袋鼠皮绷紧鞋边。四钉跑鞋和径赛鞋采用的是尼龙鞋底和可更换鞋钉。高质量、创新性和产品多样化,使阿迪达斯在 20 世纪 70 年代中支配了这一领域的国际竞争。

20 世纪 70 年代,蓬勃兴起的健康运动使阿迪达斯公司感到吃惊。一瞬间成百万以前不好运动的人们对体育锻炼产生了兴趣。成长最快的健康运动细分市场是慢跑。据估计,到 1980 年有 2500 万~3000 万美国人加入了慢跑运动,还有 1000 万人是为了休闲而穿跑鞋。尽管如此,为了保护其在竞技市场中的统治地位,阿迪达斯并没有大规模地进入慢跑市场。

20 世纪 70 年代出现了一大批竞争者,如美洲狮 (Puma)、布鲁克斯 (Brmks)、新布兰斯 (NewBallance) 和虎牌 (Tiger)。但有一家公司比其余更富有进取性和创新性,那就是耐克 (Nike)。由前俄勒冈大学的一位长跑运动员创办的耐克公司,在 1972 年俄勒冈的尤金举行的奥林匹克选拔赛中首次亮相。穿着新耐克鞋的马拉松运动员获得了第四至第七名,而穿阿迪达斯鞋的参赛者在那次比赛中占据了前三名。

耐克的大突破出自 1975 年的"夹心饼干鞋底"方案。它的鞋底上的橡胶钉比市场上出售的其他鞋更富有弹性。夹心饼干鞋底的流行及旅游鞋市场的快速膨胀,使耐克公司 1976 年的销售额达到 1400 万美元,而在 1972 年仅为 200 万美元。自此耐克公司的销售额飞速上涨。今天,耐克公司的年销售额超过了 35 亿美元,并成为行业的领导者,占有运动鞋市场 26% 的份额。

耐克公司的成功源于它强调的两点:(1)研究和技术改进;(2)风格式样的多样化。公司有将近 100 名雇员从事研究和开发工作。它的一些研究和开发活动包括人体运动高速摄影分析,对 300 个运动员进行的试穿测验,以及对新的和改进的鞋及材料的不断的试验和研究。

在营销中,耐克公司为消费者提供了最大范围的选择。它吸引了各种各样的运动员,并向消费者传递出最完美的旅游鞋制造商形象。到 20 世纪 80 年代初,慢跑运动达到高峰时,阿迪达斯已成了市场中的"落伍者"。竞争对手推出了更多的创新产品、更多的品种,并且成功地扩展到了其他运动市场。例如,耐克公司的产品已经统治了篮球和年轻人市场,运动鞋已进入了时装时代。到 20 世纪 90 年代初,阿迪达斯的市场份额降到了可怜的 4%。

试回答以下问题:

1. 耐克公司的管理当局制定了什么决策使它如此成功?

2. 到 20 世纪 90 年代初,阿迪达斯的不良决策如何导致了市场份额的极大减少?这些决策如何使得阿迪达斯的市场份额在 90 年代初降到了可怜的地步?不确定性在其中扮演了什么角色吗?

第五章 计 划

计划几乎无处不在,大到一个国家,小到每个人,都随时要与计划工作打交道。对组织管理而言,计划更是不可缺少的工作过程和环节。从逻辑顺序上看,管理是以计划开始的。从因果关系上看,计划工作的质量如何直接影响以其为依据展开的组织活动效果。近几十年来,计划在组织中的重要性迅速提高,不仅商业组织、企业管理重视计划工作,政府管理经济与社会也同样重视计划。因此学习和研究计划工作的内容、程序、原理,掌握制订计划的方法具有现实意义。

第一节 计划概述

一、计划的含义和内容

(一)计划的含义

制订计划的过程,是管理者确定目标和制订必要的行动方针的过程,其最终成果是对未来活动的事先安排。主要涉及:(1)决定组织将要追求的目标;(2)决定采用哪些行动方案以实现目标;(3)决定如何最好地配置组织资源以实现目标。也就是说,"既要做正确的事",又要"正确地做事"。

一般人们是在两种意义上使用"计划"一词:

1.作为动词,"计划"代表着一类特定的行为,也就是计划制订工作。通常是指管理者确定必要的行动方针,在时间、空间两个维度上进一步分解任务和目标,选择完成任务和目标的实现方式等一系列活动或行动。

2.作为名词,"计划"就是指上述计划行动的成果。指对未来活动所作的事前预测、安排和应变处理而形成的各种书面化的说明,以及政策、战略、预算书等。

(二)计划工作的内容

一项完整的计划应该包括哪几方面内容呢?西方学者把计划工作的内容概括为"5W1H"。认为计划工作分为六个方面:做什么(What)、为什么做(Why)、何时做(When)、何地做(Where)、谁去做(Who)、怎样做(How)。这六个方面的具体含义如下:

1.做什么。即确定计划的目标和任务。相对于企业生产计划而言,它是指企业在一定时期内生产什么产品,生产多少,要达到多少产值。相对于政府的国民经济发展计划而言,它是指一定时期内国民经济发展应采取什么措施,国民生产总值应达到多少,应优先发展哪些产业等等。

2.为什么做。即明确计划工作的原因和目的。实践表明,只有组织成员明确组织计划工作的原因和目的,组织成员的工作才有积极性和主动性。

3.何时做。即规定计划工作的时间限制,如何时开始,何时结束。时间的规定是计划工作必不可少的内容,它是组织工作追求效率,合理安排组织各种资源的重要依据。

4.何地做。即确定计划实施的地点。规定计划的实施地点和场所,了解计划实施的环境、条件和限制,以便合理安排计划实施的地点和场所。

5.谁去做。即确定计划的执行者,也就是明确规定实施计划的部门和人员,以便使计划得到执行。

6.怎么做。即规定实施计划的具体行动措施、政策和规则,以及人力与物力资源的分配和使用。

这六个方面是任何一项计划都必须包含的基本内容。

除此之外,为了增强计划的适应性,最好能说明该计划有效实施的前提条件,或注明当实际情况与计划前提条件不符时应采取的措施。综上所述,一项完整的计划应包括的要素如表5-1所示:

表 5-1　计划的内容

要　素	内　容	所要回答的问题
前　提	预测、假设、实施条件	该计划在何种情况下有效
目标(任务)	最终结果、工作要求	做什么
目　的	理由、意义、重要性	为什么要做
战　略	途径、基本方法、主要战术	如何做
责　任	人选、奖赏措施	谁做、做得好坏的结果
时间表	起止时间、进度安排	何时做
范　围	组织层次或地理范围	涉及哪些部门或何地
预　算	费用、代价	需投入多少资源
应变措施	最坏的情况计划	实际与前提不相符怎么办

二、计划的特点和作用

(一)计划的特点

在实践中,虽然所有的管理职能交织成一个互为关联的行动网络,但是计划工作在其中具有特殊的地位。

1.计划工作具有首位性

计划在所有管理职能中始终处于首要地位。从计划在管理过程中的顺序和作用来看,计划工作领先于组织、领导和控制等其他管理职能,同时计划也影响和贯穿于其他管理职能的工作。因为计划牵涉到整个组织要达到的目标。其他职能活动只有在计划为全部组织活动确立必要的目标之后才能进行,并且都随着计划的改变而改变。管理人员必须要先制订好计划,才能确定组织需要何种结构、人员素质、领导方略以及控制措施。因此,如果要使其他管理职能发挥效用,就必须安排好计划。

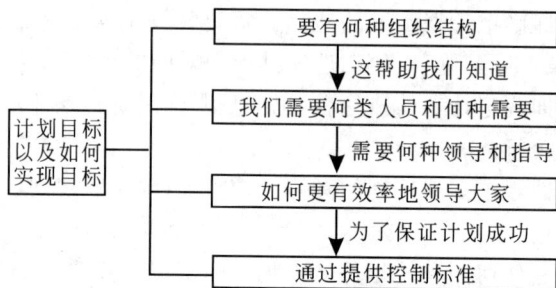

```
┌──────────────────┐
│  要有何种组织结构  │
└──────────────────┘
        ↓ 这帮助我们知道
┌──────────────────────────┐
│ 我们需要何类人员和何种需要 │
└──────────────────────────┘
        ↓ 需要何种领导和指导
┌────────────────────┐
│ 如何更有效率地领导大家 │
└────────────────────┘
        ↓ 为了保证计划成功
┌──────────────────┐
│  通过提供控制标准  │
└──────────────────┘
```
计划目标以及如何实现目标

图 5-1　计划具有领先性

2.计划工作具有普遍性

计划工作是任何管理者都必须从事的工作和职责。无论是何种组织,也无论是组织中哪个层次的管理者,要想实施有效管理,就必须制订好计划工作。组织中每一位管理者尽管职权不同,但都拥有制订计划的部分权力和责任,都要进行计划工作。可以说,计划工作是所有管理者的一项职能,具有普遍性。

3.计划工作着眼于组织的未来

虽然各项管理职能都必须考虑组织的未来,但都不可能像计划那样以谋划未来为主要任务。无论是规划、预算,还是政策、程序,都是为未来的组织行动有明确的目标和具体的方案作指导。当然,对未来的一切谋划必须建立在过去和现在的基础上。只有这样,谋划未来的方案才可能科学、合理和可行。

(二)计划的作用

为什么管理者需要重视计划,这是因为有效的计划是一切成功的秘诀,计划工作能使我们达到一些没有计划所无法达到的特定目标,计划做得好可以提高工作活动的成功率,取得更多收益。具体而言,计划在管理工作中有以下重要作用:

1.给组织成员指明努力的方向,协调组织活动

组织的计划包含组织的目标和活动步骤,为我们未来的行动提供一幅路线

图或行动图。它能使所有的组织成员了解组织目标和自己的工作任务,从而减少未来活动中的不确定性和模糊性。任何计划,不论是政府计划还是企业计划,都有明确的目的性。良好的计划可以通过明确组织目标和建立分层计划体系,将组织内成员的力量凝聚成朝同一目标方向的合力,从而协调组织活动,促使组织集合力量朝向组织目标。

2.降低环境中各种不确定因素的风险

组织所处的未来环境总处在不断变化之中。而计划就是面向未来的,它可以让组织通过周密细致的预测,考虑内外环境变化的冲击,制订适当的对策,采取必要的措施防范风险。尽管预测不可能很准确,但通过事先对未来可能发生的各种可能性的预计,有助于促使管理者展望未来,发现机会,变被动为主动,甚至反转形势,抓住变化带来的机会,变不利为有利。从这一角度而言,计划是连接现在和未来的一座桥梁。它尽管不能保证我们明天一定成功,但能使我们更好地面对明天。

3.减少组织行动的无序和浪费

计划的实质是要保证组织行动的有序性。如果一个组织没有计划,对未来心中无数,这个组织必然会陷入混乱之中。通过计划明确组织行为的目标,规定实施目标的措施和步骤,以此来保证组织活动变得有序而经济。任何一个组织的资源都是有限的,计划必须保证组织未来的行动在投入和产出效果最高的状态下有序进行。也就是说,计划就是要对组织有限的资源在空间和时间上作出合理的配置与安排,即用最小的投入求得最大的产出。良好的计划能通过设计好的协调一致、有条不紊的工作流程来最大限度地避免资源利用的盲目性,从而减少重复和浪费性的活动,提高管理效率。

4.促进有效的组织控制

计划的目标和实施方案是实施有效控制的基本标准,通过事先明确"要做什么"、"由谁做"、"要求做到何种程度"等,为事中和事后控制提供了标准,有助于提高控制的有效性。可以说,计划是控制的基础。没有计划,控制就失去了标准而无法进行,计划制订不科学,就无法进行有效控制。

三、计划的种类

计划工作具有多种类型。通过对计划工作的划分有利于人们更深入、更具体地理解和掌握有关计划工作的规律和方法。计划工作类型的划分取决于所依据的标准。常见的计划分类标准有五种,分别根据计划的影响面和程度、对象范围、时间、约束力大小、层次分类。需要说明的一点是,根据这些分类标准划分出的计划类型不是独立的,而是相互渗透和交叉的。各种不同层次、类型的计划在组织中形成计划体系。组织正是通过这样一个全面的、分层次的计划体系来综合协调组织的各项活动的。下面分别加以简单介绍。

表 5-2　计划的类型

分类标准	类　　　型
影响面和程度	战略计划、行动计划
时间期限	短期计划、中期计划、长期计划
对象的范围	综合计划、部门计划、项目计划
约束力大小	指导性计划、指令性计划
层　　次	使命、目标、政策、程序、规则、预算等

(一)按计划的影响面和影响程度划分

1.战略计划

战略计划是由组织中高层管理者来负责制订的,是寻求组织长远发展的全局性的计划。它描述了组织在未来一段时间内总的战略构想和总的发展目标,决定了在相当长的时间内组织资源的运动方向。战略计划的基本特点可以归纳为:(1)整体性。战略计划基于组织整体而制订,内容比较笼统,涉及组织的方方面面,要解决的是确定组织的发展方向、总体发展思路、资源配置策略。(2)重要性。战略计划的期限较长,影响力大,一旦战略计划失误,组织的生存与发展必将受到严重影响。因此战略计划的制订者必须具有较高的风险意识和创新能力,能在不确定中选定组织未来的经营方向和行动目标。此外,一个好的战略计划还要求管理者对组织的现状和环境具有较全面的认识。

2.行动计划

行动计划是战略计划的具体化。它是在战略计划所规定的方向、方针、政策指导下,为确保战略目标的落实和实现,确保资源的有效运用而形成的具体计划,主要用来规定组织目标如何实现的具体实施方案和细节。如果说战略计划侧重于确定企业要做什么事(What)以及"为什么"(Why)要做这事,则行动计划是规定需由"何人"(Who)在"何时"(When)、"何地"(Where),通过"何种办法"(How),以及使用"多少资源"(How much)来做这事。简单地说,战略计划的目的是确保企业"做正确的事",而行动计划则旨在追求"正确地做事"。行动计划的风险程度也比战略计划低。行动计划的基本特点是:所涉及的时间跨度比较短,覆盖的范围也较窄;计划内容要求精确性和可操作性;并通常要求体现效率。此外,行动计划还可进一步细分为施政计划和作业计划,分别由中层管理者和基层管理者负责制订。施政计划按年度拟订,明确各年度的具体目标和达到各种目标的确切时间;作业计划则在施政计划下确定计划期内更为具体的目标,确定工作流程、确定人选、分派任务和资源。

（二）按计划的时间期限划分

1.短期计划

一般来说，时间跨度在一年及一年以内的计划称为短期计划。按照远粗近细的思维逻辑，与长期和中期计划相比，短期计划是最详尽、最具体化的计划，一般都规定了较明确、具体和量化的目标以及实现这些目标的具体措施。因此通常要求具备可操作性。

2.中期计划

中期计划的时间跨度多为一年至五年。它主要起协调长期计划和短期计划之间关系的作用。中期计划来自长期计划，常常是长期计划的一个组成部分，只是比长期计划更为具体和详细，比后者更为稳定，在实施过程中变动较小。长期计划以问题、目标为中心，中期计划则以时间为中心，具体说明各年应达到的目标和应开展的工作。因此很多组织都把制订计划的重点放在中期计划。

3.长期计划

人们习惯于把五年以上的计划称为长期计划。长期计划相对较为概略、总括，它是长期战略计划的一个组成部分，它是组织为了提高战略管理水平的一种手段。长期计划的作用表现在两个方面：一是有利于发现正确的战略问题，改进组织的战略决策，使其从直觉型转变为分析型；二是综合各项经营决策，使企业的资源分配更加合理。换句话说，按照长期计划，企业能把多个项目综合起来考虑，并以最有效的方式分配有限的资源。通过建立起正常的长期计划制度，企业可以根据长远发展的需要收集战略信息，发现将来的机会和威胁，以便现在就为今后的长远项目做好准备。无数成功企业的实践表明，长期计划应该侧重于目标本身的内容（"质"），而不一定非要"量化"为由若干类别的具体指标构成的数字化计划。由于长期计划历时较长，在实施过程中会不断发生变动。

在一个组织中，长期计划和短期计划之间的关系应是"长计划、短安排"的有机结合，即为了实现长期计划中提出的各项目标，组织必须制订相应的一系列中、短期计划并加以落实，而中、短期计划的制订则必须围绕着长期计划中所提出的各项目标展开。

（三）按计划的对象范围划分

1.综合计划

顾名思义，综合计划涉及的内容是多方面的。综合计划一般是指具有多个目标和多方面内容的计划，就其所涉及的对象而言，它关联整个组织或组织中的许多方面。习惯上人们把预算年度的计划称为综合计划。

2.部门计划

部门计划只涉及某一特定的部门，部门计划是在综合计划的基础上制订的，它的内容比较专一,局限于某一特定的部门或职能,一般是综合计划的子计划,是为了达到组织的分目标而制订的。如企业销售部门的年度销售计划,就属于部门计划。

3.项目计划

项目计划则是为某项特定的活动而制订的计划。项目计划是针对组织的特定活动所作的计划,例如某项产品的开发计划、职工俱乐部建设计划等都属于项目计划。

(四)按计划的约束力大小划分

1.指导性计划

指导性计划是由上级提供较宽松的指导,下级具体如何执行具有较大灵活性的计划。指导性计划只规定一般的方针,指出重点,而不把管理者限定在具体目标和特定的行动方案上。

2.指令性计划

指令性计划是由上级下达的具有行政约束力的计划。与指导性计划相比,指令性计划不存在模棱两可和讨价还价的余地,也没有容易引起误解的问题,即有明确的目标、明确的方案和明确的实施步骤。

直观地看,似乎指令性计划比指导性计划更可取,指令性计划具有明确描述的目标,不存在模棱两可容易引起误解的问题。但在现实中,指令性计划所要求的明确性和可预见性条件,会由于内外环境条件的多变而难以得到满足。在这种情况下,指导性计划更为可取,一方面由于指导性计划没有明确的要求,从而使其具有较好的适应性;另一方面由于指导性计划规定了一般性的指导原则,从而使其在多变的环境中具有较好的可控性。灵活性和可控性相结合,是应对多变环境的有力武器。

(五)按计划的层次划分

根据计划的定义,现在所做的针对未来活动的工作都属于计划的范畴,依据这一标准,可以把计划分为使命、目标、政策、规则、程序、预算等不同层次。

1.使命。使命表明组织存在的宗旨和价值。如 20 世纪 20 年代 AT & T 的创始人提出:"要让美国的每个家庭和每间办公室都安上电话。"80 年代,比尔·盖茨如法炮制:"让美国的每个家庭和每间办公室桌上都有一台 PC。"到今天 AT & T 和微软都基本实现了它们的使命。使命不仅回答组织是做什么的,更重要的是为什么做,是组织终极意义的目标。

崇高、明确、富有感召力的使命不仅为组织指明方向,而且使每一位成员明确了工作的真正意义。正是"让世界更加欢乐"的使命让迪斯尼的员工对顾客、社会倾注更多的热情与心血。各种组织的存在都有其使命,如学校的使命是培

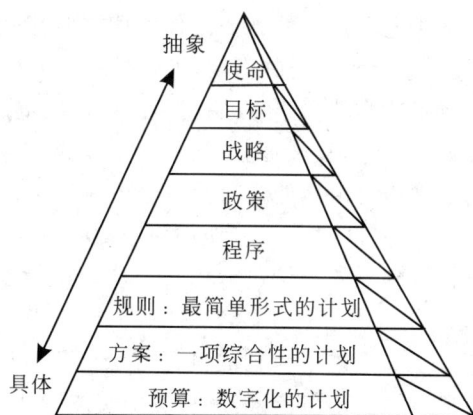

图 5-2　计划的层次体系

育人才,研究所的使命是科学研究,医院的使命是治病救人,法院的使命是解释和执行法律,企业的使命是生产产品并为社会提供服务。使命是组织制订计划必须首先考虑的,它是计划的第一层次。

2.目标。目标描述的是在未来一段时间内组织要达到的目的。有一些计划就是专门阐述目标,是对组织的使命和活动方向作最一般的表述,重点在于明确应该干什么,最终要达到什么目的。组织目标和使命不同,使命表达的是组织的一种追求,不仅相对比较抽象,而且也许最终也无法完全实现;目标则是一种行动承诺,它必须具体、可操作、可实现、可检验。如一所大学希望完成的"教书育人"和"科学研究"的使命,会进一步具体化为不同时期的目标和各院系的目标,如确定最近 3 年培养多少人才,发表多少论文等。

3.战略。战略是完成使命和实现组织长远目标而制订的计划。战略的重点在于指明组织发展的方向,确定工作重点,构设资源开发与分配使用的总体思路。战略制订需要研究竞争态势,确定主要的竞争对手,考虑外部环境的各种机会和威胁、自身的优势和劣势。从这个意义来看,战略是一种对抗性的计划形式。

4.政策。政策是对组织成员作出处理各种问题应遵循的一般规定。政策不要求采取行动,而是用来指导决策和行动。政策与战略虽经常混同使用,但两者是有明显区别的:战略所给出的是组织决策的方向目标和资源分配方案,而政策则指导组织成员如何决策。如某组织制订一项人事方面的战略是"在五年内大大提高员工的素质",与此相应的人事政策是"在今后五年中仅招收专业素质强的员工"。组织都有自己的政策,政府组织制订公共政策,如经济政策、政治政策、文化教育政策、社会政策等;企业制订本组织的管理政策;非政府组织也有自己的管理政策。政策本质上也是一种计划。作为明文规定的政策,规定范围和界线,是人们进行决策时思考和行动的指南,可以帮助有关管理人员事先决定解决问题的基本框架。有了这样的框架,人们就不需要每次重复分析相同的情况,同时还可以把其他计划统一起来。因此政策的目的不是约束有关人员,而是鼓励有关人员在规定的范围内自由地处置问题。也正因为如此,一旦形成政策,上级主管人员便可以下放权力,同时也保持他们对下属工作的控制。政策具有稳定性,一经制订,就要持续到新的政策出台为止。所以政策要尽可能明确,避免模糊不清。

5.程序。程序规定了处理未来活动的例行方法,所以它也是计划。人们通过对照程序要求,就可以明确将要进行的活动应切实按照什么样的步骤、时间顺序予以开展。它与战略不同,它是行动的指南,而非思想指南。它与政策不同,它没有给行动者自由处理的权力。如果说政策是指导人们如何去思考问题,那么程序就是指导人们应该怎样去行动。程序是通过大量例行性工作的分析、提炼而形成的规范化工作要求。善于利用程序,就可减轻管理者的决策工作量,提高管理工作效率和质量。一个组织中,各层次、各部门内部都定有程序。并且在基层,程序更加具体化,数量更多。程序还常常是跨部门、跨层次、跨环节的。

6.规则。规则通常是最简单形式的计划。为了落实政策,组织必须制订一些强制性的行为准则。它明确地阐明必须行动或无须行动,规定了在具体场合和具体情况下,允许或不允许采取某种行为。如"工作场所不能吸烟",就是一条规则。规则不同于程序。规则指导行动但不说明时间顺序,可以把程序看作是一系列规则,但一条规则却未必是程序的组成部分。规则也不同于政策。前者不留有任何灵活处理空间,后者则保持一定的自由度。所以规则对人的行为具有最大的约束力。

7.方案。方案是一个综合性的计划,它包括目标、政策、程序、规则、要使用的资源及完成既定目标所需的其他项目。一项方案可能很大,也可能很小。通常一个主要方案可能需要很多支持计划。在主要方案实施之前,必须把这些支持计划制订出来,并加以协调实施。

8.预算。预算作为一种计划,是用数字来表示活动的投入与产出的数量、时间、方向等的报告书,是一种数字化的计划。预算是企业及各类组织常常需要制订的,借助预算可以对工作计划或项目计划的内容加以数量化、精确化的规定,从而帮助企业(或其他类型组织)的各级管理人员精确、全面、细致地了解企业经营活动的规模、资源条件、开支项目、工作重点和各个阶段的预期项目。不仅如此,预算也为汇总有关数字提供便利的手段,同时它还可以直接作为控制工作的依据。所以预算的编制受到了许多组织的普遍重视。相比较而言,政府组织的预算制订程序复杂,保证预算的准确性难度较大;企业组织中大企业预算程序复杂,难度也大,而中小企业会较为简单一些。预算的编制既力求细致和精确,又要保持适度的灵活性。应该注意到,编制和执行预算本身并不是目的,而应该将其作为手段来对待。预算不是孤立存在的,不能在编制预算时一味考虑过去预算中的数字而忽视当前预算所服务的特定对象。无论预算的制订还是考核,都必须紧密结合其所要落实的具体任务的要求。这样才能避免预算编制和执行过程中目标与手段的置换。

第二节　计划工作流程

一、关于计划的典型错误

尽管管理理论非常强调计划的重要性,但在管理实践中,对计划工作的怠慢和抵制仍大量存在:有的管理者以各种理由拒绝进行书面计划的制订;有的组织制订的计划只有大体框架,而无具体内容;有的组织的计划只存在于组织高层管理者的手中,其他成员无法知晓;有的组织计划一套,工作起来却是另外一套。这些问题的产生主要是因为许多管理者对计划存在各种错误的认识和做法。因此纠正这些错误观念对正确理解和运用计划工作原理十分重要。简单说来,人们对计划具有的典型错误表现在如下几个方面:

(一)认识错误,不注重计划的制订

1.认为在计划上花工夫是一种浪费

有些管理者轻视计划,忽视计划的制订。其常见的心态有:(1)制订计划不如实际变化快,与其花时间去制订无用的计划,还不如用此时间多做些事情,因而穷于应付现实问题。(2)把制订计划看作是一件枯燥无味的事,不愿意为此花工夫。(3)计划只是计划部门的职责,不需要其他管理人员的参与。(4)由于缺乏信心、害怕承担责任,因而不愿意为自己制订有明确的时间限制的目标和计划。其实这些不注重为实现未来目标而制订计划的心态,深层根源在于没有认识到计划的有效性,不理解计划的本质。

2.认为计划是一种约束,会降低组织活动的灵活性

有不少管理者认为:他们的决策一旦诉诸文字而变成计划书后,要进行修改就不那么容易了;而经营环境恰是动态变化的。因此,这些人坚持认为战略是不应该被编制成计划的,否则就会扼杀组织活动的灵活性。其实,正确的计划工作本身并不会导致灵活性的降低。计划的实质,并不是为了消除变化,而是基于对未来可能发生变化的预见来对组织活动作出安排。管理者制订计划的目的和制

订计划的科学方式,恰恰是预测变化并制订最有效的应变措施。在实际中,计划工作中如果选用合适的计划形式,比如制订出总体指向性计划或者备用的计划方案,并说明在什么样的情况下来启用备用方案,则可以使组织活动既具有良好的计划性,又保持必要的灵活性。

(二)缺乏知识,制订的计划缺乏可行性

制订计划是一项重要的管理工作,有的管理人员缺乏计划工作的必要知识,制订出来的计划常常内容不完整,或者只是停留在口头上的,连像样的计划文本也没有;有的计划目标过于僵硬,以至于在需要改变时却无法加以改变。这些管理人员失误的原因往往不在于其技术专业能力,而是因为其缺乏有效计划的能力。种种制订计划的天然缺陷造成的结果是,计划即使产生,但在执行过程中稍遇困难,就无法发挥效用。

(三)固守计划,不愿适应环境的变化

固守计划,不愿适应环境的变化,这是对计划错误认识的另一极端。许多情况下,由于思维和行为模式的固化,常常会使人们对计划的变更不自觉地采取抵制的态度,人们即使认识到或预见到未来环境会发生变化,也不一定愿意及时地改变自己的计划和行动。从来没有人可以说,计划一经制订就不需要修改了。实际上,合理的计划就具有一种弹性机制,能够结合实际条件的变化,做出适当地修正调整。环境总是处于不断变化之中,尽管预测技术在不断进步,但它仍不能保证准确地预见未来可能发生的一切变化,因此计划工作要考虑到环境的多变性,及时地加以调整。

(四)运用不当,缺乏明确的交流和授权

有的管理人员只注重计划的保密,不将计划内容让有关的人员知道,使每一个执行计划的人不知道为什么要做、自己的工作与组织目标的实现有何关系等,使计划失去了应有的动员和激励作用。如果组织成员不了解自己的工作任务,不明确在整个计划中自己的责任与权力以及与其他人员之间的关系,他们是不可能很好地执行计划的。

经常注意和防止这些错误的发生,将有助于管理人员提高自己的计划能力和所制订的计划的有效性。

二、制订计划的步骤

制订计划的过程由一系列活动构成。大体上,各种组织制订计划的步骤都是相同或相似的,主要有分析状况、确定前提条件、确定目标、拟定备选方案、评价备选方案、选择方案、拟定派生计划和编制预算。

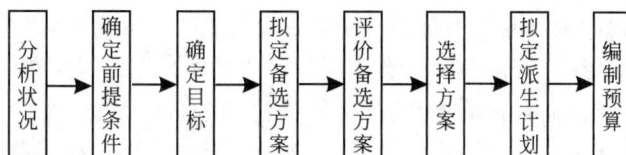

分析状况 → 确定前提条件 → 确定目标 → 拟定备选方案 → 评价备选方案 → 选择方案 → 拟定派生计划 → 编制预算

图5-3　计划的程序图

(一)分析状况,确定前提条件

计划工作的前提是对组织状况的分析,研究过去,认清现在,预测未来,即对组织过去的情况、现有的条件与未来发展所具备的资源和能力进行分析。前提条件是计划实施必须具备的关键性条件,这些条件不掌握,计划的编制就难以避免盲目性。只有充分认识前提条件,才能保证计划的协调和周详。对前提条件认识越清楚、越深刻,计划越有效。组织制订计划时应充分预测计划实施所需的内外部环境因素。

关于计划前提条件的类型和性质,可以从不同角度进行分类:

1.外部和内部的前提条件。企业外部的前提条件,既可以指组织所面临的一般环境,也指具体环境条件。企业内部的前提条件包括企业既定的组织机构、企业经营的方针和政策、投在厂房和设备方面的资金、已经拟定的主要规划等。

2.定量和定性的前提条件。在这里,定量条件是指可用数字表示的对计划工作具有影响的因素,定性条件则是指那些难以用数字来表示的因素。就其对计划实施的影响而言,许多定性因素有可能起着比定量因素更为重要的作用。

3.可控和不可控的前提条件。对于可控的前提条件,企业应当在计划中制订出具体的影响、控制和改变的措施和策略,而对于不可控的前提条件,则需要在计划中规定出应变的办法。

计划实际上是对未来条件的一种"情景模拟",这种情景模拟的准确性依赖于对未来环境的预测。因此,预测也应作为计划的内容之一。组织通常只能就其中对计划内容有重大影响的主要因素作出预测,其内容包括:

1.宏观社会经济环境,包括总体环境及与计划内容密切相关的环境因素。

2.政府政策,如政府的税收、价格、信贷等政策。

3.市场环境,包括市场需求、供应商及顾客的变化等。

4.竞争者,包括国内外竞争者、潜在竞争者等。

5.组织资源,如资金、原料、设备、人员、技术、管理等完成计划所需要的各种资源等。

(二)确定目标

计划目标是组织期望达到的预期结果,它为计划内容确立了一个明确的方向,是制订计划的第二步。由于组织一般都分为若干管理层次,组织目标既有总目标,又有不同层次的分目标,还有不同部门的具体目标。因此在确定目标时要考虑纵向目标与横向目标的关系,建立纵横协调的目标系统。目标的确定要科学合理并处理好多个目标的优先顺序,因为它直接关系到组织资源的分配次序。此外,目标应该具体明确,并且尽可能定量化,以便度量和控制。

(三)拟定备选方案

计划目标确定以后,应制订多种计划方案。一般来说,实现目标的途径不是单一的,而是有几种可供选择的方案,但比较经济、合算的途径并不多,因此,应集思广益、开拓思路、大胆创新,设法寻找比较好的途径,保证备选方案的质量。值得注意的是,不应该过分追求过多的备选方案,以免浪费精力和影响对有价值的备选方案的分析,但也不要搞单一方案,这样没有选择性。

(四)评价备选方案

评价方案是选择方案的前提,从经济、技术及社会效益等角度对每个方案进行评价,分析每个备选方案的利弊。评价的科学性,既取决于评价者所采用的标准,也取决于评价者对各个标准所赋予的权数。在许多情况下,评价的标准是计划的前提条件和目标。管理者可以运用运筹学、数学方法和计算机技术手段等定量分析方法,来增加评估的准确性。

(五)选择可行性方案

这是制订计划的关键一步,也是决策的实质性阶段。不同性质的组织方案选择的依据往往不同。企业组织往往依据"成本—效益"分析,选择效益高、成本低的方案。政府组织往往依据"公平—效率"进行选择。当可供选择的方案不止一个时,为了使计划能适应现实情况的变化,管理者应首先确定一个较佳方案作为计划方案,再分别备妥 2~3 个替代方案。一是因为在一个组织中,计划必须经过各方面的审议才能获得批准,制订多个计划有助于早日获得各方面的认可。二是因为尽管我们按未来最有可能发生的情境制订计划,但未来的不确定性始终存在。一旦计划实施的条件有变,管理者能够从容应对,保证在任何情况下都不会失控。当然,对于各套备用计划,必须明确规定其各自选用的前提条件。

(六)拟定派生计划

派生计划就是总计划下的分计划,是对总计划的支持。例如一所大学发展战略中的招生计划、学科建设计划、实习计划、培训计划等就是总计划下的派生计划。派生计划是总计划的基础,总计划是派生计划的来源,二者相辅相成。

(七)制订预算,使计划数字化

编制预算是把计划转变成数字化的计划。这是组织目标得以实现的保证,也是计划工作的最后一步,实质是资源的分配。由于组织的任何活动都需要动用组织资源,特别是资金,它作为最基本的资源,是各种组织活动的保证,而资金等资源又是组织的稀缺资源,因而必须节约,编制预算则能够保证资金等资源的节约和持续。一般来说,企业组织要编制项目预算、销售预算、采购预算、工资预算等预算项目。我国政府组织要编制经常性预算和建设性预算。编制预算是各种组织活动有序进行的重要保证,因而是十分重要的工作。

三、计划的影响因素

不同的组织,其目标性质和管理业务工作的内容不同,所需要的计划类型是有区别的。即使同一组织,在不同的环境条件下也应制订不同种类的计划,如此才能更有效地达成组织目标。决定不同计划有效性的因素有:

(一)组织的规模和管理层次

一般地,大规模组织所需要计划的种类比小规模的组织要多,即大规模的组织需要制订多种不同性质的计划,而小规模的组织往往只需要制订符合组织自身特点和发展需要的少量计划。另外,组织的高层管理者需要制订指导性的战略计划,而组织的中基层管理者往往只需要制订具体的行动计划。

(二)环境的不确定性

如果组织面临的是简单稳定环境,则应制订长期具体计划;如果组织面临的是复杂动态环境,则只能制订短期指导性计划。

(三)组织的生命周期

组织的生命周期是指组织从形成到消亡所经历的全部时间。一般将组织的生命周期分为形成、成长、成熟、衰退四个阶段。组织处于生命周期的不同阶段,其计划内容的重点不一样。当组织处于形成期时,由于面临的不确定性因素较多,只能制订指导性的计划;当组织处于成长期时,由于面临的不确定性因素减少,加之成长期的时间一般不会太长,因而应制订短期的具体计划;当组织处于成熟期时,已经进入了一个最为稳定的经营阶段,且时间跨度长,故应制订长期的具体计划;而当组织处于衰退期时,面临的环境条件极不稳定,只能制订短期的具体计划。

(四)组织文化

不同的价值观和经营思想也会对计划内容的重点产生影响。如在过程倾向型的组织文化中,组织更侧重于体现具体操作的具体计划的制订,而在结果倾向型的组织文化中,组织更侧重于体现目标重要性的制订性计划的制订。

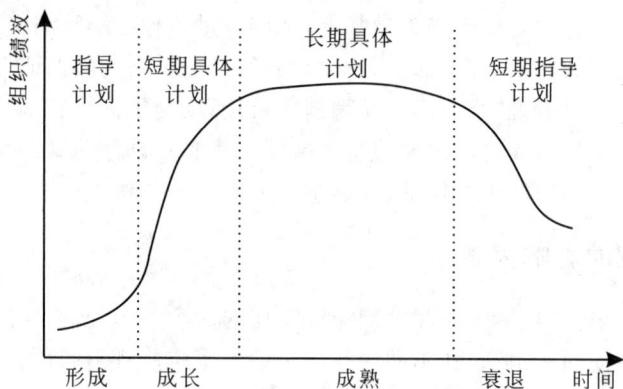

图 5-4　组织生命周期和计划内容

四、制订计划的常用技术方法

　　为了正确制订出各种类型的计划,管理人员应了解和掌握有关的技术方法。计划制订的效率高低和质量好坏在很大程度上取决于所采用的计划方法。过去人们常常采用定额换算法、系数推导法及经验平衡法制订计划。

　　1.定额换算法。根据有关的技术经济定额来计算确定计划指标的方法。例如,根据各人、各岗位的工作定额求出部门应完成的工作量,再通过统计各部门的工作量得到整个组织的计划工作量。

　　2.系数推导法。利用过去两个相关经济指标之间长期形成的稳定比率来推算确定计划期的有关指标的方法,也称比例法。例如在一定的生产技术条件下,某些原材料的消耗量与企业产量之间有一个相对稳定的比率,根据这个比率和企业的计划产量,就可以推算出这些原材料的计划需用量。

　　3.经验平衡法。根据计划工作人员以往的经验,把组织的总目标和各项任务分解分配到各个部门,并经过与各部门的讨价还价最终确定各部门计划指标的方法。

　　计划方法很多,不同条件下的计划各有不同的计划制订方法。在稳定可预测的环境中,上述计划方法简单易行,表现出了较大的优越性。但进入 21 世纪以后,现代组织由于面对的是更加复杂和动荡的环境,组织规模也在不断地扩大,依靠传统的计划方法常常难以适应现代计划工作的要求。下面主要介绍滚动计划法和网络计划法这两种在实践中行之有效的计划方法,它们可以帮助我们确定各种复杂的经济关系,提高综合平衡的准确性,并能采用计算机辅助工作,加快计划工作的速度。目前这两种方法已经为越来越多的计划工作者所采用。

(一)滚动计划法

1.滚动计划法的含义

所谓滚动计划法就是按照"近细远粗"的原则来制订一定时期内的计划,然后根据计划的执行情况和客观环境的变化,定期修改未来计划,并逐期向前滚动,把近期计划和长远计划结合起来的一种计划方法。滚动计划法是一种动态编制计划的方法。从时间上看,主要适用于长期计划的编制。从内容上看,主要适用于具有一定的连续性,可以按期进行不断滚动的管理工作,如物资供应计划、生产计划等。

2.滚动计划法的基本原理

组织的外部环境十分复杂,且变化快速,因此组织的任务很难长期稳定和一成不变。由于在计划工作中很难准确地预测未来发展中各种影响因素的变化,计划期越长,这种不确定性就越大。若硬性地按几年前制订的计划实施,可能会导致重大的损失。为了使组织更能适应外界环境和需求的变化,尽可能保持工作的长期稳定和均衡,急需一种能灵活反映组织外部条件变化的计划方法。滚动计划法就是为适应这种需要而产生的,它能灵活地根据变化了的组织环境及时调整和修正计划。

3.滚动计划法的具体步骤

滚动计划法的编制,一般按下列步骤进行:

(1)在制订计划时,同时制订未来若干期的计划;但计划内容采用近细远粗的办法,即近期计划尽可能地详尽,远期计划的内容则较粗。

(2)在计划期的第一阶段结束时,根据该阶段计划执行情况和内外部环境变化情况,摸清计划的执行结果,找出差距,了解存在的问题。

(3)分析组织内外条件的变化,对原有计划尚未执行部分进行必要的调整和修订。调整时应考虑到相关的影响因素,如计划与实际的差异分析、客观条件变化、组织经营方针的调整等。

(4)根据修改和调整的结果,将整个计划向前滚动一个阶段,制订出第二个时期的计划。以后根据同样的原则逐期滚动。

如此重复以上步骤,就是我们要编制的滚动计划。例如五年计划的编制,按滚动计划法的要求,其编制过程如图5-5所示。

4.滚动计划法的优点

与传统的计划方法比较,滚动计划的编制要复杂和频繁一些,但是它能较好地适应现代生产技术复杂化和市场需求多样化的需要,为组织活动提供明确而又适用的行动方案。具体说,它有如下优点:

(1)大大增强了计划的弹性。一方面由于按照"近细远粗"的原则编制计划,

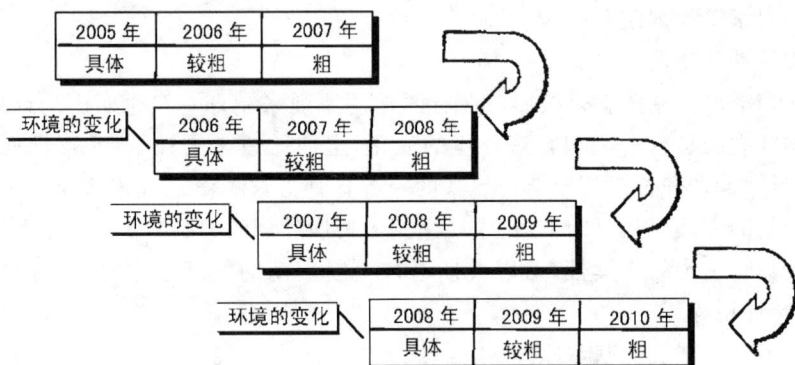

图 5-5　滚动计划法示意图

并逐期滚动,使长期计划、中期计划和短期计划相互衔接,大大增强了计划的弹性,能使计划具有严肃性和灵活性。另一方面能充分发挥长期计划对短期计划的指导作用,保证组织能根据环境的变化,让各期计划基本保持一致,从而提高了组织的应变能力,既能为未来的发展做好准备,又有利于更好地完成当前的各项任务。

(2)使计划更加切合实际。由于调整计划时需要不断将组织内外环境的变化和计划的执行情况进行对比分析,能够把不断发展变化的主观和客观条件有效地反映到计划之中,加大了对未来估计的准确性,使长期计划在不断调整和修改过程中逐步完善,从而提高了计划的质量,使计划更切合实际,避免盲目性。

(二)网络计划法

1.网络计划法的含义

20 世纪 50 年代以来,许多发达国家为了适应现代化生产发展的需要,进行了大量的调查研究,先后发明了一些新的科学管理方法,网络计划技术由此诞生。网络计划法指以网络图的形式反映和表达计划的安排,控制和协调工作进度和资源消耗,选择最优方案的一种科学有效的计划方法。网络计划法的应用最多的通常是一次性的大规模工程项目,特别是以前没有进行过,计划的资源消耗并无现成资料可以借鉴的情况。此外,网络计划法还有着广泛的适用领域,如企业、行政事业单位的许多工作安排,甚至个人或家庭生活也可以用网络计划法来进行规划。

2.网络计划法的基本原理

现代化生产是由众多劳动者使用各种复杂的技术装备来完成的,复杂的生产过程、精细的劳动分工,要求有科学的组织和严密的计划,以保证生产的连续进行和充分有效地利用现有的人力、物力、财力,取得最好的经济效益。但在日常生产中,常常发生各个生产环节之间不协调,造成了人力、物力、财力上的浪费,也影响了整个工作任务的完成。网络计划法运用网络图形式表达一项计划中各种工作之间的先后次序和相互关系:把一项工作(或项目)分解成各种作业,在此基础上进行网络分析,计算网络时间,确定关键工序和关键路线,并通过网络的形式对整个工作进行统筹规划和控制,利用网络图表示计划任务的进度安排,从而以较少的资源、最短的工期完成工作。在整个网络计划的执行过程中,通过信息反馈进行监督和控制,以保证预定的计划目标的实现。

3. 网络计划法的具体步骤

网络计划法遵循以下几个工作步骤:

(1)明确计划及其所包括的重要活动或任务要求。

(2)明确活动之间的关系,哪些活动必须先开展,哪些活动应该后开展。

(3)绘出连接所有活动的网络。

(4)进行每项活动所需要的时间、成本测算。

(5)计算并找出网络最长的时间路线,即关键路线。

(6)运用网络图进行计划实施的策划、落实与控制。

4. 网络图的绘制规则

网络计划法的基础是网络图,掌握网络图的结构是正确绘制网络图的首要条件。一个完整的网络图,应由如下要素构成:

(1)活动。这是指在组织管理上相对独立的工作、任务。在网络图中,活动用一条箭线(→)表示,箭尾代表活动的开工,箭头则代表活动的完工,箭线之长短与活动大小无关。在箭线的上下方可标明一些符号或数据,以表示活动的代号或活动对某种资源的消耗量。

(2)事件。这是指相邻活动在时间上的分界点,也叫结点。在网络图中,结点用圆圈(○)表示,并可以进行编号。一个网络图只能有一个起点结点和一个终点结点,起点结点代表整个计划的开始,而终点结点则代表整个计划的完成。除起点结点和终点结点外,中间的任何结点都具有双重含义,它既代表前面活动的完工,又代表后续活动的开始。

(3)路线。这是指从网络图的起点结点开始,顺着箭头的方向,连续不断地达到终点的一条通路。一个网络图往往有多条路线,其中周期最长的一条或几条路线称为关键路线。关键路线的周期即整个计划的周期。可以说,关键路线的路长决定了整个计划任务所需的时间。关键路线上各工序完工时间的提前或推迟都直接影响着整个活动能否按时完工。确定关键路线,据此合理地安排各种资源,对各工序活动进行进度控制,是利用网络计划技术的主要目的。在网络图中,关键路线用粗线、双线或有色线表示。

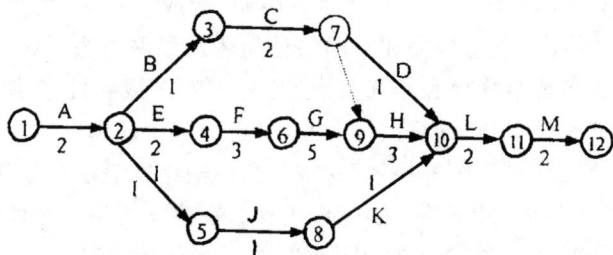

图 5-6 网络图

例如,图中从起点①到达终点⑫的路线有 4 条,其中②与③为关键路线。

- ①—②—③—⑦—⑩—⑪—⑫
- ①—②—③—⑦—⑨—⑩—⑪—⑫
- ①—②—④—⑥—⑨—⑩—⑪—⑫
- ①—②—⑤—⑧—⑩—⑪—⑫

作为网络计划之基础的网络图,如果绘制出错,则整个计划的安排就失误。为此,绘制网络图时需遵循以下规则:

(1)两点一线,指任何相邻的两个结点之间只允许画一条箭线,用以表达一项活动,即同一活动在网络图中不能重复表达。

(2)箭线首尾都必须有结点,不允许从一条箭线中间引出另一条箭线。

(3)有向性,各项活动按顺序排列,从左到右,不能反向。事项编号,从小到大,从左到右,不能重复。

(4)不能出现封闭的循环路线。所谓封闭的循环路线是指从某结点出发,顺箭头方向经过若干活动后又回到原结点所形成的线路。这就是说,箭线不能从一个事项出发,又回到原来的事项上。如此情况的出现,说明计划项目总在某个局部循环而始终难以到达终点,计划任务永远无法最终完成。

(5)网络图中平行活动必须用虚箭头进行连接。所谓平行活动是指两个以上的活动,其先行活动和后继活动相同,且必须同时进行的活动。而虚箭线则代表作业时间为零的箭线,用"--▶"表示,它不占用时间,也不消耗资源,主要作用是用来衔接活动的相互关系。

5.网络计划技术的评价

网络计划技术虽然需要大量而繁琐的计算,但在计算机广泛应用的时代,这些计算大都已程序化了。这种技术之所以被广泛地运用,是因为它有一系列的优点。

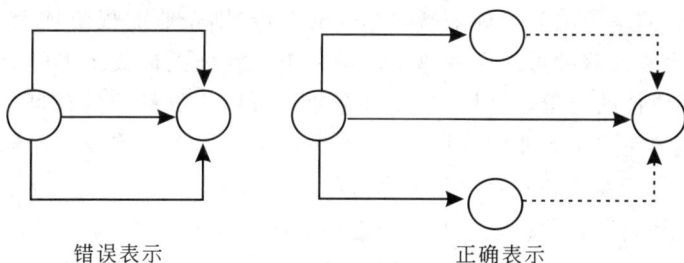

错误表示 正确表示

图 5-7 平行活动作业关系的表示

（1）该技术能把整个工程的各个项目的时间顺序和相互关系清晰地表明，并指出了完成任务的关键环节和路线。因此管理者在制订计划时可以统筹安排，全面考虑，又不失重点。在实施过程中，管理者可以进行重点管理。

（2）可对工程的时间进度与资源利用实施优化。在计划实施过程中，管理者调动非关键路线上的人力、物力和财力从事关键作业，进行综合平衡。这既可节省资源，又能加快工程进度。

（3）可事先评价目标的可能性。该技术指出了计划实施过程中可能发生的困难点，以及这些困难点对整个任务产生的影响，便于管理者准备好应急措施，从而减少完不成任务的风险。

（4）便于组织与控制。管理者可以将工程，特别是复杂的大项目，分成许多支持系统来分别组织实施与控制，这种既化整为零又聚零为整的管理方法，可以达到局部和整体的协调一致。

（5）易于操作，并具有广泛的应用范围，适用于各行各业，以及各种任务。

第三节 目标与目标管理概述

一、目标概述

目标，简单地讲，就是关于组织未来的理想状态。比如一个公司期望两年后在行业内成为一个榜样性公司还是一个强有力的追随性公司？三年内是继续强化核心业务还是扩大为一个多元化经营的企业？五年后是争取成为全国性大公司还是地区综合性企业？这些问题不应该总是模糊不清的。目标指明了组织期望未来要达到的一种理想状态，是个人、部门或组织整体付出了所选择的努力之后想得到的成果。

美国著名管理学家彼得·德鲁克指出："企业的宗旨和任务必须转化为目标，管理者必须通过这些目标对下级进行领导并以此来保证企业总目标的完成。""没有方向一致的分目标来指导个人的工作,则企业的规模越大,人员越多时,发生冲突和浪费的可能性就越大。每个企业管理人员或工人的分目标就是企业总目标对他的要求,同时也是他对企业总目标的贡献。只有每个企业管理人员或工人都完成了企业的分目标,整个企业总目标才有完成的希望。企业管理者对下级进行考核和奖惩也是依据这些分目标。"

目标既是制订各种行动方案的前提和依据,又可用于校验人们的业绩水平。目标的作用具体表现在三个方面:(1)引导作用。目标既可以为管理者指明管理工作的方向,也可以为组织成员指明工作努力的方向,因而具有引导的作用。(2)激励作用。明确的组织目标能够激励个人为之奋斗,也能够激励组织成员进行群体协作和群体奋斗。一旦目标实现,对个人及群体都有极大的鼓舞,因而具有明显的激励作用。(3)考核标准。在管理实践中,评价管理者和组织成员绩效的标准有许多,但相对科学的标准应该是目标。目标是考核管理者和组织成员管理绩效和工作绩效的客观标准。依据目标考核,不仅易于操作,而且有较大的可靠性。一般来说,以目标作为考核企业员工工作绩效的标准比较容易。但对政府部门来说,以目标作为考核标准仍是一件比较困难的工作。通常的做法是对总目标进行分解,然后从具体工作的角度制订目标。为保证客观性,有时还要考核管理者职责履行的情况。

实践中,目标具有以下一些重要性质:

1.正常运行的组织中存在着一个目标网络

任何一个组织的运行都要支持或服务于多个目标而不是单一的目标。同样,任何一个运行正常的组织都存在着一个与组织层次相关联的目标网络或目标体系、目标树。在这棵目标树的顶端是组织的使命,由使命派生出组织的战略目标,战略目标又派生出各支持性目标(具体目标)。举例如下:

凯灿公司是一家生产各种灯泡、灯管等电光源产品的企业,该公司对其在21世纪头20年的使命定位是:为各种交通工具、公路加油站、隧道提供照明服务。它希望通过自己的产品为在黑暗中旅行的人提供舒适和安全。该公司的目标树如图5-8所示。

2.存在目标扭曲的现象

事实上,组织中制订的各式各样的目标有时是不合理的或错误的。以下两类目标扭曲现象就是现实中普遍存在和需要引起管理者特别注意的:

(1)脱离实际的目标。目标是关于组织想要达到的状态的描述,它反映了人们的一种向往,但这种向往要成为指导人们行动的准则,所制订的目标就应该具有可行性,不应脱离客观的实际,尤其是组织当前的实际情况。但在现实中可能存在由于对组织内外现实条件掌握不够而错误确定的目标。同时也存在出自对

使命：为交通设施提供照明服务

战略目标：从公路设施照明到铁路再到航空照明

战术目标1：尽快提高公路交通设施照明市场占有率

战术目标2：选择特定的铁路运输设施照明新产品进行技术开发

战术目标3：提升企业作为照明设备厂商的整体形象和一体化经营能力

支持目标1 主新产品质量
支持目标2 生产制造效率
支持目标3 市场覆盖面

执行目标1 新产品服务部
执行目标2 销售流程改进
执行目标3 销售人员培训

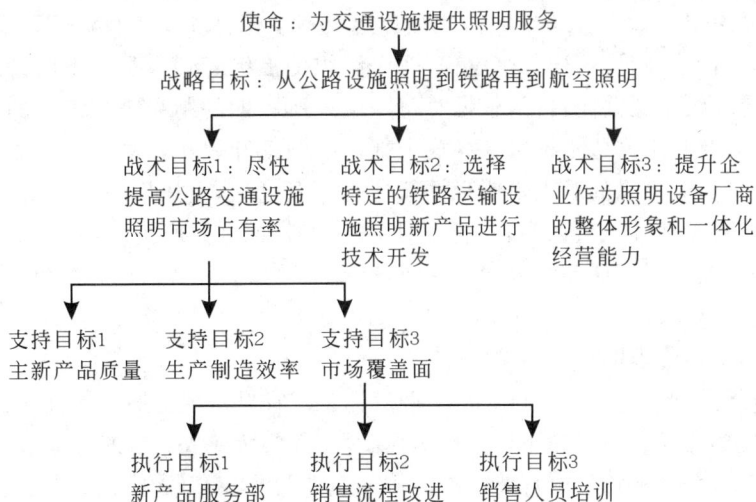

图 5-8　凯灿公司的目标树

组织现实状况的担忧和悲观,而回避现状,导致了制订目标的扭曲,这进一步又给组织的资源配置和相应的工作安排造成了许多困难。

（2）不真实的目标。组织对外宣称的目标与它实际追求的目标不一致,有意识地宣称一些并不是组织真实追求的"目标",是另一类常见的目标扭曲的表现。因为在许多场合,组织宣称的目标被当成了改善和提升自身形象的手段。企业为了迎合投资人、顾客、协作者、一般公众以及政府的偏好,会宣布一些经过选择和修饰的目标,而企业真正追求的目标可能是另外一些东西。了解这类目标扭曲是有意义的,它可以帮助我们理解企业"言行不一"背后的原因。

二、目标管理

（一）目标管理的概念

目标管理（Management by Objectives，MBO），又称成果管理。它是由美国著名管理学家彼得·德鲁克在 1954 年出版的《管理实践》一书中首先提出来的。由美国通用电气公司最先采用,其后在美国、日本、西欧等国家、地区得到迅速推广,逐步发展成为西方国家组织中普遍采用的一种系统地制订目标,并据此进行管理的有效办法。它的吸引力在于提供一种组织目标转换为组织单位和每个成员目标的有效方式。我国从 20 世纪 80 年代初引进目标管理技术,在一些大型企业和社会组织中试用,取得了显著的成效。目前,目标管理已经成为我国各级政府部门普遍使用的行之有效的管理方法。

德鲁克关于目标管理的基本思想,虽然是针对企业管理,但实际上也适用于一切社会组织。20世纪60年代,奥迪奥恩丰富了德鲁克关于目标管理的思想。他指出,目标管理是"这样一个过程,一个组织的上级管理人员和下级管理人员共同确定该组织的共同目标,根据对每一个人所预期的结果来规定他的主要责任范围,以及利用这些指标来指导这个部门的活动和评价它的每一个成员作出的贡献"。奥迪奥恩的观点表明目标管理是一个过程,它适用于一切组织,而且强调参与式管理。孔茨认为,目标管理是一个全面的管理系统,它用系统的方法,使许多关键管理活动结合起来,并且有意识地瞄准并有效地和高效率地实现组织目标和个人目标。

(二)目标管理的核心要素

目标管理的构成要素有四个:明确目标、参与决策、规定期限、反馈绩效。

1.目标明确。即目标不仅要简明扼要,而且要转换成定量的目标,以便度量和评价。这是目标管理的首要要求。例如企业目标仅仅说希望降低成本、改善服务或提高质量是不够的,这些期望必须转换成定量的目标。例如明确的目标应该是这样的——降低成本7%;改进服务,保证所有的电话订单在收到后24小时内得到处理;提高质量,使退货率低于销售额的1%。

2.决策参与。目标管理的目标制订是用参与的方式,即上级与下级共同参与选择并决定各相应层次的目标,通过管理者与组织成员的上下协商,逐级制订出整体组织目标、经营单位目标、部门目标和个人目标。

3.期限设定。目标管理强调目标完成的时间期限。每一个目标的完成都有一个简单明确的时间期限,如三个月,半年、一年等。通常目标的期限可与年度预算或主要项目的完成期限一致,但也可依实际情况来定。

4.绩效反馈。目标管理寻求不断地将实现目标的进展情况反馈给个人,以便他们能够调整自己的行为。这种不断反馈还包括定期举行正式的评估会议,使管理者和下属共同回顾和检查目标的进展情况。

由此可见,目标管理这套系统是由下属与上司共同决定具体的绩效目标,并且定期检查完成目标的进展情况,并根据目标的完成情况来确定奖励。

(三)目标管理的特点

传统的目标设定法通常是自上而下的方式,完全由上级设定和分派任务给下属。在这一模式下,目标的执行者不过是被动的目标接受者。由于向下下达目标的上级通常又不必亲自去实现这些目标,这就容易导致下属对目标不够认同、负责,或者应付上级等方面的问题。此外,这种传统的设定目标方法还存在一些潜在问题,其中最容易产生的结果就是造成目标模糊和扭曲。企业高层常常会提出这样一些目标:如"获取理想的经济效益"或"取得明显的竞争优势",这些模糊性目标在转化为具体目标的过程中,不得不经过组织的层层解读。在每一层上,执行者都加上一些可操作性的含义,而这种含义又是建立在目标执行者自己的理解基础上的,如果没有必要的沟通和协调,这些理解难保不出偏差。这样一来,目标在自上而下的分解过程中,完全有可能丧失了它的本来含义和一致性。

目标管理与传统计划管理的最大区别在于:员工参与制订目标,实行自我管理和自我控制。具体表现在以下几方面:

1.自始至终以计划目标为中心。即指组织的任务转化为目标,在执行计划的过程中,一切活动都以确保计划目标的实现为指针,工作成果的大小,以完成计划目标的程度作为主要评价标准。目标管理的重点是实现目标,上级只是以目标的实现与否来考察下级的计划管理工作,至于按什么样的方式和程序去实现,由执行者自己决定,强调自主管理和控制。

2.目标的执行者就是目标的制订者。在目标管理中,各级计划目标不是以命令的形式下达的,而是在计划的执行者及各有关单位的参加下,根据上级目标的要求及目标计划执行者自身的条件,经过上下级之间充分协商和讨论,以确定目标执行者自己的目标。

3.目标管理是一种程序。通过使一个组织中的上下各级人员共同来制订目标,确认彼此的责任。每个管理者和组织成员分目标就是组织总目标对他的要求,同时也是这个管理者对组织的贡献。只有每个人的分目标都完成了,组织的总目标才有实现的希望。

4.强调自我检查和评价。对计划目标的执行结果,不是简单地由上级来考核和评价,而首先要由目标的执行者自己对照计划目标的要求,自我测定目标的完成程度,总结经验教训,以促进其主动改进工作。

目标管理法提出了一种新的目标设定逻辑。目标管理将目标设定的"自上而下"转变为"上下结合",并形成了一个通过协商的目标层级结构。在此结构中,上一层的目标与下一层的目标连接在一起,而且对每一位员工都提供了具体的个人绩效目标。这样,目标管理法就不仅保证了各层管理人员的"承诺意识",而且也使得目标设定真正成为提高工作绩效的动力。因此,目标管理法被认为是一种科学合理的现代管理方法,而不单单是计划或目标的设定方法。

(四)目标管理的典型步骤

表 5-3　MBO 计划的典型步骤

1.制订组织的整体目标和战略

2.在组织部门之间分配主要的目标

3.部门的所有成员参与设定自己的具体目标

4.定期检查与反馈实现目标的进展情况

目标管理的实施过程,大致可分为四个步骤:

1.制订组织的整体目标和战略。目标管理首先要建立组织的总体目标,然后逐层分解,确定各级的计划目标。总目标的内容一般包括四个方面:(1)贡献目标,指组织对社会所作贡献方面的目标。为社会作贡献是一个组织生存和发展的必要条件,因此每个组织都应该根据社会的要求,确定自己的贡献目标。贡献目标可以用组织在一定时期内为社会提供的产品品种、质量、数量和积累来表示。(2)利益目标,指组织和职工经济效益方面的目标,它是组织生产经营活动的内在动力。利益目标可用企业实现的利润总额和利润率等表示。(3)市场目标,它是组织发展的条件,可用企业的市场占有率等指标来表示。(4)发展目标。发展目标可用资源开发目标、技术改造目标、管理水平提高等目标来表示。

2.在组织部门之间分配主要的目标。总目标制订后,就要对其进行展开,从组织的最高管理部门开始,经过层层分解,将组织总目标分解为组织的各构成单位和部门的目标。这就要求组织目标与组织结构相符合,以便使目标得以实现。但在实际情况中由于组织结构的现状妨碍了组织目标的落实,出现高层次的组织目标难以落实到具体单位或部门,难以落实到具体责任人的情况。面对此类情况,管理者又无力解决时,只有依据组织目标重新调整组织结构,设立相应的部门或机构,从而落实组织的目标。无论哪一级目标,都必须达到下列要求:(1)目标数目不宜过多,要突出重点,分清主次,以一定时期内组织所急需解决的问题为主。(2)目标水平要适当,不能过高或过低。(3)完成目标的期限要适当,不能过长。(4)目标要统一,无论哪个单位的目标都应在总目标的指导下进行分解确定,并左右协调、上下一致,形成一个纵横交错、多层次的组织目标体系。

3.部门的所有成员参与设定自己的具体目标。上下级共同商定如何实现目标的行动计划,就实现各项目标的行动计划达成一致意见。目标分解,责任到人之后,管理者的主要任务就是组织实施。管理者要注意把握好三点原则:一是加强指导和帮助。虽然目标管理强调自主管理,但上级并非对其下属撒手不管,而是要积极指导,给予帮助。二是下放权力。目标管理的重要特征就是强调自主管理,因此不但在目标的展开时要上下协商,而且在其实施过程中要授予下属各单位和个人相应的权力,使他们有权行使自己的职责。可以由下属的单位和个人自行决定用什么样的方式和程序去完成目标,这样才能激发他们的责任感和信任感,调动他们的积极性。三是组织支援和协调。在目标实施过程中,上级要为下级完成其目标创造有利条件,沟通信息,加强交流,以及为组织成员创造良好的工作环境等。特别要做好各单位、各部门之间的协调工作,以保证组织总目标的实现。

4.定期检查与反馈实现目标的进展情况。上下级共同定期检查实现目标的进展情况,要根据目标完成期限定期考核各级目标的完成情况,并向有关单位和个人反馈。检查和考核可以采用自检、互检、责成的部门进行检查等多样化的方法。目标成绩评价后,对于达到目标要求的,应给予表彰和奖励,以激励他们为实现新的目标更加努力;对未完成目标者,一般不惩罚,应帮助其分析原因,拟定改进措施,以恢复或保持他们的信心,争取实现下一个新的目标。

(五)目标管理实施的注意事项

从国内外一些组织推行目标管理的经验教训来看,要使目标管理收到应有的成效,在目标的实施过程中,应当做好以下工作:

(1)坚定信心。目标管理作为一项现代化的管理方法,我们可以借鉴它的科学内容,作为加强计划管理的一种有效手段。目标管理的要点是让目标执行者自己制订和实现目标。因此必须统一认识,使大家目标一致,为实现组织的总目标而共同努力,并且坚定实现目标的信念。

(2)把短期目标和长远目标结合起来。目标管理中有些计划目标是比较短期的,执行时易发生只注意短期目标而忽视长远计划或者两者脱节的倾向。为了防止这一倾向,在确定组织目标时,应把长远计划作为重要依据之一,使之有利于组织长远目标的实现。

(3)把目标的严肃性和灵活性结合起来。目标是人们努力的方向,一经确定,就不应轻易变化,否则会挫伤员工的积极性。但是,当组织的内外环境发生变化时,就应向员工讲明情况,并同员工一起共同协商,对原有目标进行必要的调整和修改,否则原目标与现实不符就难以实现。

目标管理不是用目标来控制下级,而是用来激励下级。在目标实施的全过程中始终强调自主管理和控制,以积极主动地追求目标成果的实现来代替消极被动地接受任务。由此可见,目标管理有利于下级以及各单位和个人之间的交流和联系,激发员工的积极性和创造性,使个人目标同组织目标保持一致,使目标与行动统一起来,确保组织目标的实现。

目标管理确有其效吗? 实践已经表明,当目标是在协商一致的基础上得以明确时,组织成员就具备了合作和协调的重要基础。否则组织中的各个部门甚至每一个人都只按照自己的想法采取行动,不但形不成合力,反而会产生许多矛盾和摩擦。目标管理法在实践中已被证明为具有重要的推行价值。研究结果一致表明,带有困难的具体目标要比没有目标或像"尽你的最大努力"这样的一般性目标更能产生较高水平的成果。反馈对绩效也有积极的影响,反馈使人们知道他们的努力水平是否足够,它能促使人们在目标达到后争取追求更高的目标。对实际的 MBO 计划的研究,肯定了 MBO 能够有效地提高雇员的绩效和组织的生产率。例如,对 70 个 MBO 计划的考察发现,其中有 68 个使组织的生产率得到改进。这项考察还发现高层管理的承诺和参与,是 MBO 发挥潜能的重要条件。当高层管理者对 MBO 高度负责,并且亲自参与 MBO 的实际过程时,生产率的平均改进幅度达到 56%,而与之相对应,高层管理者低水平的承诺和缺乏参与,带来的生产率的平均改进幅度仅为 6%。

(六)目标管理在实践中的局限性

任何一种管理方法的作用都有双重性。目标管理方法一方面有许多优点,但另一方面也有一些局限性。这主要表现在以下四点:

1.对管理者的要求较高。虽然目标管理看起来比较简单,但仍有其深刻的内涵,有其基本的原理与方法。许多管理者未能全面领会目标管理的含义和基本原理,未能理解目标管理的基本构成要素,因而在运用中不能完全按目标管理的要求进行管理,造成目标管理失效。

2.制订符合实际的目标存在多种障碍:第一,如果高层管理者没有把制订目标的指导方针向下级管理者讲清楚,下级管理者在制订目标时就会偏离组织的总目标,从而影响组织总体目标的实现,使目标管理失效;第二,制订具有前瞻性与可行性的目标,也就是使管理者和组织成员始终保持正常的"紧张"和"费劲"的目标并非易事,这给目标管理增添了难度;第三,目标管理法的成功实施,还要求企业有相应的组织文化的支持。

3.容易受短期目标的影响。通常情况下,目标管理所使用的目标都是短期目标,如三个月或更短时间的目标,很少有超过一年的目标。短期目标过于重视短期效益,可能不利于组织的长远目标的实现。为防止短期行为对组织长远发展的不利影响,高层管理者必须从长期目标的角度提出总目标和制订目标的指导方针,以指导短期目标的制订。

4.可能带来灵活性的降低。目标管理的依据是各层级目标,因而目标不能轻易变更,必须具有稳定性。但是管理中的各种不确定因素层出不穷,管理环境不断发生变化,稳定的目标可能成为影响管理绩效的障碍。当管理环境发生变化,需要修改目标时,受目标管理的约束,许多管理者犹豫不决,不愿修改原有目标,因而容易对管理工作造成不利影响。

第四节　战略管理概述

一、战略管理的含义

"战略"一词源于军事领域,是指对战争全局的筹划和把握。20 世纪 50 年代美国耶鲁大学教授赫希曼在《经济发展战略》一书中,将战略概念引入经济领域和社会领域,得到了高度的重视和广泛应用。在管理学中,企业战略是计划的一种。但与普通计划不同,一般是指重大的、带全局性的或决定全局的谋划。或者说,企业战略是企业在分析外部环境和内部条件的基础上,为实现企业长期经营目标所制订的影响全局的谋略和规划。在当今时代,随着经济全球化的发展,资金和技术在全球的流动,跨国公司全球扩张,管理环境变化十分迅速,各类竞争空前激烈。无论是政府还是企业,都面临着巨大的挑战,仅仅依靠传统的计划方法规划组织的发展已经不合时宜,而必须着眼于战略计划的制订。可见,正确的战略选择意义重大。根据美国学者的调查,目前在美国有 69% 的企业制订战略计划,其中,89% 的人认为自己的计划是有效的。今天,战略的制订已经超出了工商企业的领域,进入政府机构、非营利机构等组织。这种趋势要求我们需要研究战略管理的过程和方法。

二、战略管理层次

为了避免"把所有鸡蛋装在一个篮子里"可能出现的风险,许多大型企业都从事多种业务或产品系列。例如,中国家电第一品牌的海尔集团,经过 16 年的努力,集团发展经历了名牌战略阶段、多元化战略阶段和正在实施的国际化战略阶段。其中多元化战略是其重要的成长方式,而且堪称中国企业的成功典范。由最初只生产一种产品——电冰箱,转到制冷系列家电,又转向全部家电,如今开始进军知识产业,通过产学研结合,从事多种软件产品和数字技术的研发。对于拥有多战略事业单位(Strategic Business Unit,SBU)的组织来说,战略不光是最高管理层要做,战略事业单位也要制订相应的发展战略,各战略事业单位的职能部门也要制订自己的战略。因此,战略管理从企业的角度通常分为三个层次,即公司层、事业层、职能层。

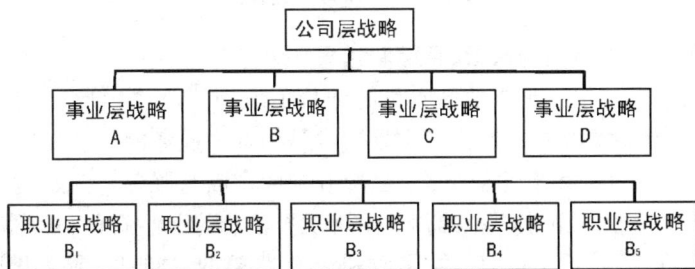

图 5-9 战略管理层次

1.公司层战略。当一个组织经营多种业务时,该组织就需要制订公司层战略,即组织的总体战略。这种战略需要回答这样的问题:公司的使命和方针是什么? 公司的总体目标是什么? 公司应该采取什么样的战略态势? 应当拥有什么样的事业组合？每一种事业在组织中的地位如何？……

2.事业层战略。事业层战略属于公司层战略的支撑战略，即组织的各大事业部战略。它是组织中每一事业部按照自身的能力和竞争需要开发的战略，同时必须与公司战略保持一致。它要回答下面的问题：在我们的每一项事业领域里应当如何进行竞争，应该向社会提供什么样的产品或服务，以及向哪些顾客提供产品或服务等。对于只经营一种事业的小企业来说，公司层战略与事业层战略相同，但对经营多种事业的大企业，如跨国公司来说，这种战略不同于公司层战略，它服务并从属于公司层战略。

3.职能层战略。职能层战略是职能部门为支撑事业层战略而制订的本职能部门的战略。职能部门如研究与开发部门、制造部门、市场营销部门、人力资源部门和财务部门等，是事业部内设的机构。其战略应该为事业部服务，应当与事业层战略保持一致。

三、战略管理过程

战略管理的过程通常经历六个步骤，如图 5-10 所示。

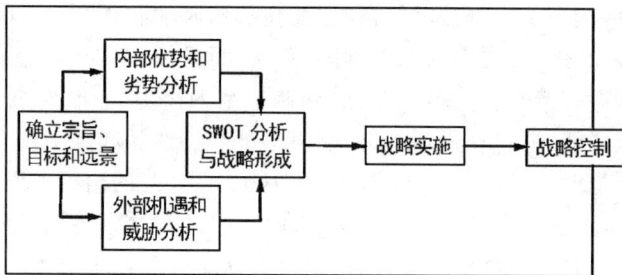

图 5-10　战略管理过程图

(一)确定组织当前的宗旨、目标和远景

组织的宗旨规定了组织的基本目的和价值取向，规定了组织从事的事业和经营范围，它是组织存在的原因。宗旨通常是为客户服务的文字表达，它为管理者提供了指导方针，使管理者清楚自己应开发的产品与服务。例如，壳牌石油公司的宗旨是："在美国和世界范围内从事优质石油、天然气、石化和其他相关产品的业务。是在满足客户、员工、供应商和公众期望的基础上，最大化股东的价值。"明确的宗旨能够保证公司业务发展不偏离主航道。

明确宗旨不仅是企业组织发展面临的重要问题，而且也是政府和非营利性组织发展面临的重要问题。例如，政府是以管制人民为宗旨，还是以为人民服务为宗旨？医院是以救死扶伤为宗旨，还是以盈利为目的？宗旨不同导致不同的目标与发展战略。

目标是组织在经营范围内要达到的结果。远景则是在宗旨之外,描述组织前进的方向和最终目标。远景表明了组织的长期方向和战略意图,例如,壳牌公司的远景是"我们的目标是成为美国第一,并在我们的业务领域内处于世界领先"。确定组织的宗旨、目标和远景是战略管理的第一步。它们对任何组织的发展都至关重要。

(二)外部机遇和威胁分析

战略管理过程的第二步是外部环境分析。外部环境分析是战略管理的关键因素,因为组织的环境在很大程度上规定了管理者的战略选择。成功的战略管理都是建立在对环境准确分析基础之上的。环境分析的目的,是了解组织所处的环境。诸如组织面临的市场竞争焦点,即将出台的政策法规对组织发展的潜在影响,劳动力的供给状况以及国家宏观经济和技术发展态势等。环境分析的具体内容如下:

1.行业和市场环境分析。包括分析行业增长,包括整个行业的增长率、主要市场的增长率、增长方式变化的预测和增长的决定因素;分析行业力量,包括企业所处的行业或是打算进入行业的集中度(指一个行业的垄断程度)、行业内产品的差别及行业壁垒(指进入一个行业的障碍,如规模经济、产品差别化、控制销售渠道、专有技术、原材料控制、政府规制)等因素分析。

2.竞争者分析。要分析竞争者构成,包括主要竞争对手及其所占市场份额;分析竞争者的长期目标、战略、优势和劣势;分析竞争者提供差异产品或服务的能力和成本优势;分析竞争者的经营状况、财务状况、领导者和管理背景等因素。美国学者波特(Michael E. Porter)认为:一个行业的竞争状态取决于五种基本竞争作用力(如图5-11所示):

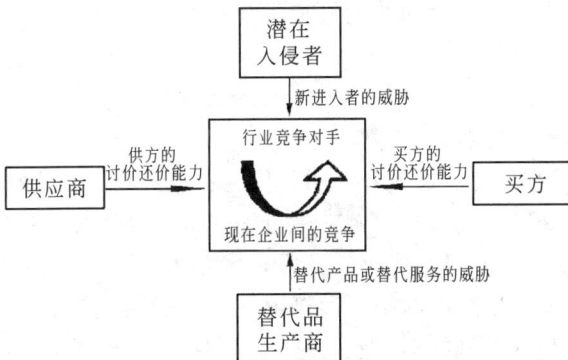

图 5-11 驱动行业竞争的五种力量

3.政府公共政策和政府监管分析。包括国家法律与政府规制对行业的影响、组织参与政治活动的程度及行业受政治影响的程度。

4.社会分析。分析现有的或潜在的社会问题对行业的影响;分析社会利益团体,包括客户、环保或类似的对行业产生影响的社会组织。

5.人力资源供求分析。主要分析劳动力需求、短缺、行业面临的问题与机遇。

6.宏观经济形势分析。主要分析影响行业供给、需求、增长、竞争、利率、货币供给、税收政策和证券市场变化等宏观经济因素。

7.技术分析。分析影响行业的科学和技术方法,特别是最新和潜在的科学技术变化。

分析外部环境之后,战略决策者需要评估组织面临哪些机会,组织可能面临哪些威胁。需要说明的是,机会和威胁是相对的,由于组织拥有的资源不同,对某个组织可能是机会,对另一个组织则可能是威胁。

(三)内部优势和劣势的分析

在进行外部环境分析的同时,还要对组织内部主要职能部门的优势和劣势进行分析,其目的是使战略决策者对组织的技术储备、资源储备和职能部门的运营水平有全面的了解。

内部资源分析主要包括以下几方面:

1.财务分析。通过资产负债表、损益表对财务状况进行分析,通过横向和纵向对比分析组织发展的趋势。

2.人力资源分析。对组织内部所有管理者和员工的能力水平进行摸底,着重通过人力资源的重要活动,如招聘、甄选、再就业安排、培训、劳资关系、补偿、晋升与人力资源计划等了解组织人力资源的质与量。

3.市场审计。对市场活动的优势和劣势进行评估,对主要市场进行划分与确定在主要市场中的位置。

4.动作分析。分析生产、产品或服务的优势和劣势。

5.其他内部资源分析。

通过分析,识别组织所拥有资源的价值。资源是企业胜败的关键,是企业具有持续竞争优势和核心能力的基础。关于核心能力,美国学者托马斯·S·贝特曼指出,核心能力是指组织优于其竞争对手之处,可能是独一无二的技能与知识。核心能力需要经过组织的修炼和培养才能形成,拥有有价值的资源与核心能力是组织的优势。典型的核心能力是指一套技术和经验,而不在于实物和财务。例如,美国通用汽车公司被认为在市场营销方面具有核心能力。索尼公司的核心能力在于小型化。组织成长的基础是核心能力。因此组织应将自己有限的人力、物力、财力等资源围绕核心能力来配置,让核心能力长出丰硕的果实。

(四)SWOT 分析与战略形成

在高层管理者对外部环境和内部资源进行分析后,战略决策者获得了有关组织战略形成所需要的信息。SWOT 分析帮助管理者掌握组织的实际情况,并在外部和内部分析的基础上进行预测。在此基础上,由管理者作出组织各层次的战略选择。企业进行 SWOT 分析并将分析结果用于形成战略,要遵循以下几个原则:(1)使各种优势相互结合,有机联系,在结构上建立紧密关联。(2)放大优势,使系统功能更加完善,运转更加良好。(3)抓住机会,绕开不利因素的干扰,化解和防范风险。(4)两害相遇,取其轻。

表 5-4　**SWOT 分析法**

外部资源分析＼内部环境分析	组织优势	组织劣势
发展机会(Opportunities)	SO——增长战略	WO——扭转战略
发展威胁(Threats)	ST——多元化战略	WT——防御战略

SWOT 分析为组织提供了四种可供选择的战略:(1)位于 SO 象限的组织具有强大的内部优势和良好的外部机会,因而可以采用增长战略,开拓业务领域,加大发展力度。(2)位于 WO 象限的组织拥有发展机会,但组织本身并不具备优势,因而可采取扭转战略,改变组织内部不利的条件。(3)位于 ST 象限内的组织拥有内部优势而外部存在威胁,则可采取多元化战略,以分散风险,寻求新的发展机会。(4)而位于 WT 象限的组织内外部环境都不好,只能采取防御战略,以避开外部威胁和内部劣势。

(五)战略实施

战略制订完成后,战略管理者的任务是保证战略的有效实施。许多人认识到,只有好战略并不能确保成功。因为战略需要组织结构、技术、人力资源、奖酬系统、信息系统、企业文化和领导风格等诸多方面的支持,而且受外部环境因素的影响,因此要确保战略计划的有效实施,必须采取一些保障措施。这几项措施可供参考:(1)以明确的语言文字描述战略任务,说明哪些事是必须做的,组织应该保持或创造哪些优势。(2)组织一些人评估组织实施战略计划的能力,注意发现和查找限制性因素,并把结果反馈给高层管理者。(3)高层管理者就需要解决的问题制订政策规则,做出实施准备,并制订实施日程表。(4)在战略实施中注意向高层管理者反馈信息。

(六)战略控制

这是战略管理的最后步骤。为此,组织需要建立战略控制系统,它包括建立绩效评价标准、信息系统和具体的监督机制。各种财务控制的预算也是不可缺少的控制工具。战略控制系统要鼓励和支持有利于战略实施的行动,同时要允许因适应变化而采取的灵活行动。

【课后案例分析】

案例-1

伊格纳茨·施温于 1895 年在芝加哥创办了施温自行车公司,后来成长为世界最大的自行车制造商。在 60 年代,施温公司占有美国自行车市场 25% 的份额。不过,过去是过去,现在是现在。

爱德华·施温是创始人伊格纳茨的长孙,1979 年他接过公司的控制权,那时,问题已经出现,而糟糕的计划和决策又使已有的问题雪上加霜。

在 70 年代,施温公司不断投资于它的强大的零售分销网络和品牌,以便主宰 10 挡变速车市场。但是进入 80 年代,市场转移了,山地车取代 10 挡变速车成为销量最大的车型,并且轻型的、高技术的、外国生产的自行车在成年的自行车爱好者中日益普及。施温公司错过了这两次市场转换的机会。它对市场的变化反应太慢,管理当局专注于削减成本而不是创新。结果,施温公司的市场份额开始迅速地被更富于远见的自行车制造商夺走,这些制造商销售的品牌有特莱克、坎农戴尔、巨人和钻石。

或许,施温公司最大的错误是没有把握住自行车是一种全球产品,公司迟迟未能开发海外市场和利用国外的生产条件。一直拖到 70 年代末,施温公司才开始加入国外竞争,把大量的自行车转移到日本进行生产。但到那时,不断扩张的台湾地区的自行车工业已经在价格上击败了日本生产厂家。作为对付这种竞争的一种策略,施温公司开始少量进口中国台湾地区制造的巨人牌自行车,然后贴上施温商标在美国市场上出售。

1981 年,当施温公司设在芝加哥的主要工厂的工人举行罢工时,公司采取了也许是最愚蠢的行动。管理当局不是与工人谈判解决问题,而是关闭了工厂,将工程师和设备迁往中国台湾地区的巨人公司自行车工厂。作为与巨人公司合伙关系的一部分,施温公司将所有的一切,包括技术、工程、生产能力都交给了巨人公司,这正是巨人公司要成为占统治地位的自行车制造商所求之不得的。作为交换条件,施温公司进口并且在美国市场上以施温商标经销巨人公司制造的自行车。正如一家美国竞争者所言:"施温将特许权盛在银盘上奉送给巨人公司。"

到 1984 年,巨人公司每年交付给施温公司 70 万辆自行车,以施温商标销售,占施温公司年销售额的 70%。几年后,巨人公司利用从施温公司那里获得的知识,在美国市场上建立了他们自己的商标。

到 1992 年,巨人公司和中国大陆地区的自行车厂商,已经在世界市场上占据了统治地位。巨人公司销售的每 10 辆自行车中,有 7 辆是以自己的商标出售的。而施温公司怎么样了? 当它的市场份额在 1992 年 10 月跌落到 5% 时,公司开始申请破产。

试回答以下问题:

1. 更有效的长期计划会怎样挽救施温公司?

2. 解释施温公司的计划在 1965 年、1975 年和 1985 年应当是什么样的?

案例-2

新宇化工公司是一个地方中型企业,在实行目标管理之前,公司领导总感到职工的积极性没有最大限度地发挥出来,上下级之间关系也比较紧张,管理很不顺畅。所以公司效益从 1993 年以来连续下滑。为从根本上扭转这种被动的管理局面,从管理中要效益,公司领导班子达成共识,从"九五"计划第一年(1996年)开始在公司实行目标管理。

一、确定目标

新宇化工公司根据企业"九五"计划的总体要求来确定公司的总目标。总目标包含以下四个方面,并尽量用定量指标表达,目标又分期望和必达两种。分别如下(以 1996 年为准):

1. 对社会贡献目标。新宇化工公司作为一个地方化工企业,不仅要满足地区经济发展的物质要求,而且要满足人民群众对化工产品的不断增长需求。具体指标为:总产值 7914 万元必达,期望 8644 万元;净产值 1336 万元必达,期望1468 万元;上交税收 517 万元必达,期望 648 万元。

2. 对市场目标。随着市场经济的发展与深入,化工产品市场竞争越来越激烈。新宇公司在本省是具有竞争力的企业,所以在力图巩固现有市场份额的基础上,强化市场营销策略,不断扩大销售量,并开拓外省(市)市场,从而提高市场占有率。对销售指标:期望年增 8%~10%,必须达到年增 6%~7%;对市场占有率指标:期望达到 38%,必须达到 34%。

3. 公司发展目标。新宇公司根据"九五"计划发展规划,确定其发展目标为:销售收入 6287 万元必达,期望达到 7100 万元,且年增 6%~8%;资产总额 650万元,且年增 10%~12%;必须开发 5 个新系列化工产品,期望开发 6 个新产品系列;职工人数年增长 3%,且实行全员培训,职工培训合格率必达 85%,期望 98%。

4. 公司利益和效益目标。确定的具体表达指标如下:利润总额 480 万元,期望实现 540 万元;销售利润率 7.6%,期望达到 8.5%;劳动生产率年增 85%,期望年增 105%;成本降低率递减 5%;合格品率达到 92%,期望达到 95%;物质消耗率年下降 7%;一级品占全部合格品比重达 50%,期望达到 60%。

二、目标分解

新宇化工公司对于总目标的每一个表达指标,都按纵横两个系统从上至下层层分解。从横向系统看,即公司每一个职能部门都细分到各自的目标,并且一直到科室人员。从纵向系统看,从公司总部到下属车间、段、班组直至每个岗位工人都要落实细分的目标。由此形成层层关联的目标连锁体系。

现以公司实现利润总额 480 万元为例,对其目标进行分解。为确保 1995 年实现利润总额 480 万元,经过分析,应通过成本的降低,而成本降低又分解为原材料成本、工时成本、废品损失和管理费用四个第三层次的目标,然后继续分解下去,共细分成 96 项具体目标,涉及降低物耗,提高劳动生产率,保证和提高产品质量以及管理部门节约高效的具体要求。最后按归口分级原则落实到责任单位和责任人。

三、执行目标

新宇化工公司按照目标管理的要求,让各目标执行者"自主管理",使其能在"自我控制"下充分发挥积极性和潜能。为职工实现自己的细分目标创造一个宽松的管理环境,不再强调上级对下属严密监督和下级任何事情都必须请示上级才行动的陈旧管理模式。在此阶段,新宇化工公司领导注重做到以下几点:

1. 对于大多数公司所属部门和岗位,都进行充分的委权和放权,提高自主管理和自我控制的水平。对于极少数下属部门和岗位,上级领导对下属部门和成员仍应实施一定的监督权,以确保这些关键部门和岗位的目标得以实现。

2. 公司建立和健全了自身的管理信息系统,创造了执行目标所需的信息交流条件,使得上下级和平级之间的不同单位、部门、人员都能在执行各自目标时得到信息的支持。

3. 公司各级领导人员对下属及成员并不是完全放任不管不问。他们的职责主要表现在以下方面:一是为下属创造良好的工作环境;二是对下级部门和下属人员做好必要的指导和协调工作;三是遇到例外事项时,上级要主动到下属中去协商研究解决,而不是简单下指令。

在上述新宇公司成本降低的 96 项具体目标落实到公司有关部门和个人后,他们就按各自目标制订具体实施方案。实施方案包括执行目标所需的权限、工作环境、信息交流渠道、工作任务、计划进度、例外事项处理原则等。在每天的工作中,每个执行目标者都要自己问自己,我今天要做到些什么才能对自己目标的完成做出贡献?然后对每天的工作和时间进行最佳组合的安排,尽可能取得最大工作效率。

　　四、评定成果

　　新宇化工公司在进行目标管理时,很重视成果评定。当预定目标实施期限结束时(一般为一年),就大规模开展评定成果活动。借以总结成绩,鼓励先进,同时发现差距和问题,为更好地开展下一轮的目标管理打好基础。

　　新宇化工公司强调评定成果要贯彻三项原则:一是以自我评定为主,上级评定与自我评定相结合;二是要考虑目标达到程度、目标的复杂程度和执行目标的努力程度,并对这三个主要因素进行综合评定;三是按综合评定成果进行奖励,体现公平、公正的激励原则。

　　例如,三车间聚丙乙烯产品成本目标是 6500 元/吨,公司考核部门的标价标准是:达到 6500 元,得 100 分;降至 6400 元/吨以下,得 120 分;超过 6600 元/吨,得 10 分;处在 6500 元至 6600 元之间/吨时,得 50 分。三车间全体职工经过一年奋斗,最终自评成绩是 120 分,成功使成本降至 6400 元/吨以下,在达到目标程度这一因素上取得了最优级,并经过公司考核部门认可。

　　成本是一个综合项目,涉及企业管理的许多方面。三车间的成本目标定为 6500 元/吨,确属于比较复杂、困难、繁重的目标。公司考核部门在制订评价标准时,把 6500 元/吨订为难度比较大的目标,记为 100 分;6400 元/吨以下为难度极大的目标,记为 120 分;6600 元/吨以上为较为容易目标,记为 10 分。在评定时,影响成本的环境和条件没有大的改变。所以,三车间和公司考核部门一致确认,6500 元/吨的成本目标应记为 100 分。

　　在评定执行目标的努力程度时,公司考核部门也制订了很努力、比较努力、一般努力三个等级,分值分别是 120 分、100 分和 80 分。三车间自评结论是在全车间同心协力,努力奋斗一年,应该记 120 分。

　　当然,在确定目标的复杂程度和执行的努力程度时,公司考核部门都有一些更多的细分指标和因素来保证。比如,执行努力程度要看出勤率、工时利用率,合理化建议多少,等等。

　　对于不同层级的部门和岗位,三个因素在评定成果中所占的比例有所不同。一般越是上级职位和部门,第一要素所占比重越大。本例三车间属基层部门,可按 5:3:2 比例,对其成果分值最终予以确定。

　　三车间综合评价分＝120×50％＋100×30％＋120×20％＝114(分)

　　　　　　　　(目标达到程度)(目标复杂程度)(执行中努力程度)

　　由于三车间进行的目标管理成绩很大,新宇化工公司对其进行了表彰和奖励。三车间每个职工也通过评定成果,做了一次认真全面系统的总结。每个职工也有自己细分目标的评定结果,成绩并非一刀切完全相同。所以后进职工认真总结教训和学习先进职工的经验,以便把下一轮目标管理搞好。

新宇化工公司执行目标管理的第一年就取得了丰硕成果。公司总目标都超额实现,总产值达到 8953 万元,净产值达 1534 万元,上交税收 680 万元。总目标中对社会贡献的目标全部超过期望目标。在市场目标方面:1996 年比 1995 销售量增长 9%,市场占有率达到 35%,都超过了必达目标。在公司发展目标方面:销售额达到 7130 万元,比上年增长 85%;资产总额 730 万元,比上年增长 15%;已开发出 6 个新品种系列;职工培训上岗合格率已达 93%。在公司利益和效益目标上,已实现利润总额 630 万元,其他各项经济效益指标也全部达到、甚至超过预定目标。

同时,在公司内部的上下级关系和人际关系方面开始变得融洽、和睦,职工群众的积极性、主动性、创造性得以真正发挥出来。全公司呈现一种同心协力、努力奋斗,力争实现公司目标的新景象。

试回答以下问题:

1.新宇化工公司为什么要推行目标管理? 推行目标管理有哪些作用?

2.从管理角度分析,目标管理有何特色?

3.新宇化工公司是如何按照目标管理的程序来操作的? 你认为在实际应用目标管理中还要注意什么问题?

案例-3

近年来,越来越多的企业透过全球范围内出现的产品过剩、价格下滑现象,逐步认清所面临的虚拟经济社会是一个"合作第一"的时代,没有合作就没有竞争。兼并重组就是虚拟经济的一种主要形式,它是企业根据自身战略发展的需要,实现企业规模扩张的有效途径。当今许多名闻遐迩的跨国公司,他们的企业发展史也正是一部成功的兼并重组史。

众所周知,企业文化是一个"动态稳定"的概念,是二者辩证的统一。"动态"说明它是不断发展变化的,"稳定"则说明它有较强的延续性。文化重组成功与否,不仅要看企业的类别,领导的决心,更要看员工思想的转变,因为企业文化是生动活泼的,只有让每一个员工都认可,并在他们身上得以体现,才能成为一个有机的统一整体,才算完成文化重组。用钱可以收购成百上千个企业,可是却买不到优秀的企业文化。

"小天鹅"的崛起是因为企业内部有一种巨大的精神因素在起作用,这就是"小天鹅"的企业文化和企业精神。"小天鹅"在兼并重组的过程中注重文化重组,不断探索,逐步熟悉,并针对不同文化差异采取不同的策略,把握时机,出奇制胜,创造双赢。

　　"小天鹅"与武汉"荷花"的合作具有中国特色,这种合作是在跨地区的国有企业之间进行的,不仅仅是一种经济行为,更有丰富的文化内涵。

　　武汉荷花洗衣机厂是国内十大洗衣机厂之一,近几年来由于经营不善,成为武汉市亏损大户。李建民厂长针对当时"荷花"产品的市场萎缩、品牌声誉下降、企业资金短缺等具体问题几经思考,主动找出路,谋求与有实力的企业合作。"小天鹅"想壮大,"荷花"想发展,双方异曲同工、不谋而合。但是"小天鹅"与"荷花"毕竟各自有不同的出发点,产品也不仅仅是换牌子就行的,所以双方的合作首先要了解和磨合的是企业文化而不是产品。

　　"小天鹅"进驻"荷花"的工作组在调研中发现:"荷花"厂缺的是质量文化。要让大家都知道:只有健康的思想才能指导健康的行动,进而保证企业健康发展。如何控制质量,这要求所有人、所有过程、所有工作都必须围绕质量来完成。按"小天鹅"5000次无故障运行的标准,他们对"荷花"产品进行测试,让"荷花"的产品接受严峻的考验,让"荷花"员工看到他们产品的问题,自然也就找到了努力的方向。工作组邀请"荷花"厂的领导一起考察市场,一起听取客户和用户的意见。"荷花"厂领导终于明白:"荷花"的出路就是在企业内部做好质量基础工作,依法治厂。

　　"荷花"厂抽调70名大学生和中层干部到市场感受竞争;听取用户反映,并且在厂内设立了劣质零件曝光台。产品严格按"小天鹅"的5000次无故障运行的高质量标准考核,可靠的产品质量为占领市场打下了扎实的基础。

　　"荷花"的员工也在合作中逐步接受"小天鹅"的质量文化:末日理念。倘若有一天,"荷花"没有了"小天鹅"对双缸机的订单,"荷花"厂将面临停产。

　　由于条件限制,"小天鹅"与"荷花"的产品外观相同,只有区分市场,避免冲突,才能形成一种协同作战、平等竞争的局面。如果市场冲突,同室操戈,势必影响双方合作。"小天鹅"所有的双缸机不在湖北露面。"小天鹅"信守诺言,让出部分国内市场,此举赢得了荷花员工的信任和当地政府的好感,为以后更大的发展打下了坚实的基础。

　　试回答以下问题:

　　1."小天鹅"在进行合并时是如何进行战略性思考的?

　　2."小天鹅"与武汉"荷花"的合并属于哪一层的战略? 制订这一层的战略需要考虑哪些因素?

第六章 组 织

组织是管理的基本职能之一。组织工作就是要把为达到组织目标而必须从事的各项工作或活动进行分类组合,通过组织设计,确定管理幅度和管理层次,实行部门化,进行职位设计,并进行组织结构的整合,把监督组织工作或活动所必需的职权授予各层次、各部门的主管人员,以及规定上下左右的协调关系,使组织成为一个有机的系统树。此外,还要构建良好的组织文化,并根据组织内外诸要素的变化,不断地对组织作出调整和变革,以确保组织目标的实现。这就是管理学中组织职能的范围,其目的就是要通过建立一个适于组织成员相互合作和协作,发挥各自才能的组织环境系统,从而消除由于工作或职责方面所引起的各种冲突,使组织成员都能在各自的岗位上为组织目标的实现作出应有的贡献。

第一节 组织概述

一、组织的概念

我们每一个人都存在于组织中,并在其中生活、学习和工作,也是组织中的一员,构成了组织的最基本单元。那么,什么是组织呢?

关于组织概念,有一种解释认为,组织是由许多功能相关的团体合并形成的人群集合体,其规模可以大到几千人、几万人,如一个企业组织、党团组织等。组织的主要特点是大家为了完成某一特定目标,各自分担明确的权力、任务和责任,并制定各种规章制度约束其成员的行动,以保持组织的统一性。研究组织的目的主要是加强对人的组织管理,控制人的行为对组织的影响,提高组织本身的运转效率。这恰恰是组织及管理者所追求的目标。也就是说,组织的概念包含如下意思:

1.组织有一个共同的目标。人们为了达到特定目标而协同活动,没有共同的目标,组织就是一盘散沙,也就失去了存在的意义。

2.组织包括不同层次的分工合作,而劳动的分工又需要不同的权力和责任机制来加以保证。组织的目标是个体单独所无法达到的,组织的效率也是单一手工业生产所无法比拟的。组织要达到这样的目标和生产效率,就必须分工合作。组织区别于小群体的一个重要特征就是组织是一个有上下层的结构。

3.组织的功能在于协调人们为达到共同目标而进行的活动,包括各层次内部和各层次之间的协调。

这个概念虽然指出了组织的一般特征,但由于它着重从组织的内部来说明组织的特征,实质上把组织看成与外界隔绝的封闭系统,因此,这种传统的概念不能全面地理解复杂多变的环境中的组织。

目前,比较完整的概念是:组织是由结构、人与信息构成的互相联系的复杂的工作系统。上述三个因素中任何一个因素的改变,都会引起其他因素的变化并影响整个组织工作任务的完成。组织的任务、结构、人和信息系统都同时受外界环境影响,如政府的控制、顾客的要求以及其他组织的影响等。因此,组织的各个构成因素必须和外界环境相适应。

从组织的概念可以看出,一个组织应具有三个基本要素:

1.组织目标。不同的组织有不同的目标。为了实现不同的目标,人们建立了不同的组织。组织的目标应是组织全体成员的共同目标,并且组织通过努力才能够实现这种目标,否则,组织就失去了存在的意义。

2.共同的意志。组织的所有成员都有为实现组织目标而积极努力的决心和愿望,组织应该而且能够把成员的这种共同意志协调统一起来。

3.畅通的信息渠道。组织有着内外畅通的信息沟通渠道,能够将组织的目标或目标指导下的某项工作的目的和职工的意志联系起来。

二、组织的特征与功能

(一)组织的特征

一般来说,组织有四大特征:

1.组织的整体性。组织是人们为了实现某些特定的目标,各自分担明确的权力、任务和责任,扮演不同的角色,并控制各种规章制度约束其成员的行为,以保持组织的一致性和保证组织目标的实现。所以,组织本身是一个综合人力的机构,是一个集体实现目标的工具,是提供工作环境,决定目标,分配工作,完成目的的整体性的人群体系。

2.组织的复杂性。组织是由若干个集体和个体组成的。在集体和集体之间、个体与个体之间存在着差异,这些差异既是团体和个体之间、团体与团体之间、个体与个体之间冲突的因素,也是人类存在、合作的主要原因之一。组织中的领导者如何运用这些条件,处理这些差异,建立一个合作的、有较高效率的集体,则取决于领导者的能力。组织要实现目标,还必须协调组织中所有的单位(团体)为实现组织目标而产生的各种联系。组织要发挥其作用,还需要有一个权力层次体系,并有严格的规章制度等。这些十分复杂的工作决定了组织的复杂性这一特征。

3.组织的实用性。由于科学技术的进步,生产的社会化程度越来越高,要取得任何一项成就都必须借助于集体的力量,依靠组织功能的发挥,才能适应客观环境的变化。所以,组织既是社会化生产的必然产物,又具有实用性。

4.组织的协作性。从组织活动的角度来看,组织本质上是组织成员之间的相互协作关系。协作的原因在于单个的人在社会生产和社会活动中不能独立完成任务和工作,必须通过人与人之间的相互协作来获得帮助。组织的协作性突出体现在组织中职位的明确规定性和相互协调性上,体现在组织成员在工作中的合作性与配合性上。各方面的协调和配合使组织表现出灵活的应变能力、整体的协作功能,使组织目标得以实现。

(二)组织的功能

合理而有效的组织对于实现有效管理,实现组织的目标,对于满足组织成员的需求,都具有十分重要的意义和作用。

1.组织使一个成员充分认识到自己所进行的工作对达成组织目标的作用,从而使每一个成员都能按组织要求,保质保量地完成任务。

2.组织能使其每一个成员了解自己在组织中的工作关系和隶属关系,并能正确处理各种关系。

3.组织能使每一个成员了解自己的工作职责和义务,以及自己应有的权力,并能正确运用。同时还使每一个成员了解完成任务后对组织、个人所带来的好处。

4.组织能及时调整和改善自身结构,使各部门及工作人员的职责范围更加明确合理,以适应组织活动的发展和变化,适应外界客观环境的发展与变化。

三、组织的类型

依据不同的分类标准,组织可以分为不同的类型:

(一)按组织的活动内容和社会功能分类

可以把组织分成政治组织、经济组织、军事组织和文化组织。

1.政治组织。政治组织是活动在政治领域的组织,其活动和社会功能在于实现某种政治目的,协调各种社会矛盾和冲突,维持政治统治的秩序。它包括政党组织和国家政权组织,如各级各类政党组织、各级政府组织等都是政治组织。

2.经济组织。经济组织是人类社会最基本、最普遍的组织,它承担着为人们提供衣食住行和文化娱乐等物质产品与劳动产品的任务,是与人民的生产和生活密切相关的组织。在现代社会中,经济组织的类型多种多样,涉及的范围相当广泛,如生产组织、金融组织、交通运输组织以及一些服务性组织等。

3.军事组织。军事组织是自古以来世界各地都普遍存在的组织,它服务于国家、民族和地区的政治和安全利益。军事组织的类型基本分为国家的军事组织、非国家的军事组织、跨国的军事组织三类。国家的军事组织一般由统治者掌握,非国家的军事组织则有可能被政府的反对派所掌握,跨国的军事组织由参加的成员国共同选出负责人执掌。

4.文化组织。文化组织是以满足人们各种需求为目标,以传播文化为主要活动内容的组织,如学校、图书馆、影剧院、艺术团体、科研机构等。

(二)按组织的目标的公共性与非公共性分类

在现代社会中,以目标为分类标准,可以把组织目标分成公共目标和非公共目标,由此把组织分成公共组织和非公共组织。

1.公共组织。公共组织是以实现公共利益为目标,以提供公共服务为职能的组织,它一般拥有公共权力或者经过公共权力的授权,负有公共责任,以提供公共服务、管理公共事务、提供公共产品为基本职能。公共组织由下面两部分组织构成:(1)政府组织。政府是公共组织的主体,它运用公共权力,管理社会公共事务。政府的管理具有合法性与权威性。(2)非营利性的非政府组织。政府组织之外,以特定的公共利益为目标,不以营利为目的,运用政府的授权,为特定区域的公众提供公共服务的组织称为非营利机构,如学校、研究机构、医疗卫生服务机构、社区服务机构、文化团体、咨询机构、行业和部门协会、消费者协会等都属于非营利机构。非营利性的非政府组织与政府组织一起构成了现代社会公共组织的主要组成部分。与政府组织不同的是,非营利性的非政府组织所运用的公共权力来自政府的授权,因而不具有强制性和权威性。

2.非公共组织。非公共组织一般不以公共利益为组织的目标,而追求个体利益。非公共组织主要包括以下几种:(1)企业。在市场经济条件下,企业作为市场的主体,是典型的非公共组织,它以追求利润最大化为目标。(2)营利性的中介机构。以营利为目的的社会中介组织属于非公共组织,如房屋中介所、会计师事务所等都是非公共组织。(3)特定利益集团。在政治生活中,服务于非公共利益的特定利益集团属于非公共组织。(4)宗教组织。在社会生活中,基于特定的宗教信仰而形成的宗教组织,如天主教教会等。(5)基于特定的生活兴趣而形成的组织,如桥牌协会、围棋协会等。

(三)按组织是否人为设定分类

可以把组织分为正式组织和非正式组织。

1.正式组织。即为了有效地实现组织目标,遵循有关的制度、章程或其他文件而人为建立的组织。正式组织明确规定组织成员之间的职责范围和相互关系,其组织制度和规范、规则对组织成员具有权威的约束力。例如,企业中的车间、工段、科室和党、团、工会等组织以及政府机关的司、局、处、科等组织均为正式组织。正式组织具有组织目标明确、专业分工、科层等级分明、相对稳定、有统一的制度和规则等特点。为了保证正式组织的整体性和一致性，必须有明确的组织目标、职权分工、组织制度和纪律，并追求效率，保证以最优的方式完成组织目标。

2.非正式组织。非正式组织是基于组织成员的情感和心理需要，自发建立起来的，而非按照有关的规章制度人为建立的组织。非正式组织对正式组织的作用是双重的，它的积极作用有：有利于组织的稳定和形成凝聚力；有利于形成组织成员的协作关系；有利于调节组织成员的精神状态，缓解焦虑等。它的消极作用有：妨碍组织的团结和稳定，可能造成组织分裂；破坏正式组织的制度和规则，妨碍管理目标的实现等。承认与研究这种非正式组织，对管理者至关重要。在现代管理中，不仅要考虑充分发挥正式组织的作用，而且还必须正视非正式组织的存在，并注意发挥非正式组织的积极作用，遏制或避免其消极作用。

除了上述几种分类方法外，还有其他的分类方法。如根据权力配置方式的不同，把组织分为集权组织和分权组织；根据职责的不同，把组织分为权力组织、执行组织和监督组织等等。

四、组织理论的发展

威廉·G·斯考特把对管理思想和实践影响重大的组织理论分为三类：古典组织理论、新古典组织理论和现代组织理论。

(一)古典组织理论

古典组织理论最早可以追溯到泰勒的科学管理理论，有些人则习惯于以1931年穆尼（Mooney）和瑞雷（Reliey）出版的《前进中的工业》为古典组织理论产生的标志。古典组织理论围绕四大支柱建立起来，它们是劳动分工、等级与职能方法、结构与控制幅度。

1.劳动分工。这是四大要素的基础，其他要素是由它导出的必然结果。

2.等级与职能方法。这是指组织分别向水平方向和垂直方向的发展。等级方法涉及指挥链的发展、权利与责任的授予、指挥命令的统一和汇报的责任。职能方法涉及组织分工后形成的专门部门，这些部门重组为可互相兼容的各单位。这个过程主要集中于界限的水平演化和正式组织中的全体人员。

3.结构。指组织内部各职能之间的逻辑关系，以有效实现组织目标为目的进行安排。古典组织理论重视两种结构：直线制和全体职员制。

4.控制幅度。这是指管理者能够直接和有效地控制下属人员的数目。控制幅度对组织形态的影响很大。幅度宽是扁平结构，幅度窄是锥形结构。

古典组织理论对组织的性质进行了深入研究,但忽略了组织中不同个体、非正式组织、组织内部冲突、组织的正式结构、决策过程等的相互影响,强调以工作为中心。

(二)新古典组织理论

新古典组织理论通常被称为人际关系理论,它以一种综合的方式把行为科学引入组织理论。它承认古典组织理论学派关于上述四种要素的观点,并试图弥补古典学说的部分缺陷,对古典组织理论作出修正,并提出非正式组织的理论。

1.对古典组织理论的修正

关于劳动分工,新古典学派认为,劳动分工会带来工业疲劳和单调乏味,因此他们发展了激励、协调和领导的大量理论。

关于等级与职能方法,新古典学派认为它们只是在理论上有效,实践上完全行不通。古典学派假定授权和职能化过程是完美的,而新古典学派则认为是不完美的,从而导致了人的问题。例如,授权过多或不足会导致无能行为,对权力与责任的委托失败也会导致授权受挫,权力冲突导致人格冲突,权力真空又影响目标的实现。

关于结构,新古典学派认为,人类的行为会使最好的组织计划中断,使建立于结构之上的合理关系遭到破坏。直线制导致的人际关系摩擦是必须正视的一个问题。为解决此问题,要使用重要的协调规则,如参与、自下而上式的管理、尊重人格及更好地沟通等。

关于控制幅度,新古典学派认为,把幅度简化到精确、普遍可用的比率是愚蠢的,幅度的宽窄随环境变化而变化,总的趋势倾向于较为松散的组织形式,因为窄结构容易滋生独裁者,造成员工士气的低落。

2.非正式组织的新古典观点

非正式组织指在工作中联系起来的人们自发形成的组织,一般情况下,它是对社会需求,即与人交往的需求作出的回应,但事实并非如此简单。新古典学派通过研究指出,非正式组织的决定因素有以下几点:(1)场地。这是指人们进行面对面接触的地理位置,它是人们形成持久联系的保证。(2)职位。这是决定非正式组织出现的关键性因素。同一种职业的职工有聚集在一起的趋势。(3)兴趣。这是形成非正式组织的另一决定因素。(4)特殊问题。这也是导致非正式组织形成的因素。前三种因素导致的非正式组织较为持久,特殊问题导致的非正式组织在问题解决之后容易消失。

非正式组织一旦形成,它们就将呈现各自的特征。这些特征表现为以下几个方面:(1)非正式组织担负着社会控制的代理角色。它们在工作中形成了一整套特定的、要求非正式组织成员共同遵守的行为规范。非正式组织本质上是一种文化现象,非正式组织的行为规范与正式组织的价值观念不同,个人可以在相互冲突的文化中为自己找到一个适当的位置。(2)非正式组织中成员的相互关系形式需要社会人际学分析技术,这是它有别于正式组织逻辑的基本前提。(3)非正式组织有自己独特的、不同于正式组织的沟通联络方式,主要是小道消息的渠道。(4)非正式组织的领导是新古典学派研究的最后一个问题。研究者们关心的是,谁是非正式领导者?他如何承担这个角色?他的特征如何?他怎样帮助正式组织的领导者完成组织目标?

新古典学派的研究以一个全新的视角,向管理者提出要重视非正式组织问题,正视其存在,任何力量也摧毁不了它。管理者"不对它作出不必要的威胁,聆听领袖人物代表群体表达的观点,准许他们参与到决策过程中来,以及通过及时发布准确信息来控制小道消息的传播"。只有这样,管理者才能与它共处。新古典学派的特点是强调以人为中心,但它不够全面,忽略了正式组织与非正式组织的关系,受到管理学界的批评。

(三)现代组织理论

现代组织理论的独特性在于它把组织作为一个系统来研究,系统分析的目标是把组织看作由许多相互作用的因变量组成的一个系统。由于现代组织理论建立在系统分析基础之上,因此其研究的理论水平已经超越了古典与非古典理论的层面。当然,现代组织理论并非是一个统一的思想体系,许多研究者都有其独特的视角或强调的重点,但大家的共同点是努力把组织当作一个整体来看待。

现代组织理论从系统分析的立场出发,把组织看成一个系统,系统的构成部件包括个人、正式结构、非正式组织、观念和角色模式(行为互惠观念、个人角色期望)、工作的物理环境等。这五个部件存在相互联系和相互作用的关系,但它们之间真正的联系和纽带是沟通、平衡和决策。

现代组织理论认为沟通不仅是系统各部分导致行为的因素,还是连接系统内各决策中心,以达成一致行动的控制与协调机制。平衡是指平衡机制,凭借它,系统各部分得以维持基本的和谐与统一。平衡有两种形式:一种是半自动的,即系统自身有维持稳定的内在趋势;另一种是创新的,即当变化超出了系统自身设计的限度时,为保持系统平衡就需要革新,也只有革新,系统才能维持平衡。决策是连接组织各部分的又一重要纽带。组织中有大量的生产决策和组织成员的参与决策。生产决策在很大程度上是个人观念和组织需求相互作用的结果,而参与决策反映组织报酬与组织创造的需求关系。西蒙认为,管理就是决策。马斯柴克认为,决策过程是一个独立变量,组织的生死存亡系于此。这都反映了决策作为连接组织各部件的纽带不可轻视。

除了系统分析的理论观点之外,现代组织理论还有许多观点,如权变理论。这一理论强调组织的权变因素很多,诸如组织规模、经营战略、经营多样化、组织成员特性、目标是否具有一致性、决策层次、系统状态、环境特性等,这些都是组织设计必须考虑的重要变量。

组织理论经历了由古典组织理论到新古典组织理论,再到现代组织理论的演变,特别是现代组织理论,学派众多,观点纷呈,为我们认识和理解组织提供了较多的思路,对管理者进行组织设计和组织工作提供了许多有益的借鉴。

第二节　组织结构设计

一、组织结构设计的含义

自有国家以来,行政管理上存在着一大通病,即机构臃肿,层次重叠,人浮于事,效率低下,官僚主义滋长蔓延。许多有识之士进行了大量的研究,试图从理论和实践上找出解决问题的方法,这就产生了组织结构设计的问题。

所谓组织结构,是指组织的框架,即组织中纵向与横向的各部分之间相对稳定的关系的一种框架。所谓组织结构设计是指管理人员有意识地事先确定组织中各部分之间的关系和职工的工作方式。组织的结构不像生物或者机械系统的结构那样明确可见,而是体现在组织的实际活动过程中。不过,我们常常把组织结构看成静态过程,而把组织过程或功能看成动态的过程。

组织结构直接决定了组织中正式的指挥系统和沟通网络,这不但影响信息和材料的流通与利用效率,而且影响组织中人的心理和社会方面的功能。根据组织结构设计,确定企业的组织机构系统,既是新建企业的重要基础工作,又是在不断变化的形势下,保持企业活力和有效管理的经常性工作。使企业的组织机构顺应形势、环境和经营目标的变化,应成为企业人事管理部门的重要工作内容。此外,科学合理地确定组织机构,对于管理工作实行集中统一指挥,充分发扬民主,克服官僚主义,调动全体职工的积极性等方面均有重大作用。所以,在管理学中,许多人把组织结构设计看成是关系组织目标成败的大问题。我国政府部门及其他组织的建设,必须本着精简、统一、效能的原则,构建组织机构。国内外近几十年来形成和发展起来的组织理论以及一些科学、合理、先进的组织原则也可作为我们构建组织结构的借鉴。

二、组织结构的基本形式

组织结构中人和机构之间的关系有两种类型:一是纵的关系,即上下级(层次)隶属与领导关系,又可分为直线关系与职能关系;二是横的关系,即同级各要素之间的分工协作关系。这两种关系,在所有组织结构中都存在。随着社会发展、随着管理的理论与实践的发展,组织结构的具体形式也在变化、发展,出现多种多样的组织形式。这里以企业这种组织为例,重点介绍几种常用的并占主导地位的组织结构形式。

(一)直线制

直线制组织形式(见图 6-1)的特点是,组织中各种职务都按垂直系统直线排列,各级主管都按垂直系统对下级进行管理,不设专门的职能管理部门或参谋机构。

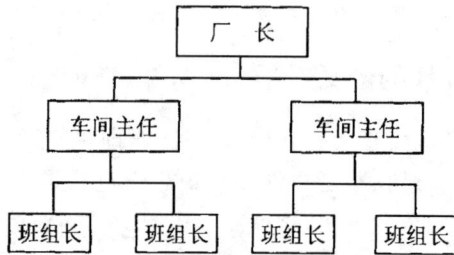

图 6-1 直线制组织形式

这种组织形式的优点是,结构简单,机构单纯,管理费用低,职权集中,责任明确,指挥统一、灵活,沟通简捷,易于维护纪律和组织秩序,管理效率比较高。其缺点是,缺乏专业化管理分工,权力完全集中于一人,容易产生失误;管理工作比较粗放,组织内机构间、成员间横向联系少、协调差;对直接上级,尤其是最高领导者个人的依赖性太大。

这种组织形式是最古老、最简单的组织机构,一般只适用于产品单一、工艺技术和业务活动比较简单、规模较小的企业。

(二)职能制

职能制组织形式(见图 6-2)的特点是,在组织内部除直线主管外,各职能部门在自己的业务范围内有权向下级下达命令和指示,直接指挥下级;下级直线主管除了服从上级直线主管的指挥领导外,还要接受上级职能部门的指挥。

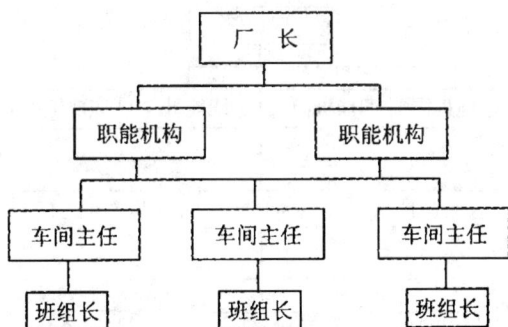

图 6-2　职能制组织形式

这种组织形式的优点是，能发挥职能机构和专业人员的专业管理作用，对下级工作的指导具体、细致，有利于对整个企业实行专业化管理，并且可减轻直线主管的工作负担，甚至可弥补直线主管专业管理能力的不足。其缺点在于，由于下级要根据专业分工向不同职能部门汇报工作、接受指示，容易形成多头领导，削弱了组织必要的集中领导和统一指挥，容易出现命令的重复或矛盾，使下级无所适从，造成管理的混乱；同时，也不利于明晰直线职权与职能界限，容易出现争权、推卸责任的情况。

这种组织形式目前在企业组织中使用得较少，多见于高等院校、医院、设计院等单位。

（三）直线职能制

直线职能制组织形式（见图 6-3）是在各级直线主管之下设置若干职能部门作为直线主管的参谋和助手的一种组织结构。其特点是，以直线制为基础，改进职能制，即在保持直线制组织统一指挥原则下，增设职能部门作为参谋机构。这种组织形式的职能机构不同于职能制组织形式的职能机构在于，它对下级直线主管无权发号施令，只起业务指导作用，除非直线主管授予某种权力，才能有一定程度的指挥职权。

直线职能制的组织形式的优点，可以说是综合了直线制和职能制的各自优点，既保证了整个组织的集中统一指挥，又能发挥职能部门及其专业人员的专业管理作用，有利于优化决策，提高组织的管理效率。其主要缺点是各职能部门自成体系，易从本位出发，部门间缺乏沟通，意见不一，甚至冲突，增加直线主管协调负担；职能职权大小难以界定，往往与直线部门产生矛盾，或轻视职能专家意见或职能部门越权。尽管如此，这种组织形式，目前仍被我国绝大多数企业广泛采用。

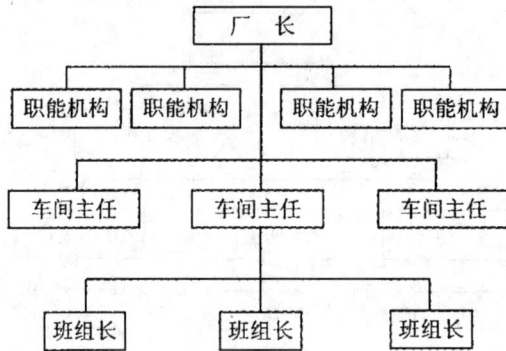

图 6-3　直线职能制组织形式

(四)矩阵制

矩阵组织形式(见图 6-4)是在直线职能制垂直形态组织系统的基础上,再增加一种横向的领导系统组建而成的组织结构。

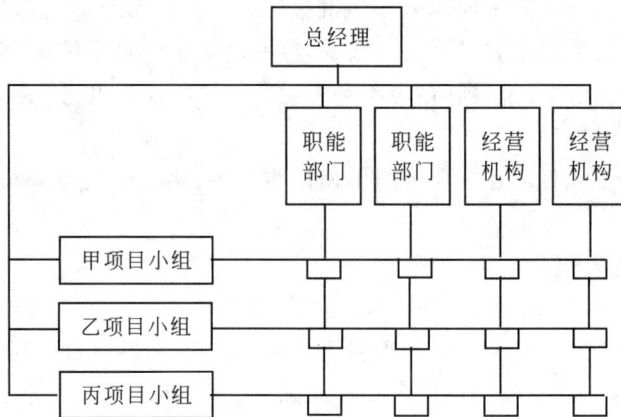

图 6-4　矩阵制组织形式

矩阵制组织有两个部分:一是相对固定的机构,包括组织常设的职能机构和经常性的业务经营机构,这是维持和发展组织正常业务需要和组织运行所必需的机构;另一个是诸如项目或任务小组的临时性机构,这是解决组织一定时期所面临的重要问题而建立的机构,任务完成后就解散。参加项目小组的成员,一般都接受双重领导,即在行政和专业上隶属原职能部门和经营机构领导,而在执行小组任务上则归项目负责人领导。这种组织形式,既保持组织的相对固定性,又增强组织的灵活应变能力;既适合于常规性业务较多的企业,又适合于常规性业务较多同时临时性重大问题发生较多的企业或大型协作项目、开发项目需要的单位。

这种组织形式的优点是,能将组织的横向联系和纵向联系较好地结合起来,有利于加强各职能部门、经营机构之间的协作和配合,及时沟通情况,解决问题;能在不增加机构和人员编制的前提下,将不同部门的专业人员组合起来,充分发挥已有的职能和业务专家的作用,有利于减少人员和财力资源的浪费,减缩成本开支;灵活应变的能力较强,能较好地解决组织机构相对稳定和管理任务多变之间的矛盾,使一些临时而重要的、跨部门的工作的执行变得容易,可避免各部门的重复劳动,加速工作进度,增强整个组织的效益性。但是,矩阵制组织形式也有它的缺点和不足。这种组织形式的组织关系复杂,项目小组与已有的职能部门、业务经营机构在人员使用和有关业务问题上不容易协调;双重领导,一旦出了问题,责任有时难以分清,小组成员易出现临时观念,有时责任心不强。

(五)事业部制

事业部组织形式(见图 6-5)是在一个企业内对具有独立的产品和市场、独立的责任和利益的部门实行分权管理的一种组织结构。这些部门成为事业部,需具备三个基本条件:一是独立的经营中心。按企业总的政策要求,在自己经营的产品和市场范围内拥有独立经营自主权,具有足够的权力,能自主经营。二是独立的责任中心。能对自己的经营活动过程和经营成果以及产品和市场负责。三是利润和利益中心。具有独立的利益,实行独立核算、自负盈亏,有权分享相应的经济利益,独立进行内部利益分配。这种组织形式的最主要特点是集中政策、分散管理,集中决策、分散经营。最高管理层只保留预算、资金分配、重要人事任免和战略方针政策等重大问题的决策权,其他权力都尽可能下放给事业部(又称分公司)。

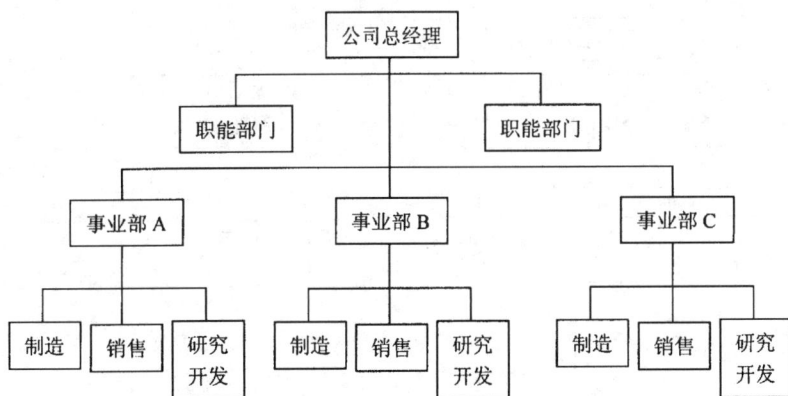

图 6-5　事业部制组织形式

事业部制组织形式的优点在于,它实现政策管制集权化、业务运作分权化,正确地处理最高管理层与下级经营机构之间的集权和分权的关系,使企业最高决策层能集中力量制定公司的总目标、总方针、总计划及各项重大政策,可以摆脱大量的日常行政事务。同时,可使各事业部充分发挥经营管理的主动性、积极性,从而保证了企业在复杂多变的环境中,既有较高的组织稳定性,又有较强的经营管理适应性,有助于克服组织的僵化、官僚化,提高组织的活力。这种组织形式还能把统一管理、多种经营和专业分工更好地结合起来,既有利于公司不断培养出适应公司发展需要的人才,也有利于公司获得稳定的利润。事业部制组织形式的缺点是,各事业部的独立性较大,容易产生本位主义,相互间协作困难,甚至发生内耗,公司难协调,加大控制难度,严重的还会出现架空公司领导现象。此外,这种组织形式会增加管理机构,出现公司内部机构重叠、管理人员比重增大、管理成本增高、符合公司要求的管理人才难寻觅等缺点。

（六）委员会制

委员会制组织形式是由两个以上的人组成的行使特定权力和履行特定职责的组织机构。委员会的形式很多,有正式的和非正式的、综合的和专门的、常设的和临时的、直线式的和参谋式的,等等。不过,委员会多数是为了补充和加强直线组织而和直线组织结合起来建立的,是为达到某种特定管理目的的组织形式。

常设的委员会一般有两种存在形式:直线式和参谋式(见图 6-6)。直线式委员会具有直线机构的权力,可直接对下级发号施令;参谋式委员会是为决策机构服务的,没有决策权,只能起参谋指导作用。

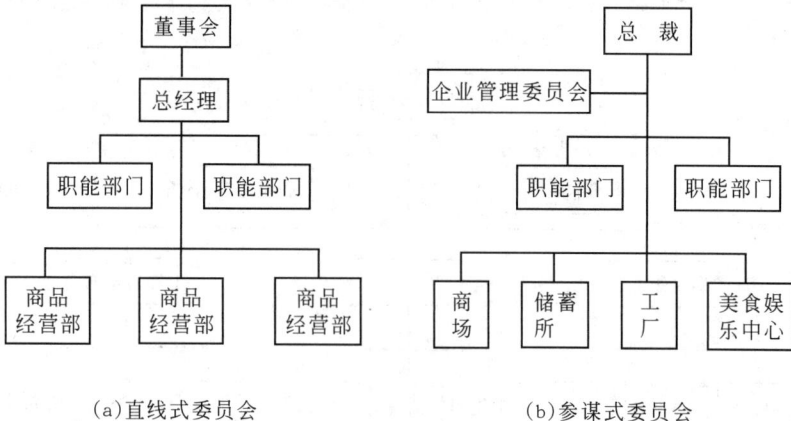

(a)直线式委员会　　　　(b)参谋式委员会

图 6-6　委员会制组织形式

作为经营管理的一种手段而设立的委员会,与其他组织形式明显不同的是,其活动特点是集体行动。这种组织形式的优点是,能够集思广益,反映各方利益需要,有助于沟通和协调,防止个人滥用权力。这种组织形式的缺点在于为达成意见一致,往往决策迟缓或折中调和,委员责任不明确,可能出现无人负责现象。

上述诸类型组织形式,都是为达到各自特定的目标而设计的,但均有其优缺点。人们仍在不断探索研究,比如,在矩阵制结构基础上,设计出按项目管理的三维组织结构,由专业职能部门、产品事业部和地区管理机构三个方面结合;共同研究某种产品的开发、生产和销售等重大问题,协调各方面生产的矛盾,加强信息沟通,以适应大规模生产和跨地区经营的大型企业的需要。又如,在事业部制结构基础上,在最高管理层与各个事业部之间增加一级管理机构,来负责统辖和协调所属各个事业部的活动,把事业部制结构发展成"超事业部结构"这种新的组织形式。还有的把委员会制发展成跨部门委员会结构,等等。

应当看到,无论怎样好的组织形式,也只能为良好的管理提供最基本的条件和手段。没有这个良好的条件,当然不行;然而,有这个良好的组织形式,也不代表会自然而然地搞好管理。这就需要配置高素质的管理人才去利用这个条件、运用这个工具;并且要制定科学的组织制度来规范人们的行为,还要善于发现现有组织形式的弊病,不断地创新,加以完善。

三、组织结构设计的原则与程序

(一)组织设计的原则

组织结构的形式多种多样,但无论是何种结构,设计时都要遵循一定的原则。

1. 任务目标原则。任何一个组织,都有其特定的任务和目标。它是组织设计的出发点和归宿。设计的组织结构必须有利于组织任务的完成和组织目标的实现。设计中遵循这个原则,首先要明确组织确定的任务和目标,然后分析为完成任务、实现目标,应做什么事,设什么机构和职务,由什么样的人任职,最后,为事架构,因事设职,因职用人,使任务、目标的每项内容都能落实到具体的部门和岗位,做到"事事有人做"。这是组织结构设计的首要原则。

2. 统一指挥原则。统一指挥就是组织内任何一个下级只接受一个上级指挥,只对一个上级负责。为保证组织目标的顺利实现,实行有效的领导,必须消除令出多门、多头领导的混乱现象,贯彻统一领导、统一指挥的原则。按照这个原则在设计组织结构时,要明确各管理层次上下级的职责、权力和联系方法,建立严格的责任制,明晰直线职权与参谋职权及其关系。

3. 分工与协作原则。分工与协作二者不可分离。分工,在组织设计中就是把特定的任务,委派给组织的特定单位或人员去承担;没有分工就谈不上协作,只有分工没有协作,分工就失去意义,而且也都不能形成组织结构。遵循这个原则设计组织结构,要同时考虑这两方面,既要按照提高专业化程度和工作效率的要求进行合理的分工,又要本着系统、整体的思想搞好各部门之间及部门内部的协调与配合。分工要注意粗细适当,协作要注意协调规范化、程序化。

4.权责一致原则。权与责之间有不可分的内在联系和必然统一。这二者脱节,有责无权,责任就无法履行,任务也无法完成;有权不负责,会导致危及组织的滥用职权,都会出现无休止的扯皮和混乱状态。因此,按照这个原则设计组织结构,要明确在委以责任的同时,必须授予自主完成任务所必需的权力,明确规定各种部门、各个管理层次和职务的任务、责任、权力和利益。

5.执行和监督分离原则。监督机构与执行机构及其人员,如果在组织内一体化,就会发展为利益一体化,监督职能就会名存实亡,势必产生腐败,危及整个组织正常运行。因此,为了保证组织的健康与活力,就要保证监督的有效性,在设计组织结构时必须按这个原则,把执行机构与监督机构及其人员分开设置。

6.精简与效率原则。精简有利于建立良好的沟通,减少内耗,降低管理成本,从而提高组织效率。按照这个原则设计组织结构,首先要确定适当的管理幅度,明确在能够有效管理的情况下扩大管理幅度,以减少管理层次、精简部门、精简人员;同时,在分解任务、职能时安排的负荷要饱满,做到人人有事干,事事有人管,达到精干高效。

由于现代组织是处于复杂多变的内外环境中,在设计组织结构时要注意保持一定的弹性;要注意在保持稳定性的基础上提高适应性,使组织富有活力,以防止组织僵化、老化。

(二)组织设计的程序

组织的设计与改善须遵循一定的程序。我国的组织设计工作通常包括如下七个步骤:

1.收集有关资料,并加以分析

在组织设计之前,必须搜集有关资料,并加以分析。资料包括有关组织外部环境条件的资料、先进组织的资料及本组织内职工的建议和意见,作为组织设计时的参考。

2.进行工作划分

组织的工作一般可分为"作业工作"和"管理工作"两大类。在搜集和分析有关资料后,就可对组织进行工作划分。对作业工作的划分,从形式上看有自上而下、自下而上和按生产流程划分等三种形式。

管理工作的划分目的是管理工作的分工与落实。由于工作种类繁多、门类齐全,因此要在工作分析基础上根据不同情况采取不同的划分方法。

3.管理层次及部门结构的确定

组织内部部门及层级的多少,主要取决于组织规模及管理幅度的大小。层次结构的设计主要包括部门及单位的划分和层级的划分两部分内容。部门及单位的划分要根据组织业务性质、规模大小划分。层级主要根据组织规模、经营环境和工作需要划分。

4.确定分权和集权的程度

在确定了组织内部单位及层级后,须进一步确定集权和分权的程度,然后才能确定组织结构。采用集权管理方式,就是组织的一切决策权掌握在高级管理层级中。在实际的管理工作中,我国的许多组织应根据需要逐步由集权方式为主改为分权管理,一般应给中、下级一定的决策权。

5.确定组织结构及人事配备

根据组织的规模、经营战略、经营多样化、组织环境的特性等因素建立合适的组织结构,按照因事设职的原则进行人员配备。

6.组织的运用

组织运用的具体方法,概括地说有如下四种:制定各种工作制度、规定严格的各种作业方法、周密制定监控方法和建立表册记录等。

7.检查组织运行结果并控制

我们一般所说的组织控制就是随时检查组织运用的结果,看其是否适应环境的变化,并作必要的修正。

上述7个阶段构成一个完整的组织设计或改善的周期。将检查运用的结果和需控制的因素反馈至下一个周期,就可使组织设计与改善不断深化并持续下去。

(三)组织结构设计的内容与步骤

组织设计是履行组织职能的基础工作。它是根据组织的目标、战略的要求以及组织的外部环境和内部人员素质、技术、规模、所处的发展阶段等条件,设计出组织结构和保证组织正常运转所需的组织机构及其制度办法。

1.组织结构设计的任务

任何组织,都要建立与组织所处的内外环境、组织目标等等相适应的组织结构。组织设计的根本任务是提供组织结构系统图和编制职务说明书。

这里所谓组织结构,是指组织中各个部门和机构之间根据权责关系而确定的从属和并列关系的组织形态。组织结构怎样设计、如何设置,对组织目标的实现有着重要的影响。它可以起推动、促进作用,也可能起延缓、阻碍作用。因此,组织目标一旦确定,是否有科学合理的组织结构作保证,就成为至关重要的组织问题。

组织结构设计是否合理,对于管理系统的组织力量和被管理系统的主动性能否充分发挥,对于管理效能的潜力能否得到挖掘,对于管理人才能否更快地造就,对于组织能否立足、发展,都具有十分重要的意义。而且,组织规模越大,组织结构合理与否也越显得重要。

按组织设计的蓝图,组织结构一旦建立,就形成了一种相对稳定的权责框架。它如果是科学的、合理的,就能提高人、财、物、信息、科技、时间诸要素的使用效益,能够使组织的整体效能大于个体效能的简单相加,从而产生新的生产力。因此,设计科学合理的组织结构系统图并正确地编制职务说明书,是组织设计的首要任务,是搞好管理不可或缺的前提。

所谓组织结构系统图,是指以图形方式表示的组织内的职权关系和重要职能的组织图。图中可用方框表示各种管理职务或相应的部门,其垂直排列位置表示在组织层次中的地位;直线表示权力的流向;直线与方框的连接,则标明了各种管理职务或部门在组织结构中的地位及其相互关系。

所谓职务说明书,是指以文字简单明了地规定各项管理职务的工作内容、职责和权力、与组织中其他部门和其他职务的关系以及担任该项职务者所必须具备的条件等的说明文书。

组织设计的另一个重要任务,就是提供一套符合客观规律要求的、保证组织正常运行的科学的组织制度。

2.组织结构设计的依据

管理中的组织职能首先是对管理人员的管理劳动的管理。组织结构的设计就是要在管理劳动分工的基础上,设计出组织所需要的管理职务和各个管理职务之间的关系,其目的是合理组织管理人员的劳动,实现组织目标。而管理劳动的开展受组织内外各种因素的影响,因此,要把组织结构设计得合理,必须以组织内外各种影响这个设计的因素作为考虑设计的依据。

(1)环境。人类社会组织是开放系统,是整个社会大系统的一个组成部分。它与外部的其他社会子系统之间存在着各种各样的联系。外部环境的发展变化,必然会对一个组织内部的组织结构产生重要的影响。这种影响不仅反映在组织结构的总体特征上,还反映在组织内各个职务与部门的设置以及各部门的关系上。因此,要依据组织所处的环境及其变化来设计组织结构,才有望做到科学、合理,组织也才有效率。此外,组织的内部环境,也是不可忽视的因素,也应是考虑组织结构设计的依据之一,特别是内部的组织文化影响更大些。

(2)战略。在影响组织结构的多种因素中,组织的战略是一个重要的因素。适应战略要求的组织结构能为战略的实施以及组织目标的实现提供必要的前提。不同的战略,要求开展不同的业务活动,因此就要求设置不同的管理职务、设计不同的组织结构与之适应；战略重点改变，组织工作重点也会随之改变，而组织内各部门与职务的重要程度也会改变，组织结构就要作相应的调整。因此，设计组织结构时，必须以适应战略需要作为重要依据。

（3）规模。组织规模的大小及其变化，直接影响着组织结构的形态和复杂程度。规模扩大，组织活动内容势必增多，人员也会随之增加，组织内的水平差、地区差更为扩大。因此，设计组织结构，规模状况及其变化趋势是基本的依据。这是显然的、易于理解的。

（4）技术。组织的活动需要利用一定的技术和反映一定技术水平的设备手段。技术及技术设备的水平，不仅影响组织活动的效率和效果，而且会作用于组织活动的内容划分、职务设置，会对管理人员的素质提出相应的要求。因此，在组织结构设计中也要考虑技术对组织结构的影响并作为设计的一个根据。尤其是企业的组织结构设计更要注意这一点。

（5）人员。组织内人员的数量和素质及其变化，对职务的安排、集权与分权的程度、管理幅度的大小与管理层次的多少以及部门设置的形式等都有直接影响。这个影响因素也是组织结构设计的重要依据。

（6）组织的发展阶段。不同的发展阶段，不仅规模不同，而且组织要解决的重点问题也很不同，因而设计的组织结构也不会相同。以企业为例，在企业由小到大迅速发展的过程中，主要的问题一般是健全组织部门，实现管理规范化；而当企业发展到较大规模时，主要的问题常常是如何有效分权，增强组织的应变能力。因而，组织所处的发展阶段也是组织结构设计的依据之一。

3.组织结构设计的工作内容和步骤

（1）确定组织设计的基本思路、原则，明晰组织结构与职权关系，提出组织结构的总体架构。这要根据组织的目标和组织内、外部环境条件的分析结果来进行。

（2）进行职能分析和设计。通过分析，明确为完成组织目标需要设置哪些管理职能，其中的关键性职能是什么。设计中不仅要确定组织总的管理职能及其结构，而且要分解为各项具体管理业务和工作，并进行初步的管理流程设计。

（3）进行职务分析和设计。在上述工作基础上，设计和确定组织内从事具体管理工作所需的职务类别和数量，分析每个任职人员应负的责任，应有的权力和应具备的素质。

（4）进行部门划分设计。根据组织内各个职务所从事的工作内容性质及职务间的相互关系，在理清关系的基础上，依照一定的原则，将各个职务组合成被称为"部门"的若干个可管理单位。一个完整的组织就是由这些可管理的单位组合成的。这个设计实际上就是作管理业务的组合、进行组织内部机构部门化的框架设计。

(5)进行组织结构形成设计。按照工作要求设计出职务和部门后,还要根据组织内外现有的以及能获取的人力资源实况,再对已设计的部门和职务作必要的调整,平衡各部门、各职务的工作量,使之更为合理,最终形成组织结构的设计并以图形进行表示。

第三节　组织文化

一、组织文化的含义与特征

(一)组织文化的含义

一般而言,文化有广义和狭义两种理解。广义的文化是指人类在社会历史实践中所创造的物质财富和精神财富的总和。其中,物质文化可称为"器的文化"或"硬文化",精神文化可称为"软文化"。狭义的文化是指社会的意识形态,以及与之相适应的礼仪制度、组织机构、行为方式等物化的精神。文化具有民族性、多样性、相对性、沉淀性、延续性和整体性的特点。

任何一种组织都是由人构成的,都是在特定环境下成长起来的,因此每个组织都有自己的信仰、价值观念和行为方式,也必然形成特定的组织文化。组织文化不仅成为组织的有机组成部分,而且对于组织的构成形式、组织活动和运行有着潜移默化的影响。学者们从不同的角度对组织文化作了界定。西方学者希恩认为:"组织文化是特定组织在适当处理外部环境和内部整合过程中出现种种问题时,所发明、发现或发展起来的基本规范。这些规范运行良好,相当有效,因此被用作教导新成员观察、思考和感受有关问题的正确方式。"美国学者罗宾斯认为:"组织文化是组织成员的共同价值观体系。它使组织独具特色,与其他组织相区别。"国内有学者认为,组织文化是指组织在长期的实践活动中形成的、为组织成员普遍认可和遵循的、具有本组织特色的价值观念、团体意识、行为规范和思维模式的总和。也有学者认为,组织文化是处于一定经济、社会、文化背景下的组织,在长期的发展过程中逐步形成和发展起来的日趋稳定的、独特的价值观,以及以此为核心而形成的行为规范、道德准则、群体意识、风俗习惯等。

由此可见,国内外学者关于组织文化的定义存在一些共同点,这就是大家都认为组织文化是由组织成员共同认可的价值观念体系、规范和行为准则等构成的。因此,我们可以把组织文化定义为:组织文化是组织在长期的发展过程中形成的组织成员共同认可和遵守的价值观念、情感、规范和行为方式的总和。组织文化的表现形式有精神的,如价值观念、情感和规范以及组织的精神面貌等,也有物质的,如组织的外在形象。

(二)组织文化的特征

组织文化是整个社会文化的重要组成部分,既具有社会文化和民族文化的共同属性,也具有自己的不同特点。它的基本特征包括以下几个方面:

1.既有客观性又有主观性

客观性是指组织文化的产生是不以人的意志为转移的客观现象,只要有组织存在,不管人们想不想要它产生,它都会产生,并在组织发展中发生这样或那样的作用。

主观性是指组织文化的产生虽说不以人的意志为转移,但组织文化的形态、发育状况却是人为造成的,特别是组织的创始人所起的作用甚大。当组织初建时,他们描绘组织发展的前景,将自己的意图和偏好施加于组织的全体成员,创始人的设想、偏好与员工自身经验相结合就形成了组织文化。国外许多大公司如沃尔玛公司、迪斯尼公司的组织文化都是这方面的先例。在组织文化的发展过程中,组织管理者和组织成员仍然决定着组织文化的持续和变迁,因此,组织文化具有主观性特征。

2.既有普遍性又有特殊性

普遍性是指不论什么组织,其组织文化都有共同的特征,那就是它都体现为组织的共同价值观、精神面貌和外在形象。这是组织文化的普遍性特征。

特殊性是指每个组织的组织文化都带有自己的特色,它们在价值观体系、组织的精神面貌、组织的外在形象等方面存在差别,这些差别是人们区别一个又一个组织的依据。

3.既有传承性又有变异性

传承性是指组织文化有历史继承性,组织创建时的文化可以经组织成员传承下来,经久不衰。例如 IBM 公司的开创者托马斯·沃森虽然已于 1965 年去世,但他在产品创新、员工着装和补偿政策方面的理念至今仍影响着 IBM 公司的经营管理实践。迪斯尼公司的经营方向仍是沃尔特·迪斯尼当初的设想,即为人们制造欢乐和幻想。这说明,组织文化具有传承性。

变异性是指组织文化在发展过程中因为外部环境的改变、组织领导者的改变或组织危机等因素的影响而发生改变。这种现象也屡见不鲜,例如,美国施乐公司初创时的组织文化是无拘无束、充满友情、富有创新精神、勇于冒险的组织文化,后来,由于领导者的改变,这种组织文化逐渐改变成正统而缺乏生气、规章制度繁多、因循守旧、人浮于事的组织文化。这说明组织文化是会变异的,但这种变异是十分缓慢的。

4.既有民族性又有社会性

民族性是指组织文化带有鲜明的民族特色,例如美国、德国、日本等三国的企业组织文化存在明显的区别,美国的组织文化以个人为中心,欧洲的组织文化以职守规则为中心,而日本的组织文化以团体为中心。

社会性是指组织文化受社会制度的影响,带有社会的烙印。例如,中国内地的组织文化带有社会主义社会的特色,而中国香港特区、澳门特区和中国台湾省的组织文化带有资本主义社会的烙印。

二、组织文化的类型与结构

(一)组织文化的类型

国内学者王凤彬从管理学角度,依据对组织文化类型分类的两个维度:一是经营环境对组织灵活性或稳定性要求的程度,二是战略焦点是集中在组织的内部还是外部,区分出四种类型的组织文化,如图 6-7 所示。

环境
要求

	灵活性	稳定性
战略	适应/创新型文化	使命型文化
焦点	团体型文化	行政机构型文化

图 6-7　环境、战略与组织文化的关系

1.适应/创新型文化

适应/创新型文化是以战略焦点集中在外部环境为特征,属于这一文化类型的组织常通过提高灵活性和变革自己来满足顾客的需要。这种文化倡导能支持组织提高探察和解释环境的能力,并将环境中的信号转化成所要采取的反映行动的这样一种行为规范和信念。不过,这种文化类型下的组织试图积极地创造变化,而不是对环境变化作出快速的反应。因此,它看重和奖励革新、创造和冒险行为。

2.使命型文化

对那些关注满足外部环境中特定顾客的需要但无须做出快速反应和调适的组织来说,使命型文化更为合适。其特征是,强调对组织的宗旨和目的要有清晰的认识,并注重通过销售增长、盈利能力提升或市场份额目标的达成来促进组织宗旨和目的的实现。组织希望每个员工都对一个特定领域的绩效负责,同时也允诺对取得预期成果的员工给予一定的奖赏。管理者可以将组织的目的转化成为可衡量的目标,并根据这些目标实现的情况评价员工的绩效水平。一般来说,这种文化代表了强势竞争和利润导向的行为。

3.团体型文化

这一文化类型下的组织注重组织成员的介入和参与,以及对外部环境迅速变化的要求做出反应。与其他类型的文化相比较,它更强调满足员工的需要是组织取得高绩效的关键。介入和参与会使人产生责任感和主人翁意识,因而会使员工对组织做出更大的承诺和贡献。可以说,这种组织最重要的价值观就是关心员工,确保提供员工所需要的一切,以此使他们获得满足感并产生高的生产率。组织通过处处关心员工,并激发员工的创造性,得以在高度竞争与多变的经营环境中获得适应和发展的能力。

4.行政机构型文化

这类组织更多地关注组织内部,它依据外部环境相对稳定的特性而注重强调组织内行为的一致性。这类组织文化的基本特点是,更注重业务经营的方式方法。它使用仪式、象征物、反映英雄人物事迹的典故等来促进员工合作,发扬组织传统,促使人们遵守既定的政策、惯例,以此作为实现目标的手段。在这种组织中,成员个人的参与程度比较低,相对而言更强调组织成员行为的一致性、循规蹈矩和合作等。这种组织依靠高度的整合能力和效率而取得成功。

总之,不同文化类型下,组织文化与战略、结构及环境之间有着各具特色的匹配关系。管理者在建设组织文化过程中首先要明确的是:他所领导的组织力图建设和强化的文化要与其所处的环境条件及所选用的战略和结构等相匹配。这是确保组织运营取得良好绩效的基本前提。在文化类型选择适当的基础上,管理者下一步的工作才是:如何通过共享价值观的建立、各种仪式和范式的采用以及英雄人物的宣传等,建立起强有力的组织文化。如果文化类型不适合,那么,力度越强的文化,对组织变革的阻力和未来发展的影响就越大。

(二)组织文化的结构

认识组织文化的构成以及各个部分之间的相互关系,是把握组织文化内在规律、主动地建设组织文化的前提。从文化的角度认识,一般可将组织文化的构成分为三个部分:

1.物质层文化

物质层文化是以实体性的文化设施为载体,如带有本组织文化色彩的图书馆、俱乐部以及组织其他实体性的物体,赋予或直接加载组织文化所形成的组织文化体系。物质层文化是组织文化中的最表层部分,组织内外的人们都可以通过这些实体性的载体直接感受组织的文化特色,是从直观上把握组织文化的一条基本途径。物质层文化是人们接受和认识组织文化的一个主要方式。

2. 制度层文化

制度层文化是通过组织的规章制度、工作程序、行为守则,以及在组织长期的实践中所形成的不成文的,但是在组织中对员工行为具有约束作用的道德规范所表现的组织文化。制度层是组织文化的第二层或称中介层,它构成了各个组织在管理上的文化个性特征。制度层文化在组织文化的形成过程中起着十分重要的作用。

3. 精神层文化

精神层文化主要表现为组织员工所具有的共同的价值观、经营理念。它是组织文化中最深层、最稳定的内容,是组织文化发挥作用的源泉。同时,它是组织文化建设的最终目标,也是最为困难的。精神层的组织文化一般要通过员工的行为方式分析才可能真正感受与把握。所以精神层次组织文化的形成,标志着组织员工的基本价值观的统一,能够自觉地在日常的组织行为中发挥作用。

上述组织文化的三个组成部分不是并列的关系,而是具有层次性。这些层次以一定的规律相互制约、互相影响,从而构成一个有机的整体。它们之间的关系是:

第一,精神层次决定制度层和物质层。精神层是组织文化中相对稳定的层次,它的形成是受社会政治、经济、文化以及本组织的实际情况所影响的。精神层文化一经形成,就处于比较稳定的状态。精神层是组织文化的决定因素,有什么样的精神层就有什么样的制度层和物质层。

第二,制度层是精神层和物质层的中介。精神层直接影响到制度层,并通过制度层而影响物质层,因此,制度层是精神层和物质层的中介。领导者和员工基于他们的组织哲学、价值观念、道德规范等,而制定或形成一系列的规章制度、行为准则来实现他们的目的,来体现他们特有的精神层的内容。可见,精神层对制度层的影响是最直接的。在推行或实施这些规章制度和行为准则的过程中,组织的领导者和员工就会创造出一定的工作环境、文化设施等,从而形成独特的物质层。可见精神层对物质层的影响是间接的。制度层的中介作用,使得许多卓越的领导者都非常重视制度层的建设,使它成为本组织的重要特色。

第三,物质层和制度层是精神层的体现。精神层虽然决定着物质层和制度层,但精神层具有隐性的特征。它隐藏在显性内容的后面,必须通过一定的表现形式来体现。就领导者和全体员工来说,他们的精神活动也必须付诸实践。因此,组织文化的物质层和制度层就是精神层的体现和实践。物质层和制度层以其外在的形式体现了组织文化的水平、规模和特色,体现了组织特有的组织哲学、价值观念、道德规范等方面的内容。因此,当我们看到一个组织的工作环境、文化设施、规章制度,就可以想象出该组织的文化精髓。组织文化的物质层和制度层除了起到体现精神层的作用以外,还能直接影响员工的工作情绪,直接促进组织哲学、价值观念、道德规范的进一步成熟和定型。所以,许多成功的组织都十分重视组织文化中物质层和制度层的建设,明确组织的特征和标志,完善组织制度的建设和规范的形成,从而以文化的手段激发员工的自觉性,实现组织的目标。

(三)组织文化的作用与功能

1.组织文化的作用

从组织文化的产生和发展过程及其实质内涵来看,组织文化是组织管理者应十分注重的问题。组织文化成为组织的精神支柱和灵魂,尤其是组织的价值观念,指示和规范着企业经营目的、追求的目标,以及企业的一切行为方向和规范。所以它是企业经营管理的指导思想,是企业行为的导向体系。

(1)组织文化促进企业的全面改革

国内外市场的激烈竞争和企业间的兼并是当代世界经济的主要现象之一,面对这种情况,企业迫切需要提高自己的内部凝聚力和外部竞争力,从而谋求在新形势下的生存和发展。为了实现这一目标,企业就得进行机构性变革,而变革的核心内容就是创建强有力的组织文化。组织文化的产生成为企业各项改革的基础和协调各种改革(包括重新设计组织结构、改变营销策略、更新人员配置等)的首要条件。组织文化看不见,但事实上它控制着企业的命运。从著名的组织文化7S管理框架中看出,共同的价值观处于中心地位,即组织文化是战略、结构、人员、技巧、作风、制度的核心,组织文化应作为确立进一步变革的思路、理顺各种问题的指导思想,从而推动和促进企业的全面改革。

(2)组织文化对管理者的影响

组织文化对管理者的行为有重大的影响,当组织文化形成并得到加强时,它会到处蔓延和影响着管理者所作的决策。组织文化对管理四大职能方面的影响表现在组织文化建立了一种规范,直接决定着管理者可以做什么和不可以做什么。例如,计划可以包含的风险程度,组织中授权的程度,对员工的领导中运用什么激励技术,以及在控制中采用何种控制方法等一系列具体问题。组织文化对管理者的约束很少是直截了当的,它们常常并不以文字的形式出现,甚至在口头上也很少明确地说起,但它们确实存在着,并影响着管理者的决策。例如,在一个鼓励合作、强调协作精神的组织中,管理者往往不赏识个人冒险精神和奖励个体成就。

(3)组织文化对企业经营业绩的影响

组织文化对企业的长期经营业绩有着重大的作用。在那些重视所有关键要素(消费者、股东、企业员工)、重视各级管理人员的领导艺术的公司,其经营业绩远远胜于那些没有这些组织文化特征的公司。科特和海思凯特(James Heskett)通过对20家美国大企业的研究发现,那些不成功或陷入困境的企业都有相类似的组织文化。例如,第一,经理们自命不凡、夸夸其谈;第二,公司经理们无视员工的抗议之声,我行我素,不真正重视顾客、股东和员工这三个因素;第三,组织文化保守,其价值观念中没有或者排斥变革。另外,随着越来越多的美国公司注意到组织文化在企业中的作用和影响,对于那些成功企业的研究,也从注重数理统计结果来观察企业的业绩逐渐向注重组织文化及产生的凝聚力来看公司能否实现持续发展。

组织文化对企业产生的价值是难以量化确定的。也许正是因为这种不确定性造成部分企业轻视组织文化建设,错误地认为组织文化没有用。但事实上市场竞争的一个基本规律是:知识重于资本,文化重于物质,品牌重于产品。无形的东西往往可能是竞争中起决定作用的要素,是企业长期生存和发展的关键所在。

2.组织文化的功能

组织文化近年来之所以得到广泛的研究和重视,是因为其具有丰富的内涵和强大的生命力。组织文化的功能反映在企业经营管理的方方面面,概括起来有以下几点:

(1)导向功能

组织文化决定着企业的价值取向,规定着企业所追求的目标,对员工及其行为起着导航的作用。优秀的组织文化,规定着企业具有崇高的理想和追求,引导着员工规范自己的行为,使之朝着组织的目标方向发展。对员工行为的引导,是通过企业整体的价值认同进行的,员工在本企业的价值观念熏陶下,接受这种价值观并按照它来行动,即使在没有某种规章制度约束的时候,员工也能自觉朝着企业的目标努力。例如,摩托罗拉公司的员工在其优秀的组织文化熏陶下,极大地提高了全体员工的敬业精神和责任感,从而自觉地关心企业的生存和发展,积极参与公司的管理,主动提出各种各样的建议和发表自己的看法。

(2)凝聚功能

组织文化的凝聚功能在于它可以增强组织的凝聚力。这种凝聚力的产生来源于组织文化的同化、规范和融合作用。组织文化通过建立共享的价值观把员工的个人目标同化于企业目标,对员工的理想和追求进行引导,改变了企业员工以自我为中心的个人价值体系,使他们产生强烈的集体意识。这种将个体力量聚合成统一意志下的整体力量的同化作用使组织形成强烈的整体意识,员工对本组织产生认同感和归属感,从而根据这种认可的整体意识自觉地进行自我约束和规范。

组织文化的这种规范作用,大大加强了一个组织的内部凝聚力。与其他规章制度不同的是,组织文化的规范性是一股潜移默化的力量,它成为一种黏合剂,从各个层次、各个方面把千差万别的员工融合团结起来,从而产生一种巨大的向心力和凝聚力。这种力量使得员工乐于参与组织的事务,发挥自己的聪明才智。对于新员工来说,它能产生极强的融合作用,使他们融合到这种文化中来。组织文化的凝聚功能还反映在组织文化的排外性上,对外排斥可使个体产生对群体的依赖,对外竞争又可使个体凝聚在群体之中,形成命运共同体。

（3）激励功能

组织文化不仅具有导向、凝聚功能,而且具有激励功能。所谓激励功能,就是组织文化通过满足员工的需要,引导员工产生强大的内在动力,起到激发、调动员工积极性的作用,使之为实现组织的目标而努力奋斗。根据马斯洛的需要层次理论,人的需求是分层次、呈阶梯式自下而上逐级上升的。而需求的存在是促使人产生某种行为的基础。每个人都有相同和不同的需求,且在不同时期都会有不同强度的需求。正因为如此,要调动人的积极性,就必须针对不同的人,引导其满足不同层次的需求。在一个组织中,积极的组织文化,在满足员工工资、福利、职业保障、组织的认同等基本需求的基础上,更加尊重和信任员工。以员工的共同价值观为核心,激发员工的积极性、创造性,使每个员工从内心深处自觉产生为组织拼搏的献身精神,自觉为组织多作贡献。通过分享组织的荣誉和成果,员工的自我价值也得以实现,个人需求得到满足,并因此进一步受到激励。这样的良性循环,使员工的积极性长时期处于最佳状态。如"IBM 公司意味着服务"这句话既强调了该公司对顾客的一种不可违背的献身精神,又提供了使人崭露头角的广阔天地,激励了每一个人都尽心尽责地去关心顾客。

（4）约束功能

组织文化的约束功能不仅仅表现在通过其物质层和制度层的各种物质形式和规章制度来约束员工的行为,更主要的是通过组织文化对员工的行为形成一种无形的群体压力。由于组织文化使得组织的价值观念与员工的个人价值观得到统一,员工对组织的理念、行为标准等产生共鸣,继而产生行为的自我控制、自我约束的意向。同时,员工在受到组织文化的影响和熏陶后,对组织的目标有了更深刻的领悟和理解,从而自觉地约束个人的行为,使自己的思想感情和行为与组织整体保持一致。由于组织文化带来了无形的、非正式的和不成文的行为准则,使得组织员工进行自我管理和控制,克服了员工对单纯硬性的规章制度的抵触情绪,因此,组织文化将外部的约束和员工内在的约束有机地融合在一起。

（四）组织文化的建设

组织文化建设是一项长期的系统工程,主要应做好以下几方面的工作：

1. 选择价值标准

由于组织价值观是组织文化的核心和灵魂,因此,选择正确的组织价值观是塑造组织文化的首要战略问题。选择组织价值观有两个前提:

第一,要立足于把握本组织的具体特点。不同的组织有不同的目的、环境、习惯和组成方式,由此构成千差万别的组织类型,因此必须准确地把握本组织的特点,选择适合自身发展的组织价值观,否则就不会得到广大员工和社会公众的认同和理解。

第二,要把握住组织价值观与组织文化各要素之间的相互协调,因为各要素只有经过科学的组合与匹配才能实现系统整体优化。

在此基础上,选择正确的组织价值标准要抓住四个要点:

(1)组织价值标准要正确、明晰、科学,具有鲜明特点。

(2)组织价值观与组织文化要体现组织的宗旨、管理战略和发展方向。

(3)要切实调查本组织员工的认可程度和接纳程度,使之与本组织员工的基本素质相协调,过高或过低的标准都很难奏效。

(4)选择组织价值观要坚持群众路线,充分发挥群众的创造精神,认真听取群众的各种意见,并经过自上而下和自下而上的多次反复,审慎地筛选出既符合本组织特点又反映员工心态的组织价值观和组织文化模式。

2. 强化员工认同

选择和确立了组织价值观和组织文化模式之后,就应把基本认可的方案通过一定的强化灌输使其深入人心。

(1)充分利用一切宣传工具和手段,大张旗鼓地宣传组织文化的内容和要求,使之家喻户晓,人人皆知,以创造浓厚的环境氛围。

(2)树立榜样人物。典型榜样是组织精神和组织文化的人格化身与形象缩影,能够以其特有的感染力、影响力和号召力为组织成员提供可以效仿的具体榜样,而组织成员也正是从英雄人物和典型榜样的精神风貌、价值追求、工作态度和言行表现之中深刻理解到组织文化的实质和意义。尤其是组织发展的关键时刻,组织成员总是以榜样人物的言行为尺度来决定自己的行为导向。

(3)培训教育。有目的的培训与教育,能够使组织成员系统接受和强化认同组织所倡导的组织精神和组织文化。但是,培训教育的形式可以多种多样,当前,在健康有益的娱乐活动中恰如其分地融入组织文化的基本内容和价值准则,往往不失为一种有效的方法。

3. 提炼定格

(1)精心分析。在经过群众性的初步认同实践之后,应当将反馈回来的意见加以剖析和评价,详细分析和仔细比较实践结果与规划方案的差距,必要时可吸收有关专家和员工的合理化意见。

（2）全面归纳。在系统分析的基础上，进行综合的整理、归纳、总结和反思，采取去粗取精、去伪存真、由此及彼、由表及里的方法，删除那些落后的、不为员工所认可的内容和形式，保留那些进步的、卓有成效的、为广大员工所接受的内容和形式。

（3）精练定格。把经过科学论证和实践检验的组织精神、组织价值观、组织文化予以条理化、完善化、格式化，加以必要的理论加工和文字处理，用精练的语言表述出来。

建构完善的组织文化需要经过一定的时间过程。如我国的东风汽车公司经过将近 30 年的时间才形成"拼搏、创新、竞争、主人翁"的企业精神。因此，充分的时间、广泛的发动、认真的提炼、严肃的定格是创建优秀的组织文化所不可缺少的。

4.巩固落实

（1）建立必要的制度。在组织文化演变为全体员工的习惯行为之前，要使每一位成员都能自觉主动地按照组织文化和组织精神的标准去行事，几乎是不可能的。即使在组织文化业已成熟的组织中，个别成员背离组织宗旨的行为也是经常发生的。因此，建立某种奖优罚劣的规章制度还是有其必要性的。例如，海尔集团制定并实施了"赛马机制"、"动态转换"、"在位要受控"、"升迁靠竞争"等制度规范，使海尔集团在组织文化的建设中取得了突出的成就。

（2）领导率先垂范。卓越的领导者在组织文化建设中起着决定性的作用。领导者不仅要凭自己作为组织领导者所拥有的法定权和强制权，而且要靠自身的人格魅力、知识专长、优良作风等模范行为以及对组织文化的身体力行，去持久地影响和带领员工，唯有如此，才能对广大员工产生强大的示范效应，使员工看到这种新的价值观和行为方式能给组织带来发展，也能给个人带来更大的利益。

5.丰富发展

任何一种组织文化都是特定历史的产物，所以当组织的内外条件发生变化时，要不失时机地调整、更新、丰富和发展组织文化的内容和形式。这既是一个不断淘汰旧文化性质和不断生成新文化特质的过程，也是一个认识与实践不断深化的过程，组织文化由此经过循环往复达到更高的层次。

第四节　组织变革与发展

一、组织变革

(一)组织变革的含义与目标

1.组织变革的内涵

组织是一个由多种要素组成的有机体,和其他有机体一样,经历着产生、成长、成熟和衰退的过程。它不断地和周围的环境进行物质、人员、信息的交流,从而使其自身不断地发生变化。一旦组织内部因素及其所处的外界环境发生变化,组织要想求得生存和发展,就必须进行变革。组织变革是指组织管理人员主动对组织的原有状态进行改变,以适应外部环境变化,更好地实现组织目标的活动。这种变革包括组织的各个方面,如组织行为、组织结构、组织制度、组织成员和组织文化等。

组织变革对组织生存和发展具有重大的影响和作用。通过组织变革,组织的目标更加明确,组织成员的认可和满意度提高,组织更加符合发展的要求;组织的任务以及完成任务的方法更加明确;组织机构的管理效率得到有效提高,组织作出的决策更加合理、更加准确;组织更具稳定性和适应性;组织的信息沟通渠道畅通无阻,信息传递更加准确;组织的自我更新能力也会进一步得到增强。

2.组织变革的目标

组织不能总是维持原状,变革是一种必然趋势,但这并不等于说,组织变革是完全适应性的,是一个自然进行的过程。组织变革是由人进行的,并且是整个组织有计划地工作。所有的变革都应与整个组织的发展目标紧密联系在一起。实行变革应努力实现以下目标:

(1)提高组织适应环境的能力

能适应环境是组织生存的前提。内外环境变化了,组织也必然随之变化。但组织的变化是以对环境变化的正确认识为基础的。如果组织的领导者仅仅看到了自身的不适应,急功近利进行变革,可能得利于一时,但无助于提高组织的真正适应能力。组织变革要通过建立健全组织运行机制,改造组织结构和流程,来增加组织对环境的适应性和适应环境的灵活性。

(2)提高组织的工作绩效

通过变革提高组织的适应能力,仅仅是组织变革的基础目标。在提高适应能力的基础上,促进组织自我创新,不断更新组织的知识、技能、结构、行为和心智模式,以获得更高的效率,并通过绩效提高,使组织不断发展壮大,这才是组织的最终目标。

(3)承担更多的社会责任

在现代社会中,单个组织的生存和发展从根本上取决于它同社会的关系。不能仅仅追求自己的目标,而置社会责任于不顾。因此,每个组织所承担的社会责任,它所树立起来的社会形象,都成为组织运作的必要前提。例如,日本佳能公司提出了"与全世界和人类共生"的理念,并以此作为基础制定公司战略,从而逐渐成为真正的全球化企业。一个生产企业,如果只顾赚钱,不顾环境污染和消费者的利益,不关心社会公益事业,其发展必然受到损害。组织的社会责任,也要求组织不断进行调整和变革,并成为组织变革的最高目标。

(二)组织变革的动因与阻力

1.组织变革的动因

(1)组织外部环境的变化

组织是从属于社会大环境系统的一个子系统,它无力控制外部环境,而只能主动适应外部环境。适者生存是市场竞争的自然法则。外部环境变了,整个组织就得进行相应的变化。只有以变应变才会获得新的发展机遇。导致组织变革的外部环境因素主要有:①科学技术的进步;②国家有关法律、法规的颁布与修订;③国家宏观经济调整手段的改变;④国家产业政策的调整与产业结构的优化;⑤国际、国内经济形势的变化;⑥国内政治形势及政治制度的变化;⑦国际外交形势及本国外交政策的变化;⑧国际、国内市场需要的变化及市场竞争激烈程度的加剧。

(2)组织内部条件的变化

影响组织变革的内部条件主要包括:①管理技术条件的改变。②管理人员调整与管理水平的提高。③组织运行政策与目标的改变。④组织规模的扩大与业务的迅速发展。⑤组织内部运行机制的优化。⑥组织成员对工作的期望与个人价值观念的变化等。

以上这一切都会影响到组织目标、结构及权力系统等的调整和修正,从而引起组织的变革,而且有些变革是全面而深刻的。例如,当汽车制造厂产品单一且规模较小时,它往往实行的是集权型的直线职能制的组织结构;当产品品种增多,市场变化加快,且生产批量急剧扩大时,直线职能制显然就不适应了,这时必须建立分权型的事业部制,这是结构上的一种质的改变。

(3)组织成员的期望与实际情况的差异

管理学家霍尔顿(R. E. Walton)认为,组织成员的期望与组织的实际情况之间至少存在六点差异:①成员希望得到富有挑战性并能促进个人成长的工作,但组织仍然倾向于工作简化以及专业化,因而限制了成长与发展;②成员逐渐倾向于能够相互影响的管理模式,他们希望公平、平等地相待,但组织仍然以等级层次、地位差别和指挥链为特性;③成员对组织的承诺,逐渐表现为工作本身能产生的内在利益、人性的尊严和对组织的责任,而实际上组织仍在强调着物质的报酬、成员的安全,忽略了成员的其他需要;④成员希望从组织的职位中获得的是目前即刻的满足,但组织当前所设计的职位阶层及职位升迁系统,仍然是假设成员同以前一样,期望获得事后的满足;⑤成员更关注组织生活的感情面,例如,个人的自尊、人际间的坦诚与温情的表现,然而组织仍强调理性,不注重组织的情绪方面;⑥成员正逐渐缺少竞争的动力,但经理人员却仍然以成员过去所习惯的高度竞争的方法,来设计职位、组织工作以及制定报酬制度等。

2.组织变革的阻力

组织变革意味着原有状态的改变,意味着破旧立新。面对改革,组织中的一些人必须放弃自己原有的观念、行为方式,适应新的方式。因此,组织变革不可能一帆风顺,势必遇到来自各个方面的阻力。充分认识和了解这些阻力,并设法排除阻力是组织成功变革的基本条件。变革的阻力一般来自以下几方面:

(1)个人方面

组织成员出于各种个人原因,可能抵制或反对变革。个人的能力、态度、性格和期望都会导致他们反对变革。例如:心理方面的阻力。人们一般都有一种安于现状的特性。一旦人们熟悉了某种工作方式和人际关系后,就倾向于保持它,任何改变都会使他们感到是对原有安全的威胁,因而丧失原有的平衡。如果变革带来了新的领导人和新的同事,人们对这些新人开始总是带着疑虑、不信任的态度,本能地有一种掩护的倾向。对于大多数人来说,由于各种原因,他们仅仅考虑眼前的短期的事情,对于长远的变化没有兴趣。因此,当变革不能给他们马上带来好处时,他们就会反对变革。而在现实生活中,许多变革确实能带来长期利益。

(2)经济方面

在组织中谋生,至少是人们在组织内工作的基本目标之一。收入基本上取决于人们在组织中的地位和工作。而大多数组织变革,都会或多或少地改变组织的某些结构和某些方式。因此,被涉及的人会感觉到自己在经济上可能受到损失,因而反对组织变革。

(3)工作方面

如果组织变革涉及工作的性质和技术方面的要求,例如调整工作内容,使用新机器或技术,也会遭到员工的抵制。因为某个职工在熟悉了某项工作后,当组织要求他转到另一个工作岗位或使用新方法时,他们宁愿不变革,也不愿适应新的工作。这与人们安于现状的心理是一致的。

（4）社会方面

由于各种社会关系方面的原因,有的员工也会反对组织的变革。这些原因包括:

①人们在工作中会形成多样的非正式人际关系,这些非正式人际关系对于满足员工的需要有很大作用。当组织进行变革时,特别是当进行结构的人员调整时,这些非正式人际关系会遭到破坏,在长期工作中培养起来的友谊、相互谅解和协调关系将不复存在。因此,人们可能抵制变革。

②小群体的力量。霍桑实验已经证明,组织中的小群体或非正式群体,由于长期频繁的交往,会形成独特的非正式规范,如果小组成员不遵守这些准则规范,就会遭到其他成员的排斥、打击甚至驱逐。小群体的凝聚力越强,对成员的影响就越大。因此,有些组织成员抵制变革,正是因为他所在的小群体抵制变革。

③组织的科层结构本身。科层结构本身就带有固定的特点,它一般不考虑偶然的、特殊的情况,也不会因人因时而任意改变。因此,当组织进行变革时,往往首先就与现行体制发生冲突。

④组织的既得利益者。不论组织在什么状态下运行,它之所以能继续运行下去,原因之一是有些人在组织中满足了自身的利益。因此,他们希望组织依照原样运行下去。组织发生变革时,由于各种关系和地位的调整,这些人的利益可能无法继续得到保障,或者是,当组织变革触动了某些人的原有利益时,他们就有可能成为变革的反对者。

3.排除变革阻力的方法

存在变革阻力并不完全是一件坏事。组织变革是大势所趋,不以人的意志为转移,阻力可能成为一种使变革保持稳定、安全的因素。如果一项变革导致强烈的反对意见,会促使变革推动者更加慎重地审核变革方案,更仔细地考察它的准确性和可行性。阻力提醒人们从事情的反面观察变革,使其更加完备,少出错误。在一定意义上,错误的变革同不变革一样,都会给组织的生存和发展带来损害。阻力的出现,预示变革过程中可能发生问题的地方,使变革推行者早做准备,在一些问题没有扩大之前就予以解决,保证变革的顺利进行。

虽然如此,但还是要注意组织变革中的艺术性,积极地创造条件,采取措施,消除阻力,保证组织变革顺利进行。排除组织变革中阻力的方法主要有以下几点:

（1）保持公开性,增加透明度

对于组织目前所处的运行环境所面临的困难与机遇等,要开诚布公,使组织上下达成共识,增强变革的紧迫感,扩大对变革的支持力量,使组织变革建立起广泛而牢固的群众基础,这是保证组织变革得以进行的首要条件。

(2)相互尊重,增进信任

有的变革者总认为人们都会抗拒变革,个个都因循守旧,因此,他们总想通过强制手段,或利益诱导,或巧妙的设计安排,来把人们引入其所无法了解的变革中,这反映了变革者对组织成员的不尊重、不信任,无形中会增加许多阻力。实际上,几乎每个人都急切地希望生活环境中发生某种类型的变革,只要我们对变革的力量合理地因势利导,及时地相互沟通,变革的阻力就会减小。

(3)加强培训,提高适应性

要通过自上而下的培训教育,使大家学习新知识,接受新观念,掌握新技术,学会用新的观点和方法来看待和处理新形势下的各种新问题,从而增强对组织变革的适应力和心理承受能力,增进对组织变革的理性认识,使人们自觉地成为改革的主力军。要使人们深深地认识到,虽然每种变革都会影响到某些人的特权、地位或职权,但如果不实施变革,停滞下来,那将会威胁到整个组织的生存和发展。

(4)起用人才,排除阻力

要大胆起用那些富有开拓创新精神、锐意进取、目光远大且年富力强的优秀中青年人才,把他们充实到组织的重要领导岗位,为顺利地实施变革提供组织保障。

(5)注意策略,相机而动

变革要选好时机,把握好分寸,循序渐进,配套进行。变革是革命,但不等于蛮干,要特别注重策略和艺术,成功的变革不仅可以增进组织的效率,维持组织的成长,同时也可以提高成员的工作士气,满足成员的合理欲望。

(6)鼓励参与,赢得支持

美国管理学家华尔顿(Goodwin Walton)认为,减少变革阻力的一个重要方法是让有关人员共同参与变革的计划执行。实践表明,全面参与或部门参与远比不上成员参与好。变革自始至终要有群众基础,因此,要减少变革的阻力,就应该与相关的人公开地讨论变革的内容与执行的方式,以减少他们内心的恐惧与不安,以利于变革的顺利推进与实施。

(三)组织变革的方式与程序

1.组织变革的方式

组织变革可采用改良式变革、革命式变革的方式,也可以采用计划式变革的方式。运用什么样的方式进行变革,这取决于每个组织的具体特点。现介绍几种最主要的变革方式。

（1）四因素依赖

美国管理学家李维特（Harold J. Leavitt）认为，组织变革必须要认清变革的对象。在组织的运行过程中，有四个因素是最重要的：任务、技术、结构、人员。

①任务。组织的任务是指组织的运行目标和方向。当组织的目标和方向调整时，组织的结构也要随之进行变革。在复杂的组织系统内，尚有许多亚层次任务实际上就是各个部门的具体工作任务与目标，这是决定各级部门机构设置的重要因素。

②技术。组织系统中的技术因素包括设备、建筑物、工作方法、新技术、新材料、新的质量标准和新的管理技术控制手段等。技术因素的变革，可以间接地促进组织任务的改变，或促进组织技术条件与制造方法的改进，从而影响到组织人员与组织结构。

③结构。包括组织职权系统、工作流程系统、协作系统、意见交流与信息反馈系统、人力资源管理等专业职能系统，以及集权的程度等。

④人员。这是指组织成员的态度、动机、行为、文化素养、职业道德水准、人际关系、受激励的程度、组织文化与成员的价值观念等。人的因素的变化，也许是引起组织变革的最复杂、最深刻、最难以把握的因素之一。

李维特认为这四个因素相互依赖、相互作用，从而使得组织成为一个动态系统，一个因素的变革势必会影响到其他三个因素的变化。例如，技术的进步会要求人的素质提高，而人的素质的提高，又会反过来推动技术的进步、管理水平的提高、结构的优化和运行方式乃至运行方向的改变，从而对组织的任务与目标作出调整。

因此，进行组织变革必须充分考虑它们之间的相关性，针对不同的因素，采取不同的方式。例如，如果进行任务变革，应采取工作设计等方式；结构变革主要是调整结构，建立新的规章制度，增减机构，重新授权；技术变革应引进新的技术，或改变工艺流程，推广新的操作方法；人员变革则主要指态度协调、动机和行为的变革，通过新的绩效评估设计等方式进行。

（2）权力分配

权力分配方式强调如何进行组织变革。这种方式认为，依赖强制性权力能够进行成功的变革，这种方式的代表人物是格雷纳（L. E. Greiner）。格雷纳认为，在组织变革中运用权力，可分为三种类型：

①单方面权力。由掌握最高权力的组织领导人提出要解决的问题和办法，然后通过正式渠道自上而下进行贯彻。例如，可以采用命令的方式，直接贯彻变革的措施和规定完成的时间，以及违反命令的处罚。

②权力分享。仍然以权力的权威性、强制性为基础，注重职位和权力运用，

但在一定条件下,可与下级适当分享权力。例如,如果下级能干且值得信任,就可以和他分享权力来推动变革。这种方式可有两种具体形式:一是上级制定出若干方案,这些方案已决定了要解决的问题和方法,然后交给下级和职工,让大家共同参与,从中选出一个方案。这种形式的意义在于:在实施过程中得到职工的积极参与,从而会得到员工赞同的变革方案。二是由员工讨论变革要解决的问题和方法,然后由领导作出最终决定。

③权力授予。将变革的权力授予下级,由下级决定变革。这种方式也有两种具体形式:一是上下级共同讨论,鼓励员工发表意见,分析问题,提出变革方案,并采用他们提出的适当方案。二是改善人际关系,提高人们工作的自觉性,以期改进工作效果,实现组织目标。

格雷纳认为,在三种权力分配方式中,权力授予是较优的变革方式,因为它体现了权力实施和工作自主之间的平衡。

(3)态度、行为改造

这种方式的倡导者以心理学家勒温(K. Levin)为代表。他强调组织变革最终要以改变人的知识和技能,特别是改变组织成员的工作态度和行为为基础,只有态度和行为发生改变,组织成员才会支持和积极参与变革。同时勒温提出了改变组织成员态度与行为的三个步骤:解冻→变革→再冻结。

2.组织变革的程序

一个组织如何实施组织变革呢?不同的组织行为学家有不同的看法,一般认为,组织变革须经过八个步骤,其程序如图 6-8 所示。

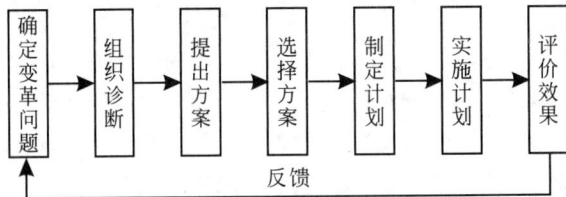

图 6-8　组织变革的程序

(1)确定变革问题

一个组织是否需要进行变革以及所要变革的内容,必须结合组织的实际情况予以考虑。如果组织需要变革,在日常的管理实践中和反馈的信息中就会显露出不适应的征兆。主要表现在:

①组织决策效率低或经常作出错误的决策;

②组织内部沟通渠道阻塞,信息传递不灵或失真;

③组织机能失效,如生产任务不能按时完成,产品质量下降,成本过高,财务

状况日益恶化,职能部门严重失调,组织成员的积极性不能充分发挥出来等;

④组织缺乏创新。

这些现象表明,组织的现状已不尽如人意,如不进行及时的变革,组织的发展将受到严重的影响。因此,组织有必要对出现的问题进行认真的分析,找出引发问题的主要原因,以确定变革的方向。

(2)组织诊断

为了准确地掌握组织需要变革的事实和程度,就有必要对组织进行诊断,为保证诊断的质量,可吸收一部分专家参加。诊断可分两步进行:首先,采取行之有效的方式将组织现状调查清楚;其次,对所掌握的材料进行科学的分析,找出期望与现状的差距,进一步确定要解决的问题和所要达到的目标。

(3)提出方案

变革方案必须要有几个,以便进行反对。在方案中必须明确问题的性质和特点、解决问题需要的条件、变革的途径、方案实施可能造成的后果等内容。

(4)选择方案

这项工作也就是在提出的方案中选出一个较优的方案,对选出的方案,既要考虑它的可行性、针对性,也要考虑到方案实施后能带来的综合效益。

(5)制定计划

在选定方案的基础上,必须制定出较为具体、全面实施的计划,包括时间的安排、人员的培训、人员的调动、财力和物力筹备等内容。

(6)实施计划

组织变革是一个过程。心理学家勒温从变革的一般特征出发,总结出组织变革过程的三个基本阶段,得到了广泛的承认。

①解冻。解冻就是引发变革的动机,创造变革的需要,做好变革的准备工作。组织的变革会触及每个成员,要使每项变革措施得以在组织内部顺利实施,就必须从改变人的生活方式和自我观念入手,使每个组织成员深刻地理解组织变革的必要性和可行性,自觉地参与和适应组织的变革。为此,组织变革的领导者就必须引导大家对内部环境、组织结构、功能进行认真的分析,找出不适应性,激发大家对变革组织的积极性。

②变革。变革主要是指新的态度与行为模式被组织成员所接受,并逐渐地变成自己的态度与行为的过程。变革的最有效的方法是推广先进经验,进行典型示范,促进组织成员对角色模范的认同,使他们对新的行为方式产生积极的心理反应。

③再冻结。再冻结是在变革工作告一段落后,利用一定的措施将组织成员业已形成的新态度和行为方式固定下来,使之得以巩固和发展。其方式有二:一

是个人将新态度与行为融入自己的个性、感情和品德当中,相对固定下来;二是组织使用强化手段固定新的态度与行为模式。

(7)评价效果

评价效果就是检查计划实施后是否达到了变革的目的,是否解决了组织中存在的问题,是否提高了组织的效能。

(8)反馈

反馈是组织变革过程中关键的一环,也是一项经常性的工作。反馈的信息所揭示的问题较为严重时,需根据上述步骤,再次循环,直到取得满意的结果为止。

勒温最早开始关于变革过程的研究,从 20 世纪 40 年代起,他就在美国开始了组织变革与组织发展的研究。这个模型后来成为人们探讨变革过程的基础。在此基础上,美国行为学家戴尔顿总结了变革过程的四阶段模型:

(1)制定目标。包括变革的总目标和具体目标,特别是具体目标。

(2)改变人际关系。逐渐消除适应旧状况的陈旧的人际关系,建立新的人际关系模式。不破除旧的人际关系,变革就无法进行。

(3)树立职工的自我发展意识。如果职工的自我发展意识得以确立,他们就愿意参与到组织的变革过程中,如果组织中的每项变革都征求他们的意见,变革就成为全体组织成员共同努力的事情,变革就具备了广泛的支持基础。

(4)变革动机内在化。即将变革措施转化为员工自觉的行动,转变职工的思想和自觉信念。

不论变革过程是分三个阶段还是四个阶段,都不是一个简单的变化过程。变革是充满矛盾、冲突的过程。

二、组织的发展

(一)组织发展的概念和特征

组织变革与组织发展是相互区别又紧密联系的两个概念。组织发展要通过组织变革来实现,变革是手段,发展是目的。

组织发展是指以变革的方式改进组织行为、提高组织效率的过程。组织的效率一般取决于组织的管理体系和组织结构,组织的技术水平和工作安排体系,组织成员的态度、行为、价值观等文化系统。组织发展就是对这些因素进行一系列变革,其中改变人的因素、发展人的潜能和特性是组织发展的本质。组织发展通过一系列具体方法,调动全体员工的积极性,从而促进和支持组织的变革。组织发展是一个连续不断的动态过程,组织领导者不能期望运用某种方法能在一定时间内解决所有问题,而是需要经历一切从实际出发的由低级到高级的较长的动态过程；组织发展从整个时间系统出发，需要综合运用多学科的知识；组织发展主要是调整领导与员工之间、员工与员工之间、部门与部门之间的关系，力图创造信任、协作、理解的工作氛围；组织发展一般采用有计划的再教育手段实现自己的目的，通过有目的地改变人的态度，影响人的行为，不断创新规范，推动组织的发展。

（二）组织发展的趋势

经济的全球化和信息技术的迅猛发展，使得快速、激烈与不确定的变化成为所有组织必须面对的现实。未来的组织都必须解决如下的关键课题：

1. 不确定性

世界正在日益成为一个相互联系的系统。金融市场、顾客爱好、政治野心——所有的现象都不再是孤立的"地区"现象。由于全球化通信和媒体的出现，"地区"市场、顾客偏好、政治抱负等正日益发生着快速的变化。我们对混成理论兴趣的日益提高，以及复杂性科学的出现，说明了不确定性的难以解决，而这是我们在设计组织时必须加以解决的。

2. 人们工作方式的彻底改变

企业组织的目标是使资本、能源、知识协调起来，从而实现某些目标，我们需要一种杠杆作用使工作完成得比竞争对手更加有效。但突然之间，大多数行业的工作性质都发生了变化。这一变化的关键是人类技能的增加和知识的增长在生产中的再现。工作中的人—机（器）伙伴关系现在已经很难区分。在我们的社会中，是机器还是人正在做着我们日常的大部分工作——谁在从事飞机订票？是代理机构，还是计算机？因此，企业组织设计必须建立一个框架，使这种人—技（术）伙伴关系发展起来。

3. 技术上的爆发性转变

技术是未来组织设计的关键性因素。我们正在讨论技术上的"根本性巨变"（Seachange）——一种不连续的变化，这不是从过去得出的推断，而是因为每时每刻我们都在经历着技术上的变革。例如，在娱乐和工作方面，正是由于这种全球化的光纤的卫星网，使学习、交流和进行全球化计算的能力正在以极快的速度飞速发展。组织必须对自身进行再设计，从而比竞争对手更有效地加入这一"全球化头脑"。

4. 对人性的新关注

在最深的层次上，我们有关人类是什么、人类和智慧的神秘性等观点正在发生着变化。我们经常对我们的发明和建设不满。在组织内部，这种超出工作奖励的新愿望导致了对员工的授权，提高了创造性，强调了组织"软"的方面，如人际关系和整体观。人们渴望超越自己，获得更有意义的东西。组织建筑师对这种渴望的责任是组织设计的一个重要部分。

5.极快的变化频率

环境变化的频率正在加快。利用计算机和因特网,我们可以建立快速反应的机制。速度缓慢的、稳定的、自上而下的命令结构正在被员工灵活的独创性所取代,它向员工提出挑战,使他们充分利用自己的大脑。接受授权的小组以难以想象的方式运用人们的技能。在全世界,不同的方法导致了快速的、难以预测的变化。由于全球化的电子技术,这些变化也成了全球性的。

6.不断地学习

连续的不确定性,以及技术方案争先恐后的变化,要求组织不断地学习和试验。"学习型组织"一词被用在各个方面,但大多数人对它的含义只有一种片面的理解。一个组织学习的方法有许多种。工厂工人的学习与市场营销人员的学习不同,产品设计人员的学习与企业设计人员的学习不同。新组织的结构必须允许它使各类型的学习最大化,要获得和传播作为结果产生的"技能诀窍",必须对组织变量进行系统性的思考。

未来组织将具有如下特征:

1.高速度

随着信息化和网络经济的发展,"规模经济"时代正在向"速度经济"时代转变,谁能在剧烈变化的环境中迅速调整,谁就能赢得胜利,从众多组织中胜出。这种组织称为"高速度公司"(hi-speed company),它是指能从不断变化的顾客机会中和难以预测的市场环境中迅速调整、果断决策、赢得竞争的企业,其最大特征表现为市场、技术、创新、决策和人才的快速反应机制。

2.组织结构扁平化

随着互联网在组织生产经营中的应用,企业的信息收集、整理、传递和经营控制的现代化,金字塔式的传统层级结构正向层次少、扁平式的组织结构转变。

在当今企业组织结构的变革中,减少中间层次,加快信息传递的速度,直接控制是一个基本的趋势。如一些跨国公司,过去从基层到最高层有十几个层次,在采用先进的管理手段之后,层次精简为5~6个,大大提高了管理的效率,降低了管理费用。根据这个趋势,有人甚至预言,未来的时代是不需要中层管理人员的时代。

3.组织运行柔性化

柔性的概念最初起源于柔性制造系统,指的是制造过程的可变性、可调整性,描述的是生产系统对环境的适应能力。后来,柔性就应用到企业的组织结构中,指企业组织结构的可调整性和对环境变化、战略调整的适应能力。在知识经济时代,外部环境的变化以大大高于工业经济时代的速度在变化,企业的战略调整和组织结构的调整必须及时,因此组织结构的运行就带有了柔性的特征。

4.组织协作团队化

在知识企业中,一种称为团体的小集体是备受赞誉的结构。这里的团体指的是在组织内部形成的具有自觉的团结协作精神、能够独立作战的集体。团体组织与传统的部门不一样,它是自发形成的,是为完成共同的任务,建立在自发的信息共享、横向协调基础上的。在这样的团队中,没有拥有制度化权力的管理者,只有组织者;人员不是专业化的,而是多面手,他们具有多重技能,分工的界线不像传统的分工那么明确,相互协作是最重要的特征。有了一定的团队精神,团队组织才可能有效地运行。

5.组织管理人本化

要使组织获得高效率,组织内的每个成员都应该相互信任,对组织目标持有相同的看法和态度。在实现目标的过程中,组织内各成员的创造性和参与性应得到尊重,从而使其在成就感的驱动下,对企业组织的各项工作显示足够的主动性、积极性和创造性,谋求实现人全面的、自由的发展。因此,更多的分权和授权会像发展技术潜力一样,快速地发展人的潜力,因为任何能力都是个人能力的总和,最大化每个人的价值就是最大化组织的价值。

6.学习型组织

知识时代的组织必须不断地学习,组织要运用能在所有层次上促进学习和实验的知识基础来支持。组织以极快的速度学习着做竞争对手所做的事情。组织保持领先的唯一办法就是比对手更快、更好地学习。阿里·德·格斯(Aric de Geus)曾说过:"比你的竞争对手更快学习的能力可能是唯一的持久性竞争优势。"彼得·M·圣吉(Peter M. Senge)在其1990年出版的《第五项修炼》一书中,以全新的视野考察人类群体危机最根本的症结所在,认为我们片面和局部的思考方式及由此产生的行动,造成了目前切割而破碎的世界,为此需要突破性思考方式,排除个人及群体的学习障碍,重新就管理的价值观念管理的方式方法进行革新。

(三)组织发展的具体形式

现代组织要不断向前发展,就必须通过改变组织结构、提高技术、健全沟通网络、明确奖励制度、改变工作环境等,致力于改变组织成员的工作态度,充分调动其积极性,促使组织成员间的广泛交往,协调好他们之间的关系,从而提高组织效能。常见的组织发展形式有这样几种:

1.敏感性训练

它是通过非结构化的群体互助来改变人的行为的一种方法。该群体由一位职业行为学者和若干参与者共同组成。这种方法并不是对群体规定某种议事日程,职业行为学者(不具有领导角色)也仅仅是为参与者创造表达自己思想和情感的机会。会谈自由而奔放,参与者可以探讨他们喜欢的任何议题。讨论中所注重的是个人的积极参与及其互助的过程。

实证研究已经证明,敏感性训练作为一种变革方法,具有多方面的效果。它对迅速改善沟通技能,提高认知的准确性和个人参与意愿有促进作用。然而,这些改变对工作绩效有什么影响还没有结论,且这种方法不能避免心理方面的风险。

2.调查反馈

它是对组织成员的态度进行评价,确定其态度认识上存在的差距,并使用从反馈小组中得到的调查信息帮助消除其差距的一种方法。调查问卷通常分发给组织或单位的所有成员填写。问题包括成员对诸如决策制定、沟通效果、单位间的协调、组织的满意度、工作、同事及直接上司等广泛议题的认识与看法。将调查问卷统计处理后得到的数据制成表格,再分给有关的员工,使所提供的信息成为人们确定问题和解决问题的一个跳板。

3.过程咨询

它是指依靠外部咨询者帮助管理者对其必须处理的过程事件形成认识、理解和行动的能力。这些过程事件可能包括工作流程、单位成员间的非正式关系,以及正式的沟通渠道等。咨询者帮助管理者更好地认识他的周围,其自身内部或与其他人员之间正在发生什么样的事情。咨询者并不负责解决管理者的问题;相反,咨询者只是作为教练,帮助管理者诊断哪些过程需要改进。如果管理者在咨询者的帮助下还不能解决问题,咨询者将协助管理者配备一名具有适当技术知识的专家。

4.团队建设

它是指工作团队的成员在互助中了解其分阶段是怎么做的。通过高强度的互助,团体成员学会相互信任和开诚布公。团队建设方案中的活动可能包括团队目标的确定、团队成员间人际关系的开发、明确各成员任务和职责的角度分析以及团队过程分析等。

5.组织协调

它是指试图改变不同工作小组成员之间的相互看法、认识和成见,从而使组织内外关系得到一种全新的、有效的协调,进而推动组织的发展。

6.管理方格法

该方法是美国著名管理学家布莱克和莫顿发明的,可用于个人、小组和整个组织的发展工作。这种方法的核心在于:它认为管理行为有两个核心要素,即人们对生产的关心和管理人员对下级个人的关心。个人、小组和组织的效率,取决

于这两个要素平衡。可以用一张管理方格图来具体说明这个思想,如图 6-9
所示。

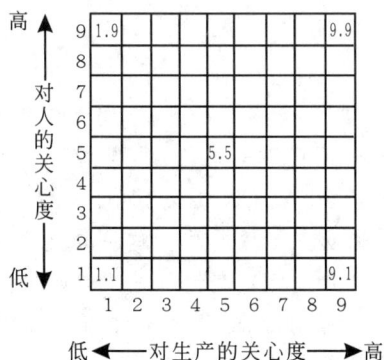

图 6-9 管理方格图

这是一张二阶平面图,两个轴分别代表对生产的关心和对人的关心。每个
轴上的 9 种程度共构成 81 个方格,表示两个方向上(对生产和对人的关心)结合
起来共有 81 种可能性。这 81 种组合可用坐标来表示。图上标出来的是 5 种典
型的人。

管理人员根据他们对生产和人的关心程度,填写有关管理作风和管理行为
的调查表,然后将结果填到管理方格图中。

管理方格方法由六个阶段组成。如果人们按顺序进行这六个阶段,就会成
为一个最理想的管理者,即方格图上的"9.9"型,图中的"1.1"型则是最差的管理
者。六个阶段依次为:

(1)高层方格研讨会。组织的高层领导参加,先评价自己在方格中的位置,
然后练习如何解决问题,同时进行相互评价。

(2)小组发展。这些管理人员运用学到的方法,在自己的工作生活小组中推
行管理方格方法,改进小组的工作。

(3)组间发展。利用此方法改善小组之间的关系,组成共同的讨论会以便找
出问题,减少冲突,发展协作,"9.9"型为秩序和行为的标准。

(4)建立组织的理想发展模型。高层管理人员召开研讨会,评价整个组织的
状况,提出改进的方案。

(5)实施理想发展模型。

(6)利用客观数据、内部人士和外部专家进行评价。

管理方格方法虽然得到广泛的应用,但它同样不是万能的组织发展方法。
它事先所规定的"9.9"理想型就限制了它的应用范围,而且它的运用还要取决于

方式鉴别试验的准确性。

【课后案例分析】

案例-1

美国从 70 年代末起,工业经济开始衰退,美元汇率下跌,从 1973 年中东国家发起石油禁运以来,油价的上涨给航空工业带来沉重的打击,加以 1982 年美国成立"专业空运管理组织"(PATCO)后,出现了强硬的罢工势力。而里根政府又下令解雇罢工者,使劳资双方矛盾恶化。这一切便整个航空工业出现了困难重重的不利局面,正如民航局主席麦克钦所说:"即便想象力再丰富,谁也不会想到这么多的不利因素会同时出现。"因此,当时有不少航空公司,如布兰利夫航空公司、大陆航空公司等都曾提出破产申请。

但是,即使在这凄惨的年代,于 1981 年渐成立的国民捷运航空公司,却在短短几年内迅速成长起来,而且蓬勃发展,直至 1984 年就有能力收购边疆航空公司而成为美国第五大航空公司。对于该公司经营成功的直接原因,按总经理马丁的说法,是由于该公司能保持低成本。这一方面由于它选用低成本的飞机和低收费的机场,另一方面提高员工的积极性和飞机的生产率,而后者之所以成功,在于采用了该公司创办人兼董事长伯尔所倡导的管理风格:既严格督导,又富有人情味,使整个公司充满一种同舟共济的大家庭气氛。该公司充满有干劲的年轻人,他们的薪资很低,例如驾驶员第一年的薪资仅 4 万美元,比其他航空公司的资深售票员还低。公司员工不参加工会,他们经常依工作需要而交叉变换工作,飞机驾驶员有时兼收票员,售票员有时去搬运行李,甚至高阶层主管从董事长伯尔开始,也要到各个岗位去学习业务,有时还得负责调度员与行李放置员的工作;公司不雇用任何秘书,通常也不解雇员工,铁饭碗几乎成了不成文的政策。公司鼓励员工参与管理,让大家对经营管理工作多提意见与建议。公司还要求每个员工按折扣价格购买公司的 100 股股票,使之成为与公司利害相关的股东。许多资深员工,往往已积累了超过 5 万美元价值的股票。另外,伯尔还是一个鼓动家,他经常鼓励员工:"要成为胜利者,就需要有卓越的才能当一位能干的人。"

但是好景不长,1984 年合并边疆航空公司后 9 个月,捷运公司就亏损了 7 千万美元。为了适应规模扩大的局面,并扭转亏损的形势,伯尔带头改变了由他自己倡导的家庭式管理风格,逐渐向其他大公司的传统官僚制管理风格看齐,他不仅不愿多倾听员工的意见,而且甚至对提意见的人施加压力,直至解雇。连向伯尔建议实行终生雇用制的执行董事杜博斯也被解雇,董事帕蒂也因不满公司的新规定(不论工作多忙均须从上午 6 时到晚上 9 时配合值班制)而主动辞职,创办了"总统航空公司",并沿用原来捷运的管理风格。

伯尔后来改变了管理形式,但仍难逃厄运。捷运公司仍每况愈下,公司股票不断下跌,直至1986年捷运被卖给德萨航空公司时,每股股票市价只为1983年公司最盛时的1/4左右。捷运公司员工之所以能接受很低的薪资,是因为他们希望公司昌盛,以便从所持的公司股票的升值和高额股利中得到补偿。可是如今股票暴跌,员工自然失去信心。最后,捷运航空公司完全消失,被并入大陆航空公司。

试回答下面的问题:

1.当时的社会经济大环境对捷运的兴衰起了什么样的作用?

2.如果大环境对其没有太大影响,为什么当时确有不少航空公司申请破产?

3.如果是不利的大环境对捷运的衰亡起决定性作用的话,那么为什么当时仍有许多航空公司继续生存下去并得以发展?

案例-2

马格纳国际公司是北美10大汽车制造厂之一。这家加拿大公司生产有4000种零配件,从飞轮到挡泥板,什么都有。它几乎为所有在美国设有工厂的大汽车制造商都提供配件。比如,它是克莱斯勒汽车公司最大的配件供应商。

马格纳的高层管理当局长期以来力求保持一种松散的结构,并给予各单位管理者充分的自主权。在80年代中期,该公司拥有1万多名员工,年销售额近10亿加元。员工们被组织到120个独立的企业中,每个企业都以自己的名义开展活动,但只设有一个工厂。马格纳公司的宗旨是,使各单位保持小规模(不超过200人)以鼓励创新精神和将责任完完全全地落实到工厂经理身上。当某个工厂揽到了超过其能力所能处理的业务,马格纳公司不是扩大该工厂的规模,而是重新配置这样的一套生产设施,开办一个新企业。

这种结构在整个80年代运作得相当好。10年内,总销售额增长了13倍。工厂经理们以接近完全自治的方式,大胆地扩展他们的业务。其动机呢? 他们不仅享受自己工厂的盈利,而且还包括从他们业务中分离出去的新建企业的盈利。这样,不用公司出面干涉,一厂经理们就会主动设立新厂,向外举债,并与底特律的汽车制造商签订供货合同。

但泡沫在1990年破灭了。那时,汽车的销售量大幅度下降,受扩张动机驱使的马格纳管理者给公司带来10亿美元的新债务。1990年,马格纳公司的销售额为16亿美元,而亏损达到了1.91亿美元,公司眼看就要倒闭了。1991年1月份,马格纳公司的股票价格跌到了每股2美元。

然而,马格纳公司并没有破产,其高层管理当局采取了断然措施,挽救了公司的命运。公司出售并关闭了近一半的工厂,将收回的现金用于清偿债务。留下的工厂都是最新、小型、高效、灵活的。公司管理当局还成功地使其生产的配件在福特的"金牛座"牌(Taurus)和丰田的"皇冠"牌这些流行轿车上获得更多的使用。到1992年,马格纳公司的销售额增加到20亿美元,盈利达到0.81亿美元。公司的股价已经回升到26美元以上。其高层管理当局声称,公司现在比80年代的业务更为集中,更重视控制,并禁止新的举债行为。

试回答以下问题:

1.利用有关结构的概念,描绘马格纳国际公司在1980年和1992年的组织结构。

2.马格纳公司并不是唯一的一家对其组织结构进行了变更的公司。还有许多公司,甚至包括国际商用机器公司这样的大公司,也正在放弃官僚行政机构而设立结构松散的、独立的企业单位。这是为什么?

案例-3

美国西南航空公司,创建于1971年,当时只有少量顾客,几只包袋和一小群焦急不安的员工,现在已成为美国第六大航空公司,拥有1.8万名员工,服务范围已横跨美国22个州的45个大城市。

一、总裁用爱心管理公司

现任公司总裁和董事长的赫伯·凯勒,是一位传奇式的创办人,他用爱心(Luv)建立了这家公司。LUV说明了公司总部设在达拉斯的友爱机场,LUV也是他们在纽约上市股票的标志,又是西南航空公司的精神。这种精神从公司总部一直感染到公司的门卫、地勤人员。

当踏进西南航空公司总部大门时,你就会感受到一种特殊的气氛。一个巨大的、敞顶的三层楼高的门厅内,展示着公司历史上值得纪念的事件。当你穿越欢迎区域,进入把办公室分列两侧的长走廊时,你就会沉浸在公司为员工举行庆祝活动的气氛中——令人激动地布置着有数百幅配有镜架的图案,镶嵌着成千上万张员工的照片,歌颂内容有公司主办的晚会和集体活动、垒球队、社区节目以及万圣节、复活节。早期员工们的一些艺术品,连墙面到油画也巧妙地穿插在无数图案中。

二、公司处处是欢乐和奖品

你到处可以看到奖品。饰板上用签条标明心中的英雄奖、基蒂霍克奖、精神胜利奖、总统奖和幽默奖(这张奖状当然是倒挂着的),并骄傲地写上了受奖人的名字。你甚至还可以看到"当月顾客奖"。

当员工们轻松地迈步穿越大厅过道,前往自己的工作岗位,到处洋溢着微笑和欢乐,谈论着"好得不能再好的服务"、"男女英雄"和"爱心"等。公司制定的"三句话训示"挂满了整个建筑物,最后一行写着:"总之,员工们在公司内部将得到同样的关心、尊敬和爱护,也正是公司盼望他们能和外面的每一顾客共同分享。"好讲挖苦话的人也许会想:是不是走进了好莱坞摄影棚里? 不! 不! 这是西南航空公司。

这里有西南航空公司保持热火朝天的爱心精神的具体事例:在总部办公室内,每月作一次空气过滤,饮用水不断循环流动,纯净得和瓶装水一样。

节日比赛丰富多彩。情人节那天有最高级的服装,复活节有装饰考究的节日彩蛋,还有女帽竞赛,当然还有万圣节竞赛。每年一度规模盛大的万圣节到来时,他们把总部大楼全部开放,让员工们的家属及附近小学生们都参加"恶作剧或给点心"游戏。

公司专为后勤人员设立"心中的英雄"奖,其获得者可以把本部门的名称油漆在指定的飞机上作为荣誉,为期一年。

三、透明式的管理

如果你要见总裁,只要他在办公室,你可以直接进去,不用通报,也没有人会对你说:"不,你不能见他。"

每年举行两次"新员工午餐会",领导们和新员工们直接见面,保持公开联系。领导向新员工们提些问题,例如:"你认为公司应该为你做的事情都做到了吗?""我们怎样做才能做得更好些?""我们怎样才能把西南航空公司办得更好些?"员工们的每项建议,在30天内必能得到答复。一些关键的数据,包括每月载客人数、公司季度财务报表等员工们都能知道。

"一线座谈会"是一个全日性的会议,专为那些在公司里已工作了十年以上的员工而设的。会上副总裁们对自己管辖的部门先作概括介绍,然后公开讨论。题目有:"你对西南航空公司感到怎样?""我们应该怎样使你不断前进并保持动力和热情?""我能回答你一些什么问题?"

四、领导是朋友又是亲人

当你看到一张赫伯和员工们一起拍的照片时,他从不站在主要地方,总是在群众当中。赫伯要每个员工知道他不过是众员工之一,是企业合伙人之一。

上层经理们每季度必须有一天参加第一线实际工作,担任定票员、售票员或行李搬运工等。"行走一英里计划"安排员工们每年一天去其他营业区工作,以了解不同营业区的情况。旅游鼓励了所有员工参加这项活动。

为让员工们对学习公司财务情况更感兴趣,西南航空公司每12周给每位员工寄去一份"测验卡",其中有一系列财务上的问句。答案可在同一周的员工手册上找到。凡填写测验卡并寄回全部答案的员工都登记在册,有可能得到免费旅游。

这种爱心精神在西南航空公司内部闪闪发光,正是依靠这种爱心精神,当整个行业在赤字中跋涉时,他们连续22年有利润,创造了全行业个人生产率的最高纪录。1999年有16万人前来申请工作,人员调动率低得令人难以置信,连续三年获得国家运输部的"三皇冠"奖,表彰他们在航行准时、处理行李无误和客户意见最少三方面取得的最佳成绩。

试回答以下问题:

1. 西南航空公司的企业文化是什么?

2. 赫伯在创建西南航空公司的企业文化中起到了什么作用?

第七章　领　导

　　领导是指通过指导、激励、沟通、带领等方式引导和影响组织和个人的思想和行为，在一定条件下去努力达成组织目标的过程。职权是领导的底线，作为一个领导者，必须能把职位权力和非职位权力完美地统一起来，做一个凝聚性领导而不是强制性领导。领导理论是关于领导的有效性的理论，领导品质理论着重研究领导的品行、素质、修养，目的是要说明好的领导者应具备怎样的素质；领导行为理论则着重分析领导者的领导行为和领导风格对其组织成员的影响，目的是找出所谓最佳的领导行为和风格；领导权变理论则着重研究影响领导行为和领导有效性的环境因素，目的是要说明在什么情况下，哪一种领导方式才是最好的。激励就是激发人的动机，使人有一股内在的动力，朝着所期望的目标前进的心理活动过程，人的积极性和最大潜能的发挥，离不开有效的激励。激励可划分为如下几个类型：内容型激励理论，着重探讨决定激励效果的各种基本要素，研究人的需要的复杂性及其构成，包括需求层次理论，双因素理论等；过程型激励理论，侧重研究激励实现的基本过程和机制，包括期望理论、公平理论；结果反馈型激励理论，主要研究对一个人行为评价所产生的激励作用。激励方法包括事业激励、目标激励、培训激励、荣誉激励、情感激励、参与激励、物质激励、榜样激励。沟通是指义的传递与分享，沟通是正确决策的前提和基础，是领导者激励下属，实施领导职能的基本途径，是组织同外界联络的桥梁和纽带。沟通会由于个人因素、人际因素、结构因素、技术因素等产生障碍，必须加以克服。沟通方式包括正式沟通和非正式沟通两种方式，要善于运用两种沟通方式的长处，避免它的短处。

第一节　领导概述

一、领导的含义

什么是领导，学术界有着各种各样的理解。例如：

领导是对组织内群体或个人施加影响的活动过程。

领导是指挥部下的过程。

领导是一门促使属下充满信心，满怀激情来完成他们任务的艺术。

领导是影响人们为达成群体目标而努力的一种行为。

领导是一种说服他人执著于一定目标的能力。

领导是一种影响过程,即领导者和被领导者个人作用与特定环境的相互作用的动态过程。

综合以上各种定义,领导是指通过指导、激励、沟通、带领等方式引导和影响组织和个人的思想和行为,在一定条件下去努力达成组织目标的过程。其中实施指引和影响的人是领导者,接受这种指引和影响的人是被领导者,而一定的条件就是指领导过程所处的环境。领导是一动态过程,该过程是领导者个人、被领导者、某种特定环境的函数,可以用公式表示为:领导＝F(领导者、被领导者、环境)。可见,成功的领导行为取决于领导者、被领导者和环境因素的综合效应。为了更好地理解领导的定义,我们可从以下几个方面来展开:

1.领导者必须有部下或追随者。现代管理学之父彼得·德鲁克在《未来的领导》一书的序言中说过:领导者的唯一定义就是后面有追随者。一些人是思想家,一些人是预言家,这些人都很重要,而且也很急需,但是,没有追随者,就不会有领导。著名的领导学家约翰·加德纳在演讲时,有位青年人问他:如果我想成为一位领导者,最重要的是什么? 他说:记住,年轻人,最重要的是你必须有追随者。

2.领导者拥有影响追随者的能力或力量。领导是一个领导者影响人们努力完成一些特殊目标的过程。这种影响力有两个基本来源:第一个来源是领导者的地位权力,即伴随一个工作岗位的正常权力,我们称之为职权或正式的权力;领导者影响力的第二个来源是下属服从的意愿,我们称之为威信或非正式的权力,它包括了领导者的品格、知识、才能、信仰、专长、情感等。职权和威信是领导者之所以能够实施领导的基础。领导者正是以自己所拥有的职权和威信来影响和指挥别人,来体现其在组织中的影响力。

3.领导的目的是通过影响部下来达到组织的目标。美国著名领导学家班尼斯把领导定义为创造并实现梦想,认为领导的重点是放在做正确的事情上,即与目标、方向有关。带领和影响部下,努力去达成组织目标是领导的职责和意义所在。

4.领导职能的过程主要包括领导者的指挥、激励、协调、感召、控制和造势等内容。

二、领导的权力

权力是一种控制力,又是一种影响力,它是构成领导的第一个要素。从狭义的角度理解领导工作,它就是指领导者运用其权力,指挥和影响下属的思想和行为的过程。一个领导者要实现领导目标就必须具备领导者的权力,因此很有必要了解权力。从广义上来讲,如果某人能够提供或剥夺别人想要却又无法从其他途径获得之物,此人就拥有高于别人的权力。在组织中,领导者权力可分为两大类七种,如图7-1所示:

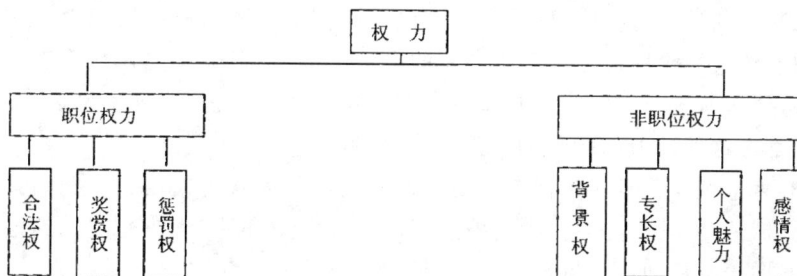

```
                        权  力
          ┌───────────────┴───────────────────┐
        职位权力                             非职位权力
     ┌────┼────┐                      ┌────┬────┬────┐
   合法权 奖赏权 惩罚权              背景权 专长权 个人魅力 感情权
```

图 7-1　权力的类型

组织中的权力可分为职位权力和非职位权力两大类。

1.职位权力。是指为了履行职务所规定的职责而赋予领导者的对人和物等组织资源的支配权力。主要有三种权力:合法权、奖赏权和惩罚权。

(1)合法权。是由法律、组织赋予拥有一定职位的领导者在其职权范围内依法行使的权力,其行为的后果由组织承担。它通常与合法的职位紧密联系在一起。

(2)奖赏权。就是决定提供还是取消奖励、报酬的权力。谁控制的奖励手段越多,他的奖赏权就越大。奖赏权源于被影响者期望奖励的心理,即部属感到领导者能奖赏他,使他满足某些需要。在组织中奖赏可以是人们认为有价值的任何东西,例如货币、公正的绩效评估、晋升机会、有趣的工作、友好和睦的工作环境、信息分享、有利的工作转换等。被影响者是否期望这种奖赏是奖赏权的一个关键。

(3)惩罚权。是指通过精神、感情或物质上的威胁,强迫下属服从的一种权力。惩罚权源于被影响者的恐惧,部属感到领导者有能力将自己不愿意接受的事实强加于自己,使自己的某些需求得不到满足。惩罚权在使用时往往会引起怨恨、不满,甚至报复行动,必须谨慎对待。

以上三种权力都与组织中的职位联系在一起,是从职位中派生出的权力,因此统称为职位权力。

2.非职位权力。是指与组织的职位无关,是由于个人的特质如品德、知识、才能、业绩、声望或其他个人因素而获得的影响他人思想和行为的能力,也即个人影响力,这种权力的取得不依赖于领导者在组织中依法获取的职位,而与个人的特质直接相关。非职位权力包括专长权、个人魅力、背景权和感情权。

(1)专长权。专长权来源于领导者所拥有的专长、技能和知识,也就是一个领导者所拥有的人力资本含量。具有特殊技能和知识的人可以凭借他人对其专长的依赖而产生权力。

(2)个人魅力。这是一种无形的难以用语言来描述和概括的权力。它是建立在超然感人的领导者个人素质之上的,这种素质吸引了欣赏它并希望拥有它的追随者,从而激起人们的忠诚和极大的热忱。一些文艺、体育明星,传奇的政治领袖都有这种魅力,有着巨大而神奇的影响力。

(3)背景权。背景权是指个体由于以往的经历而获得的权力。例如某人是战斗英雄、劳动模范等,只要人们熟悉他的特殊背景和荣誉,在初次见到他的时候,就倾向于听从他的意见,接受他的影响。

(4)感情权。感情权是指个体由于和被影响者感情较融洽获得的权力。如果多年的老朋友提出要求,请求一些帮助,无论在工作上有没有关系,人们都会感到难以拒绝,从而接受他的影响。

可见,领导权力不仅存在于组织中的正式权力,也包括个人非强制的影响力。我们把仅仅依靠职权推行领导活动的现象称为"职位领导"或"强制性领导",而把职位权力因素和非职位权力因素相统一的领导称为"凝聚性领导"。强制性领导和凝聚性领导是两类截然不同的领导类型。强制性领导是凭借组织体系的强制性来维持的,在实现既定目标的过程中,没有和群体成员一起分享情感和行动的联结点,他和群体成员之间存在一道巨大的鸿沟。而凝聚性领导的维持是凭借群体成员的自发认同和对群体过程的奉献,并在充分开发和运用情感资源的基础上,通过领导者和群体成员的互动得以实现目标,领导者与群体成员是一体的、互动的。由此我们看到,职权只是构成领导者影响力的极其重要的要素和基础,是保障领导活动得以推行的最后一道屏障,因此可以说,"职权是领导的底线"。但一个仅占据领导职位的人并不是真正的、完整意义上的领导者。领导的权威应是职务权力和个人权力的统一,只有这样,领导者才有魅力、有号召力、有凝聚力。

三、领导理论与风格

在管理思想发展史上,有很多关于领导的思索。所谓领导理论就是关于领导的有效性的理论。人们对哪些因素造就了一个有效的领导者这一问题的研究,大致经历了领导特质理论、领导行为理论、领导权变理论等几个阶段。

领导品质理论着重研究领导的品行、素质、修养,目的是要说明好的领导者应具备怎样的素质;领导行为理论则着重分析领导者的领导行为和领导风格对其组织成员的影响,目的是找出所谓最佳的领导行为和风格;领导权变理论则着重研究影响领导行为和领导有效性的环境因素,目的是要说明在什么情况下,哪一种领导方式才是最好的。

(一)领导品质理论

多年来,人们一直试图通过调查研究寻找成功的领导者具备的一些有共性的个人特质。各种研究,因为角度不同,得出的结果各有特色,甚至有所矛盾。下面简单介绍几种。

1.斯托格第的研究结果

斯托格第通过调查,总结出领导者的品格有:

(1)五种身体特征:如精力、外貌、身高、年龄、体重等。

(2)两种社会性特征:如社会经济地位、学历等。

(3)四种智力特征:如果断性、说话流利、知识广博、判断分析能力等。

(4)十六种个性特征:如适应性、进取心、热心、自信、独立性、外向、机警、支配、有主见、急性、慢性、见解独到、情绪稳定、作风民主、不随波逐流、智慧等。

(5)六种与工作有关的特征:如责任感、事业心、毅力、首创性、坚持、对人的关心等。

(6)九种社交特征:如能力、合作、声誉、人际关系、老练程度、正直、诚实、权力的需要、与人共事的技巧等。

2.鲍莫尔的研究结果

美国普林斯顿大学的鲍莫尔提出了作为一个企业家应具备的 10 个条件:合作精神、决策能力、组织能力、精于授权、善于应变、敢于求新、勇于负责、敢担风险、尊重他人和品德高尚。

3.皮奥特维斯基和罗克的研究结果

皮奥特维斯基和罗克两位管理学家在 1963 年出版的《经理标尺:一种选择高层管理人员》的著作中,对成功经理的个人特性列举如下:

(1)能与各种人士就广泛的题目进行交谈的能力。

(2)在工作中既能"动若脱兔"地行动,又能"静若处子"地思考问题。

(3)关心世界局势,对周围生活中发生的事也感兴趣。

(4)在处于孤立环境和困难局势时充满自信。

(5)待人处事机巧灵敏,而在必要时也能强迫人们拼命工作。

(6)在不同的情况下根据需要,有时幽默灵活,有时庄重威严。

(7)既能处理具体问题,也能处理抽象问题。

(8)既有创造力,又愿意遵循惯例。

(9)能顺应形势,知道什么时候该冒险,什么时候谋求安全。

　　(10)做决定时有信心,征求意见时谦虚。

　　4.诺斯科特·帕金森的研究结果

　　诺斯科特·帕金森总结了以下一些成功的领导者具备的特性:

　　(1)总是遵守时间。

　　(2)让下属充分施展才能,并通过良好的、恰如其分的管理,而不是靠硬干来达到目标。

　　(3)既注意提高自身素质,也注意提高下级的素质,绝不姑息缺点。

　　(4)抓住关键,先做最重要的事,次要的事宁可不做。

　　(5)深知仓促决定容易出错。

　　(6)尽可能授权他人,使自己有更多的时间规划组织的未来。

　　5.德鲁克的研究结果

　　美国管理学家德鲁克在《有效的管理者》一书中指出了5种有效领导的特性,并指出它们是可以通过学习掌握的。

　　这5种特征包括:

　　(1)知道时间该花在什么地方,领导者支配时间常处于被动地位,所以有效的领导者都善于系统地安排和利用时间。

　　(2)致力于最终的贡献,他们不是为工作而工作,而是为成果而工作。

　　(3)重视发挥自己的、同事的、上级的和下级的长处。

　　(4)集中精力于关键领域,确立优先次序,做好最重要的和最基本的工作。

　　(5)能作出切实有效的决定。

　　6.伟人理论

　　伟人理论亦称天才论,这种理论认为领导者是天生的,不是后天培养的,他们具有一种超凡的神授能力与魅力。一些重大的政治、经济、社会变革,都与伟人联系在一起,历史仅是伟大人物的传说,如毛泽东、华盛顿、成吉思汗等。当代的伟人学派不仅对历史人物评价研究,还把重点放在一些大企业的领导者身上,介绍他们的身世、事业、个性、谋略,辨析他们在身体与精神上的先天内在品质。

　　7.彼特的研究结果

　　美国管理学家彼特认为,人们可以找到确定的证据证明某些特性是不成功的领导者的品质,这些难以胜任领导的品质可以归结为:

　　(1)对别人麻木不仁,吹毛求疵,举止凶狠狂妄。

　　(2)冷漠、孤僻、骄傲自大。

　　(3)背信弃义。

　　(4)野心过大,玩弄权术。

　　(5)管头管脚,独断专行。

(6)缺乏建立一支同心协力的队伍的能力。

(7)心胸狭窄,挑选无能之辈担任下属。

(8)目光短浅,缺乏战略头脑。

(9)犟头倔脑,无法适应不同的上司。

(10)偏听偏信,过分依赖一个顾问。

(11)懦弱无能,不敢行动。

(12)犹豫不决,处事不果断。

领导品质理论着重于研究领导者的个人特性对领导有效性的影响。他们根据领导效果的好坏,找出好的领导者与差的领导者在个人品质或特性方面有哪些差异,由此确定优秀的领导者应具备的素质。研究者认为,只要找出成功领导者应具备的素质,再考察某个组织中的领导者是否具备这些素质,就能断定他是不是一个优秀的领导者。令人遗憾的是,总的来说,并非所有成功的领导者都具备上述品质理论所描述的品质,而且几乎没有一种品质是所有领导者所共有的,而许多非领导者可能具备上述的大部分甚至全部品质。因此,领导品质理论无法指出哪些素质是领导者必需的,而且也无法对各种品质的相对重要程度做出评价。

各种领导品质理论所显示的结果之所以不一致,是因为领导品质理论忽略了被领导者和环境的作用。事实上,一个领导者能否发挥作用,会随被领导者的不同而不同,也会因环境的改变而改变。把领导活动割裂在被领导者因素和环境因素之外,仅从其中一个方面——领导者自身——进行研究,就会产生相互重叠,甚至相互矛盾的情况。

领导者特质理论既然存在缺陷,为什么还要介绍它?这是因为它还是具有一定科学性,有一定的可取之处。现代管理学证明,伟人理论关于领导者神授素质的结论是不正确的。德鲁克指出,有效性是一种后天的习惯,是一系列实践的综合。领导才能是一种成就,是通过努力达到的,而不是与生俱来的。每一位渴望成为领导者的有志者和每位希望提高自身领导水平的领导者,都可以结合自己的下属情况与环境态势,在上述的各种领导者品质理论中找到最认同的那几条,把它们作为目标,提高自身素质。虽然改变自身的身体、智力、个性和社会等特性非常困难,但是当你迈出一步,就离理想的领导境界近了一步。

(二)领导行为理论

领导行为理论侧重研究领导者的行为风格对领导有效性的影响。在管理思想发展史上,比较典型的领导行为理论有以下几个:

1.勒温理论

关于领导作风的研究最早是由心理学家勒温进行的,他以权力定位为基本变量,通过各种试验,把领导者在领导过程中表现出来的工作作风分为三种基本类型:专制作风、民主作风、放任自流作风。

(1)专制作风。专制的领导作风主要凭恃职位影响力进行领导,决策大多由领导者自行做出,靠权力和强制命令让人服从。专制领导作风的主要行为特点是:

①独断专行,从不考虑别人的意见,所有的决策由领导者自己作出。领导者亲自设计工作计划,指定工作内容和进行人事安排,从不把任何消息告诉下属,下属没有参与决策的机会,而只能察言观色、奉命行事。

②主要靠行政命令、纪律约束、训斥和惩罚来管理,只有偶尔的奖励。

③领导者很少参加群体活动,与下属保持一定的心理距离,没有感情交流。

这种领导作风的优点是:决策制定和执行速度快,可以使问题在较短的时间内得到解决。缺点是:下属依赖性大,领导者负担较重,容易抑制下属的创造性和工作积极性。鉴于这些优、缺点,专制式领导适用于任务简单且经常重复,领导者只需与部属保持短期的关系,或者要求问题尽快得到解决的场合。例如,在救火过程中的领导者,以及每次都雇佣新工人完成特定项目施工的建筑队领导,他们可以采用专制式领导风格而取得较好的效果。

(2)民主作风。民主的领导作风是指以理服人、以身作则的领导作风,它把决策权力定位于群体。其主要的行为特点是:

①所有的政策是在领导者的鼓励和引导下由群体讨论决定的。

②分配工作时尽量照顾到个人的能力、兴趣,对下属的工作也不安排得那么具体,下属有较大的工作自由,较多的选择性和灵活性。

③主要以非正式的权力和权威,而不是靠职位权力和命令使人服从,谈话时多用商量、建议和请求的口气。

④领导者积极参与团体活动,与下属无任何心理上的距离。

这种领导方式,有利于聚集下属的智慧和多方面的知识,可使决策的质量得到更好的保证;有利于决策的执行;有利于提高下属的工作热忱与工作满足感。其不足之处是:决策制定过程长,耗用时间多,领导者周旋于各派意见之间,容易优柔寡断、唯唯诺诺。尽管民主方式是一种管理者和被管理者双方都普遍认可的较佳领导方式,但它也不是无条件适用的,而需考虑领导工作所处的具体情境,以便扬长避短。

(3)放任自流作风。放任自流的领导作风是指工作事先无布置,事后无检查,权力定位于组织中的每一个成员,一切悉听尊便的领导作风,实行的是无政府管理。这种领导方式虽能培养下属的独立性,但由于领导者之无为,下属各自为政,容易造成意见分歧,决策难以统一。因此,放任式领导很难得到提倡,除非

被领导者是专家人物且具有高度的工作热情,才可在少数情况下采取这种"无为
而治"的领导方式。

勒温在试验中发现:在专制型领导的团体中,各成员之间攻击性言论显著,
成员对领导服从但表现自我或引人注目的行为较多,成员多以"我"为中心。当
受挫折时,常常彼此推卸责任或进行人身攻击,当领导不在场时,工作动机大为
下降,也无人出来组织工作。而在民主型团体中,成员间彼此比较友好,很少使
用"我"字而具有"我们"的感觉,遇到挫折时,人们团结一致以图解决问题,在领
导不在场时,就像领导在场时一样继续工作,成员对团体活动有较高的满足感。

根据试验结果,勒温认为,放任自流的领导作风效率最低,只达到社交目标
而完不成工作目标。专制的领导虽然通过严格的管理达到了工作目标,但群体
成员没有责任感,情绪消极,士气低落,争吵较多。民主型领导作风工作效率最
高,不但完成工作目标,而且群体成员之间关系融洽,工作积极主动,有创造性,
因此,最佳的领导行为风格是民主领导作风。

2.四分图理论

1945 年,美国俄亥俄州立大学商业研究所发起了对领导行为研究的热潮,
在研究过程中,俄亥俄州立大学的研究人员从最初收集的 1790 个具体描述领导
行为特征的项目中概括出 150 个项目,编制成"领导行为描述问卷",并施测于不
同的团体,然后将搜集的数据通过因素分析,最后确定了领导行为的两个维度,
即以人为重和以工作为重。

以人为重,是指注重建立领导者与被领导者之间的友谊、尊重和信任的关
系。包括尊重下属的意见,给下属比较多的工作自主权,体察他们的思想感情,
注意满足下属的需要,平易近人,平等待人,关心群众,作风民主。

以工作为重,是指领导者注重规定他与工作群体的关系,建立明确的组织模
式、意见交流渠道和工作程序。包括设计组织机构,明确职责、权力、相互关系和
沟通办法,确定工作目标和要求,制定工作程序、工作方法和制度。

这两个维度按高和低进行组合,就构成了四种不同的领导行为,被称为领导
四分图理论。

从图 7-2 中可以看出,(1)型领导既不关心人,又不重视抓组织工作,是最无
能的领导;(2)型领导重视抓工作和组织目标的完成,但忽视人的情感和需要;
(3)型领导把对人的关心和对工作的关心放在同等重要的位置,是最佳的领导行
为;(4)型领导对人十分关心,但对工作缺乏重视。

领导四分图理论的贡献在于它从两个维度来考察领导行为,同时采用领导
行为描述问卷来评价领导者的领导行为,具备了量化的标准,增强了可操作性,
为人们进行领导行为的研究提供了一种途径。

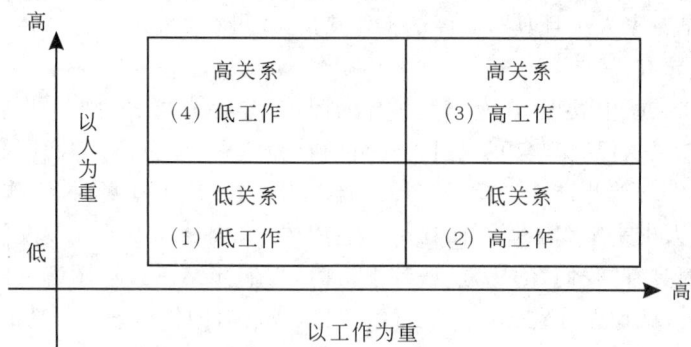

图 7-2　领导行为四分图

3.管理方格理论

管理方格是建立在领导四分图基础上的一种理论,是由美国得克萨斯州立大学心理学教授布莱克和莫顿于 1964 年提出的。该理论被广泛地应用于组织发展计划中以及对管理人员的评价和训练上,具有很高的实用价值。

布莱克和莫顿用一张九等分的方格图(如图 7-3 所示)来描述和评价领导行为类型。在这张图中,纵坐标表示对人员的关心程度,横坐标表示对生产的关心程度。要评价领导者,可按其对员工和对生产的关心度,找到相应的交叉点。这个交叉点就是他所属的类型。纵轴上的积分越高,表示他越重视人的因素,横轴上的积分越高,就表示他越重视生产。

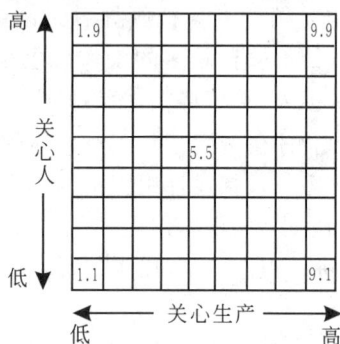

图 7-3　管理方格图

布莱克和莫顿在管理方格图中列出了五种典型的领导行为:

(1.1)为贫乏的管理。采取这种领导方式的管理者希望以最低限度的努力来完成组织的目标,对员工和生产均不关心,这是一种不称职的管理。

(1.9)为俱乐部式的管理。管理者只注重搞好人际关系,以创造一个舒适的、友好的组织气氛和工作环境,而不太注重工作效率,这是一种轻松的领导方式。

(9.1)为任务式的管理。管理者全神贯注于任务的完成,很少关心下属的成长和士气。在安排工作时,尽力把人的因素的干扰减少到最低限度,以求得高效率。只关心生产不关心人。

(9.9)为团队式管理。管理者既重视人的因素,又十分关心生产,努力协调各项活动,既注重组织目标的实现,又注重满足员工的需要,强调组织目标与员工利益的一致性。

(5.5)为中庸型管理。管理者对人和生产都有适度的关心,保持完成任务和满足人们需要之间的平衡,既有正常的效率完成工作任务,又保持一定的士气,都过得去但又不突出。

在上述五种典型的管理类型中,布莱克和莫顿认为最有效、最理想的领导类型是9.9型,而后依次是9.1型、1.9型、5.5型和1.1型。管理方格图理论,提供了一种衡量管理者领导形态的模型,对于培养管理者是一种有用的工具,它可以使管理者较清楚地认识到自己的领导行为,并明确改进的方向。布莱克和莫顿曾据此提出一套培训管理人员的方法。

(三)领导权变理论

20世纪70年代以后,不少学者认为,领导的效率与领导者所处的情境有关,因此,应根据具体情境来确定最合适的领导方式。这种观点被称为领导权变理论,是西方现在占统治地位的领导理论。这一理论认为,决定领导效能的不是领导者稳定的特质和一定的行为,而是领导者、被领导者和环境条件三者的配合关系,即成功的领导行为取决于领导者、被领导者和环境因素的综合效应,即领导的有效性取决于领导者、被领导者和环境的互动。这一理论摒弃了领导特质天生论的观点,认为领导是一个动态过程,只有与特定情境相适应的领导方式才能发挥其效能,有效的领导行为是随着被领导者的特质和环境的变化而变化的。任何领导总是在一定的情境下,通过与被领导者的交互作用,去实现某一特定目标的行为。基于这一观点,研究者们从不同角度提出了各自的领导权变理论和模式。下面介绍有代表性的理论。

1.菲德勒的权变模型

伊利诺大学的菲德勒从1951年开始,首先从组织绩效和领导态度之间的关系着手研究,经过长达15年的调查试验,提出了"有效领导的权变模式",菲德勒认为,对领导风格研究的注意力应该更多地放在环境变化上,虽然不存在一种普遍适用的最佳领导风格,但在不同情况下都可以找到一种与该特定环境相适应的有效领导风格。菲德勒分析了环境因素,发现主要有3个因素会影响领导风格的有效性:

　　(1)领导者与下属之间的关系。即领导者能否得到下属的信任、尊重和喜爱,能否使下属自动追随他。领导者与下属之间相互信任、相互喜欢的程度越高,领导者的权力和影响力就越大,反之,其影响力就越小。

　　(2)职位权力。即领导者所处的职位、提供的权力是否明确和充分,是否得到上级和整个组织的有力支持。一个领导者对其下属的雇用、工作分配、报酬、提升等的直接决定权越大,其对下属的影响力也就越大。

　　(3)任务结构。即群体的工作任务是否规定明确,是否有详尽的规划和程序,有无含糊不清之处。

　　菲德勒将这三个环境变数任意组合成八种群体工作情境,对1200个团体进行了观察,收集了把领导风格与工作环境关联起来的数据,得出了在各种不同情况下使领导有效的领导方式,如表7-1所示。

表7-1　菲德勒模型

领导风格及工作环境　　　序号		1	2	3	4	5	6	7	8
领导风格	以人为主　高　LPC↑　低　以工作为主								
工作环境	上下级关系	好	好	好	好	好	差	差	差
	任务结构	明确	明确	不明确	不明确	明确	明确	不明确	不明确
	职位权力	强	弱	强	弱	强	弱	强	弱
	情境有利性	有利	有利	有利	适中	适中	适中	适中	不利

　　菲德勒的研究结果表明:根据群体工作情境,采取适当的领导方式可以把群体绩效提高到最大限度。当环境非常有利或非常不利时,采取工作导向型领导方式是合适的,但在各方面因素交织在一起且情境有利程度适中时,以人为重的领导方式更为有效。

　　菲德勒强调,领导风格是固定不变的,提高领导风格的有效性只有两条途经:或者改变领导者的领导方式,或者改变领导所处的环境。没有普遍适用的"最好的"或普遍不适用的"最差的"领导方式。任何一种领导方式既可能是有效的,也可能是无效的,这取决于环境,所以领导要依环境的变化而变化。

　　2.豪斯的路径—目标模式

　　路径—目标模式已经成为当今最受人关注的领导风格之一,它是由加拿大多伦多大学教授埃文斯于1968年首先提出的,之后经其同事罗伯特·豪斯

1971 年扩充而成。该理论认为,领导者的工作是帮助下属达到他们的目标,并提供必要的指导和支持,以确保各自的目标与群体或组织的总体目标一致。"路径—目标"的概念来自这样的观念,即有效领导者能够明确指明实现工作目标的方式来帮助下属,并为他们清除各种障碍和危险,给他们一定的指导,使他们能够寻找到实现目标的最佳途径,顺利达到目标。领导者在这一工作过程中,他的领导方式对于组织目标的达成至关重要。领导方式能否被下属接受,使下属产生工作上的满足感,取决于下属对领导方式的认识与拥护程度。只有大多数下属认识到这种领导方式能给他们带来近期或长期的利益,他们才会乐于接受。因此,要强调的一点认识是,领导方式应能被组织的大多数成员接受。要强调的另一点认识是,好的领导方式应具有激励性。某种领导方式激励作用的大小取决于两个因素:一是这种领导方式能否使下属的需要得到满足的程度取决于他们的业绩;二是这种领导方式能否向下属提供训练、指导、支持和报偿以形成良好的工作环境,使他们做出成绩。路径—目标模式归纳了四种不同的领导行为类型。

(1)指导型。领导者发布指令,明确让下属了解组织的目标,并给予下属以相当具体的指导,同时确信相应的目标和指导能得到下属的认可和接受。该类型的领导者关注明确的任务安排、成功绩效的标准和工作程序。

(2)支持型。领导者很友善,对下属较为关心,能够考虑他们的需要,注意联络与员工的感情,努力营造愉快的组织气氛。

(3)参与型。领导者在作决策时,能主动与下属磋商,征求和采纳他们的建议,相信员工的参与对实现组织目标能产生激励的效果。

(4)成就导向型。领导者提出挑战性的目标,且相信员工有能力并且愿意达到较高的要求。该类型的领导者强调出色的工作表现和员工的高成就动机。

路径—目标领导理论认为上述四种类型可由同一领导者在不同的情况下选择使用。有效的领导取决于下属的特性和他们所从事的工作环境这两个情境因素。下属的特性包括他们的需要、自信心和能力等,工作环境特征包括任务类型、奖励制度以及与同事的关系等。

豪斯认为,当下属完成分派的任务存在困难时或者他们是在一个几乎没有政策和程序的组织中接受模糊的任务时,指导型的领导行为可能会发生效力;当下属工作受挫或任务压力大时,支持型的领导行为将会特别有效;当一项决策需要下属支持时,领导者最好采取参与型行为;对工作中很少有挑战且能力较弱的下属而言,成就导向型行为则可能增加激励效果和提高工作绩效。所以,有效的领导者在实现目标的过程中,需要根据下属特性、任务特征和工作环境及其变化采用不同的途径。

3.赫塞—布兰查德的情境理论

这一理论是俄亥俄州立大学心理学家卡曼首先提出,后由赫塞和布兰查德进一步予以发展。这个理论认为,领导者的行为要与被领导者的成熟度相适应,随着被领导者的成熟度逐步提高,领导的方式也要作出相应的改变。这里所说的成熟度,主要是指人们对自己的行为承担责任的能力和意愿的大小。它取决于两个方面:任务成熟度和心理成熟度。任务成熟度是相对于一个人的知识和技能而言的,若一个人具有不需别人的指点就能完成其工作的知识、能力和经验,那么他的工作成熟度是高的,反之则低。心理成熟度则与做事的愿望或动机有关,如果一个人能自觉地去做,而不需外部的激励,就认为他有较高的心理成熟度,反之则低。

他们把下属的成熟度由低到高设定为四个阶段:

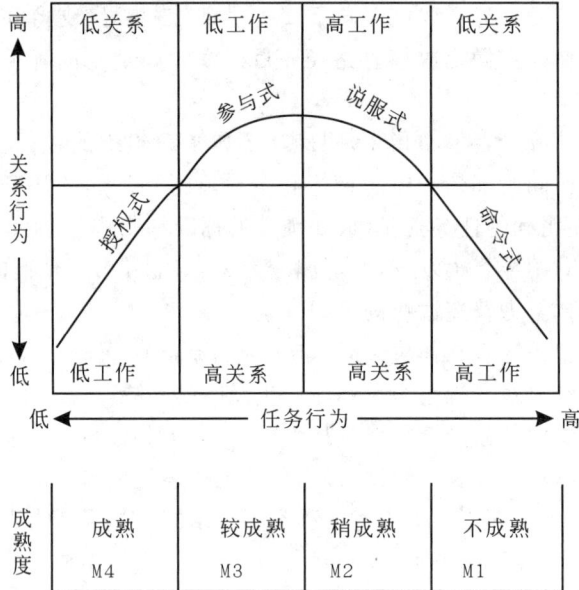

	低关系	低工作	高工作	低关系
关系行为	授权式	参与式	说服式	命令式
	低工作	高关系	高关系	高工作

任务行为　低 → 高

成熟度	成熟 M4	较成熟 M3	稍成熟 M2	不成熟 M1

图 7-4　应变领导模式理论

第一阶段(M1):这些人对于执行某任务既无能力又不情愿。他们既不胜任工作又不能被信任。

第二阶段(M2):这些人缺乏能力,但却愿意从事必要的工作任务。他们有积极性,但目前尚缺乏足够的技能。

第三阶段(M3):这些人有能力却不愿意干领导者希望他们做的工作。

第四阶段(M4):这些人既有能力又愿意干让他们做的工作。由此,赫塞和布兰查德提出了四种领导方式:命令式、说服式、参与式、授权式。

①命令式（高工作—低关系）：领导者对下属进行分工并具体指点下属应当干什么、如何干、何时干等，它强调直接指挥。

②说服式（高工作—高关系）：领导者既给下属以一定的指导，又注意保护和鼓励下属的积极性。

③参与式（低工作—高关系）：领导者与下属共同参与决策，领导者着重给下属以支持及其内部的协调沟通。

④授权式（低工作—低关系）：领导者几乎不加指点，由下属自己独立地开展工作，完成任务。

根据下属的成熟度和组织所处的环境，赫塞和布兰查德提出了应变领导模式理论。认为随着下属从不成熟走向成熟，领导者不仅要减少对活动的控制，而且也要减少对下属的帮助。领导者的行为要与被领导者的成熟程度相适应，对不同成熟度的下属应采用不同的领导方式，才能获得最为有效的领导。

第二节 激 励

一、激励的内涵

管理的核心在于人，组织的生命力来自组织中每一个成员的热忱，如何激发人们为组织提供有益贡献的工作热情，去实现组织的目标，是管理人员必须解决的问题。

激励从字面上看含有激发鼓励之义，在具体的管理实践中可以把激励简单通俗地理解为激发和鼓励组织成员积极性的过程。在管理学中，关于激励的更为严格和精确的定义，往往来自心理学和行为科学领域。

一般而言，所谓激励，就是激发人的动机，使人有一股内在的动力，朝着所期望的目标前进的心理活动过程。从组织行为学的角度来看，激励就是激发、引导、保持、规划组织成员的行为，使其努力实现组织目标的过程，而组织成员的努力是以能够满足个体的某些需要为前提条件的。大多数管理学者认为，激励就是主体通过运用某些手段或方式让激励客体在心理上处于兴奋和紧张状态，积极行动起来，付出更多的时间和精力，以实现激励主体所期望的目标。它表现为如下 4 个特点：

1. 目的性。激励的目的是调动组织成员工作的积极性，激发他们工作的主动性和创造性，以提高组织的效率。在组织中，它通常是管理者或领导者的任务。当然也可以是单个组织成员自己的事情，组织成员可以为达到某种目的而自我激励。

　　2.激励的前提是人的需求和动机。需求和动机的关系是:需求是第一位的,需求导致人的心理动机产生,如果人无所求,就没有心理动机,也就没有激励。

　　3.激励的对象是人。管理者激励的对象只能是人,因而在研究激励的方法和艺术前要对"人性"有充分的了解,针对不同的人采用不同的激励方法,才能收到好的效果。

　　4.激励是一个不断反复的过程。由于人的需求是持续不断的,激励也就成为一个不断反复的过程。当一种需求得到满足后,新的需求产生,又开始了新一轮的激励过程。

二、激励的作用

　　激励的主要作用在于激发调动人的积极性,从而使人们能够有成效地努力工作,以实现组织目标。研究表明,个人工作绩效取决于个人的能力和工作的积极性。如果通过有效管理和培训,个人能够胜任工作,那么决定工作绩效的关键因素就是人工作的积极性。一般来说,一个人能力的提升是较缓慢的过程,而工作态度、积极性的高低则可在短期内发生变化,从而对工作绩效产生明显的影响。具体来说,激励的主要作用表现在如下几个方面:

　　1.激励可以充分发挥员工的潜在能力。心理学家做过研究表明,在按时计酬方式下工作的员工,一般只要发挥 20%～30% 的能力就可保住饭碗,但如果给予充分的激励的话,他们的能力可以发挥 80%～90%。可见,一个人平常的工作能力水平与激发后可以达到的工作能力水平之间存在着较大差距,而激励是发掘这部分潜力的重要途径。

　　2.通过激励可以为组织吸引人才。有效的激励制度不仅可以充分调动组织内现有的人力资源,而且还有助于吸引组织外的人才流向组织内部,这是因为人们都希望自己的需要得到充分满足,才能得到充分发挥。

　　3.激励能影响员工对一个组织的适应。员工在某一特定地点、特定岗位上所具有的特定动机,以及他们的积极性、主动性、创造性的发挥程度会影响他们的工作效率。在很多方面,领导的职责就是要把员工的动机有效地引向促进企业实现目标的方向上去。

　　4.激励有助于增强组织的凝聚力。组织是由员工个体、工作群体组成的有机整体。为保证组织的正常协调运转,除用严密的组织结构和严格的规章制度加以规范外,还需要用激励方法,满足员工尊重、社会等多方面的需要,鼓舞员工的士气,协调人际关系,增强组织的向心力和凝聚力,促进组织的发展。一个组织的管理是否有效,与管理者是否重视了激励理论,是否掌握了正确的激励方式密切相关。

三、激励的人性假设

激励,就是在一定的人性假设理论指导下,通过一定的策略和手段使员工的需要得到满足,从而调动他们的工作积极性,使其主动地把个人的潜能发挥出来,献给组织,确保组织达成既定目标。因此,要理解激励的本质,首先要对管理中的人性有一个清晰的了解。

人性即人的本性或本质,是人通过自己社会性的生命活动,形成或获得的全部属性的综合。在每一个人身上,人性都体现为自然属性和社会属性两个方面。就自然属性而言,人的本能的欲念、冲动、渴望、追求往往支配着人,常常成为人的行为的内在驱动力。人的心理属性则更为复杂,包括人的感觉、知觉、思维、情绪、意志、气质、性格、需要、动机、态度以及价值观等一切心理现象的总和,体现出人性的本质。需要产生动机,动机激发人的行为,而人的兴趣、态度、理想、信念、价值观又对人的行为产生巨大影响,因而个性意识倾向是人们行为的心理动力因素,制约着人的全部心理活动和行为的方向与社会价值。

人性假设是管理者对被管理者实施管理的依据、基础和前提。对被管理者人性的认识和看法,决定了管理者对被管理者的态度、管理原则、方法和手段。下面我们介绍几种较典型的人性假设理论。

(一)经济人假设

根据经济人的观点,人是以一种合乎理性的、精打细算的方式行事,都在努力估算着他所采取的行动所能换来的最大收益,努力达到以最小的代价获得最大的利益。经济型的人生性好争且很自私、懒惰。工作只是为了获得经济报酬,或者为了避免受到惩罚。持有这种观点的管理者认为,激励的主要手段就是采用"胡萝卜加大棒",即一方面用金钱刺激调动员工的积极性,另一方面对消极怠工者采取惩罚措施,加强控制。

(二)社会人假设

根据社会人的观点,人们工作的动机不只在于经济利益,还追求全部社会需求,愿意在社会关系中寻求乐趣和意义,人是受社会需要所激励的,集体伙伴的社会力量要比上级主管的控制力量更加重要。社会需要和尊重需要比物质刺激更能调动员工的生产积极性。持这种观点的管理者认为,领导者应该关心和体贴员工,重视员工之间的社会交往关系,通过培养和形成员工的归属感来调动人的积极性。

(三)自我实现人假设

根据自我实现人的观点,人都需要发挥自己的潜力,表现自己的才能,实现自己的理想,只有人的潜能充分发挥出来,人才会感到满足。这样,企业就应当把人作为宝贵的资源来看待,通过提供富有挑战性的工作使人的个性不断成熟并体验到工作的内在激励。同时,要创造一个适宜的工作环境和工作条件,使人们在此条件下充分发挥自己的能力和潜力,实现自我价值。

(四)"复杂人"假设

复杂人假设认为,现实组织中存在着各种各样的人,不能把所有的人都简单化、一般化地归类为前述某一假设之下,人的需要和动机不仅因人而异,而且同一个人在不同的年龄、不同地点会有不同的表现,会随年龄的增长、知识的增加、环境的变化而变化。作为管理者,应认识到人是千差万别的,因而激励的措施也应该力图多样、变动,并根据具体的人灵活机动地采取合适的激励方法。

四、激励的理论

管理学中的激励理论主要基于心理学、行为科学、社会学等领域对人的需要、动机以及行为的研究成果,去探讨如何预测和激发人的动机,满足人的需要,调动人的生产积极性。从理论研究的侧重点看,激励可以划分为如下几个类型:内容型激励理论,着重探讨决定激励效果的各种基本要素,研究人的需要的复杂性及其构成,包括需求层次理论,双因素理论等;过程型激励理论,侧重研究激励实现的基本过程和机制,包括期望理论、公平理论;结果反馈型激励理论,主要研究对一个人行为评价所产生的激励作用。

(一)内容型激励理论

1. 需要层次理论

这是由美国心理学家马斯洛创立的,他认为人类都是有需要的动物,其需要取决于已经得到了什么,还缺乏什么,只有尚未满足的需要才能激发他们的工作动机,才是激励他们工作的因素。这些需要从低级到高级分为五个层次,如图 7-5 所示:

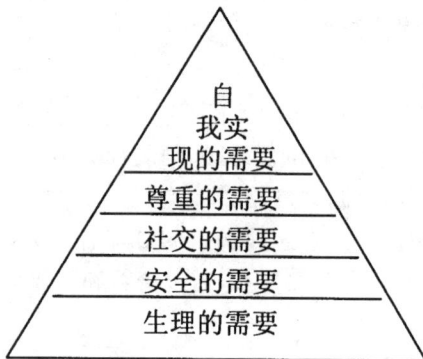

图 7-5　马斯洛的需要层次图示

第一层次是生理的需要。这是人类为了维持其生命最基本的需要,也是需要层次的基础。如果衣食住行等这类需要得不到满足，人类生存就成了问题。马斯洛认为，当这些需要未得到满足之前，其他需要就不能激励他们。

第二层次是安全的需要。当一个人的生理需要得到一定满足之后，他就想得到安全需要。如就业安全、生产过程中的劳动安全、社会生活中的人身安全、未来生活有保障、免除战争和意外灾害等。

第三层次是社交的需要。当生理需要和安全需要得到一定满足之后，社交的需要就会占主导地位，这是感情和归属方面的要求。这种需要包括与同事保持良好的关系，希望得到别人的友情、爱情。这种需要比前两种需要更细致，需要的程度因个人的性格、经历、受教育程度的差异而不同。

第四层次是尊重的需要。即自尊和受人尊重的需要。自尊心是促使人们积极向上的动力之一。受人尊重是希望别人对自己的人格、工作、能力与才干给予承认和较好的评价，希望自己在组织中有较高的地位和威望，得到别人的尊重并发挥一定的影响力。

第五层次是自我实现的需要。它是最高层次的需要，自我实现的需要就是希望在工作中有成就，实现自己的理想和抱负，最大限度地发挥个人潜力，实现自我价值。

应当注意的是，马斯洛所列举的需求各层次，绝不是一种刚性的结构。所谓层次，并没有截然的界限，层次与层次之间往往相互叠合，某一项需求的程度逐渐降低，则另一项需求也许将随之上升。一般来说，层次越低的需要，越容易得到满足，层次越高的需要，得到的满足度相对较低。此外，可能有些人的需求始终维持在较低的层次上，而马斯洛提出的各层次需求的顺序，不一定适合于所有的人，人们的职业、家庭背景、成长经历、文化水平等因素都会对需要产生影响。

尽管如此，马斯洛的需要层次理论，最大的用处在于指出了个人均有需求。身为主管人员，为了激励下属，就必须了解下属要的是什么需求，员工最需要的是什么，并提供相应的激励，这对于做好管理工作是非常重要的。

2.双因素理论

双因素理论又称为"激励—保健理论"，是美国心理学家赫茨伯格对9个企业中的203名工程师和会计师进行了1844人次的调查后提出的。他把企业中影响员工积极性的因素按其性质划分为两类：一类是起调动积极性作用的"激励因素"，另一类是只能消除或减少不满情绪的"保健因素"。

赫茨伯格的研究表明：使员工感到不满意的因素和使员工感到满意的因素是不同的。使员工感到不满意的因素往往是由外界环境引起的，主要有公司政策、行政管理和监督方式、人际关系、工作条件、地位、安全、工资水平等。这些因素改善了，只能消除职工的不满，但不能使职工变得非常满意，也不能激发他们工作的积极性,促进生产率的增长。赫茨伯格把这一类因素称为保健因素,意即只能防止疾病,不能医治疾病。使员工感到满意的因素通常是由工作本身产生的,主要有工作富有成就感,工作成绩得到认可,工作本身有挑战性,负有重大的责任,在职业上能够得到发展等。这类因素的改善,能够激励员工的积极性和热情,从而提高生产率。如果处理不好,也能引起员工的不满,但影响不是很大。赫茨伯格把这一类因素称为激励因素。

赫茨伯格修正了传统的认为满意的对立面就是不满意的观点,认为满意的对立面是没有满意,不满意的对立面则是没有不满意。激励的确要以满足需要为前提,但并不是满足需要就一定能够产生激励作用。给予赞赏、责任和发展的机会(有激励因素),员工会感到满意;不表扬、不授权(无激励因素),员工也不会感到不满意,而只是没有满意感。工作有报酬(有保健因素),员工不会感到满意,而只是没有不满意感,但若只让干活却无报酬(不具备保健因素),员工就会不满意。所以保健因素的满足只能防止人们产生不满情绪,消除了工作中的"不满意"因素并不必然带来工作中的满意。只有强化诸如成就感、工作认可、晋升机会等这些令人满意的激励因素,才能发挥有效的激励作用。

赫茨伯格双因素激励理论对企业管理的启示是:要调动和维持员工的积极性,首先要注意保健因素,以防不满情绪的产生。但更重要的是要利用激励因素去激发员工的工作热情,努力工作,只有激励因素才会增加员工的工作满意度。但赫茨伯格的双因素理论也有欠完善之处,像研究方法的可靠性以及满意度的评价标准都存在不足,另外,赫茨伯格讨论的是员工满意度与劳动生产率之间存在的一定关系,但他所用的研究方法只考察了满意度,并没有涉及劳动生产率。

3. 成就需要理论

成就需要理论是由美国哈佛大学的心理学家麦克莱兰提出的,他认为:马斯洛过分强调个人的自我意识和内在价值,而忽视人的社会属性。他在批判吸收马斯洛理论的基础上,进一步从管理的社会性角度提出了需要理论。他将人的社会性需要归纳为 3 个层次,即成就需要、社交需要、权力需要。

(1)成就需要。极需成就的人,对成功有一种强烈的要求,一般喜欢表现自我。他们愿意接受挑战,给自己树立具有一定难度的目标。他们对待风险一般采取现实主义的态度,勇于承担个人的责任,对他们正在进行的工作,希望得到明确而又迅速的反馈。

(2)社交需要。极需社交的人通常从友爱中得到快乐,并总是设法避免因被某个团体拒之门外带来的痛苦。所以他们往往保持一种融洽的社会关系,与周围的人保持亲密无间的关系和相互谅解,随时准备安慰和帮助危难中的伙伴,并喜欢与他人保持友善关系。

（3）权力需要。具有较高权力欲的人，对施加影响和控制表现出极大的关心，这样的人一般寻求领导者的地位，他们十分健谈，好争辩，直率，头脑冷静，善于提出要求，喜欢讲演，并且爱教训人。

根据麦克莱兰的理论，所有的人，无论学历高低，都需要权力、社交和成就。但这三种需要排列的层次和重要性会因人而异。成功的经理（中年以上）强调高成就的需要，并且强烈希望独立自主和高权力的需要，而对社交需要则相对降低，年轻的新经理对权力需要稍减，而成就与社交需要较强。

对于需要状况不同的员工，激励的措施是不同的。对于高成就需要的员工，管理者必须为他提供超常的、具有挑战性的但是经过努力可以完成的工作任务，及时正确地对他们的工作绩效进行反馈。对于高权力需要的员工，管理者必须让他们尽可能地安排和控制他们自身的工作，努力让他们参与决策的制定，尽量把一个完整的工作任务交给他们去完成。对于高社交需要的人，管理者应该确保他们作为团队的一员从事工作，并从中得到满足，应该给予他们大量的表扬和认可，委托他们对新员工进行接待和培训，以便他们成为很好的伙伴和教练。

（二）过程型激励理论

过程型激励理论侧重从组织目标与个人目标关联的角度，研究激励实现的基本过程和机制，包括动机的形成和行为目标的选择等。我们主要介绍弗鲁姆的期望理论和亚当斯的公平理论。

1. 期望理论

期望理论是美国著名心理学家和行为学家弗鲁姆在 20 世纪 60 年代中期提出来的。期望理论认为，一种行为倾向的强度取决于个体对于这种行为倾向可能带来的结果的期望强度，以及这种结果对行为者的吸引力。弗鲁姆认为，当人们预期到某一行为能给个人带来既定结果，而且当这种结果对个体具有吸引力时，人们才会采取这一特定行为。它对组织中通常出现的这样一种情况给予了解释，即面对同一种需要以及满足同一种需要的活动，为什么不同的组织成员会有不同的反应：有的人情绪高昂，而有的人却无动于衷呢？有效的激励取决于个体对完成工作任务以及接受预期奖赏能力的期望，根据这一理论，员工对待工作的态度依赖于对下列三种联系的判断。

（1）努力—绩效的关系。个人感觉到通过一定程度的努力而达到工作绩效的可能性，即必须付出多大的努力才能取得一定的工作绩效。我是否真能达到这一绩效水平？概率有多大？如果一个人认为通过自己的努力，有把握达到预期的目标，即主观上认为达到目标的概率很高，那么，这个人就会激发出强大的工作力量，反之亦然。

（2）绩效—奖励的关系。个人对达到一定工作绩效后即可获得理想的奖励结果的信任程度,即当达到理想的工作绩效后能得到什么样的奖励。如果一个人认为取得绩效后能得到合理的奖励,他就可能产生工作热情,否则就可能没有积极性。组织的目标如果没有相应的有效的物质和精神奖励来强化,时间一长,这个组织的全体成员为本组织贡献的动机就会逐渐消退。

(3)奖励—个人目标的关系。如果工作完成,个人所获得的奖励对个人的重要程度与个人的目标和需要有关,即这种奖励对我有多大的吸引力,它是否有助于实现自己的个人目标。

在这三种关系的基础上,员工在工作中的积极性或努力程度(激励力)是效价和期望值的乘积,即:M(激励力)=V(效价)×E(期望值)。

激励力是指一个人受到激励的强度。效价是指一个人对某项工作及其结果(可实现的目标)能够给自己带来满足程度的评价,即对工作目标有用性(价值)的评价。期望值是指人们对自己能够顺利完成某项工作可能性的估计,即对工作目标能够实现概率的估计。

效价和期望值的不同,就会产生不同的激励力,一般存在以下几种情况:

E 高×V 高=M 高　　　　E 中×V 中=M 中　　　E 低×V 低=M 低

E 高×V 低=M 低　　　　E 低×V 高=M 低

这表明,组织管理要收到预期的激励效果,要以激励手段的效价(能给激励对象带来的满足)和激励对象获得这种满足的期望值都足够高为前提。只要效价和期望值中有一项值较低,都难以使激励对象在工作岗位上表现出足够的积极性。

作为一种权变模型,期望理论的基础是个人需要,只有组织的奖励和个人的需要相吻合,组织对个人才有激励作用。因而期望理论的关键是,正确识别个人目标和判断三种联系,即努力与绩效的联系、绩效与奖励的联系、奖励与个人目标的联系。期望理论对管理者的启示是,管理人员的责任是帮助员工满足需要,同时实现组织目标。

2.公平理论

公平理论是由美国心理学家亚当斯于 1967 年提出来的理论。这个理论侧重研究工资报酬分配的合理性、公平性对员工积极性的影响。也就是说,公平理论主要研究的是奖励与满足的关系问题,主要用在分配上。

公平理论的基本观点是:员工的工作动机和劳动积极性不仅受其所得报酬绝对值的影响,更主要的是还受到相对报酬多少的影响。人们都有一种将自己的投入和所得与他人的投入和所得相比较的倾向。这里的投入包括工龄、性别、所受的教育和训练、经验和技能、资历、对工作的态度等方面。所得主要包括薪酬水平、机会、奖励、表扬、提升、地位以及其他报酬。员工个人会自觉或不自觉

地拿自己的投入和所得之间比率与他人进行横向比较,也会同自己过去作纵向
比较,并且根据比较的结果决定今后的行动。

所谓公平,就是员工把自己的工作绩效和所得报酬,在与他人的工作绩效及
所得报酬进行主观比较时,由此产生的一种积极性心理平衡状态。相反,不公平
是指比较时所产生的一种消极的、不平衡的心理状态。因此,公平感实质上是一
种主观价值判断,在不同的社会文化背景和意识形态下,其标准会有很大差异。
员工评价自己是否得到公平的评价,在一般情况下是和同事、同行、亲友、邻居或
自己以前的情况进行比较。若是投入和所得比率相等,心里就会产生公平感。
当发现投入和所得比率不相等时,他就会产生降低这种不公平状态的动机,他可
能选择以下个别行为:改变自己的产出,改变自我认知,改变对其他人的看法,选
择另一个比较基准,采取行动改变别的职工的收支比率,发牢骚、讲怪话、消极怠
工、制造矛盾弃职他就等。

公平理论揭示了公平分配对激励的重要作用,作为组织的管理者应注意对
员工进行正确的引导,尽量客观准确地考核员工的绩效,做到让绝大多数员工认
为是公平的,才能真正起到激励的导向作用。

(三)结果反馈型激励理论

结果反馈型激励理论主要着眼于如何引导和改造人的行为,使其向组织所
希望的方向发展。

1. 强化理论

强化理论是美国心理学家斯金纳提出来的。所谓强化是指通过不断改变环
境的刺激因素来达到增强、减弱或消除某种行为的过程。强化理论认为,过去的
经验对未来的行为具有重大影响,人们会通过对过去的行为和行为结果的学习
来"趋利避害",即当行为的结果对他有利时,他就会趋向于重复这种行为。当行
为的结果对他不利时,这种行为就会趋向于减弱与消失。根据这一原则,就可以
通过不同的强化途径,对人们的行为进行引导和激励。斯金纳把强化归纳为四
种类型。

(1)正强化。就是鼓励那些组织上需要的行为,从而加强这种行为。一般表
现为给予某人物质性的奖励、精神鼓励、赞赏、信任、晋升、安排挑战性工作或给
予学习提高的机会等。

(2)负强化。负强化是指人们为了避免出现不希望的结果,而使其行为得以
强化。例如,下级努力按时完成任务,就可以避免上级的批评,于是人们就一直
努力按时完成任务;上课迟到的学生都受到了老师的批评,不想受到批评的学生
就努力做到不迟到。

(3)自然消退。它是指对某种行为不加以理睬,既不奖励也不惩罚。这是一

种消除不合理行为的策略,因为倘若一种行为得不到强化,那么这种行为的重复率就会下降,直至最终消失。例如一个人老是抱怨分配给他的工作不合适,但却没人理睬他,也不给他调换工作,也许过一段时间他就不再抱怨了。

(4)惩罚。它是用批评、降薪、降职、处分、罚款等带有强制性、威胁性的手段,来消除某种行为的重复发生。

按照强化理论,管理者可以通过强化员工那些有利于组织目标和任务实现的行为来影响员工的活动,通过表扬和奖励可以使动机得到加强,行为得到鼓励,通过批评、惩罚等可以否定某种行为,使不好的行为越来越少。但在运用强化理论时,要掌握好度或频率。如频繁地使用正强化,一种后果是会导致人们对它形成越来越高的期望,这样在强化力度不变的情况下,会出现行为刺激作用减弱的现象;另一种后果是导致人们认为这种正强化是理所当然的,起不到应有的激励作用。因此,管理者在激励下属行为时,应该根据组织的需要和个人的特定行为表现,不定期、不定量地实施强化,使每一次强化都能起到较大的行为刺激作用。

2.归因理论

归因理论最早是美国心理学家海德发展起来的。归因就是对某种行为的结果找出原因。在管理过程中,管理者可以利用归因理论来改变人的认识,达到改变人的行为的激励效果。

归因理论认为,人们的行为获得成功或遭到失败主要归因于四个方面的因素:(1)努力程度;(2)能力大小;(3)工作任务的难易程度;(4)个人运气与机遇的好坏程度。这四个因素可以按内外因、稳定性和可控性三个维度来划分。从内外因来划分,努力和能力属于内部因素,而任务难易程度和机遇属于外部因素;从稳定性来划分,能力和任务难易程度属于稳定因素,努力和机遇属于不稳定因素;从可控性来划分,努力是可控制的因素,任务难易程度和机遇则是不可控性因素。由于归因方式不同,人们的行为反应也不同。

(1)由于能力是自己无法直接控制的稳定的内因,如果行为者把失败归于能力,则不会增强今后的努力程度,因为他认为再努力也起不了作用。

(2)假如把失败归因于不稳定的外因,如运气、机遇不好等,这就不一定会降低人的行为的积极性,行为者仍会保持较高的努力程度,争取下一次机遇的到来。

(3)假如把失败归因于自己不够努力,由于努力程度是相对不稳定的且又是可控的内因,因此这样的归因可能促使行为者今后更加努力。

(4)假如把行为失败归因于工作难度太大,由于这是稳定性的外因,很可能会降低行为者的自信心和努力的程度。

总之,如果人们把失败归因于自己的能力低、工作难度大等这些不可控的稳定因素,就会动摇取胜的信心;反之,如果把失败归因于自己不够努力或运气、机遇不好,则会增加努力的程度,争取下次成功的机会。归因理论告诉管理者的是,当员工在工作中遭到失败时,如何帮助他寻找问题的原因,引导他保持信心,加倍努力,以争取下一次行动的成功。

五、激励的方式

人的动机是需要引发的,而人的需要又是多种多样的,且不断变化着的,因而激励的方法也是多种多样的。组织的管理者在激励的实施过程中,只有针对员工的不同需要选择恰当的方式方法,才能达到有效激励的目的。下面我们介绍一下现代常用的几种激励方法。

1.事业激励

成就一番事业是人的普遍需求,当一个人为他认为值得奉献的事业工作时,必然会焕发无穷的力量,自然会全身心投入到建功立业的追求上,而不会斤斤计较于个人利益的得失,思想境界得到了升华,而成功的事业恰恰是社会评价一个人价值的重要尺度。

2.目标激励

目标激励就是通过设置恰当的目标,来调动人们的工作积极性。目标激励作用通常表现在两个方面:其一是有符合个人需要的目标才能起到激励作用,其二是目标应该是有价值的和可能实现的。这就要求目标既要有一定难度,富于挑战性,同时通过员工努力又是可以实现的。

3.培训激励

培训激励就是给员工提供学习、培训、进修的机会来激励员工。这些培训都可以充实员工的知识,增长才干,提高他们在职场上的适应能力和竞争能力,使自己的潜在能力充分发挥出来。培训不仅可以提高员工的素质和能力,改善员工的工作态度,激发员工持久的工作动力,而且还可以为员工承担更富于挑战性的工作,承担更大的责任创造条件。因此,培训是调动员工积极性的有效方法。

4.荣誉激励

荣誉是组织对群体或个人的崇高评价,是满足人们自尊需要,激发人们积极进取的重要手段,荣誉激励包括发给奖状、奖旗、奖牌,给予记功,授予称号等。荣誉激励成本低廉,但用得恰当却效果显著。

5.情感激励

情感激励就是通过建立良好的情感关系,对员工给予尊重、信任、关怀和支持,让员工体会到领导的关心、组织的温暖,从而激发员工的积极性,达到提高工作效率的目的。

6.参与激励

参与激励就是鼓励员工参加企业的各项管理工作,培养员工的主人翁意识,使员工个人和组织的利益趋于一致,激发员工的主人翁意识,使员工在感情上和组织融为一体,保持高昂的工作热情,从而促进组织各项工作的顺利开展,并取得优异成绩。

7.物质激励

物质需要和经济利益始终是人类的第一需要,是人们从事一切社会活动的基本动因。物质激励就是从满足人们的物质需要出发,通过对物质利益关系进行调节,从而激发员工的工作积极性。物质激励的主要形式有增加工资、颁发奖金、优先认股权、公司支付的保险金、分红、住房、带薪休假等等。经济学家和大多数主管人员倾向于把金钱看作是比其他激励因素更为重要的因素。因为员工的收入及居住条件影响其社会地位、社会交往,甚至学习、文化娱乐等精神需要的满足状况。

8.榜样激励

我们常说榜样的力量是无穷的。榜样激励就是树立典型、满足员工的模仿和学习的需要,把员工的行为引导到组织目标所期望的方向上去。特别是在困难和迷茫面前,通过树立先进典型与领导者身先士卒的形象,可以为员工找到一面镜子,以先进为榜样,增强勇气和信心,去战胜困难,走出困境。现实生活中可亲可敬又可学的榜样是激励众人奋斗的一面旗帜。

第三节　沟　通

一、沟通的内涵、过程及意义

(一)沟通的内涵

沟通是指可理解的信息或思想在两个或两个以上人群中的传递或交换的过程,即意义的传递与分享,目的是激励或影响人的行为。在很大程度上,组织的整个管理者工作都和沟通有关。在组织内部,有员工之间的交流、员工与工作团队之间的交流、工作团队之间的交流。在组织外部,有组织与组织之间的交流、组织与客户之间的交流。

如果信息或思想的意义没有被传送,则意味着沟通没有发生,也就是说,说话者没有听众或写作者没有读者都不能构成沟通。但是,要使沟通成功,意义不仅需要被传递,还需要被理解。沟通是意义的传递与理解。如果发出的信息或思想无法被他人理解,沟通就无法实现。完美的沟通,如果其存在的话,应是经过传递之后被接受者感知到的信息与发送者发出的信息完全一致。

另外需要注意的是,良好的沟通常常被错误地解释为沟通双方达成协议,而不是准确理解信息的意义。如果有人与我们意见不同,不少人认为此人未能完全领会我们的看法,换句话说,很多人认为良好的沟通是使别人接受我们的观点。事实上,别人可以非常明白你的意思却不同意你的看法。当一场争论持续了相当长时间,旁观者往往断言是由于缺乏沟通导致的,然而详尽的调查常常表明,此时正进行着大量的有效沟通,每个人都充分理解了对方的观点和见解。问题是人们把有效的沟通与意见一致混为一谈了。

(二)沟通的过程

当人们之间需要进行沟通时,沟通的过程就开始了。沟通就是通过使用共同符号传递信息和理解信息,共同符号可以是言语的或是非言语的。只有当接受者能够理解发送者传递的信息时,沟通才会成功。沟通的过程图 7-6 所示:

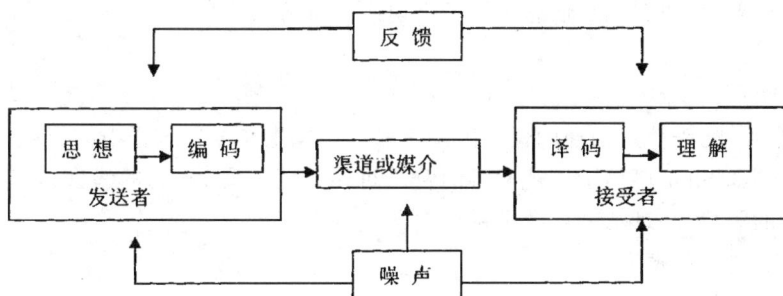

图 7-6 沟通过程

1.信息发送者(编码)

信息发送者即需要沟通的主动者要把自己的某种思想或想法(希望他人了解的)转换为信息发送者自己与接收者双方都能理解的共同"语言"或"信号",这一过程就叫做编码。编码的功能就是提供一种能够将思想和目的表达为一种信息的方式,编码加工的结果就是信息。要发送的信息只有经过编码,才能得以传递,没有这样的编码,人际沟通是无法进行的,就像中国人不会讲英语就无法同只会讲英语的人进行沟通一样,如果没有一套大家都能理解的语言、图表、符号、非语言等信息,沟通就无法实现。

2.信息传递渠道或媒介

编码后的信息必须借助一定的信息传递渠道或媒介才能到达接收者那里。信息传递渠道有许多:如面对面沟通、书面的备忘录、电话、电报、电视、互联网。

每种信息沟通渠道都有利弊,选择什么样的信息传递渠道,要看沟通的对象、沟通的场景、方便与否,以及可利用的沟通条件,同时还要考虑到选用某一种渠道的成本因素,选择恰当的沟通渠道对实施有效的信息沟通是极为重要的。

3.信息接收者(译码与理解)

信息接受者对收到的信息,根据自己先前的经验和参照体系还原为自己能理解的信息,叫译码。译码是接受者思维过程的技术术语。译码信息与发送者的意图越接近,沟通的效率越高。当然,在接受者译码的过程中,由于接受者的教育程度、技术水平以及当时的心理活动,均会导致在接收信息时发生偏差或疏漏,也会导致在译码的过程中出现差错,这样就会使信息接受者发生一定的误解,不利于有效的沟通。

4.反馈

反馈是检验信息沟通效果的再沟通。它使得发送者能够确定信息是否被接受了,是否产生了反应,产生了什么样的反应,并将沟通效果的信息迅速传递给信息发送者,从而有利于信息发送者迅速修正自己的信息发送,以便达到最好的沟通效果。

5.噪声

噪声是妨碍信息沟通的任何因素。噪声会发生在沟通过程中的任意一个因素中。例如:由于使用了模棱两可的符号可能造成编码、译码的错误;传递过程中外界的干扰;心理活动导致了错误发送或接收等等。

(三)沟通的意义

沟通对组织中的管理来说,具有重要的意义。

首先,沟通是正确决策的前提和基础。一个组织或企业的成功,主要取决于重大政策、经营方针的正确决策。在决策过程中,无论是问题的提出和认定,还是各种可供选择方案的比较,都需要企业内外、国内外市场、技术、资源、竞争对手等相关情况的掌握,没有沟通就不会有正确的决策。事实证明,许多决策的失误,都是由于资料信息不全、沟通渠道不畅造成的。

其次,沟通是领导者激励下属,实现领导职能的基本途径。一个领导者不管有多高超的领导艺术水平,有多么灵验的管理方法,他都必须将自己的意图和想法告诉下属,并且了解下属的想法。领导环境理论认为,领导者就是了解下属的愿望并为此而采取行动,为满足这些愿望而拟订和实施各种方案的人,而下属就是从领导者身上看到了一种达到自己愿望或目的的人。而这些"目的"的"看到"或"了解"都需要沟通这个基本工具和途径。

再次,沟通为组织建立起了同外界联络的桥梁和纽带。任何组织只有通过与外界的沟通,才有可能成为一个与外部环境发生作用的开放系统。特别是在竞争激烈的现代社会,要使组织或企业取得一席之地,没有与政府、顾客、公众、竞争者、合作者等进行有效的沟通,是不可想象的,一个组织或企业只有不断地适应变化迅速的社会环境,才能抓住机遇,取得成功,这都离不开沟通。

最后,沟通是建立良好人际关系,凝聚组织成员力量的重要手段。在一个组织中,由于每个人的地位、能力、利益的不同,如果没有良好的沟通,就会使组织成员产生误解、隔阂、离散组织的力量。而通过沟通,员工之间增进了解和感情,化解矛盾,统一思想认识,上下一心,把大家的心思和精力引导到实现工作目标上,保证组织任务的完成,沟通促团结,团结出力量。

二、沟通的障碍及其克服

(一)沟通的障碍

沟通中的障碍可能存在于信息发送者方面,或存在于传递过程中,或在接受者方面,或在信息反馈方面,沟通过程中一旦出现了障碍就会使沟通无法实现,甚至造成双方更大的误会,克服沟通过程中存在的障碍,是达到沟通预期目标的重要一环。常见的沟通障碍有如下几种:

1. 个人因素

个人因素主要包括两类:一是有选择地接受,二是沟通技巧的差异。所谓有选择地接受是指人们拒绝或片面地接受与他们的期望不一致的信息。研究表明,人们往往听或看他们感情上有所准备的东西,或他们想听或想看到的东西,甚至只愿意接受中听的,拒绝不中听的信息。这就提醒人们,如果你只想听到自己希望听到的,真实信息就会被扭曲。有人曾做过试验,请一家公司的 23 位主管回答:假如你是公司总裁,你认为哪个问题重要。销售主管说营销是个大问题,生产主管说产品是企业的生命,人事主管则认为现代管理应以人为中心,人事部门最重要。这个试验告诉人们:第一,人们只看到他们擅长看到的东西;第二,由于复杂的事物可以从各种角度去观察,人们所选择的角度强烈地影响了他们认识问题的能力和方法。除了人们的接受能力有所差异外,许多人运用沟通的技巧也很不相同。例如,有的人不能口头上完美地表述,但却能够用文字清晰而简洁地写出来,另一些人口头表达能力很强,但不善于听取意见,还有一些人阅读较慢,并且理解起来比较困难。所有这些问题都妨碍进行有效的沟通。

2. 人际因素

人际因素主要包括沟通双方的相互信任、信息来源的可靠程度和发送者与接受者之间的相似程度。

沟通是发送者与接受者之间"给"与"受"的过程。信息传递不是单方面,而是双方的事情,因此,沟通双方的诚意和相互信任至关重要。上下级之间的猜疑只会增加抵触情绪,减少坦率交谈的机会,也就不可能进行有效地沟通。许多研究表明,在沟通过程中经常会发生信息被故意操纵,使得接受者只能获得一些也许是片面的信息。例如,当下级猜疑某些信息会给他带来损害时,他在与上级沟通时常常会对这些信息作一些有利于自己的加工。这就是信息的过滤。

信息来源的可靠性由四个因素决定:诚实、能力、热情和客观。有时信息来源并不同时具备这四个因素,但只要信息接受者认为发送者具有即可,可以说信息来源的可靠性实际上是由接受者主观决定的。信息来源的可靠性对企业中个人和团体行为的影响很大。就个人而言,雇员对上级是否满意很大程度上取决于他对上级可靠性的评价。就团体而言,可靠性较大的工作单位或部门比较能公开地、准确地和经常地进行沟通,它们的工作成就也相应地较为出色。

沟通的准确性与沟通双方间的相似性有着直接的关系。沟通双方特征(如性别、年龄、智力、种族、社会地位、兴趣、价值观、能力等)的相似性影响沟通的难易程度和坦诚性。沟通一方如果认为对方与自己很接近,那么比较容易接受对方的意见,并且达成共识。相反,如果沟通一方视对方为异己,那么信息的传递将很难进行下去。

3.结构因素

结构因素主要包括地位差别、信息传递链、团体规模和空间约束四个方面。

一个人在组织中的地位很大程度上取决于他的职位。许多研究表明,地位的高低对沟通的方向和频率有很大的影响。例如人们一般愿意与地位较高的人沟通,地位较高的则更愿意相互沟通,地位越悬殊,信息趋向于从地位高的流向地位低的。在谈话中,地位高的人常常居于沟通的中心地位,地位低的人常常通过尊敬、赞扬和同意来获得地位高的人的宠幸。事实清楚地表明,地位是沟通中的一个重要障碍。

一般来说,信息通过的等级越多,到达目的地的时间越长,信息失真率则越大。这种信息连续地从一个等级到另一个等级时所发生的变化,称为信息链传递现象。一项研究表明,企业董事会的决定通过五个等级后,信息损失平均达80%。其中,副总裁这一级的保真率为63%,部门主管为56%,工厂经理为40%,第一线工长为30%,职工为20%。

当工作团队规模较大时,人与人之间的沟通也相应变得较为困难。这部分是由于沟通渠道的增长大大超过人数的增长。

企业中的工作常常要求员工只能在某一特定地点进行操作。这种空间约束的影响往往在员工单独于某位置工作或在数台机器之间往返运动时尤为突出。空间约束不利于员工之间的交流。一般来说,两人之间的距离越短,他们交往的频率越高。

4.技术因素

技术因素主要包括语言、非语言暗示、媒介的有效性和信息过量。

大多数沟通的准确性依赖于沟通者赋予字和词的含义。由于语言只是个符号系统,本身没有任何意思,它仅仅是我们描述和表达个人观点的符号或标签。每个人表述的内容常常是由他独特的经历、个人需要、社会背景等决定的。因此,语言和文字极少对发送者和接受者双方都具有相同的含义,更不用说许许多多的不同的接受者。语言的不准确性不仅仅表现在对符号的不同理解上,而且能激发各种各样的感情。这些感情可能又会进一步歪曲信息的含义。同样的字词对不同的团体来说,会导致完全不同的感情和不同的含义。

当人们进行交流时,常常伴随着一系列有含义的动作。这些动作包括身体姿势、头的偏向、手势、面部表情、移动、触摸和眼神等。这些无言的信号强化了所表述的含义。例如,沟通者双方的眼神交流,可能会表明相互感兴趣、喜爱、参与或者攻击。面部表情会表露出惊讶、恐惧、兴奋、悲伤、愤怒或憎恨等情绪。遗憾的是,人们往往偏重于书面文字的沟通,而忽略了面对面的交往,在不多的面对面交谈中,又低估了非语言暗示的作用。

管理者理应十分关注各种不同沟通工具的效率。一般来说,口头和书面沟通各有所长。口头沟通适合于需要翻译或精心编制才能使拥有不同观念和语言才能的人理解的信息。其优点是:快速传递信息,并且希望立即得到反馈,可传递敏感的或秘密的信息,可传递不适用书面媒介的信息,适合于传递感情和非语言暗示的信息。书面沟通(备忘录、图表、公告、公司报告等)常常适用于传递篇幅较长、内容详细的信息。它的优点是:为接受者提供适合自己的速度,用自己的方式阅读材料的机会,易于远距离传递,易于储存,并在作决策时提取信息,比较准确,经过多人审阅。选择何种沟通工具,在很大程度上取决于信息的种类和目的,还与外界环境和沟通双方有关。

在一个信息爆炸的时代,管理者面临着海量的信息,这就是信息过量问题,管理人员只能利用他们所获得信息的 $1/100 \sim 1/1000$ 进行决策。信息过量不仅使管理者没有时间去处理,而且也使他们难以向同事提供有效的、必要的信息,沟通也随之困难重重。

(二)沟通障碍的克服

要完全克服沟通的障碍似乎是不大可能的,但是,尽量改进信息沟通进而提高沟通的效率和质量则是完全可以做到的。一般而言,要克服沟通中的障碍,应做到以下几点:

1.提高对沟通的思想认识水平。管理人员十分重视计划、组织、领导和控制,对沟通常常疏忽,认为信息的上传下达有了组织系统就可以,对非正式沟通中的"小道消息"常常采取压制的态度,这些都表明了沟通没有得到应有的重视,重新确立沟通的地位是克服沟通障碍首先必须做的事情。

2.创造一个相互信任,有利于沟通的环境。要提高沟通的效率和质量,必须诚心诚意地去倾听对方的意见,这样对方才能把真实想法说出来。但信任不是天上掉下来的,要以心换心,学会换位思考,用理解消除猜疑,让信任润滑沟通。特别是领导者、管理者要有民主作风,豁达大度,能听取不同意见。

3.缩短信息传递链,拓宽沟通渠道,保证信息的畅通和完整。信息传递链过长,减慢了流通速度并造成信息失真,这是人所共知的事实。减少重叠、层次过多的组织机构,确实是必须要做的事情。此外,在利用正式沟通渠道的同时,可开辟高级管理人员至低级管理人员的非正式沟通渠道,以便于信息的传递。

4.建立特别委员会,定期加强上下级的沟通。特别委员会可以由管理人员和第一线的员工组成,定期相互讨论各种问题。国外的特别委员会通常每年碰头2~6次,并且会前有正式的会议议题,会后公开讨论结果。会中如有问题不能解决,可上报高级管理人员。

5.加强平行沟通,促进横向交流。一般来说,企业内部的沟通上下沟通居多,部门之间、车间之间、班级之间横向交流很少,而平行沟通则能加强横向的合作。具体来说,可以定期举行由各部门负责人参加的工作会议,其主题是允许他们相互汇报本部门的工作、对其他部门的要求等等,以便强化横向合作。

6.充分发挥非管理工作组职能。当企业发生重大问题,引起上下关注时,管理人员可以授命组成非管理工作组。该工作组成员由一部分管理人员和一部分员工自愿参加,利用一定的工作时间,调查企业的问题,并向最高主管部门汇报。最高管理阶层也定期公布他们的报告,就某些重大问题或热点问题在全企业范围内进行沟通。

7.充分发挥职工代表大会的职能。企业每年都要召开职工代表大会,厂长(经理)会通报企业在过去的一年取得的成绩、存在的问题以及未来的发展等重大问题。而职工也可以就自己所关心的问题与厂长(经理)进行面对面的交流和沟通。

8.认真聆听双方意见。信息沟通是沟通双方互动的过程,在这一过程中,沟通双方或数方能够认真倾听双方所述问题和意见,就能减少许多由于不够认真聆听导致的误解,从而减少沟通过程中的障碍。有效的沟通要求双方付出时间、同情、共鸣和全神贯注等代价,要求相互倾听、相互理解,给予反馈也要求得到反馈,只有这样才有可能使沟通有效、顺利。

9.考虑文化因素的影响。双方在进行沟通时,应充分了解对方的文化背景,掌握文化对其价值观的影响,从而更好地理解对方对事物的看法和态度,以消除或降低沟通中的文化障碍。

三、沟通的方式

在一个组织内,沟通的方式可分为正式沟通和非正式沟通两种方式。

(一)正式沟通

正式沟通指由组织内部明确的规章制度所规定的沟通方式,它和组织的结构息息相关,主要包括按正式组织系统发布的命令、指示、文件;组织召开的正式会议,组织正式颁布的法令、规章、手册、简报、通知、公告;组织内部上下级之间因工作需要而进行的正式接触。一个组织的正式沟通可分为上行沟通、下行沟通、平行沟通和斜向沟通。

1.上行沟通。这是指在组织中信息从较低的层次流向较高的层次的一种沟通。它包括下属依照规定向上级提出正式书面或口头报告。除此之外,许多机构还采取某些措施鼓励向上沟通,例如设置意见箱、建议制度、由组织举办的征求意见座谈会或态度调查等。建立有效的上行信息沟通机制,可以使管理者便于了解下情,让职工有反映自己想法、要求、意见和愿望的机会,充分吸收群众的智慧。

2.下行沟通。这是指组织中信息从较高的层次流向较低层次的一种沟通,一般以命令方式传达上级组织或其上级所决定的政策、计划之类的信息。向下沟通最常见的形式是工作指示、会议纪要、政策陈述、程序、手册和公司出版物。要使下行沟通更有效,管理者应该深入到职工中去,与他们交朋友,情报沟通、思想沟通和心理沟通并举,以增强下级对上级的信任感。但下行沟通中的信息被过滤问题要引起管理者注意,并采取措施加以防止和克服。

3.平行沟通与斜向沟通。平行沟通,是指组织中同级机构或个人之间的信息沟通。平行沟通对于加强平行单位之间的业务协调,增加相互了解,增进团结与合作,克服本位主义,都有益处。组织内部的平行沟通具体方式很多,如互适应沟通、借助制度沟通、召开会议沟通、委员会沟通、联络员沟通。

斜向沟通是指组织内不同级别而又无直接隶属关系的部门和个人之间的信息交流。职能管理科室与业务经营单位之间常有这类斜向的信息往来。

正式沟通的优点是:沟通效果好,比较严肃,约束力强,易于保密,可以使信息沟通保持权威性。重要的消息和文件的传达、组织的决策等一般都采取这种方式。其缺点是,因为依靠组织系统层层传递,所以很刻板,刚性强,沟通速度慢,此外也存在着信息失真或扭曲的可能。

(二)非正式沟通

1.非正式沟通的含义

非正式沟通是以社会关系为基础,与组织内部明确的规章制度无关的沟通方式。它的沟通对象、时间及内容等都是未经计划和难以辨别的。因为非正式组织是由于一些组织成员在情感上的需要而形成的，所以它的沟通渠道是通过组织内的各种社会，而这种社会关系超越了部门、单位及层次。非正式组织成员之间的沟通渠道更具丰富性和复杂化。非正式沟通的特点有：

（1）自发性。非正式沟通多没有规定好沟通内容，是无意中进行的，沟通内容不受限制，无规律性可寻。

（2）灵活性。非正式沟通不受组织层级的节制，不受时间、地点的限制。一个眼神、一种面部表情、一句话语就可达成组织成员之间的某种沟通。

（3）易变性。非正式组织带有一定的松散性，人际关系变化快，因而这种沟通的关系是随沟通双方的趣味、情绪等的变化而变化的。

（4）情感性。非正式沟通带有明显的感情色彩，一般来说以感情为主作为判断是非、好恶的标准。

（5）缺乏责任性。非正式沟通一般以口头方式，不留证据，不负责任，许多不愿通过正式沟通传递的信息，却可能在非正式沟通中透露。

2.非正式沟通的类型

非正式沟通主要有以下几种类型：

（1）集束式（葡萄串式）。A将消息有选择地告诉自己的朋友或有关人员，被告知者也如此进行传递信息，消息就这样一一扩散开来。

（2）流言式（闲谈传播式）。消息由一个人主动地传递给其他一些人。

（3）几率式（偶然式）。消息由A通过偶然的机会，传到某一部分人中，这些人又将消息随机遇传播。

（4）单线性（单串式）。消息由A通过B、C等一连串的人传到最终的接受者。

3.非正式沟通在管理上的意义及对策

在传统的管理及组织理论中，并不承认这种非正式沟通的存在，即使发现有这种现象，也认为要将其消除或减少到最低限度。但非正式沟通的存在说明其存在的合理性，它可以满足员工情感方面的需要，可以弥补正式渠道的不足，可以了解员工真正的心理倾向与需要，可以减轻管理者的沟通压力，可以防止某些管理者滥用正式通道，有效防止正式沟通中的信息"过滤"现象。但是，非正式沟通难以控制，传递的信息不确切，容易失真，而且，它还可能导致小集团、小圈子，影响组织的凝聚力和人心稳定。由此可见，非正式沟通无所谓好坏，主要在于管理者如何兴利除弊，扬长避短，为我所用。为此，管理者应采取的对策是：

（1）正本清源。非正式沟通的产生和蔓延主要是由于人们得不到他们所关心的消息，因此，管理者越是封锁消息，则背后流传的谣言愈加猖獗。管理者应尽可能使组织内的沟通系统更为开放或公开,则种种谣言将会不攻自破。

（2）培养组织成员对组织管理当局的信任和好感,这样人们就比较愿意倾听组织正式提供的信息,而不愿听取小道消息。

（3）想阻止已经产生的谣言,与其采取防卫性的驳斥或说明其不可能的道理,不如正面提出相反的事实更为有效。

（4）应加强对组织主管人员的沟通培训,使他们有比较正确的观念和处理方法。

（5）闲散和单调是造谣生事的温床。为了避免这些不实的谣言,扰乱人心士气,管理者应注意,不要使组织成员有过分闲散或过分单调枯燥的情形发生。

（6）重视与非正式组织的沟通,学会与非正式组织"意见领袖"打交道。

以上几条管理非正式沟通的努力都值得借鉴和实践。

【课后案例分析】

案例-1

苏·雷诺兹（Sue ReynoIds）,今年 22 岁,即将获得哈佛大学人力资源管理的本科学位。在过去的两年里,她每年暑假都在康涅狄格互助保险公司打工,填补去度假的员工的工作空缺,因此她在这里做过许多不同类型的工作。目前,她已接受该公司的邀请,毕业之后将加入互助保险公司成为保险单更换部的主管。

康涅狄格互助保险公司是一家大型保险公司,仅苏所在的总部就有 5000 多名员工。公司奉行员工的个人开发,这已成为公司的经营哲学,公司自上而下都对所有员工十分信任。

苏将要承担的工作要求她直接负责 25 名职员。他们的工作不需要什么培训而且具有高度的程序化,但员工的责任感十分重要,因为更换通知要先送到原保险单所在处,要列表显示保险费用与标准表格中的任何变化;如果某份保险单因无更换通知的答复而将被取消,还需要通知销售部。

苏工作的群体成员全部为女性,年龄跨度从 19 岁～62 岁,平均年龄为 25 岁。其中大部分人是高中学历,以前没有过工作经验,她们的薪金水平为每月 1420 美元～2070 美元。苏将接替梅贝尔·芬彻的职位。梅贝尔为互助保险公司工作了 37 年,并在保险单更换部做了 17 年的主管工作,现在她退休了。苏去年夏天曾在梅贝尔的群体里工作过几周,因此比较熟悉她的工作风格,并认识大多数群体成员。她预计除了丽莲·兰兹之外,其他将成为她下属的成员都不会有什么问题。丽莲今年 50 多岁,在保险单更换部工作了 10 多年,而且作为一个"老太太",她在员工群体中很有分量。苏断定,如果她的工作得不到丽莲·兰兹的支持,将会十分困难。

苏决心以正确的步调开始她的职业生涯。因此,她一直在认真思考一名有效的领导者应具备什么样的素质。

试回答以下问题:

1. 影响苏成功地成为领导者的关键因素是什么?

2. 你认为苏能够选择领导风格吗? 如果可以,请为她描述一个你认为有效的风格。如果不可以,请说明原因。

案例-2

助理工程师黄大佑,一个名牌大学高材生,毕业后工作已 8 年,于 4 年前应聘调到一家大厂工程部负责技术工作,工作诚恳负责,技术能力强,很快就成为厂里有口皆碑的"四大金刚"之一,名字仅排在厂技术部主管陈工之后。然而,他的工资却同仓管人员不相上下,夫妻小孩三口尚住在来时住的那间平房。对此,他心中时常有些不平。

黄厂长,一个有名的识才的老厂长,"人能尽其才,物能尽其用,货能畅其流"的孙中山先生名言,在各种公开场合不知被他引述了多少遍,实际上他也是这样做了。4 年前,黄大佑调来报到时,门口用红纸写的"热烈欢迎黄大佑工程师到我厂工作"几个不凡的颜体大字,是黄厂长亲自吩咐人秘部主任落实的,并且交代要把"助理工程师"的"助理"两字去掉。这确实使黄大佑当时工作更卖劲。

两年前,厂里有指标申报工程师,黄大佑属于有条件申报之列,但名额却让给一个没有文凭、工作平平的若同志。他想问一下厂长,谁知,他未去找厂长,厂长却先来找他了:"黄工,你年轻,机会有的是"。去年,他想反映一下工资问题,这问题确实重要,来这里其中一个目的不就是想得高一点工资,提高一下生活待遇吗? 但是几次想开口,都没有勇气讲出来。因为厂长不仅在生产会上大夸他的成绩,而且,曾记得,有几次外地人来取经,黄厂长当着客人的面赞扬他:"黄工是我们厂的技术骨干,是一个有创新的……"哪怕厂长再忙,路上相见时,总会拍拍黄工的肩膀说两句,诸如"黄工,干得不错","黄工,你很有前途"。这的确让黄大佑兴奋,"黄厂长确实是一个伯乐"。此言不假,前段时间,他还把一项开发新产品的重任交给他呢,大胆起用年轻人,然而……

最近,厂里新建好了一批职工宿舍,听说数量比较多,黄大佑决心要反映一下住房问题,谁知这次黄厂长又先找他,还是像以前一样,笑着拍拍他的肩膀:"黄工,厂里有意培养你入党,我当你的介绍人。"他又不好开口了,结果家没有搬成。

深夜,黄大佑对着一张报纸的招聘栏出神。第二天一早,黄厂长办公台面上放着一张小纸条:

黄厂长：

您是一个懂得使用人才的好领导,我十分敬佩您,但我决定走了。

黄大佑于深夜

试回答以下问题：

1.根据马斯洛的理论,住房、评职称、提高工资和入党对于黄工来说分别属于什么需要?

2.根据公平理论,黄工的工资和仓管员的不相上下,是否合理?

案例-3

联合制造公司总经理奥斯特曼对随时把本公司经济上的问题告诉雇员们的重要性非常了解。她知道,由于市场价格不断跌落,公司正在进入一个困难的竞争时期。同时她也清楚,为了保住她的市场份额,必须降低本公司产品的出售价格。

奥斯特曼每月向所有雇员发出一次定名为“来自总经理部”的信,她认为这是传递信息的一种好方式。然而,一旦出现了重要情况,她还要把各部门负责人召集到那个简朴的橡木镶板的会议室里,在她看来,这样做会使这些负责人确实感到他们是管理部门的成员并参与了重大决策的制定。根据会议的礼仪规定,所有与会人员都要在预定时间之前就座,当奥斯特曼夫人进来时要起立致意,直至得到允许后再坐下。这次会议,奥斯特曼进来后只简单地点了点头,示意他们坐下。

“我叫你们都来,是想向你们说明我们所面临的可怕的经济形势。我们面对的是一群正在咬我们脚后跟的恶狼一样的对手。他们正在迫使我们以非常低的价格出售我们的产品,并且要我们按根本不可能实现的日期交货。如果我们这个大公司——自由企业的一个堡垒——还打算继续存在下去,我们所有的人就都要全力投入工作,齐心协力地干。下面我具体地谈谈我的意见。”

在她发表完意见以后,奥斯特曼用严厉的目光向在座的人扫视了一下,似乎在看是否有人敢讲什么。没有一个人说话,因为他们都知道,发表任何意见都会被奥斯特曼夫人看成持有不同意见。

“首先,我们这里需要想象学。我们需要积极思想的人,而且所有的人都应当通力合作。我们必须要使生产最优化,在考虑降低成本时,不能对任何一个方面有所疏忽。为了实现降低成本的应急计划,我在公司外聘请了一个最高级的生产经理。”

“我们要做的第二件事是最大限度地提高产品质量。在我们这个企业里,质量就是一切。每部机器都必须由本部门的监督员按计划进行定期检验。只有经过监督员盖章批准后,机器才能开始运转,投入生产。在质量问题上,再小的事情也不能忽视。"

"在我的清单上所列的值得认真考虑的第三个问题是增强我们的推销员的力量。顾客是我们这个企业的生命线,尽管他们有时不对,我们还是要态度和气地、灵活地对待他们。我们的推销员必须学会做生意,使每一次推销都有成效。公司对推销员的酬报办法是非常公正的,即使如此,我们还打算通过提高滞销货的佣金率来增加他们的奖金数额。我们想使这个意见在董事会上得到通过。但是,我们必须保住成本,这是不能改变的。"

"最后,我要谈谈相互配合的问题。这对我们来说比其他任何问题都更加重要。要做到这一点,非齐心不可。领导就是配合,配合就是为同一目标共同努力。你们是管理部门的代表,是领导人,我们的目标你们是知道的。现在让我们一起努力工作,并迅速地把我们的这项复杂的事情搞好吧!要记住,我们是一个愉快的大家庭。"

奥斯特曼结束了她的讲话,参加会议的人都站了起来,静立在各自的椅子旁边。奥斯特曼收起文件,离开会议室朝她的办公室走去。

试回答以下问题:

1. 在这个案例中,构成沟通障碍的除了语言因素之外,还有什么因素?
2. 假若这次会议由你安排,你打算怎样来保证双向的沟通?

第八章 控 制

控制是管理工作最重要的职能之一,它是保证计划与实际操作动态相适应的管理职能。在管理过程中,如果说制定计划是管理职能的第一步,然后第二步是组织和领导计划的实施,那么,接下来的第三步就是关注计划实施的结果如何,计划所确定的内容能否得到顺利实现,甚至计划本身是否科学合理。要弄清这些问题并采取相应的处理措施,就必须展开认真的控制工作。可以说,一个有效的控制系统可以保证各项活动依据计划朝着达到组织目标的方向进行。控制系统越是完善,组织目标就越易实现。

第一节 控制概述

控制是使活动达到预期目标的保证,控制在我们的日常生活中并不少见。如在大海上航行的船只,需要依靠舵手的"掌舵术"将偏离航线的船只拉回到正常的航道上来,以确保平安抵达目的地;球队教练在赛前给球队确定的赛场战术,赛中利用暂停指示队员改变战术,比赛时经常换人和赛后总结经验教训等,这些措施都是为了确保球队取得预期的成绩。

控制的必要性在于,无论计划制定得如何周密,由于各种各样的原因,人们在执行计划的活动中总是会或多或少地出现与计划不一致的现象。斯蒂芬·P·罗宾斯曾这样描述:"尽管计划可以制定出来,组织结构可以调整得非常有效,员工的积极性也可以调动起来,但是这仍然不能保证所有的行动都按计划执行,不能保证管理者追求的目标一定能达到。"所以对管理者来讲,重要的问题不是工作有无偏差,而是在于能否及时发现已出现的偏差或预见到潜在的偏差,采取措施予以预防和纠正。

一、管理学中控制的含义

"控制"一词最初来自希腊语"掌舵术",意指领航者通过发号施令将偏离航线的船只拉回到正常的轨道上来。从其最传统的意义方面来说,所谓控制,就是"纠偏",即按照计划标准对行动及其效果进行衡量和纠偏,以确保组织的目标和计划得以实现。由此可见,维持达到目标的正确行动路线是控制概念最核心的含义。

但在现代管理活动中,从广义的角度来理解,控制的含义有两个:一是要"维持现计划",即在变化的环境中,通过控制工作,随时将计划的执行结果与标准相比较,一旦发现偏差产生,就要及时采取纠正措施,以保持系统原来的状态,实现组织的目标。二是要"打破现计划",即控制职能也包含了对计划在其执行期间的修正或修改。在某些情况下,组织环境的变化会对组织提出新的要求,这时管理人员就必须通过调整新的目标和控制标准,使之变化到一种新的更合理、更先进的预期状态。就像在大海中航行的船只,一般情况下船长只需对照原定的航向调整因风浪和潮流作用而造成的航线偏离。但是当出现巨大的风暴和故障时,船只也有可能需要整个改变航向,驶抵新的目的地。这种调整控制标准和目标的行动简称为"调适",应该是现代意义上控制工作的有机组成部分。

二、控制与计划的关系

控制职能与管理的另外三个职能紧密关联,与计划职能的关系更为密切。要全面理解控制职能的含义与作用,就需要把控制与计划职能联系起来。控制和计划息息相关,既互相区别,又紧密相连。孔茨指出:"可以把计划工作与控制工作看成是一把剪刀的两刃,没有任何一刃,剪刀也就没有用了。"

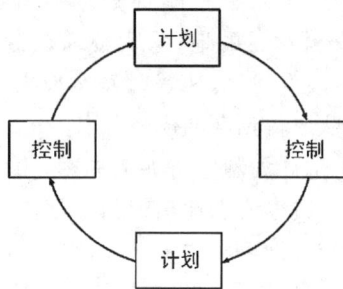

图 8-1　控制与计划的关系

1.控制与计划互为条件

控制就是使实践活动符合于计划的安排。控制以计划为依据,计划是控制的前提。没有计划,控制就毫无实际意义。而控制是计划实现的保证,离开了控制,也就无从知道计划实现与否,计划就可能会成为"纸上谈兵"的东西,就有可能落空。

2.控制与计划的效果分别依赖于对方

控制实质上就是一个检验计划执行成效和计划正确性的过程。控制的内容与范围、控制到何种程度、如何控制等,都取决于计划的目标及其相应的要求。

事实上,计划越是明确、全面和完整,控制的作用和效果也就越好;而控制工作做得越及时、到位,就越能保证计划顺利实行。此外,也能够通过控制的反馈信息调整计划,使制定出的计划更科学、更切合实际,从而提高计划本身的质量。

3.计划和控制互相渗透

一方面,有些计划本身的作用就已具有控制的意义。如政策、程序和规则,它们在规定人们行动的准则的同时,也对人的行为产生极大的制约作用。又如预算和进度表等形式的计划,它们既可作为计划工作的一个重要组成部分而得到编制,又可以直接作为一种有效的控制工具。可见一些计划形式实际上涵盖了控制的内容。

另一方面,控制的工作过程也是有计划地开展的。在设计控制系统和选择控制方法时,要考虑到计划本身的特点和具体要求。控制作为对计划实施的监督和保证,贯穿于计划执行的每个阶段和每个部门。

在管理工作的实际过程中,很难区分出计划与控制究竟哪个是开始、哪个是结束。但是控制职能与计划职能之间又有区别。计划是控制的依据,并不完全等同于控制。控制工作实际上是自组织最高管理层到基层的每一个管理人员的职责,尤其是直线主管人员的职责。而有些计划工作可由组织的职能人员来进行。

三、控制的必要性和作用

在整个管理过程中,控制职能是作为一个独立的管理职能在发挥着作用。它使管理的过程成为一个完整的过程,使管理系统成为一个相对封闭的系统。

对于组织来讲,控制职能之所以必要,主要原因是:

(一)环境的变化

如果组织所制定的目标在瞬间或者很短的时间内就可以实现的话,也就无须控制了。组织计划的执行和目标的实现往往需要经过一个较长的工作过程。如果企业面对的是一个完全静态的环境,各种影响企业活动的因素永不发生变化,企业管理人员便可以年复一年、日复一日地以相同的方式组织企业经营。那么,不仅控制工作,甚至管理的计划职能都将成为完全多余的东西。而事实上,这样的静态环境是不存在的。在计划实施过程中,组织内部的条件和外部环境可能会发生一些变化。如组织内部人员和结构的变化,政府可能出台新的政策和法规等。这些变化必然要求企业对原先制定的计划、对企业经营的内容作相应的调整。尽管管理人员已经进行了全面、周密的预测、安排,仍然难免会出意外,甚至有可能要重新修改或重新制定更符合变化了的新情况的目标。一个组织如果没有一个有效的控制系统,就不可能适应环境的变化,就有可能导致原有计划的失败,使既定目标不能实现。因此完成目标的时间跨度越大,控制也就越为重要。

(二)管理权力的分散

任何企业的管理权限都制度化或非制度化地分散在各个管理部门和层次。只要企业经营达到一定规模,企业主管就不可能直接地、面对面地组织和指挥全体员工的活动。时间与精力的限制要求他委托下属代理部分管理事务。为了使下属有效地完成受托的部分管理事务,高一级的主管必然要授予他们相应的权限。因此通过逐层委托事务和授予权限,企业分权程度不断增加,控制也就显得更加必要。控制系统可以提供被授予了权力的下属的工作绩效的信息和反馈,以保证授予他们的权力得到正确的利用。如果没有控制,没有为此而建立的相应的控制系统,管理人员就不能检查下级的工作情况,即使出现权力不负责任的滥用或活动不符合计划要求等情况,管理人员也无法发现,更无法采取及时的纠正行动。

(三)工作能力的差异

即使企业制定了全面完善的计划,经营环境在一定时期内也相对稳定,对经营活动的控制仍然是必要的。这是因为组织当中成员的素质和工作能力具有差异。计划的实现要求每个部门的工作严格按计划的要求来协调进行。而每个员工的工作动机、态度等个性特征不同,对计划的理解、态度等也不尽相同;同时,每个员工的工作能力也不一样,这样就可能出现他们的实际工作结果在质和量上与计划要求不符。只要某个关键环节产生偏离计划的现象,就可能会对整个企业活动造成冲击。组织必须有监督、调节的机制,来保证计划目标的完整实现。因此加强对这些成员的工作控制是非常必要的。

(四)组织活动的复杂性

一般来讲,小型组织不需要详细的计划,简单地记录运作情况就可以了。而当组织规模扩大、业务变得复杂时,就必须有周密的计划和严密的控制系统,否则就可能无法正常运转。绝大多数的组织都面临着内部复杂的业务活动和外部激烈的竞争形势,力求保证各方面的协调,尽量少出差错,或者一旦出错,能够及时地予以更正,这些都离不开有效的控制。

控制工作的重要作用可以从四个方面来理解:

1.控制具有检验的作用

组织活动一般都建立在计划的基础上,组织计划是对未来的预测。由于人的认识的局限性、未来的不确定性和不可预见性,对未来的预测不可能达到完全准确,计划在执行中也必然会出现问题和偏差。虽然小的偏差和失误不会立即给组织带来严重的损害,但在组织运行一段时间后,随着小差错的累积放大,往往造成实际工作显著偏离计划目标,最终对计划目标的实现造成威胁,酿成灾难性的后果,这时控制就成了执行和完成计划的保证而显得不可缺少。控制检验各项工作是否按照预定计划进行,同时也检验计划方案的正确性和合理性。如果计划方案合理时出现偏差,则需采取相应措施消除各种干扰因素带来的影响。如果出现偏差是由计划方案不适造成的,则应调整计划,使之与实际情况相适应。防微杜渐,及早地发现工作中潜存的错误和问题并进行处理,有助于确保组织按计划的要求开展工作。

2.控制具有制约的作用

任何组织、任何活动都需要进行控制。在一个组织中,有多个不同的部门,为达到经营目标,必须全面配合,发挥团队作用。控制的对象是组织的各个方面。确保组织整体发展的均衡与协调,是管理工作的一项重要目标。控制可以为主管人员提供有用的信息,使之了解计划执行中出现的偏差及其程度,及时分析原因,加以纠正。在实现组织目标的过程中,人一直都是活动的主体。因此管理控制首先是对人的控制,控制正是基于这种指导思想,利用业务、统计、审计等部门的制度、规定及有关信息、报告等作为基本依据,以实现对团队和个人统一和制约的双重作用。

3.控制具有激励的作用

(1)通过控制能真实地反映工作实绩,并可以稳定员工的工作情绪,激发他们的工作热情及潜能,从而提高工作效率。(2)控制是提高下属工作能力的重要手段。控制不仅仅是监督,更为重要的是为下属提供指导和帮助。管理者制定的纠正偏差的计划不可能依靠管理者自己去落实,必须靠下属去实施,只有当下属认识到纠正偏差的必要性,并且有纠正偏差的能力时,纠正偏差的措施才能得到落实,控制的目的才能真正实现。因此,控制可以帮助下属认识偏差产生的原因,指导他们采取有效措施纠正偏差,可以帮助下属提高工作能力。

4.控制具有推动管理创新的作用

管理控制是在有机的社会组织中进行的,组织的外部环境和内部结构都在不断地变化,为提高管理控制的适应性和有效性,管理控制的标准和方法也应具有动态性。控制过程不仅使主管人员能通过控制活动及时发现偏差并加以纠正,实现管理的目标,也可以使主管人员通过反馈的信息,受到启发,激发创新的灵感。

四、控制的类型

管理控制的种类很多,可以从不同的角度加以分类。这些分类方法并不是彼此排斥的,实际工作中的某个控制可能同时分属于几种类型。熟悉这些控制的类型,有助于管理人员根据具体的情况,灵活采取控制的方式,以提高控制系统的效果与效能。

表 8-1　控制的类型

分类标准	类　　　型
发生的时间	前馈控制、现场控制、反馈控制
主体	直接控制、间接控制
权力的集散程度	集中控制、分散控制
来源	正式组织控制、群体控制、自我控制

(一)前馈控制、现场控制、反馈控制

管理中的控制活动可以发生在被控制行动开始之前、进行中或结束之后,同时控制信息获取的方式也不同。

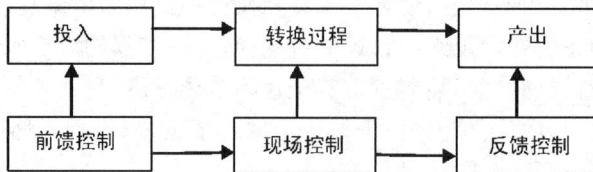

图 8-2　预先控制、现场控制和事后控制

1.前馈控制(Preliminary Control)——控制原因的控制

由于控制始于行动之前,前馈控制也称预先控制、事前控制,是一种防患于未然的控制。在现实生活中,我们有很多前馈控制的经验。比如骑车上坡时,通常会在还没有上坡之前就开始加速蹬车了,因为骑车人知道上坡会由于重力的作用而减速,如果到那时再加速蹬车会更费力气。组织中运用前馈控制的例子就更多了。比如生产空调的企业在夏季需求高峰来临之前,已经添置设备,安排人员,扩大生产量,防止产品供不应求;军队在战争尚未爆发之前,就开始集结装备,也就是我们常说的"兵马未动,粮草先行"。又比如在正式生产过程开始前,预测生产过程中可能发生的质量问题并采取预防措施,对进厂原材料进行检验,对员工进行上岗前培训,并制定一系列规章制度和行为规范,以保证工作的顺利进行。从上述例子中,我们不难看到,前馈控制一般是在行动之前,根据现有的信息(包括以往的经验和最新的情报信息等),对工作中可能产生的偏差进行预测和估计并采取防范措施,将可能的偏差消除于产生之前的控制方式。其内容包括人力资源的预先控制、原材料的预先控制、资金的预先控制等。

前馈控制的优点表现在:(1)前馈控制是在开始之前进行的,可以防患于未然,避免偏差发生造成的实际损失。(2)前馈控制是在工作开始之前针对某项计

划行动所依赖的条件进行控制,不针对人员,因而不易造成直接的冲突,易于被员工接受并付诸实施。

前馈控制是一种较科学的控制方法。它将可能出现的各种偏差抑制在萌芽状态,使系统避免出现较大的损失。但是,前馈控制的有效实施需要比较严格的条件,对管理者提出了极高的要求。例如,管理人员必须掌握有关工作过程的充分、及时和准确的信息,准确了解前馈控制因素对计划开展工作的影响,考虑到未来的不确定性和信息成本,在现实中要做到这些是十分困难的。

正如管理决策学派的大师西蒙所指出的,相对于复杂多变的世界而言,人的理性是有限的,决策上只能获得满意解、次优解。因此,在管理实践中我们不能完全依赖前馈控制,还需有另外两种控制手段来加以补充。

2. 现场控制(Concurrent Control)——控制过程的控制

现场控制是与实际工作同步进行的控制,也称同期控制、过程控制。例如教师讲课时,可根据学生的反应(如表情、提问等)即时修正自己的授课内容,使之符合学生的要求。只有学生及时将疑问等信息反馈给教师,教师才能即时调整授课内容,及时解答疑问。再如企业生产线上每一道工序只接受前一道工序中的合格产品,不让不合格产品流向下道工序中去,每一个工人都是上道工序的质检员,不合格产品不出厂等,这也是一种现场控制,必须依靠工人的通力合作才能实现。

现场控制能及时发现偏差,及时纠正偏差,是比较经济、有效的控制方法。它的优点在于具有现场指导的作用,有助于提高工作人员的工作能力和自我控制能力。最常见的现场控制手段是主管人员通过深入现场亲自监督检查、指导和控制下属人员的活动。它包括的内容有:(1)向下级指示恰当的工作方法和工作过程;(2)监督下级的工作以保证计划目标的实现;(3)发现不合标准的偏差时,立即采取纠正措施。也就是说,现场控制具有监督和指导两方面作用。监督是指按照预定的计划和标准检查正在进行的工作,及时纠正偏差以保证计划的正确执行。指导是指管理者亲临现场,针对工作中出现的问题,根据自己的经验指导下属改进工作,使他们能及时、正确地完成所规定的任务。在现场控制中,组织机构授予主管人员权力,使他们能够使用经济的和非经济的手段来影响其下属。基层主管人员的管理能力和业务水平,常常通过现场控制方式表现出来。它要求控制人员具有敏锐的判断力、快速的反应能力以及灵活多变的控制手段。

现场控制所具有的弊端是:(1)现场控制的应用范围较窄,一般来说,对于便于计量的工作较易进行同期控制,例如标准化的生产操作。而对一些难以计量的工作,例如研究性工作,则无能为力。(2)现场控制容易使被控制者产生挫折感,在控制者与被控制者之间形成对立情绪,伤害被控制者的工作积极性。(3)

现场控制方式的运用直接受到管理者的时间、精力和业务水平的制约,管理者不可能时时事事都进行现场控制,因而仅限于在关键项目上使用这种控制方式。

3.反馈控制(Feedback Control)——控制结果的控制

反馈控制,也可称为事后控制,是控制工作最传统也是主要的方式。它的作用发生在工作结束或行为发生之后,把注意力集中在已完成工作或行为的结果上。通过对已形成的结果进行测量、比较和分析,发现其与计划标准之间存在的偏差,分析产生偏差的原因,有针对性地拟定解决措施,并应用于今后的工作中以避免同样错误的发生。其目的在于检讨过去,力求"吃一堑,长一智",以便进一步完善计划,修正组织发展的目标。比如企业发现不合格产品后追究当事人的责任并制定防范再次出现质量事故的新规章,发现产品销路不畅而相应作出减产、转产或加强促销的决定,以及学校对违纪学生进行处罚等,都属于反馈控制。反馈控制一般包括产品质量控制、财务报告分析、员工工作绩效的考评等。

尽管组织中大量采用反馈控制,但是反馈控制也有其局限性。它的主要弊端是:(1)只能事后发挥作用,对已经形成的损失没法改变和挽回,类似"亡羊补牢"。(2)存在时间滞后性,从得到实际成果到比较、评估,分析原因,制定措施并付诸实施,都需要时间,很容易贻误时机,增加控制的难度,因此无法对最新的情况作出应对。(3)控制系统是通过信息反馈及行动调节来保证系统的稳定性的。这就要求反馈的速度必须大于控制对象的变化速度。否则系统就会产生震荡现象,处于不稳定状态,控制难以发挥作用,甚至起反作用。但不能否认,反馈控制可以避免下一次同类活动发生类似的问题,可以消除偏差对后续活动过程的消极影响。此外,反馈控制还是对员工进行奖惩的依据。因此在实际工作中,反馈控制得到了相当广泛的应用。

以上三种控制方式各有特点,但在实际应用中往往是相互配合,并与管理的其他职能相互渗透,共同存在于管理活动的全过程。前馈控制虽然可以事先做好准备,防患于未然,但有些突发事件是防不胜防的,必须辅之以现场控制,否则将前功尽弃。无论是前馈控制还是现场控制,都要用反馈控制来检验,因为计划是否按照预定目标执行,必须用真实的业绩来衡量。另外,在循环发展的过程中,对前一阶段是反馈控制,对后一阶段往往是前馈控制。

(二)直接控制和间接控制

按照控制的主体,控制可以分为直接控制和间接控制。

1.直接控制

直接控制,即着眼于培养更好的主管人员,通过提高主管人员的素质来进行控制工作,使他们能熟练地应用管理的科学理念,以系统的观点来进行和改善他们的管理工作,从而防止出现因管理不善而造成不良后果的控制活动。控制主体就是控制的直接责任者。其指导思想是:管理人员的素质对活动结果的影响较大。在组织活动中,发生偏差往往是由管理人员指挥不当、决策失误或本身素质太差造成的。直接控制是用来改进管理人员未来行为的,通过对管理人员的选择和培养,使他们成为"合格"的管理者,在管理过程中不犯或者少犯错误。因此,重视对管理人员的选拔和培训,对其工作经常加以评审激励,促进他们提高管理水平和控制能力,对保证完成计划具有十分重要的作用。有效的直接控制依赖于三个前提条件:(1)主管人员主观上没有故意犯错的企图和行动。(2)客观上,合格的主管人员所犯错误最少。(3)管理工作的成效可以计量,并且管理的概念、原理和方法是一些有用的判断标准。强调直接控制者一般认为,主管人员及其下属的素质越高,就越不需要间接控制。

直接控制的主要优点包括:(1)主管人员管理素质的提高使决策和计划更加科学,管理者对计划和目标的理解更加准确、深刻。有效的直接控制可以减少间接控制发生的费用和导致的损失,有可能节约控制的成本。(2)直接控制有助于培养管理人员的自我控制意识,提高自我控制能力,增强控制工作的主动性和自觉性。(3)直接控制有助于获得良好的心理效果。直接控制的实施使管理人员的管理水平和业务能力不断提高,有助于培养主管人员在下属中的威望,减小控制工作的阻力,这样有利于整个计划目标的实现。(4)由于直接控制特别重视对主管和成员的素质要求,从而在向个人委派任务时具有较大的准确性。

需要注意的是,直接控制的实施是有条件的。管理人员素质和工作水平的提高是一个长期的、不断努力的过程,需要支付很高的成本。此外,与间接控制一样,直接控制的有效实施同样需要一套严密、科学的管理制度作为保证。如对主管人员工作绩效的客观公正的考核、评价等。

2.间接控制

所谓间接控制是指管理者着眼于发现工作中出现的偏差,侧重于根据实际考核业绩与计划标准对比,追查造成偏差的原因和责任,使之改进未来的工作。间接控制的主体是直接责任者的监督人。间接控制的本来含义,应是控制的主体和控制的客体之间,不直接接触,而是通过中间媒介来进行控制的形式。在现代管理活动中,通常把间接控制理解为利用经济杠杆、非行政手段来进行的控制。间接控制的优点在于,管理人员因缺乏知识、经验和判断力所造成的管理失误和工作上的偏差,可以运用间接控制帮助纠正。尤其是对比较规范、程序化的工作更为有效。同时,间接控制还可以帮助主管人员总结经验,提高管理水平。相对于直接控制而言,间接控制最明显的缺点是滞后性,即它是在出现了偏差、造成了损失后,才采取措施,因此成本较高。另外,要保证间接控制方法的有效必须满足一些严格的条件:(1)工作成效可以准确计量。(2)人们对工作成效具有个人责任感。(3)追究偏差所需的时间充裕。(4)偏差可以及时被发现。(5)有关部门会采取纠正措施。然而,实际管理活动中并不存在或者不能同时满足上述全部假设,从而导致间接控制失效。如主管人员不愿意花费时间调查产生偏差的原因,从而造成对违反标准的活动的纵容。有时虽然能找出偏差的原因,但大家相互推卸责任,或者当事主管固执己见,没有相应的纠偏措施出台等等。故间接控制并不是普遍有效的控制方法,仍存在许多不完善之处。

(三)集中控制和分散控制

根据控制权力的集散程度,可将控制分为集中控制和分散控制两类。

1.集中控制

集中控制是决策权高度集中的一种控制方式。集中控制是指在组织系统中建立一个控制机构,由它根据系统的运行状态和工作目标,直接发出控制指令,安排和操纵所有子系统的活动。这种控制实际上是集权式地解决系统的控制问题。一般来说,集中控制将企业中各个部门的决策权集中到高层管理者手中,经济活动由高层管理者的行政指令来推动,纵向信息流强而横向信息流弱。在一些生产经营连续性强的企业里,集中控制是十分必要的。

集中控制的结构较简单,具有统一的总体目标和系统结构,容易实现统一指挥,便于整体协调,能够较方便地获取、处理和传输控制所需的信息。采取集中控制,有利于组织整体的优化控制。

集中控制的局限性表现为:信息传输、处理的效率低,决策缓慢;对组织环境的变化和局部的偏差不能及时、适当地做出反应,适应性差;子系统的创新动力不足,以及控制过程较复杂等等。随着组织系统规模的不断扩大、工作活动内容的丰富和复杂化,集中控制的局限性就显得更加突出。

2.分散控制

分散控制与集中控制对应,其特点就是决策权分散。分散控制是在组织各个子系统中建立起各自的控制机构来进行各自的控制活动。分散控制下的各个子系统,是一个决策和控制信息的接收和发布中心。各个子系统根据自身的实际情况,按照局部最优的原则进行控制。在企业管理中表现为各个部门拥有一定决策权,具有一定的经营自主权,横向信息流较强。整个企业显得适应性较强,但难以进行整体协调。

分散控制与集中控制相比较而言,具有的优点主要是:能够适应系统规模大、结构复杂、功能多、分工细等特点。适合于对大系统的控制;信息传输途径较短,信息反馈环节较少,决策工作的周期较短,各个子系统的应变能力增强,控制的反应快,控制的效率较高;能够分散整个系统的决策风险等等。但是在分散控制下,各个子系统之间的协调工作量与难度较大,在达成各个子系统目标与系统总体目标的一致性上存在困难,从而可能影响到系统总体的最优控制。

（四）正式组织控制、群体控制、自我控制

根据控制的来源,可将控制分为正式组织控制、群体控制和自我控制三类。

1. 正式组织控制

正式组织控制是由管理人员设计和建立起来的一些机构或制度来进行控制,是由正式组织作为控制主体而实施的控制。如规划、预算、审计部门等都属于正式组织控制的范畴。正式组织可以通过规划来指导组织成员的活动,通过预算来控制组织人员及其活动的费用,通过审计部门来检查各部门、人员是否按照有关的规定来开展活动,并提出更正性措施。

2. 群体控制

群体控制是由非正式组织来发展和维持的,基于群体成员的价值观念和行为准则,采用非正式组织的群体规范。因为在正式组织内都存在着一些非正式组织,这些非正式组织都有自己的一套行为规范,这些行为规范对非正式组织的成员的思维取向和行为取向有着明显的制约作用。群体控制在不同程度上左右着群体成员的行为,有可能是达成组织目标的有利力量,但也有可能是正式组织控制的抵制因素。

3. 自我控制

自我控制是个体有意识地按照某一行为规范所进行的控制,是一种自觉的行为。进行自我控制的人,能主动检查、考核、评价自己的活动,自己发现问题并采取相应的纠偏措施。自我控制是自我管理的一种形式,体现了"以人为本"的管理思想。一般来讲,在大多数情况下,由管理人员直接检查和监督被管理者行为的控制效果,低于发自被管理者内心的对其自身行为的自我控制的效果。有效控制系统的一个着眼点,在于让员工明确其个人目标与组织目标的关系,让员工能够通过自觉的自我控制来达到有关的计划目标的要求。应说明的是正式组织控制、群体控制和个体的自我控制,有时可能是相互一致的,有时可能是互相抵触的。这取决于组织对其成员的教育、引导、吸引力,取决于管理人员的管理方式,取决于组织的文化氛围。

第二节 控制的过程

一、控制的过程步骤

控制是一个不断的、循环反复的管理过程。虽然控制的对象各有不同,控制工作的要求也各不一样,但就某次特定控制工作的过程来看,控制工作的过程基本是一致的,大致可分为四个基本步骤(见图 8-3):第一步是确立控制的标准,为待完成的任务制定标准的类型、指标等;第二步是检查与衡量计划与实际执行的结果、目标的完成情况;第三步是(若实际结果与标准之间有偏差的话)比较、分析偏差产生的原因,以提供纠正偏差所需要的最适当的依据;最后一步是采取纠正偏差的行动。

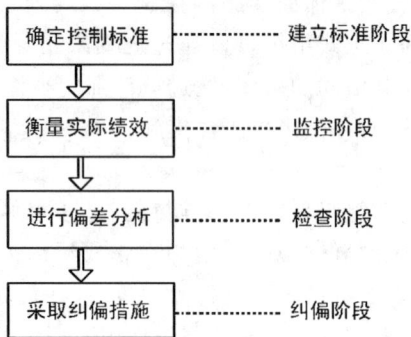

```
┌──────────────┐
│  确定控制标准  │ ············ 建立标准阶段
└──────────────┘
       ⇓
┌──────────────┐
│  衡量实际绩效  │ ············ 监控阶段
└──────────────┘
       ⇓
┌──────────────┐
│  进行偏差分析  │ ············ 检查阶段
└──────────────┘
       ⇓
┌──────────────┐
│  采取纠偏措施  │ ············ 纠偏阶段
└──────────────┘
```

图 8-3   控制的基本过程

(一)确定控制标准——建立标准阶段

1.控制标准的含义

标准,就是人们检查和衡量工作及结果的规范。根据标准,管理者无须亲历工作的全过程就可以了解整个工作的进展情况。事实上标准的制定应该是属于计划工作的范畴。但由于计划的详细程度不一,它的标准不一定适合控制工作的要求。而且控制工作需要的不是计划中的全部指标和标准,而是其中的关键点。所以,管理者实施控制的第一个步骤是以计划为基础,制定出控制工作所需要的标准。制定标准是进行控制的基础,没有一套完整的标准,就无法对活动进行评估,控制也就失去了客观的衡量尺度。

确立标准就是要确立控制对象、选择控制的重点和确定标准的方法。

2.控制标准的分类

标准的类型很多,可以是定量的,也可以是定性的。一般情况下,标准应尽量数字化和定量化,以保持控制的准确性。在实际操作中,经常使用以下几种类型的标准:

(1)实物标准,或物理标准。实物标准作为非货币形式的衡量标准,普遍使用于基层单位,如使用原材料,雇用劳动力、提供产品或服务等的标准。这些标准可以反映任务或工作的数量方面,也可以反映任务或工作的质量方面。从某种意义上讲,实物标准是控制的基本标准。

（2）费用标准,或成本标准。费用标准是货币形式的衡量标准,是以货币价值来衡量因作业造成的消耗。同实物标准一样,费用标准也适用于基层单位。

（3）资金标准,或资本标准。这是费用标准的变种,是用货币来计量实物项目,而与经营费用无关。对于新的投资而言,最广泛运用的标准是投资回收率。

（4）无形标准。一些问题要建立清晰的定量和定性标准是极其困难的。需要运用主观判断。比如主管人员对下属的人事科长或医务主任的能力的评价。在任何一个组织中,都存在着许多无形标准。在这些情形下,主观判断、知觉便成为衡量的依据。

对不同的组织、不同的计划、不同的控制环节,控制标准也有所不同。比如世界著名的麦当劳快餐店非常注重及时服务,它制定的控制标准其中就包括:(1)95％的顾客进店3分钟之内应受到接待;(2)预热的汉堡包在售给顾客前,其烘烤的时间不得超过5分钟;(3)顾客离开后5分钟之内所有的空桌必须清理完毕等等。

3.制定标准的方法

在实际工作中常用的制定标准的方法有以下三种:(1)统计方法,即根据组织历史数据记录或对比同类组织的水平,用统计学的方法确定标准。这种方法常用于拟定与工商企业经营活动和经济效益有关的标准。(2)工程方法,即指以准确的技术参数和实测的数据为基础制定的标准。这种方法主要用于生产定额标准的制定上。(3)经验估算法,即指由经验丰富的管理者来制定标准。这种方法通常是对以上两种方法的补充。

4.控制标准的制定要求

标准的制定是全部控制工作的第一步,一个周密完善的标准体系是整个控制工作的质量保证。控制标准要体现以下特点或要求:(1)控制标准应源于目标,体现目标特征,与目标保持一致。(2)控制标准应反映计划的要求和特点。(3)控制标准应简明易懂。(4)控制标准应当尽可能使量化程度提高一些。(5)控制标准应当富有先进性和挑战性。(6)控制标准要相对稳定。(7)控制标准要有多样性和前瞻性。(8)控制标准相互间应协调一致。(8)控制标准应当相对稳定。

组织没有必要对所有成员的所有活动进行控制,只选择在影响经营成果的众多因素中选择若干关键环节作为重点控制对象。美国通用电器公司关于关键绩效领域(Key Performance areas)的选择或许能对我们提供某种启示。通用电器公司在分析影响和反映企业绩效的众多因素的基础上,选择了对企业经营成败起决定作用的八个方面,并为它们建立了相应的控制标准。这八个方面如下:

(1)获利能力

通过提供某种商品或服务取得一定的利润,这是任何企业从事经营的直接动因之一,也是衡量企业经营成败的综合标志,通常可用与销售额或资金占用量相比较的利润率来表示。它们反映了企业对某段时期内投资的应获利润的要求。利润率实现情况与计划的偏离,可能反映了生产成本的变动或资源利用效率的变化,从而为企业采取改进方法指出了方向。

(2)市场地位

市场地位是指对企业产品在市场上占有份额的要求。这是反映企业相对于其他厂家的经营实力和竞争能力的一个重要标志,如果企业占领的市场份额下降,那么意味着由于价格、质量或服务等某个方面的原因,企业产品相对于竞争产品来说,其吸引力降低了,因此应该采取相应的措施。

(3)生产率

生产率标准可用来衡量企业各种资源的利用效果,通常用单位资源所能生产或提供的产品数量来表示。其中,最重要的是劳动生产率标准。企业其他资源的充分利用在很大程度上取决于劳动生产率的提高。

(4)产品领导地位

产品领导地位通常指产品的技术先进水平和功能完善程度。通用电器公司是这样定义产品领导地位的:它表明企业在工程、制造和市场方面领导一个行业的新产品和改良现有产品的能力。为了维持企业产品的领导地位,必须定期评估企业产品在质量、成本方面的状况及其在市场上受欢迎的程度。如果达不到标准,就要采取相应的改善措施。

(5)人员发展

企业的长期发展在很大程度上依赖于人员素质的提高。为此,需要测定企业目前的活动以及未来的发展,对职工的技术、文化素质的要求,并与他们目前的实际能力相比较,以确定如何为提高人员素质采取必要的教育和培训措施。要通过人员发展规划的制定和实施,为企业及时供应足够的经过培训的人员,为员工提供成长和发展的机会。

(6)员工态度

员工的工作态度对企业目前和未来的经营成就有着非常重要的影响。测定员工态度的标准是多个方面的。比如可以通过分析离职率、缺勤率来判断员工对企业的忠诚。也可通过统计改进作业方法或管理方法的合理化建议的数量来了解员工对企业的关心程度。还可通过对定期调查的评价分析来测定员工态度的变化。如果发现员工态度不符合企业的预期,那么任其恶化是非常危险的,企业应采取有效的措施来提高他们在工作或生活上的满足程度,以改变他们的态度。

(7)公共责任

企业的存在和延续,是以社会的承认为前提的。而要争取社会的承认,企业必须履行必要的社会责任。它包括提供稳定的就业机会、参加公益事业等多个方面。公共责任能否很好地履行,关系到企业的社会形象。企业应根据有关部门对公共态度的调查,了解企业的实际社会形象同预期的差异。改善对外政策,提高公众对企业的满意程度。

(8)短期目标与长期目标的平衡

企业目前的生存和未来的发展是相互依存、不可分割的。因此在制定和实施经营活动计划时,应能统筹长期与短期的关系,检查各阶段的经营成果,分析目前的高利润是否会影响未来的收益,以确保目前的利益不是以牺牲未来的收益和经营的稳定性为代价的。

(二)衡量实际绩效——监控阶段

衡量工作是整个控制过程的基础性工作,而获得实际绩效的信息又是整个衡量工作的关键。

1.衡量实际绩效的含义

将实际工作成绩和控制标准相比较,对工作做出客观评价,从中发现二者的偏差,为下一步采取控制措施及时提供全面、准确的信息。

2.衡量的方法

(1)口头汇报

这种方式的优点是快捷方便,而且能够立即得到反馈。其缺点是不便于存档查找和以后重复使用,报告内容也容易受报告人的主观因素影响。

(2)书面汇报

与口头汇报相比,书面报告要比口头报告来得更加精确全面,而且也更易于分类存档和查找,报告的质量也更容易得到控制。

(3)亲自观察

亲自观察提供了关于实际工作的最直接的第一手资料。这些信息未经过第二手而直接反映给管理者,避免了可能出现的遗漏、忽略和信息的失真。特别是在对基层工作人员工作绩效的控制时,亲自观察是一种非常有效,同时也是无法替代的衡量方法。但是亲自观察的方法也有许多局限性:首先,这种方法费时费力,需要耗费管理者大量的劳动;其次,仅凭简单的观察往往难以考察更深层次的工作内容;再次,由于观察的时间占工作总时间的比例有限,往往不能全面了解各个方面的工作情况;最后,工作在被观察时和未被观察时往往不一样,管理者有可能得到的只是假象。

（4）统计报告

统计报告就是将在实际工作中采集到的数据以一定的统计方法进行加工处理后得到的报告。特别是计算机应用技术越来越发达的今天，统计报告对衡量工作有着很重要的意义。但尽管如此，统计报告的应用价值还是要受两个因素的制约：一是真实性，即统计报告所采集的原始数据是否正确，使用的统计方法是否恰当，管理者往往难以判断；二是全面性，即统计报告中是否全部包括了涉及工作衡量的重要方面，是否遗漏或掩盖了其中的一些关键点，管理者也难以肯定。

（5）抽样检查

在工作量比较大而工作质量又比较平均的情况下，管理者可以通过抽样检查来衡量工作，即随机抽取一部分工作进行深入细致的检查，以此来推测全部工作的质量。这种方法最典型的应用是产品质量检验。在产品数量极大或者产品检验具有破坏性时，这是唯一可以选择的衡量方法。此外，对一些日常事务性工作的检查来说，这种方法也非常有效。

3. 衡量的要求

（1）要依据标准衡量工作实际绩效，即所获取的用以衡量工作的信息应能客观、有效地反映现实，这是对其最基本的要求。

（2）管理者获取的组织活动信息必须准确、及时和适用，即信息的加工、检索和传递要及时。过分拖延的信息将会使衡量工作失去意义，从而影响整个控制工作的进行。同时信息在准确性的基础上还要保证其完整性，不因遗漏重要信息而造成误导。应根据不同管理部门的不同要求，提供不同种类、范围、内容、详细程度、精确性的信息。

（3）建立信息反馈系统。管理者需要信息来完成他们的工作。不精确、不完整、过多的或延迟的信息将会严重阻碍他们的行动。因此衡量时应建立信息反馈系统，扫除信息沟通过程的障碍，使信息能在正确的时间，以正确的数量，及时、有效地向上、下传达。

（4）衡量对象要有代表性。在衡量对象的选择上，应选择那些具有代表性的对象，而非一些例外现象。否则难以实现衡量工作的有效性。

（5）衡量的频度要适度。过于频繁的衡量，不仅会增加控制的费用，而且可能引起有关人员的不满，从而影响他们的工作态度。而检查和衡量的次数过少，则可能使许多重大的偏差不能及时发现，从而不能及时采取措施。适度的控制应能同时体现这两个方面的要求。

（三）进行偏差分析——检查阶段

1. 偏差分析的含义

利用科学的方法，依据客观的标准，通过对工作绩效的衡量，可以发现计划执行中出现的偏差。纠正偏差就是在此基础上,分析偏差产生的原因,制定并实施必要的纠正措施。这项工作使控制过程得以完整,并将控制与管理的其他职能相互联结。这是整个控制过程中的重要步骤。

2.偏差产生的原因

比较的结果无非有两种可能:一种是存在偏差,另一种是不存在偏差。实际上并非与标准不符合的结果都被归结为偏差。进行偏差分析时,往往有一个与标准稍有出入的浮动范围。一般情况下,工作结果只要在这个限度之内,就不认为是出现了偏差。一旦工作结果在此限度之外,就可认为是发生了偏差。这种偏差可能有两种情况:一种是正偏差,即结果比标准完成得还好;另一种是负偏差,即结果没有达到标准。对于正偏差当然是件令人高兴的事,但如果是在控制要求比较高的情况下,对其也应进行详细分析;如果工作结果出现负偏差,那么当然更有进一步分析的必要。总而言之,负偏差产生的原因主要有:(1)计划执行问题。主要是实际操作者自身原因产生的偏差。例如工作不负责、不认真,或不能胜任、能力有限等。(2)组织环境的重大变化。由于外部环境发生重大变化,事先没有估计到这些变化,以致产生偏差。例如,国家政策法规变化,国际政治风云变化,市场出现了新的强大竞争对手,某个大客户或大供应商突然破产等。(3)计划不合理。由于计划目标本身不合理而产生的偏差。有时制定目标时,不切合实际,好高骛远,盲目地把目标定得太高,而实际上实力不够,根本达不到,如制定利润目标、市场占有率目标等。当然也有在制定目标时,过于保守,低估自己的力量,把目标定得太低。

进行偏差分析是控制过程中最需要理智分析的环节。是否要进一步采取管理行动就取决于对结果的分析。如果分析结果表明没有偏差或只存在健康的正偏差,那么控制人员就不必再进行下一步,控制工作到此也就可以完成了。

(四)采取纠偏措施——纠偏阶段

控制过程的最后一项工作就是采取管理行动,纠正偏差。

1.纠正偏差的两种方法

偏差是由标准与实际工作成效的差距产生的。因此纠正偏差的方法也就有两种:

(1)改进工作绩效

如果分析衡量的结果表明,计划是可行的,标准也是切合实际的,问题出在工作本身,管理者就应该采取纠正行动。这种纠正行动可以是组织中的任何管理行动。如管理方法的调整、组织结构的变动、附加的补救措施、人事方面的调整等等。总之,分析衡量结果得出是哪方面的问题,管理者就应该在哪方面有针对性地采取行动。

按照行动效果的不同,可以把改进工作绩效的行动分为两大类:立即纠正行动和彻底纠正行动。前者是指发现问题后马上采取行动,力求以最快的速度纠正偏差,避免造成更大损失,行动讲究结果的时效性。后者是指发现问题后,通过对问题本质的分析,挖掘问题的根源,即弄清偏差是如何产生的,为什么会产生,然后再从产生偏差的地方入手,力求永久性地消除偏差。可以说前者重点纠正的是偏差的结果,而后者重点纠正的是偏差的原因。在控制工作中,管理者应灵活地综合运用这两种行动方式。特别注意不应满足于"救火式"的立即纠正行动,而忽视从事物的原因出发,采取彻底纠正行动,杜绝偏差的再度发生。在实际工作中,有些管理者热衷于"头痛医头,脚痛医脚"式的立即纠正行动方式,这种方式有时也能得到一些表面的、一时的成效。但由于忽视了分析问题的深层原因,不从根本上采取纠正行动,最终无法避免"温火煮青蛙的命运",这是值得管理者深思的。

(2)修缮标准

在某些情况下,偏差还有可能来自不切实际的标准。因为标准定得过高或过低,即使其他因素都发挥正常,也难以避免与标准的偏差。这种情况的发生可能是由于当初计划工作的失误,也可能是因为计划的某些重要条件发生了改变等等。发现标准不切实际,管理者可以修订标准。但是管理者在作出修订标准的决定时一定要非常谨慎,防止被用来为不佳的工作绩效作开脱。管理者应从控制的目的出发仔细分析,确认标准的确不符合控制的要求时,才能作出修正的决定。不切实际的标准会给组织带来不利影响,过高的实现不了的标准,会影响员工的士气,而过低的轻易就能实现的标准,又容易导致员工的懈怠情绪。

采取管理行动是控制过程的最终实现环节,也是其他各项管理工作与控制工作的连接点,很大一部分管理工作都是控制工作的结果。

2.针对不同情况选择适当的纠正措施

(1)计划执行产生偏差。可采取的措施有:重申规章制度,明确责任,明确激励措施及惩罚条例。或调整人员,改组领导班子,加强人员培训等。

(2)组织环境的重大变化产生偏差。由于这些因素都是不可控制的,管理系统只能采取某些措施,尽量消除不利影响。或改变策略,避开锋芒。或变换目标,另辟蹊径。

(3)计划不合理产生偏差。应根据自身具体情况,调整修订目标,使目标定在合理的水平上。当然应注意不能凭一时的情况,随便更改计划目标。否则计划目标则失去存在意义,也就谈不上有效控制了。

3.纠偏措施的选择和实施过程中要注意的问题

(1)应急性纠正措施与永久性纠正措施相结合,使纠偏方案双重优化纠正偏差,不仅在实施对象上可以进行选择,而且对同一对象的纠偏也可采取多种不同的措施。首先是决定是否采取措施,这是要比较纠偏带来的收益是否大于不纠偏的损失而定,如果行动的费用超过偏差带来的损失的话,最好的方案也许是不采取任何行动,这是纠偏方案选择过程中的第一重优化。第二重优化是在此基础上,通过对各种经济可行方案的比较,找出其中追加投入最少、解决偏差效果最好的方案来组织实施。

(2)注意消除组织成员对纠正措施的疑惑

任何纠偏措施都会在不同程度上引起组织的结构、关系和活动的调整,从而会涉及某些组织成员的利益。不同的组织成员会因此而对纠偏措施持不同态度,特别是纠偏措施属于对原先决策和活动进行重大调整的追踪决策时。虽然一些原先反对初始决策的人会幸灾乐祸,甚至夸大原先决策的失误,反对保留其中任何合理的成分,但更多的人对纠偏措施持怀疑和反对的态度。原先决策的制定者和支持者因害怕改变决策标志着自己的失败,从而会公开或暗地里反对纠偏措施的实施。执行原决策,从事具体活动的基层工作人员则会对自己参与的已经形成的或开始形成的活动结果怀有感情,或者担心调整会使自己失去某种工作机会,影响自己的既得利益,而极力抵制任何重要的纠偏措施的制定和执行。因此控制人员要充分考虑到组织成员对纠偏措施的不同态度,特别是要注意消除执行者的疑虑,争取更多人理解、赞同和支持纠偏措施,以避免在纠偏方案的实施过程中可能出现的人为障碍。

二、有效控制系统遵循的原则

要使控制发挥有效的作用,在建立控制系统时必须遵循一些基本的原则。

(一)适时性原则

企业经营活动中产生的偏差只有及时采取措施加以纠正,才能避免偏差的扩大,或防止偏差对企业不利影响的扩散。及时纠偏,要求管理人员及时掌握能够反映偏差产生及其严重程度的信息。如果等到偏差已经非常明显,且对企业造成了不可挽回的影响后,反映偏差的信息才姗姗来迟,即使这种信息是非常系统、绝对客观、完全正确的,也不可能对纠正偏差带来任何指导作用。所以纠正偏差的最理想方法应该是在偏差未产生以前,就要注意到偏差产生的可能性,从而预先采取必要的防范措施,防止偏差的产生。

预测偏差的产生,虽然在实践中有许多困难,但在理论上是可行的,即可以通过建立企业经营状况的预警系统来实现。我们可以为需要控制的对象建立一条警报线,反映经营状况的数据一旦超过这个警戒线,预警系统就会发出警报,提醒人们采取必要的措施防止偏差的产生和扩大。企业经营活动中的偏差如能在产生之前就被发现,则可指导管理者预先采取必要的措施避免偏差的产生,这种理想的控制和纠偏方式虽然有效,但人们也认识到其现实应用性不是很普遍。并非所有的管理人员都有远见卓识,同时也并非所有的偏差都能在产生之前被预见。在这种限制条件下,最满意的控制方式应是必要的纠偏行动能在偏差产生以后迅速采取。为此,要求管理者及时掌握反映偏差是否产生,并能判定其严重程度的信息。用预定标准对实际工作成效和进度进行检查、衡量和比较,就是为了提供这类信息。

(二)适度性原则

适度控制是指控制的范围、程度和频度要恰到好处。这种恰到好处的控制要注意以下几个方面的问题:

1.防止控制过多或控制不足

控制常给被控制者带来某种不愉快,但是如果缺乏控制则可能导致组织活动的混乱。有效的控制应该既能满足对组织活动监督和检查的需要,又要防止与组织成员发生强烈的冲突。适度的控制应能同时体现这两个方面的要求:一方面要认识到,过多的控制会对组织中的人造成伤害,对组织成员行为的过多限制,会扼杀他们的积极性、主动性和创造性,会抑制他们的创新精神,从而影响个人能力的发展和工作热情的提高,最终会影响企业的效率。另一方面也要认识到,过少的控制,将不能使组织活动有序地进行,不能保证各部门活动进度和比例的协调,将会造成资源的浪费。此外,过少的控制还可能使组织中的个人无视组织的要求,我行我素,不提供组织所需的贡献,甚至利用在组织中的便利地位谋求个人利益,最终导致组织的涣散和崩溃。

控制程度适当与否,要受到许多因素的影响。判断控制程度是否适当的标准,通常要随活动性质、管理层次及下属能力等因素而变化。一般来说,科研机构的控制程度应小于生产劳动,企业中对科室人员工作的控制要少于现场的生产作业。对受过严格训练、能力较强的管理人员的控制要低于那些缺乏必要训练的新任管理者或单纯的执行者。对产品的质量控制比较严格,常常要以小时或以日为单位进行,而对新产品的开发控制比较宽松,只需以月为单位进行就可以了。此外,企业环境的特点也会影响人们对控制严厉程度的判断。在市场疲软时期,为了共渡难关,部分职工会同意接受比较严格的行为限制。而在经济繁荣时期,则希望工作中有较大的自由度。

2.处理好全面控制和重点控制的关系

任何组织都不可能对每一个部门、每一个环节的每一个人在每一时刻的工作情况进行全面的控制。由于存在对控制者再控制的问题,这种全面控制甚至会造成组织中控制人员远远多于现场作业者的现象。值得庆幸的是,并不是所有成员的每一项工作都具有相同的发生偏差的概率;并不是所有可能发生的偏差都会对组织带来相同程度的影响。有时,管理费用高于预算的 5%,可能无关紧要,而产品合格率下降 1%,却可能出现产品严重滞销问题。同样,行政系统的邮资费用超过预算的 20%,对经营成果的影响要远远低于企业生产成本超过计划的 5%。这表明,全面系统控制不仅代价极高,而且也是不必要的。适度控制要求企业在建立控制系统时,要找出影响企业经营成果的关键环节和关键因素,并据此在相关环节上设立预警系统或控制点,进行重点控制。选择关键控制点是一条比较重要的控制原则。有了这类标准,主管人员便可以管理一大批下属,从而扩大管理幅度,达到节约成本和改善信息沟通的效果。同时也使主管人员以有限的时间和精力做出更加有成效的业绩。

控制也应当结合例外原则。一个有效的控制系统应站在战略的高度,集中精力于例外发生的事情。凡已出现的常见问题,皆可按规定的控制程度处理。而第一次出现的问题,需要加以更多的关注。管理者将控制工作的重点,放在计划实施中出现的特别好或特别坏的"例外"情况上,可以使他们把有限的精力集中于真正需要引起注意和重视的问题上。当然,例外并不能仅仅依据偏差数值的大小来确定,而要考虑客观的实际情况。

(三)客观性原则

有效的控制必须是客观的、符合企业实际的。客观的控制源于对企业经营活动状况及其变化的客观了解和评价。为此,控制过程中采用的技术和手段必须能正确地反映企业经营上的变化程度和分布状况,准确地判断和评价组织各部门的工作与计划要求的相符或相背离程度。另外,由于管理工作带有许多主观成分,因此对一名下属人员的工作是否符合计划要求,不应不切实际地加以主观评定。只要是凭主观来控制的地方,都会影响对业绩的判断。没有客观的标准、态度和准确的检测手段,人们对组织实际工作就不易有一个正确的认识,从而难以制定出正确的措施,进行客观的控制。

(四)弹性原则

组织在工作过程中经常可能遇到某种突发的、无力抗拒的变化,这些变化使企业计划与现实条件严重背离。有效的控制系统应在这样的情况下仍能发挥作用,维持企业的运营,也就是说,应该具有灵活性或弹性。

弹性控制通常与控制的标准有关。比如说,预算控制通常规定了企业各经营单位的主管人员在既定规模下,能够用来购买原材料或生产设备的经营额度。这个额度如果规定得绝对化,那么一旦实际产量或销售量与预测数发生差异,预算控制就可能失去意义。经营规模扩大,会使经营单位感到经费不足;而销售量低于预测水平,则可能使经费过于宽绰,甚至造成浪费。有效的预算控制应能反映经营规模的变化,应该考虑到未来的企业经营可能呈现出不同的水平,从而为标志经营规模的不同参数值规定不同的经营额度,使预算在一定范围内可以变化。

弹性控制有时也与控制系统的设计有关。通常组织的目标并不是单一的,而是多重目标的组合。由于控制系统的存在,人们为了避免受到指责或是为了使业绩看起来不错,会故意采取一些行动,从而直接影响一个特定控制阶段内信息系统的数据。例如,如果控制系统仅仅以产量作为衡量依据,则员工就会忽略质量。如果衡量的是财务指标,那么员工就不会在生产指标上花费更多时间。因此采取多重标准可以防止工作中出现做表面文章的现象,同时也能更加准确地衡量实际工作和反映组织目标。一般来说,弹性控制要求企业制定弹性的计划和弹性的衡量标准。

(五)经济性原则

使花费一定费用的控制得到足够的控制收益。任何控制都需要一定的费用,衡量工作成绩、分析偏差产生的原因,以及为了纠正偏差而采取的措施,都需支付一定的费用;同时任何控制,由于纠正了组织活动中存在的偏差,都会带来一定的收益。一项控制,只有当它带来的收益超出其所需成本时,才是值得的。也就是花费一定的控制成本能得到足够的控制收益。

三、建立现代控制理念

现代有效控制理念是现代管理理念的主要组成部分。虽然控制在管理科学建立初期就被确立为管理的职能之一,但今天的控制所包含的内容比那时大大扩展了。概括起来说控制理念是:

1.建立新的施控者与受控者关系的理念。传统的控制管理理念认为,施控者处于绝对支配地位,受控者处于被支配地位,二者之间是命令和服从的关系。现代控制理念认为,施控者与受控者是平等的,施控者的权威只有被受控者承认和接受才有意义,施控者只有靠职责和威望才能施控,才能发挥作用,有效控制才能实现。

2.建立系统的控制理念。尽量避免那种"救火式"的控制方式。同时不能只顾局部利益而忽视了整个组织控制的总目标。

3.提高有效控制的效率,必须重视反馈。反馈是现代控制的特征之一,有了反馈,控制才可能有高效率。施控者不是全能的,必须依据受控者的反馈来判断、分析和纠偏。建立反馈理念,重视反馈,既要建立制度化的反馈机构,更要让下级畅所欲言,敢讲并愿讲真话,全面、及时地反馈真实信息。

4.建立科学的控制制度。控制制度建立包含着广泛的内容,应做好如下几项主要工作:(1)组织内应建立精干而高效的控制机构,配备称职的控制人员。(2)组织内应建立明确具体的控制责任制。(3)组织应完善内部的信息交流体系,确保信息纵横传递顺畅,反馈及时。

第三节　控制的技术和方法

管理控制的方法很多。其中比较常用的方法有预算控制、审计控制、程序控制等。掌握控制的方法对于我们做好控制工作有着积极的意义。这里简要介绍几种主要方法。

一、预算控制

(一)预算控制的内容、目的、作用

预算是计划的数量表现,是用数字编制未来某一个时期的计划,用数字来表明预期的结果。预算作为数量化的计划,其内容主要有三个方面:(1)为实现组织计划目标,规定各种管理工作投入与产出的数量。(2)投入与产出的原因说明。(3)实现投入和产出的时间预计。

预算是政府部门和其他组织最常用、最广泛的一种控制方法。预算既是一种计划,又是一种控制手段。编制预算实际上就是拟定控制标准,以便为控制服务。预算通过把总计划分解成一定的数字,使之与各部门、各单位的计划相一致,既做到了授权,又保证了计划在预算限度内得以实施。因此,预算实际上是一种把预算结果作为控制标准的控制方法。我国的预算与西方的预算在意义上存在差别。在我国"预算"一般是指经法定程序批准的组织在一定时期内的以货币形式来表示的收支预计;而在西方国家则是指计划的数量说明,包括财务数字和非财务数字,而不仅仅是金额方面的反映。

预算的目的具体说来主要是:

1.使计划变得明确和具有可考核性,从而有利于根据标准评定工作成效,找出偏差,采取纠正措施。

2.促进组织的协调。当为组织的各职能部门都编制预算时,就意味着把这些数字化的计划分解落实到组织的各层次和各部门中去。(1)对主管人员来说,预算可以使他们认清组织的状态,明确组织中的优势部门和问题部门、工作重点、工作标准和所拥有的资源数量,为调整组织活动方向,纠正组织运行中的偏差指明了方向。(2)对组织成员来说,预算可以使成员了解组织的状况和资金使用量,明确个人的工作内容和权限,促进组织的协调发展。

3.有利于控制。编制预算是为组织的各项活动确立财务标准,用数量形式

的预算标准来对照组织活动的实际效果,有利于控制的执行。主管人员在适当的时候根据预算对组织活动结果进行比较,发生偏差时及时采取纠正措施,以保证组织完成计划的目标。总之,预算能够改进计划,促进组织的协调和控制,有利于对整个组织或各个部门的工作绩效进行衡量与评价,是管理人员开发、调配资源的有力手段。

可见,预算的优点主要有:明确简洁,各项工作成果均数字化,使人一目了然;方便实用,任何活动最终都会反映到财务上;便于授权,同时又保证不会失去控制。

(二)预算的分类

对于一个组织来说,预算的种类和层次较多。一般地,预算可以分为以下五类:

1. 收支预算

收支预算是最基本、最常用的预算,可分为收入预算和支出预算。

(1)收入预算。这是指计划期内组织活动可带来的货币收入的预算。其中收入预算中最基本的是销售预算,它是销售预测的详细正式说明。由于企业的收入主要来源于产品的销售,因而企业收入预算的主要内容是销售预算。企业的收入预算还包括收入总预算、其他销售收入预算、营业外收入预算、对外投资收入预算等。

(2)支出预算。这是计划期内为由组织活动发生的所支付的货币的预算,即编制各种支出预算。如工资预算、销售费用预算、外购材料支出预算、利息支出预算、管理费用预算等。为使支出预算成为组织对费用支出的有效控制手段,一般按费用支出的项目来编制支出预算。由于组织的支出项目往往要比收入项目多且复杂,在支出预算中,应当安排一笔适当的不可预见费用。

2. 实物量预算

这是一种以实物单位来表示的预算。因为以货币为计量单位的预算会受到价格波动的影响,组织通常还需要以要素的自然存在形态来作计划。在计划和控制的某个阶段采用实物数量单位比采用货币更有意义。实物预算是以非货币形式的实物数量为计量单位的预算。如采用时间、面积、体(容)积、工时、原材料数量、产量等实物单位来编制预算。这里所说的实物量,不仅指实物产量,也指其他一些指标。如直接工时数、台时数、原材料的数量、占用的平方米面积和生产量。此外,用工时或人时来预算所需要的劳动力也是很普遍的。在某些情况下,实物预算比货币形式的预算更容易进行控制。

3. 投资预算

指一般基本建设预算,包括组织为添置建筑物、机器、设备等固定资产方面的投资预算和其他方面的投资预算。这些费用一般较大,且回收期长,应当进行充分论证,并列出专项预算。当组织的收入超出支出时,超出部分就可以用来进行投资。对于投资方面的预算,一定要慎重考虑,单独列出,必须使这部分资金的使用同组织的长期计划和整个资金的分配使用计划紧密结合起来。对于数额大、回收期长的投资项目,还应有专项预算。

4. 现金预算

这实际上是对组织在计划期内现金的流入和流出所作的预算,是以收支预算为基础而编制的,它可用来衡量实际的现金使用情况。从某种意义上来说,这种预算是组织中最重要的一种控制。组织的运营需要一定的现金流量作为支持,因而现金预算对于组织来讲是非常重要的。通过现金预算,组织的有关管理人员可以了解到计划期内可能获得的现金收入和所需要的现金,以求得二者之间的平衡,通过控制现金的收支,做到合理理财。还可显示可用的多余资金,因而有可能编制剩余资金的投资计划。

5. 资产负债预算表

它是对组织会计年度末期的资产、负债和资本等财务状况的预测。通过将组织各部门和各项目的分预算进行汇总,既验证了所有其他预算的准确性,又反映出组织在财务末期的资产与财务状况。

(三)预算的不足之处

尽管预算是一种普遍使用的、行之有效的计划和控制方法,但它也存在着一些不足之处。

1. 预算过于琐细会导致控制过严

过于详细、繁杂、死板的预算会束缚管理人员所必需的自主权,阻碍其能动性的发挥,削弱其开展工作的适应性、创造性作用,对其长期的工作情绪、效率和有效性都会产生负面影响。同时,预算过细,带来的预算费用也大,是得不偿失的。预算的详细程度,应当与授权的程度联系起来考虑。

2. 预算目标有时会取代组织目标

管理人员的首要职责是实现既定的组织目标,预算只是实现组织目标的一种手段。但管理人员在执行预算时,往往会将达成预算的目标作为其追求的唯一目标。如有些部门就因为没有预算而拒绝采取一些对实现组织目标十分有利的行动。有些管理人员只把注意力集中在使自己部门的经营费用不超过预算,而忽视了自己的职责首先是要千方百计地去实现组织的目标。例如某出版社的销售部为节省费用,在订货会上只提供了少量的宣传单从而失去了大量的潜在用户,这是得不偿失的。同时,预算还会加剧各部门难以协调的独立性。这种全局与局部控制目标存在的矛盾应当在计划制定时予以考虑,每一步预算都应该是整个计划系统不可分割的一部分。导致目标置换的原因有三：一是缺乏从全局、系统、权变的角度看问题，从而忽视了整体目标的实现问题；二是没有恰当地掌握预算控制的度，例如，预算编制得过细或规定了超支严厉制裁的措施，也可能是有节约奖励措施的刺激等，导致主管人员执行预算的僵化和缺乏灵活性；三是预算没有很好地体现计划的要求。这都需要在编制预算时加以注意。

3.预算的编制依据不足

预算的编制通常是在去年费用的基础上按比例增长来编制的，所以许多主管人员也常常以过去所花的费用作为今天预算的依据；同时他们知道在层层审批中，原来申请的金额多半是要被削减的，因而预算费用的申请数额总要大于它的实际需要数，这就造成了预算编制科学依据不足的问题，使预算成为掩盖懒惰、效率低下的"保护伞"。

4.预算的最大缺陷是缺乏灵活性

作为一种计划形式，预算同样可能有制定不当的时候。实际发生的情况往往会与编制预算时所预测的情况不同，在执行过程中，一些变动性较大的因素与预测发生的偏差会使一个刚制定的预算很快过时，使原先制定的预算失去一定的合理性、正确性，导致一个刚编制出来的预算很快就变得不适用和缺少灵活性。若管理人员仍按照预算的有关规定来执行的话，预算控制的有效性就会减弱或消失。如果在这种情况下还必须受该预算的约束，可能会造成重大的损失。在预算涉及的时期很长时尤其如此。因此预算的刚性约束应有一定的前提和合理的度。

5.预算可能导致效率低下

预算带来一种惯性，其编制过程有一个沿用前例的倾向或"习惯"，即以前预算的内容理所当然地成为制定新预算的合理性依据，通常是在去年的基础上按比例增长来编制预算。假如以前的预算方案中有不合理的内容，现在的预算方案只简单地在其基础上加以继承或调整，则可能会出现两种情况：一是预算确实不能满足开展工作的基本需要，二是预算内容对某个部门"有利可图"。同时管理人员知道其预算申请通常是要被削减的，因而总是故意将预算额抬高一些，以便让高层领导在审批中削减。或者为了使得预算申请能够获得上级的通过，故意缩小各项预算的基数，而在付诸实施后，不得不再追加预算。这样又增加了预算的不合理性。总之，不严格的预算可能会成为某些无效工作的"保护伞"，而预算的反复审核又将增大预算编制的工作量。这些预算做法，都有可能会成为某些掩盖懒散、效率低下的管理人员的"保护伞"。

(四)改进方法

为改变传统预算这些不合理的工作倾向或做法，有必要采用可变的或灵活的预算,可采用可变预算和零基预算。

1.可变预算

可变预算,也称弹性预算,主要用于变动成本(费用)的预算。其依据是在编制预算时,对费用项目进行分析,确定各个费用项目应怎样随着产量的变化而变化,以此来编制出一套能适应不同产出量的预算。相对变动成本而言的固定成本并非总是固定不变的,它只是在一定的销售量、产量范围内基本保持不变。可变预算大大提高了传统预算的灵活性。编制可变预算的另一种方法是编制"可抉择的"和补充的预算。这种预算是按对未来情况的不同预测,分别编制上、中、下三种不同经营水平的预算,使主管人员可根据本部门的经营情况,灵活选择其中的一种预算。同时,为了增加灵活性,还可在中期或长期计划的基础上,通过预测该月产量来编制每月的补充计划。这样可使每个主管人员有权在基本预算的基础上,安排生产进程和所要使用的资金。

2.零基预算

为克服传统预算的弊端,美国得克萨斯仪器公司的彼得·菲尔于1970年提出了零基预算法。美国的一些州政府把这种方法应用于部门的设立,称为"日落法"。它的基本思想是:在编制每个预算年度时,完全不考虑基期的收支情况如何,而是根据各项活动的实际需要,将所有正在进行的管理活动都看作重新开始,一切以零为基数,根据组织目标重新审查每项活动的意义和效果,在费用—效益分析的基础上,重新安排各项活动及各个部门的资源分配和收支,并对此进行充分的、必要的论证,最终确定预算的规模。传统预算是以基期的各项收支为基础,再根据计划期的各种变动因素,来确定计划期的预算。采用零基预算不受传统预算的框框束缚,摒弃了传统预算的增增减减、修修补补的预算确定模式,有利于充分调动和发挥管理人员的积极性和创造性,有利于把组织活动的目标、内容、所需资源、成本支出等联系起来作全面的审查。还能促使管理人员精打细算,节约开支,合理地利用资源,提高资源的使用效果。实行零基预算要注意以下四个方面:(1)组织活动的目标、预算要达到的目标;(2)分析项目的必要性及项目的实施结果;(3)实施该项目的备选方案的数量及选择的方案是否最佳;(4)分析项目需要的资金数量、资金来源及使用是否具有合理性。

总之,零基预算的核心是预算工作不因循守旧,一切依据组织目标重新考虑。其优点是预算比较科学,有利于资金分配和控制支出。当然,零基预算也有缺点。如预算编制工作费时、费力,费用也高,而且在项目安排的次序上难免有主观臆断。它的适用对象是事业单位、政府机关以及企业组织内的行政部门和辅助性部门,对于制造活动等具有明显的投入与产出关系的组织不太适合。

二、程序控制

程序是一个组织对某种活动处理流程的一种计划和规定。程序规定了活动的时间先后顺序,也规定了如何衔接的办法。组织中常见的程序很多,例如决策程序、施工管理程序、项目审批程序、会计核算程序、费用报销程序、操作程序和工作程序等。凡是例行的,由多个步骤构成的管理活动或生产技术活动,只要它有重复发生的性质,就都应当为其制定程序。换句话说,管理程序就是在管理过程中处理那些反复出现的、例行的问题的规范或计划。

程序控制作为控制的一种方法,表面看起来很简单,执行起来并不容易。原因是在我国,人们对程序的计划和控制作用认识不够,对程序的执行不认真,导致程序控制多流于形式。以至于重大问题已经发生再纠正,给国家和人民造成了重大损失。比如未经过正常建设用地审批程序便建造高档住宅楼,事后有关部门又责令拆除。这种违背程序的做法不仅造成资金的大量浪费,而且给入住的业主造成很大伤害。违背程序的教训是深刻的,这要求我们在管理实践中,不断引进、吸收和消化国外先进的管理方法、技术和手段,切实执行管理的程序化和标准化,提高管理的效率和效益。

(一)程序控制必要性

程序控制的必要性主要体现在以下三个方面:

1.使管理活动规范和有序。程序规定了处理重大问题以及处理物流、资金流、信息流等的例行办法。对处理问题的过程包含哪些工作,涉及哪些部门人员行进的路径,各部门及有关人员的责任,以及所需的校核、审批、记录、存贮、报告等,都作了明确的规定,便于人们遵照执行,从而使管理活动变得规范和有章可循。

2.有助于提高管理的效率。它通过文字说明、格式说明和流程图等方式,把一个事项的做法及次序规定得清清楚楚。既便于执行者遵守,也便于主管人员进行检查和控制,使管理的效率得到提高。

3.有利于调动管理人员的积极性。一套复杂的管理程序,例如新产品开发、成本核算等,对涉及的职能部门、工作单位、管理人员和专业人员,各种计划、记录、账簿、报告,以及各种类型的管理活动,都有特定的要求、职责划分与操作的先后顺序规定。因而管理人员不必处处请示,完全可以依照工作程序自主处理事情,有利于调动管理人员的工作积极性和创造性。

(二)程序设计的原则

管理程序的设计,应遵守以下几项原则:

1.程序数量最少原则。对管理人员来说,限制所设程序的数量,使之降至最少是一项最重要的原则。从管理过程来看,管理的程序越多、越复杂,管理人员执行起来的难度越大,程序控制失灵的可能性也越大,管理的成本也越高。因此程序数量最低原则十分必要。

2.程序的目标原则。程序作为一种计划,在设计时要考虑是否有益于组织目标,而不是为程序而程序,用程序来阻碍工作进程。无视组织目标的程序就失去意义了。

3.程序的可行原则。程序设计必须具有可行性,能为管理人员所理解和接受,否则就无法得到有效的贯彻执行。

4.程序的权威原则。程序能否得到有效的执行,不仅取决于程序设计是否具有可行性,还取决于程序执行的严肃性。因此,主管人员要以身作则,带头遵守程序。此外,主管人员要对程序实施进行长期的监督检查,并制定相应的违背处罚措施,从而保证程序的权威性。

(三)程序的制定方法

制定程序,要依据管理的原理,认真分析管理的过程、管理过程的环节及其各个环节的重要性,然后确定管理的具体程序。其步骤如下:

1.分析工作过程。明确工作的每道工序及其先后次序,确定重点与关键环节,对关键环节进行认真的分析、讨论和设计。

2.分析的工具主要是业务流程图和程序说明。业务流程图是企业或某些业务部门常用的控制手段。它是利用少数具有特定含义的符号和文字说明,形象而具体地描述系统的业务流程。它的优点是直观,便于记忆和分析对比。它不仅可以用来设计管理程序,而且也是分析和设计、计算机化的信息管理系统的主要工具。而在政府管理过程中,管理程序的设计和说明,通常采用程序说明以及对票据与账簿的格式、项目和填写要求的说明。

3.绘制业务流程图和编制程序说明。依照流程图和程序说明进行控制。

三、审计控制

审计的基本概念是由寻求信息和核实信息的需要产生的。它产生于5000年前的古代埃及。那时法老要根据王族法院审计员关于庄稼收成净成本的报告,确定征税额,为保证真实性,该审计员的记录必须由另外的审计员进行审查。类似做法在古代中国、希腊、罗马都有记载。可见审计的基本含义是对实际的财务活动进行有效监督。审计的内容主要包括财务、组织业务发展和组织的各项职能以及战略目标的审计。根据审查主体和审计内容的不同,审计可以分为外部审计、内部审计和管理审计。

(一)外部审计

1.外部审计的内容

外部审计是由来自组织外部机构(如审计局)的审计人员对组织的财务报表及其反映的财务状况进行独立的评估。其目的是检查财务报表及其反映的财务状况与组织的实际情况是否相符,防止组织偷逃税款及个人腐败现象的发生。因此审计人员需要抽查组织的基本财务记录本,分析和检查其真实性和准确性,并分析这些记录是否符合公认的会计原则和记账程序。外部审计的作用是监督组织的财务往来、经营管理和有关的财务计划、报告是否符合国家的政策和法律,从而维护国家和人民的利益。

2.外部审计的特点

外部审计的优点是可以保证审计的独立性和公正性。审计人员与组织不存在行政上的依附关系,不用看组织的主管人员的脸色行事,只需对国家、社会和法律负责。

3.外部审计的不足

外部审计也有一些缺点,主要有:(1)外来的审计人员不了解组织内部的实际情况,在审计中发现问题有一定难度。(2)被审计方可能存在抵触情绪,不愿给予配合,这也会增加审计的难度。

(二)内部审计

1.内部审计的内容

内部审计是在财务审计的基础上发展起来的。它是由组织内部的审计人员对组织的会计、财务和其他业务活动所作的定期和独立的评估。也就是说,内部审计工作不仅兼有外部审计的内容和目的,而且还需要对组织发展的政策、资源的利用效率、组织的工作程序与计划的遵循程度进行评估,并提出改进建议。

2.内部审计的优点

内部审计的优点主要表现在以下三个方面:(1)内部审计为组织提供了检查组织现有控制系统的运行状况,及该系统能否有效地保证实现既定目标和执行既定政策的手段。(2)根据对现有控制系统有效性的检查,内部审计人员可以对组织发展中出现的"疾病"进行诊断,并提供有关改进组织政策、工作程序和方法的对策建议,从而保证组织更有效地实现组织目标。(3)内部审计有利于推行分权化管理。这是因为,组织的控制系统越完善,控制手段越合理,越有利于分权化管理。内部审计不仅评估了组织财务记录是否健全、正确,而且为检查和改进现有控制系统的效能提供了一种重要手段,因此有利于促进分权化管理的发展。

3.内部审计的不足

内部审计为经营控制提供了大量的有用信息,但在使用中也存在不少局限性,主要表现在:(1)内部审计往往成本较高,因此不宜频繁地进行,一般每年搞一次或两三年一次;(2)内部审计对审计人员的业务技能要求较高,审计人员不仅要发现问题,还需要提出改进措施,并能够避免惹人反感,确实需要审计人员有较过硬的技能;(3)审计本身容易使组织成员,特别是主管人员产生抵触情绪,因而不愿给予配合,导致审计的困难和低效。

(三)管理审计

管理审计是内部审计的进一步发展。管理审计的对象和范围更广,它是一种对组织所有管理工作及其绩效进行全面系统地评价和鉴定的方法。管理审计的方法是利用公开记录的信息,从反映组织管理绩效及其影响因素的若干方面将组织与同类组织中好的典型进行比较,来判断组织经营与管理的健康程度。反映组织管理绩效及其影响因素的主要指标是:经济功能、组织结构、效益状况、研究开发能力、财务状况、生产效率、销售能力、主管素质等。管理审计既可以由组织内部的有关专家或部门进行,也可以由组织外部的专家或部门来进行。但为了保证某些敏感领域得到客观的评价,组织通常聘请外部的专家来进行审计。

【课后案例分析】

案例-1

如果你在好莱坞或贝弗利山举办一个晚会,肯定会有这样一些名人来参加,如尼科尔森、麦当娜、克鲁斯、切尔、查克·皮克。"查克·皮克?""当然!"没有停车服务员你不可能开一个晚会,在南加州停车行业内响当当的名字就是查克·皮克。查克停车公司中的雇员有100多人,其中大部分是兼职的,每周他至少为几十个晚会办理停车业务。在一个最忙的周六晚上,可能要同时为6~7个晚会提供停车服务,每一个晚会可能需要3~15位服务员。

查克停车公司是一家小企业,但每年的营业额差不多有100万美元。其业务包含两项内容:一项是为晚会料理停车;另一项是不断地在一个乡村俱乐部办理停车经营特许权合同。这个乡村俱乐部要求有2~3个服务员,每周7天都是这样。但是查克的主要业务来自私人晚会。他每天的工作就是拜访那些富人或名人的家,评价道路和停车设施,并告诉他们需要多少个服务员来处理停车的问题。一个小型的晚会可能只要3~4个服务员,花费大约400美元。然而一个特别大型的晚会的停车费用可能高达2000美元。

尽管私人晚会和乡村俱乐部的合同都涉及停车业务,但它们为查克提供的收费方式却很不相同。私人晚会是以当时出价的方式进行的。查克首先估计大约需要多少服务员为晚会服务,然后按每人每小时多少钱给出一个总价格。如果顾客愿意"买"他的服务,查克就会在晚会结束后寄出一份账单。在乡村俱乐部,查克根据合同规定,每月要付给俱乐部一定数量的租金来换取停车场的经营权。他收入的唯一来源是服务员为顾客服务所获得的小费。因此,在私人晚会服务时,他绝对禁止服务员收取小费,而在俱乐部服务时小费是他唯一的收入来源。

试回答以下问题:

1. 你是否认为查克的控制问题在两种场合下是不同的?如查克确实如此,为什么?

2. 在前馈、反馈和同步控制三种类型中,查克应采取哪一种手段对乡村俱乐部业务进行控制?对私人晚会停车业务,又适宜采取何种控制手段?

案例分析-2:

苏南机械有限公司是江南的一个拥有三千多名职工的国有企业,主要生产金属切削机械。公司建立于新中国成立初期,当初只是一个几十人的小厂。公司从小到大,经历了几十年的风风雨雨,为国家作出过很大的贡献。80年代,公司取得了一系列令人羡慕的殊荣:经主管局、市有关部门及国家有关部委的考核,公司各项指标均达到了规定的要求,因此被光荣地评为国家一级企业;厂里的当家产品,质量很好,获得了国家银质奖。随着外贸体制改革,逐渐打破了国家对外贸的垄断,除了外贸公司有权从事外贸外,有关部门经考核,挑选了一部分有经营外贸潜力的国有大、中型企业,赋予它们外贸自主权,让它们直接进入国际市场,从事外贸业务。公司就是在这种形势下,得到了上级有关部门的青睐,获得了外贸自主权。

进入90年代,企业上上下下都感到日子吃紧,虽然经过转制,工厂改制成了公司,但资金问题日益突出,一方面公司受"三角债"的困扰,另一方面产品积压严重,销售不畅。为此公司领导多次专题研究销售工作,大部分人都认为,公司的产品销不动,常常竞争不过一些三资企业和乡镇企业,问题不在产品质量,而主要是在销售部门的工作上。因此,近几年公司对销售工作做了几次大的改革,先是打破了只有公司销售部门独家对外进行销售的格局,赋予各分厂(即原来的各车间)进行对外销售的权力,还另外组建了几个销售门市部,从而形成一种竞争的局面,利用多方力量来推动销售工作,公司下达包括价格浮动幅度在内的一些指标来加以控制。与此同时,公司对原来的销售科进行了充实调整工作,把销售科改为销售处、以后又改为销售部,现在正式改为销售公司。在人员上也作了调整,抽调了一批有一定技术、各方表现均不错的同志充实进销售公司。这样一来,从事销售工作的人员增加了不少,销售的口子也从原来一个变成了十几个。当初人们担心,这样会造成混乱,但由于公司通过一些指标加以控制,所以基本上没有出现这种情况,但是销售工作不景气的状况却没有根本改变,这是近年来一直困扰公司领导的一大问题。

与此同时,公司的外销业务有了长足的发展。当初公司从事外销工作的一共只有五六个人,是销售科内的一个外销组,以后公司获得了外贸自主权,公司决定成立进出口部专门从事外销工作,人员也从原来的几个发展到了今天的 30 个:除了 12 个人在外销仓库,18 个人中有 5 个外销员,5 个货源员,其他的人从事单证、商检、海关、船运、后勤等各项工作。公司专门抽调了老王担任进出口部经理。老王今年 50 岁,一直担任车间、科室的主要领导,是公司有名的实力派人物。在王经理的带领下,进出口部的业绩令人瞩目:1996 年的外销量做到了 450 万美元,1997 年达到 500 万美元,1998 年计划为 650 万美元,1 到 9 月份已达到了 500 多万美元,看来完成预定的计划是不成问题的。

成绩是显著的,但问题矛盾也不少。进出口部成立以来,有三件事一直困扰着王经理:一是外销产品中,本公司产品一直上不去。公司每年下达指标,要求进出口部出口本公司一定量的产品,如 1998 年的指标是 650 万美元的外销量,其中本公司的产品应达 350 万美元。公司的理由是:内销有困难,进出口部要为公司挑担子、虽然做公司产品,对进出口部来讲没多大利润,但这关系到全公司 3000 人的吃饭问题。因此,进出口部只得接这个任务,王经理再将指标分解给外销员,即每人做 70 万美元的本公司产品,可结果总是完不成。王经理和外销员都反映,完不成的责任不在进出口部,因为订单来了,本公司分厂不能及时交货,价格也有问题,所以只能让其他厂去做,进出口部做收购,这样既控制价格、质量,又能及时交货。讲穿了,做本公司的产品,进出口部要去求分厂,而做外购是人家求进出口部,好处也就不言而喻了。公司对进出口部完成不了本公司产品的出口任务一直有意见,进出口部与各分厂的关系也搞得很僵,而且矛盾还在发展之中。二是外销员队伍的稳定问题。近几年已有几位外销员跳了槽,而且跳出去的人据说都"发"了,有的自己开公司做贸易,有的跳到别的外贸公司,因为他们是业务熟手,手中又有客户,所以都享有很高待遇,一句话,比在原来公司好多了。这又影响了现在的外销员。公司虽然在工资、奖金上向外销员作了倾斜,但他们比跳槽的收入还差一大截,因此总有些人心不定,有的已在公开扬言要走,王经理也听到一些消息,说是有的人已在外面悄悄干上了。面对这样的状况,王经理心里万分着急,他知道,培养一个好的外销员不易,走掉一个外销员,就会带走一批生意。他深知问题的严重性,也想了好多办法,想留住人心,比如搞些活动,加强沟通等,但在有些人身上收效很少。该怎么办呢?这是王经理一直在思考的问题。

试回答以下问题：

1.本来1998年公司完成外销任务是不成问题的,为什么完不成任务?

2.为什么公司有大量销售人员外流,应如何留住他们?

第九章　管理变革与创新

在保证组织计划目标的实现时,组织、领导、协调与控制是必不可少的。从某种意义上说,它们同属于管理的"维持职能",其任务是保证系统按预定的方向和规则运行。但是,管理在动态环境中生存的社会经济系统,仅靠维持是不够的,还必须不断调整系统活动的内容和目标,以适应环境变化的要求——这即是经常被人们忽视的管理的"创新职能"。创新已成为生产力中新的要素。美国经济学家内森·罗森堡在其《西方是怎样致富的》一书中写道:"西方经济的直接源泉,是贸易、技术和组织管理的种种创新。"因此,创新是推动人们进行生产、经营和管理活动的主旋律。本章旨在分析创新与维持的关系,创新的作用、类型、特征,创新机制和过程,创新的时代背景,创新的理论发展过程以揭示创新的规律,来指导组织创新职能的履行。

第一节　创新的概念及其特征

一、创新和管理创新

(一)创新的含义

"创新是一个民族进步的灵魂,是国家兴旺发达的不竭动力! 一个没有强大创新能力的民族,是难以屹立于世界强国之林的!""一个国家综合国力和国际竞争力的强弱,关键取决于科学技术水平和技术创新能力。"这是前国家领导人江泽民和朱镕基对于创新的一个论断、一种评价。

但到底什么是创新? 创新是怎样定义的? 其实,创新并没有一个人们一致认同的详尽的概念。关于其定义可谓是众说纷纭、莫衷一是。《现代汉语词典》把创新解释为:创新就是抛开旧的,创造新的。目前学术界对创新的解释可归结为以下几种:创新就是创造出与现存事物不同的新东西,即新技术、新产品、新观念;创新就是产生、接受并实现新的理想、新的产品、新的服务;创新就是对现存事物进行某种创造性的改进;创新就是对一个组织或相关环境的新变化的接受;创新就是发明与开发的结合,创新=发明+开发;创新就是人的创造性劳动及其价值的实现;创新就是将新的观念和方法付诸实施,创造出与现存事物不同的新东西,从而改善现状。真是仁者见仁、智者见智。不过,目前一般公认的是 1912

年美籍奥地利经济学家约瑟夫·熊彼特提出的创新定义。熊彼特在他发表的《经济学理论》中从经济学角度首次阐述了这一概念,指出创新就是建立一种新的生产函数,是企业家对生产要素的新组合,其中任何要素的变化都会导致生产函数的变化,从而推动经济的发展。

随着科学技术的突飞猛进和社会经济的迅猛发展、人们创新意识的加强和创新水平的提升,创新已不再仅仅指经济现象,而是拓展到了政治、科技、文化、教育、军事、社会生活的各个方面,出现了许许多多新的创新概念。这些创新概念大致可分为:科技创新、产业创新、市场创新、体制创新、管理创新、金融创新、知识创新、政治创新、军事创新、教育创新、文化创新、观念创新、理念创新、企业创新、社会创新和创新意识、创新精神、创新机制、创新人才等等。

对于我们平时的运用,创新的理解其实没有必要过于复杂。我们认为,所谓创新,就是淘汰旧的东西,创造新的东西,它是一切事物向前发展的根本动力,是事物内部新的进步因素通过矛盾斗争战胜旧的落后因素,从而推动事物向前发展的过程。在现代管理活动中,创新是创造与革新的合称。所谓创造,是指新构想、新观念的产生;而革新则是指新观念、新构想的运用。从这个意义上讲,创造是革新的前导,革新是创造的继续,创造与革新的整个过程及其成果则表现为创新。所以,创新是通过创造与革新达到更高目标的创造性活动,是管理的一项基本职能。

(二)管理创新

美国管理学家彼得·德鲁克指出:"如果管理人员只限于做已经做过的事情,那么即使外部环境和条件资源都得到充分利用,他的组织充其量不过是一个墨守成规的组织。这样下去,很有可能会造成衰退;而不仅仅是停滞不前的问题,在竞争的情况下,尤其是这样。"又指出:"企业管理不是一种官僚的行政工作,它必须是创新性的,而不是适应性的工作。"这就是说,企业管理要根据企业内部条件和外部环境的变化,不断地创造出新的管理制度、新的管理方法、新的工艺方式,以实现管理要素更加合理的组合运行,从而创造出新的生产力,取得更高的劳动效率。管理切忌墨守成规,真正的管理者永远是个创新者。

芮明杰认为,管理创新是指创造一种新的更有效的资源整合范式,这种范式既可以是新的有效整合资源以达到企业目标和责任的全程式管理,也可以是新的具体资源整合及目标制定等方面的细节管理。这样,创新概念至少可以包括以下五种情况:提出新经营思路并加以有效实施,创设新组织机构并使之有效运转,提出新管理方式与方法,设计新的管理模式,进行一项制度的创新。

在很大意义上,管理是通过有效的资源配置以实现组织的既定目标的。组织形式的变革与创新是管理创新的重要组成部分。组织创新可以首先理解为组织变革的过程。同时,企业组织的变革过程也是一种创新的过程,企业家领导的组织管理变革的过程,正是寻找适合于本企业需要的行之有效、运转灵活的新型组织管理形式的过程。那么,什么样的组织最有利于创新? 有人认为大企业有利于创新的出现,也有人认为小企业同样具有创新的优势,从研究实际来看,企业规模的大小并不决定着创新能力的高低。

在管理实践中,整个管理活动的基本内容无非是维持与创新的矛盾统一,任何组织系统的任何管理工作都是在维持或创新中实现其管理的。维持和创新是管理的本质内容。有效的管理在于适度的维持与适度的创新的组合。

二、创新和维持的关系及作用

(一)创新和维持的关系及作用

作为管理的基本内容,维持与创新对系统的存在都是非常重要的。

1.维持是保证系统活动顺利进行的基本手段,也是系统中大部分管理人员,特别是中层和基层的管理人员要花大部分精力从事的工作。根据物理学的熵增原理,原来基于合理分工、职责明确而严密衔接起来的有序的系统结构,会随着系统在运转过程中各部分之间的摩擦而逐渐地从有序走向无序,最终导致有序平衡结构的解体。管理的维持职能便是要严格地按预定的规划来监视和修正系统的运行,尽力避免各子系统之间的摩擦,或减少因摩擦而产生的结构内耗,以保持系统的有序性。没有维持,社会经济系统的目标就难以实现,计划就无法落实,各成员的工作就有可能偏离计划的要求,系统的各个要素就可能相互脱离,各自为政,各行其是,从而整个系统就会呈现出一种混乱的状况。所以,维持对于系统生命的延续至关重要。但是,仅有维持是不够的。

2.任何社会系统都是一个由众多要素构成的,与外部不断发生物质、信息、能量交换的动态、开放的非平衡系统。而系统的外都环境是在不断发生变化的,这些变化必然会对系统的活动内容、活动形式和活动要素产生不同程度的影响。同时,系统内部的各种要素也是在不断发生变化的。系统内部某个或某些要素在特定时期的变化必然要求或引起系统内其他要素的连锁反应,从而对系统原有的目标、活动要素间的相互关系等产生一定的影响。系统若不及时根据内外变化的要求,适时进行局部或全局的调整,则有可能被变化了的环境所淘汰,或为改变了的内部要素所不容。这种为适应系统内外变化而进行的局部和全局的调整,便是管理的创新职能。

3.我们把系统自诞生,被社会承认开始到消亡,被社会淘汰结束的时期称为系统的寿命周期。一般社会经济系统在寿命周期中要经历孕育、成长、成熟、蜕变以及消亡五个阶段。从某种意义上来说,系统的社会存在是以社会的接受为前提的,而社会之所以允许某个系统存在,又是因为该系统提供了社会需要的某种贡献;系统要向社会提供这种贡献,则必须首先以一定的方式从社会中取得某些资源并加以组合。系统向社会的索取(投入资源)越是小于它向社会提供的贡献(有效产出),系统能够向社会提供的贡献与社会需要的贡献越吻合,则系统的生命力就越旺盛,其寿命周期越可能延长。孕育、初生期的系统,限于自身的能力和对社会的了解,提供社会所需要的贡献的能力总是有限的;随着系统的成长和成熟,它与社会的互相认识不断加深,所能提供的贡献与社会需要的贡献便倾向和谐;而一旦系统不能跟上社会的变化,其产品或服务不再被社会所需要,或内部的资源转换功能退化,系统向社会的索取超过对社会的贡献,则系统会逐步地被社会所抛弃,趋向消亡。

根据上面的分析,可以看出,系统的生命力取决于社会对系统贡献的需要程度和系统本身的贡献能力;而系统的贡献能力又取决于系统从社会中获取资源的能力、利用资源的能力以及对社会需要的认识能力。要提高系统的生命力,扩展系统的生命周期,就必须使系统提高内部的这些能力,并通过系统本身的工作,增强社会对系统贡献的需要程度。由于社会的需要是在不断变化的,社会向系统供应的资源在数量和种类上也在不断改变,系统如果不能适应这些变化,以新的方式提供新的贡献,则可能难以被社会允许继续存在。系统不断改变或调整取得和组合资源的方式、方向和结果,向社会提供新的贡献,这正是创新的主要内涵和作用。

综上所述,作为管理的两个基本职能,维持与创新对系统的生存发展都是非常重要的,它们是相互联系、不可或缺的。创新是维持基础上的发展,而维持则是创新的逻辑延续;维持是为了实现创新的成果,而创新则是为更高层次的维持提供依托和框架。任何管理工作,都应围绕着系统运转的维持和创新而展开。只有创新没有维持,系统会呈现无时无刻无所不变的无序的混乱状态。只有维持没有创新,系统则缺乏活力,犹如一潭死水,适应不了任何外界变化,最终会被环境淘汰。卓越的管理是实现维持与创新最优组合的管理。

(二)管理创新的作用

1. 提高企业的经济效益

管理创新的目标是提高企业优先资源的配置效率。这一效率虽然可以在众多指标上得到反映,例如资金周转速度加快、资源消耗系数减小、劳动生产率提高等等,但最终还是要在经济效益指标上有所体现,即提高了企业的经济效益。提高企业的经济效益分为两个方面:一是提高目前的效益,一是提高未来的效益即企业的长远发展。管理诸多方面的创新,有的是提高前者,如生产组织优化创新;有的是提高后者,如战略创新与安排。无论是提高当前效益还是未来效益,都是在增强企业的实力和竞争力,从而有助于企业下一轮的发展。

2.降低交易成本

管理层级制的创新,可使现代企业将原来在企业之外的一些营业单位活动内部化,从而节约企业的交易费用。交易费用的节约表现在"由于生产单位和采购及分配单位的管理连接在一起,获得市场和供应来源信息的成本亦降低。最重要的是,多单位的内部化使商品自一单位至他单位的流量得以在管理上进行协调。对商品力量的有效安排,可使生产和分配过程中使用的设备和人员得到更好的利用,从而得以提高生产率并降低成本。此外,管理上的协调可使现金的流动更为可靠稳定,付款更为迅速。此种协调所造成的节约,要比降低信息和交易的成本所造成的节约大得多"。[1]

3.稳定企业,推动企业发展

企业管理的有序化、高水平是企业稳定与发展的重要力量。常有人说管理与技术是企业发展的两个轮子,倘若管理是如此的话,管理创新自然更是如此,因为管理创新的结果是为企业提供更有效的管理方式、方法和手段。管理创新对稳定企业、推动企业发展的作用可以从诸多方面来看。"管理层级制一旦形成并有效地实现了它的协调功能后,层级制本身也就变成了持久性、权力和持续成长的源泉。"因为"用来管理新型多单位企业的层级制,则有持久性,它超越了工作于其间的个人或集团的限制。当一名经理去世、退休、升职或离职时,另一个人已做好准备,他已受过接管该职位的培训。因而人员虽有进出,其机构和职能却保持不变"。[2] 管理层级制的这一创新,不仅使得层级制本身稳定下来,也使得企业发展的支撑架构稳定下来,而这将有效地帮助企业的长远发展。

4.拓展市场,帮助竞争

管理创新若在市场营销方面进行,则将帮助企业有力地拓展市场、展开竞争。企业在进行市场竞争和市场拓展时,将会遇到众多竞争对手。企业同其对手竞争的过程实为多个博弈对象的动态博弈过程,一个企业若能在这一过程中最先获得该博弈的均衡解,便能战胜对手,获得博弈的胜出。这个解无非是在能预见对手的相应对策条件下寻找最佳的、新的市场策略和运行方式,这就是一种管理的创新。许多跨国公司在瞄准中国市场后,所采取的一系列市场行为,均有其战略意图,这意图本身就是一种创新。

---

① 钱德勒:《看得见的手:美国企业的管理革命》,重武译,商务印书馆1987年版,第7页。

② 钱德勒:《看得见的手:美国企业的管理革命》,重武译,商务印书馆1987年版,第7页。

5.有助于企业家的形成

一个职业经理层即企业家阶层的形成,是现代企业管理创新的一个直接成果。这一阶层的产生,一方面使企业的管理处于专家的手中,从而提高了企业资源配置的效率;另一方面使得企业的所有权与经营权发生分离,推动了企业向着更健康的方向发展。职业经理层的形成对企业的发展有很大的作用,因为对支薪的企业家而言,企业的存续对其职业有着至关重要的作用,他们"宁愿选择能促使公司长期稳定和成长的政策,而不贪图眼前的最大利润"。职业企业家从这一角度出发,必然更进一步关心创新,关心管理创新,因为他们知道管理创新的功效,因此职业企业家们往往成为重要的管理创新的主体。

三、创新的源泉

"变"是唯一不变的真理。创新已成为现代成功企业的突出标志。一般地说,创新源于企业内部和外部的一系列不同的机会。这些机会可能是企业刻意寻求的,也可能是企业无意中发现后立即有意识地加以利用的。美国著名管理学家彼得·德鲁克把诱发企业进行创新的不同因素归纳成七种,即意外的成功或失败、企业内外的不协调、过程改进的需要、产业和市场的改变、人口结构的变化、人们观念的改变以及新知识的产生等。了解和把握创新的诱因或来源,对于理解企业为什么要创新和如何实施创新,并能够适时而有效地进行技术创新和组织创新都是非常有帮助的。

(一)意外的成功或失败

在现实中,企业的经营活动经常会发生一些出乎意料的结果:企业苦苦追求基础业务的发展,并为此投入了大量的人力和物力,但结果却是这种业务令人遗憾地不断萎缩;相反,另一些企业未给予足够关注的业务却悄无声息地迅速发展了。不论是意想不到的成功,还是意想不到的失败,都有可能向企业昭示某种机会,企业必须对之保持足够的敏感性,才不至于错过创新的良机。

意外的成功通常能够为企业创新提供大量机会,但却经常被企业所忽视。因为既然是意外,就不太为管理者所熟悉,并且可能大多与组织所追求的目标、多年形成的习惯和常识相违背,而人们包括管理者在内通常都习惯于观察和发现那些自己熟悉或预期出现的结果,有时虽然也观察到了意料之外的结果的出现,但对其意义却常难以有充分的认识。例如,20世纪50年代,当纽约一家最大的百货商店的家用电器销售量忽然迅速上升时,董事长却竭力设法压制它,因为他认为他的公司历来是以销售时装为主的,只有时装销售额占全公司总销售额的70%才是正常的现象。结果,在此后20年中,这家百货商店衰落了,而另一家零售店却利用这一意外情况成功地占领了纽约市场。

意外的失败相对来说更容易引起管理者的关注,但他们却很少将意外失败当作创新机会出现的征兆。许多失败可能仅仅是由于错误,比如贪婪、愚蠢、盲目赶潮流,或者是设计或执行不力的结果。但也有一些是经过周密筹划、设计、执行而仍然失败的事情,这样的失败往往蕴藏着变化和机会。例如,产品或市场设计的失败可能是由于这种设计所依据的假设不再成立。这既可能表现为用户的消费需要、消费习惯以及消费偏好可能已经改变,也可能表现为政府的政策倾向进行了调整。这种改变或调整虽然使开发计划遭到失败,或使原先热销的产品不再好销,但这却可能为新产品提供了机会。了解了这种变化,发现了这种机会,企业便可有针对性地进行有组织的创新。

总之,无论是意外的成功还是意外的失败,一旦出现,企业都应该予以重视,认真分析变化的性质、原因、走势,并制定相应的对策,以利于有针对性地开展技术创新和组织创新活动。

(二)企业内外的不协调

当企业对内部或外部经营环境的假设与现实相冲突,或当企业经营的实际状况与理想状况不相一致时,便出现了不协调的情况。这种不协调既可能是已经发生了的某种变化的结果,亦可能是某种将要发生的变化的征兆。同意外事件一样,不论是已经发生的,还是将要发生的变化,都可能为企业的技术创新和组织创新提供一种机会。因此,企业必须仔细观察不协调的存在,分析出现不协调的原因,以便有效地组织企业的创新活动。

企业与外部环境变化的不协调主要是指这样一种情况,即宏观或行业经济景气状况与企业经营绩效的不协调。例如,产品的需求如果是稳定增长的话,则其经济效益理应也能稳定增长,但结果却不是这样,这种情况的出现往往反映了企业在产品结构、原材料利用、市场营销、成本与价格、产品特色等某个或某些经营方面存在着问题,对这些问题进行系统地分析就有可能为企业的技术创新或组织创新提供某种思路和机会。

企业内部的不协调主要是指企业的目标假设和实际情况不协调。任何企业活动都是建立在某种目标假设的基础上的,如果企业的目标假设与现实情况不相符合,那么就有可能给企业的战略投资或日常经营管理带来重大危害。及时发现假设与现实之间的矛盾,改变或调整企业目标和发展方向,对于企业创新活动来说是一个重要契机。

在所有不协调类型中,消费者价值观判断与消费者实际价值观的不一致不仅是最为常见的,而且对企业的不利影响也是最为严重的。根据错误的假设组织生产,企业的产品始终不可能真正满足消费者的需要,从而生产所费难以得到补偿,企业出现生存问题。相反的,如果在整个行业的假设与实际不符时,企业较早地发现了这种不符,则可能给企业的技术创新和发展提供大量的机会。

(三)过程改进的需要

过程改进的需要强调的是来自企业内部的对于完善生产经营过程的需求,由这种需求所引发的创新是对现已存在的过程进行改善,置换薄弱环节,或补充缺失环节,或采用新知识将过程重新设计,以提高效率、保证质量、降低成本。在企业生产经营过程中,对于过程改进的需要通常存在已久,所以一旦采用,人们常会有一种理应如此或早该如此的感觉,因而由此类需要所引发的创新往往容易被企业组织所接受,并很快成为一种通行的标准。当然,这类创新要取得成功,需要注意研究以下三个问题:

1. 在一个完整的过程中,是否存在薄弱或缺失环节,如果存在,其性质和范围是怎样的,对此必须首先明确;

2. 解决问题的办法也必须明确、切实可行,而且要尽量不违背组织的习惯和价值观念,以确保创新可以为组织所接受;

3. 必须认真研究解决问题所需要的知识或技术是否具备,或者能否在现有工艺水平范围中取得。只要对各种过程进行有目的、有系统的分析,就必然能找到创新成功的机会。

(四)产业和市场结构的改变

企业的经营活动离不开一定的产业结构和市场结构。产业结构主要是指特定产业中不同企业的相对规模和竞争力结构以及由此决定的产业集中或分散度;而市场结构主要与消费者的需求特点有关,它们既是产业内或市场内各参与企业的生产经营活动共同作用的结果,反过来又制约着这些企业的活动。对于产业和市场结构的变化,企业必须作出及时响应,在生产、营销以及管理等诸方面组织创新和调整,否则就有可能给企业经营和发展带来灾难性后果,直至引发企业生存危机。相反,如果企业面对产业和市场的改变能够及时应变,则这种变化就会为企业创新提供大量机会。

一般来说,产业结构和市场结构变化的常见征兆主要有四种:

1. 当工业增长速度明显快于经济或人口增长时,必将引起产业结构发生剧烈变化。

2. 当工业产量大幅度增加,而原来的市场服务方式变得难以适应时,就需要变革。

3. 当过去看起来完全不相关的各种技术融合在一起的时候,就有可能产生新的产业和市场。计算机产业的诞生和迅速发展,典型的就是由多项技术汇聚在一起的结果。

4. 从业方式的改变,也会引起产业结构和市场结构的改变。例如,20 世纪

50 年代美国绝大多数医生是私人开业,到 1984 年有 40%(青年医生中有 70%)的医生参加集体诊断,有人从中看到创新的机会,开办了服务公司,为这些小型集体医疗机构设计办公室的布置和用具,指导其购置合适的医疗器械,为其提供或培训管理人员等,从而开创了一个新型服务产业。

(五)人口结构的变化

人口因素对企业经营的影响是多方位的。作为企业经营中一种必不可少的资源,人口结构的变化直接决定着劳动力市场的供给,从而影响企业的生产成本;作为企业产品的最终用户,人口的数量及其构成确定了市场的结构及其规模。有鉴于此,人口结构的变化有可能为企业的技术创新和组织创新提供新的契机。人口数量、年龄结构、就业和教育状况以及收入的变化,会引起社会观念、人的文化修养和生活要求等方面的变化,涉及面非常广,这为企业创新创造了极为丰富的机缘。分析人口结构变化对企业创新机会的影响,不仅要考察人口的总量指标,更要注意分析各种人口构成的统计资料。总量指标虽然可以在一定程度上反映人口变化的趋势,但这种数据也有可能将企业的分析引入歧途。实际上,在总量相同或基本未变的人口中,年龄结构可能有着很大差异或已经发生了重大变化。这种变化给企业经营提供的机会或造成的压力以及对企业创新的要求显然有着重要区别。除了年龄结构外,按受教育程度来进行结构分析也是非常重要的,其他如劳动力和职业分布、收入分配特别是收入中可供消费和自由支配的部分对于企业创新机会的出现都具有重要意义。当然,在分析人口结构变化的过程中,也不能完全依赖统计数字,还应该走出企业,到消费者群体中去作实地调查,只有将统计分析与现场分析相结合,才能比较确切地把握人口结构变化对于创造企业创新机会的现实意义。

(六)观念的改变

消费观念决定消费态度,消费态度决定消费行为,消费行为决定一种具体产品在市场上的受欢迎程度。因此,消费者观念的改变影响着不同产品的市场销路,为企业提供着不同的创新机会。在数学上,"杯子是半满的"和"杯子是半空的"毫无差别。但两者所反映的观念却迥然相异,后果也完全两样。如果社会观念从杯子"半满"变成"半空",就会出现重大的创新机会。例如,目前在世界范围内,人们的健康状况都取得了前所未有的进展,但今天人们却越发被"怀疑有病"所困扰,这就给诸如医疗卫生杂志、保健食品、室内运动器械等创造了创新机会。如今吃的观念也有所改变,人们既不愿意天天再为吃而花很多时间,又想吃到美食。于是,一方面出现了对各式快餐的需求;另一方面,有关美食烹调的电视节目、书籍、美食店也得到了大量发展。在吃以外,服装、文化娱乐等也同样深深受到社会观念的影响。

成功地以人们的观念变化为基础的创新,必须对各种机会保持高度的敏感性,准确把握创新时机,才有可能给企业带来发展的机会。滞后于竞争对手采取行动,容易造成这样的局面,即当企业创新产生效果,推出产品时,由于社会观念的变化而新出现的市场可能早已经饱和了。当然,如果人们的观念尚未转变或刚刚开始转变,企业就迅速采取行动,虽然能够领先竞争对手,但却要为此付出巨大代价,产生外部效益,让竞争对手免费搭车,从而失去成本竞争优势。因此,企业在面对由于人们的观念变化所带来的创新机会时,创新时机的选择是影响创新成功与否的关键性因素,创新要及时,既不能过早,也不能滞后。

(七)新知识的产生

新知识的出现,总会给企业创新提供大量的机会。当然,这里的知识并不一定是技术知识,还包括与组织制度和组织结构有关的知识。以知识为基础的创新与其他诱因的创新相比,有这样两个明显的特点:

首先,以知识为基础的创新具有最为漫长的前置期。从新知识的产生到应用技术的出现,最后到产品的市场化,这个过程通常需要很长的时间。不仅以自然科学和技术为基础的技术创新是如此,以社会科学为基础的组织创新也是如此。例如,早在19世纪初,圣西门就提出了有目的地利用资本去促进经济发展的商业银行理论,但直到他去世20多年后,才有他的门徒雅各布和皮里兄弟俩在1852年创办了世界上第一家商业银行——"信贷公司"。

其次,以知识为基础的创新常常不是某种单一知识直接作用的结果,而是以多种不同类型的知识的融合为先决条件,在相关配套的知识没有出现和完善之前,即使已经形成了一种或几种关键性知识,创新也是不可能实现的。实际上,从某种意义上说,正是这种对知识的融合性或组合性条件的要求决定了这类创新必须要有一个较长的前置期。例如,电子计算机,至少需要五门以上的主要知识,从1906年发明三极管开始,到程序与反馈概念的形成,到1918年具备了主要知识,于1946年才制造出第一台计算机。

前置期较长和对相关知识的组合性要求,不仅决定了企业必须在早期投入大量的资金,而且由于即便投入许多资源,新知识也可能不会出现或难以齐全,因此与其他创新相比,以知识为基础的创新需要承担更大的风险。

四、管理创新的类型与特征

(一)创新的类型

创新可以发生在人类活动的每一个领域中,因而在管理的每一个环节中和每一项职能中都存在着创新的问题,这就决定了可以把创新分为许许多多的类别。就管理系统内部来看,创新主要包含着这样几个类别:

1.从创新的规模以及创新对系统的影响程度来看,可将其分为局部创新和整体创新。局部创新是指在系统性质和目标不变的前提下,系统活动的某些内容、某些要素的性质或其相互组合的方式、系统的社会贡献的形式或方式等发生变动。整体创新则往往改变系统的目标和使命,涉及系统的目标和运行方式,影响系统的社会贡献的性质。

2.从创新与环境的关系来分析,可将其分为消极防御型创新与积极攻击型创新。防御型创新是指由于外部环境的变化对系统的存在和运行造成了某种程度的威胁,为了避免威胁或由此造成的系统损失扩大,系统在内部展开的局部或全局性调整。攻击型创新是在观察外部世界运动的过程中,敏锐地预测到未来环境可能提供的某种有利机会,从而主动地调整系统的战略和技术,积极地开发和利用这种机会,谋求系统的发展。

3.从创新发生的时期来看,可将其分为系统初建期的创新和运行中的创新。系统的组建,其本身就是社会的一项创新活动。系统的创建者在一张白纸上绘制系统的目标、结构、运行规划等蓝图,这本身就要求要有创新的思想和意识,创造一个全然不同于现有社会(经济组织)的新系统,寻找最满意的方案,取得最优秀的要素,并以最合理的方式组合,使系统进行活动。但是"创业难,守业更难",在动荡的环境中"守业",必然要求积极地以攻为守,要求不断地创新。创新活动更大量地存在于系统组建完毕开始运转以后。系统的管理者要不断地在系统运行的过程中寻找、发现和利用新的创业机会,更新系统的活动内容,调整系统的结构,扩展系统的规模。

4.从创新的内容看,包括目标创新、技术创新、制度创新、组织机构和结构创新、环境创新等。目标创新是组织目标的调整和改变,是决定着组织发展方向的创新。技术创新是指在管理活动中寻找和发现新的系统要素,改变系统要素的组合方式和改变组织输出社会的成果内容及质量。制度创新则是组织成员和组织各部门间的正式关系的调整和变革,甚至包括存在和运行方式的基本原则的变革。组织机构和结构的创新主要表现在职务和岗位的调整、管理部门的增设和归并等方面。环境创新是组织通过积极的创新活动去改造环境和引导环境朝着有利于组织的方向变化的活动。组织的形式和内容是复杂多样的,不同的组织在创新的内容上是非常不同的。比如,企业管理中,技术创新往往是制胜的法宝;而在行政管理中,组织机构和结构的创新经常是人们关注的热点。

5.从创新的组织程度上看,可分为自发创新与有组织的创新。任何社会经济组织都是在一定环境中运转的开放系统,环境的任何变化都会对系统的存在和存在方式产生一定影响,系统内部与外部直接联系的各子系统接受到环境变化的信号以后,必然会在其工作内容、工作方式、工作目标等方面进行积极或消极的调整,以应付变化或适应变化的要求。同时,社会经济组织内部的各个组成部分是相互联系、相互依存的。系统的相关性决定了与外部有联系的子系统根据环境变化的要求自发地作了调整后,必然会对那些与外部没有直接联系的子系统产生影响,从而要求后者也作相应调整。系统内外各部分的自发调整可能产生两种结果:一种是各子系统的调整均是正确的,从整体上说是相互协调的,从而给系统带来的总效应是积极的,可使系统各部分的关系实现更高层次的平衡——除非极其偶然。这种情况一般不会出现。另一种情况是,各子系统的调整有的是正确的,而另一些则是错误的——这是通常可能出现的情况,因此,从整体上来说,调整后各部分的关系不一定协调,给组织带来的总效应既可能为正,也可能为负(这取决于调整正确与失误的比例),也就是说,系统各部分自发创新的结果是不确定的。

与自发创新相对应的,是有组织的创新。有组织的创新包含两层意思:第一,系统的管理人员根据创新的客观要求和创新活动本身的客观规律,制度化地检查外部环境状况和内部工作,寻求和利用创新机会,计划和组织创新活动。第二,与此同时,系统的管理人员要积极地引导和利用各要素的自发创新,使之相互协调并与系统有计划的创新活动相配合,使整个系统内的创新活动有计划有组织地展开。只有有组织的创新,才能给系统带来预期的积极的比较确定的结果。

鉴于创新的重要性和自发创新结果的不确定性,有效的管理要求有组织地进行创新。为此,必须研究创新的规律,分析创新的内容,揭示创新过程的影响因素。当然,有组织的创新也有可能失败,因为创新本身意味着打破旧的秩序,打破原来的平衡。因此,它具有一定的风险,更何况组织所处的社会环境是一个错综复杂的系统,这个系统的任何一次突发性的变化都有可能打破组织内部创新的程序。但是,有计划、有目的、有组织地创新,取得成功的机会无疑要远远大于自发创新。

(二)创新特征

现代管理是在新的科学技术革命迅速发展和社会进步、人们的观念变革日新月异的条件下的管理,它要求管理者比以往任何时候更需要有强烈的创新意识,时时把握内外环境变化的趋势,并根据这种趋势创造性地进行管理,以便在每一时刻都能够使组织的目标和存在形态与社会发展的节拍相吻合。管理是为了有效地实现组织目标,这个过程必然表现在具体的成果上,创新管理的成果与一般劳动成果相比,具有以下一些特征:

1.具有首创性。创新是要解决前人没有解决的问题,它不是模仿、再造,而是包含着过去所没有的新的因素或成分。

2.具有未来性。创新是面向未来、研究未来、追求未来和创造未来的活动。

3.具有变革性。创新是一种变革旧事物的活动,创新的成果也就表现为变革旧事物的产物。《易经》中说:"穷则变,变则通。"这个由"变"到"通"的过程,就是创造和革新的过程。

4.具有先进性。创新是在已有成就基础上的发展,所以高于现有的成就。

5.具有价值性。从创新成果的社会效果看,都具有普遍的社会价值。不管是物质成果还是精神成果,没有一定的社会价值,创新成果就失去了它存在的意义。

6.具有时间性。对创新成果的确认,与时间有着密切的关系。相同或相似的成果是否被确认,以时间的先后为界。例如新星的发现,先发现的国家有命名权。发明的专利权,也以申请时间的先后为界。

因此,创新的关键在于一个"新"字,是以新思想、新观念和新成果为组织输入活力的活动。创新之所以具有如此强大的生命力,就在于这个"新"字。清末维新派领袖康有为在《上清帝第六书》中说:"夫物新则壮,旧则老;新则鲜,旧则腐;新则活,旧则板;新则通,旧则滞;物之理也。"

第二节　管理变革与创新的时代背景

现代管理理论认为,组织是一个开放系统,它是通过与其所在环境不断地进行物质、能量、产品和信息的交换而生存和发展的。在现今时期,组织处在一个激烈变化的环境之中,环境的变化自然而然对管理产生了或多或少的变革要求。就我国企业而言,如今所面对的管理变革与创新的动力主要来自以下几个方面:知识经济时代的到来、经济全球化和竞争加剧的挑战、科学技术进步与信息化的压力、来自政府和市场的推动力、经济体制和经济增长方式的转变动力、组织内部的变革动力。

一、知识经济时代的到来

知识经济是建立在知识和信息的生产、分配和使用之上,并以之为直接依据的经济。1996 年,经济合作与发展组织(OECD)发表的题为《1996 年科学、技术与发展展望》的报告中,系统地提出了知识经济这一概念。知识经济是相对于农业经济、工业经济而言的一种崭新的经济形态。农业经济时代和工业经济时代的物质文明发展到一定水平以后,对资源、技术的依赖性也进一步加强了,这种依赖性决定了知识作为一种新的投入的要素,其重要性与日俱增。以信息技术为核心和先导的各国经济都有了长足的发展。特别是当高科技信息技术行业和互联网电子商务走入我们生活的时候,人们的观念、思维发生了巨大变化。与此相应的是经济生活中的各种组成部分比例的变化以及管理方式的变革:20世纪初,社会生产的发展只有5%依靠科技进步;现在,发达国家这一比例已达到70%~80%。在发达国家,脑力劳动者已占全体劳动者的60%以上,成为社会经济发展的主力。

在知识经济时代,影响人们工作和生活最主要的因素将由资源与资本转向知识。而在传统的管理中,管理学家和管理实践家却常常忽略无形的知识这一经济发展必不可少的资源。他们更多的是注意对资本、原材料的掌握和攫取,而对于新技术、新人才往往采取放任的态度。这就导致了错误思想下的错误实践,比如:用加大资源投入来获取经济增长的粗放型经营方式,以及以破坏环境为代价的发展等等。而现今,人们已逐渐认识到自己过去的错误,认识到所有的经济体系都是建立在知识体系之上的,因而更加重视经济中的知识要素。相应地,管理领域中也正在酝酿着深刻的变革。

在知识爆炸的时代,变革才是时代的主题。无论是个人还是企业,要想求得生存和发展,就必须具有不断学习的能力、知识创造的能力。为了适应和领先于新的技术、新的市场、新的竞争环境,学习和创新就成为了决定成功的关键因素。所以为了适应经济时代的竞争,各个国家、各个企业组织必须进行管理变革与创新。

二、经济全球化和竞争加剧的挑战

改革开放以来,我们每个人都深切地感受到了中国经济与国际社会愈来愈密切的联系,从可口可乐(Coca-Cola)、通用电器(GE)、国际商用机器公司(IBM)、摩托罗拉(Motorola)等大跨国公司在中国投资办厂,到沃尔玛(Wol-Mart)、家乐福(Carrefour)等百货零售业巨头和花旗银行(Citibank)、摩根斯坦利(Mogen-stanly)等数十家外资金融机构的抢滩登陆。从饮料、洗涤用品、彩卷相纸到汽车,我国企业即使在国内市场上也必须面对相当于国际市场的激烈竞争。当长虹公司打出了"振兴民族工业"的大旗,在彩电业率先降价促进了产业集中度提高,海尔、康佳、TCL、创维等几大名牌分割了大部分市场份额时,中小型彩电企业将如何应对?

同时,随着经济全球化进程的加快,我国企业走出国门,开展国际化经营也是必由之路。据报道,目前我国的海外企业已达数千家,总投资数十亿美元。海尔集团更是响亮地提出了市场全球化的三个"1/3战略",即1/3产品国内生产国内销售,1/3产品国内生产国外销售,1/3产品国外生产国外销售。与此相应的便是海尔首开了中国企业向外国经销商颁发授权证书的先河,建立了自己的营销网络。此外,华立集团等民营企业也不断突破原有领域的极限,雄心勃勃地提出了发展成为中国自己的跨国公司的目标。当一个企业制定了国际化战略、决定参与全球竞争时,除了在组织机构上增设专门的国际业务部门,在人员配备上要招聘和培训一大批外语好、业务精、观念新,了解全球化背景下的"游戏规则",敢于在国际市场上搏击风浪的人才之外,在生产管理和产品质量上都要采用国际标准,获得相关权威机构的认证,才具备进入国际市场的资格。此外,产品规格、包装运输及售后服务、广告宣传都要符合国际惯例才能提高竞争力,才有可能在国际市场上占有一席之地。

在国内市场上,随着市场经济体制的建立与完善,大多数商品供过于求的买方市场开始形成,企业的生产经营也从以生产为中心逐步向以营销为中心、以客户为中心转变,从争夺资源向争夺市场转变,企业内部的管理模式也从物资管理向人本管理、从经济管理向文化管理转变。可见,经济全球化和竞争的加剧所带来的组织变革是全方位的,而绝不仅仅是经营范围的扩展。

三、科学技术进步与信息化的压力

科学技术的飞速进步是现代社会的重要特征,它从两个方面形成对组织变革的压力。一方面,信息技术、计算机技术、激光技术、空间技术、微电子技术、数字传输技术、生物工程技术等高新技术不仅推动了一系列相关的新兴产业的发展,而且造就了一大批生产高科技产品的高新技术企业。在这些企业中,高素质专业人才、知识和技术资源密集,技术更新换代快,产品生命周期短,产业内的竞争异常激烈是共同的特点。对于高科技企业来说,强大的研究与开发部门和创新能力是其保持技术领先、取得竞争优势的核心力量,那些在传统工业社会里发展起来的层级式组织结构已不能满足其快速应变的要求。另一方面,现代高新技术在传统产业中的推广应用,先进技术设备的广泛运用也对传统组织的变革产生压力。一个企业安装和使用自动化程度更高的设备带来的直接影响是大量手工劳动被机器所替代,组织所需要的作业人员减少和管理幅度扩大。如金融电子化的发展,ATM机(自动取款机)和POS机(自动销售终端)的普遍运用、自助银行和网上银行的设置、证券公司的网上交易业务等,在提高对员工技能要求的同时,也大量减少了金融机构的柜台工作人员,使各营业网点的工作和职务组合方式、协作要求都发生了变化,工作时间的安排也有了更多的选择。

现代信息技术和计算机网络的普及,使在全球范围内实现信息的实时传递和组织管理的远程控制成为可能,大型跨国公司利用管理信息系统每天统计整理其全球业务,及时作出反应已是可见的事实。这些变化会使组织大量削减那些承担上传下达职能的中层管理人员,而那些善于学习、知识更新快、信息处理能力较强的员工将有更多的机会进入组织领导层,独当一面地负责某个部门的工作。英国女管理学家琼·伍德沃德(Joan Woodard)在 20 世纪 50 年代对英国的 100 家工业企业进行调查研究后发现生产技术与组织结构之间存在规律性联系。经营成功的企业,其组织结构与其所属技术类型间存在相互对应的关系,而经营绩效处于平均水平以下的企业,其组织结构往往偏离了它的技术特征。[①]

四、来自政府和市场的推动力

毫无疑问,不论在哪一个国家或地区,任何一个组织的生产经营与运作都是在政府所制定的法律和政策框架内进行的,政府政策、法律制度的改变与完善是引起组织变革的直接推动力量。在我国,《公司法》的颁布与实施推动了企业股份制改造的进程,《银行法》的颁布直接推动了我国商业银行体系的建立与发展,允许和鼓励多种所有制并存的政策带来了民营企业的兴旺发达,而《失业保障法》的出台、社会保障体系的建立更是为众多组织大刀阔斧的变革、下岗分流的实施奠定了坚实的基础。此外,国家的货币政策、产业政策、各种宏观调控手段都会直接或间接地影响组织的行为,不同程度地推动组织的变革。

管理大师彼得·F. 德鲁克(Peter F. Drucker)曾明确地指出:企业是创造顾客的组织。[②] 随着物质财富和文化产品的日益丰富,人们的消费方式日益多样化,重视个性化消费的观念和流行时尚的引导使得消费市场的变化令人眼花缭乱,新的市场机会层出不穷而又稍纵即逝,对组织的快速反应能力提出了更高的要求。与此同时,现代组织通过提供更好的服务来创造顾客,愈来愈多地从包含着更高智慧的创新、营销、策划、品牌等非生产制造领域获取利润,这些都大大推动了组织的变革。

五、经济体制和经济增长方式的转变动力

(一)现代企业制度的建立

我国的管理变革与创新更直接的动力可以说是经济体制的变革和现代企业制度的建立。我国改革开放 20 多年来,经过多方实践,终于找到了创建现代企业制度的新思路,即对我国的企业进行"产权清晰、权责明确、政企分开、管理科学"的公司制改革。而这种公司制改革必然要求管理变革与创新的配合。

---

① 〔美〕斯蒂芬·P. 罗宾斯著:《管理学》,黄卫伟等译,中国人民大学出版社 1997 年版,第 244～247 页。

② 〔美〕彼得·F. 德鲁克著:《管理——任务、责任、实践》,孙耀君译,中国社会科学出版社 1987 年版,第 8 页。

改革开放以来,我国企业的管理方式从计划经济时代的封闭式管理向社会主义市场经济的开放型管理转变。企业管理从原来的国家统一制定计划转到逐渐走向市场,使得以市场为导向的管理创新逐渐显露锋芒。特别是对国有企业的公司制改革,更是对管理提出了迫切的变革与创新要求。为了提高经济效益与效率,提高企业员工的士气,以及在所有权与经营权分离的情况下使经营者(代理者)以所有者(委托者)的利益为重,就必须对传统的陈旧的管理思想、管理方式方法和技能进行变革与创新。

(二)经营方式从粗放型向集约型转变

多年以来,我国的经济增长是以高投入、高资源浪费为代价的。这种发展是一种掠夺式的发展,阻碍了未来人类的进步。随着我国经济逐步与国际经济接轨,世界经济一体化的影响日益明显,今后的竞争将会集中在科技、质量、效益等方面。效益的较量对企业的科技水平与管理水平将会有越来越高的要求。如果企业继续沿袭传统粗放经营的发展方式,那么,其今后的发展道路将会越来越窄,直至难以存续。要想以低投入获得高产出及高效益,就要向集约型经营方式转变,运用科学技术,科学地组织生产,进行科学管理,对管理观念、管理技能、管理手段等各方面的创新与变革要持欢迎的态度,并积极采纳,主动实践。

六、组织内部的变革动力

组织内部的变革动力来自组织自身的成长、经营战略的改变及组织成员和工作性质的变化。当企业为适应外部环境的变化而调整了自己的经营目标、战略时,其内部对管理变革的需要也就应运而生了。随着社会的进步,组织成员在年龄、性别、受教育程度等方面比例的变化,以及组织中的大多数工作岗位更多地需要复杂的脑力劳动和专门技能,组织成员将更多地关注精神需要的满足,希望有更多自主工作的权利和个人发展的机会,要求组织在工作组合、授权、奖酬、晋升、学习培训等方面的制度都做出相应的调整。当企业引进新的技术、新的设备时,可能也需要相应的管理变革与创新。组织在成长的过程中逐渐变得庞大而臃肿,部门繁多、业务流程复杂、运作机制僵化,或者产品老化落后、经营绩效下降,或者与相关组织、合作伙伴的关系改变,或者被其他组织兼并、控股,或者集团内的重组整合等等都会产生变革的动力。

除了以上六个方面的因素外,文化和社会价值观的变化、环境保护、维护消费者权益、政府颁布的新法规、原材料的短缺等因素也是促进组织实施变革与创新的力量。总而言之,在这个动荡不安的世界,只有不断地进行变革才不至于被淘汰出局,才能在复杂的环境中不断提高竞争实力。

第三节　管理变革与创新理论

一、熊彼特的管理创新思想

1912 年,约瑟夫·熊彼特出版了其名著《经济发展理论》,他在书中首先给出了创新的定义,并将创新这个概念纳入了经济发展理论之中,论证创新在经济发展过程中的重大作用。熊彼特认为,创新是生产手段的新组合,"生产意味着把我们所能支配的原材料和力量组合起来",这种意义下的创新概念包含下列 5 种情况:"①采用一种新的产品——也就是消费者还不熟悉的产品——或一种产品的一种新的特性;②采用一种新的生产方法,也就是在有关的制造部门中尚未通过经验检定的方法,这种新的方法不需要建立在科学新发现的基础之上,它可以存在于商业上处理一种产品的新的方式之中;③开辟一个新的市场,也就是有关国家的某一制造部门以前不曾进入的市场,不管这个市场以前是否存在过;④掠取或控制原材料或半制成品的一种新的供应来源,不问这种来源是已存在的,还是第一次创造出来的;⑤实现任何一种工业的新的组织,比如,造成一种垄断地位(例如通过'托拉斯化'),或打破一种垄断地位。"①从熊彼特的创新概念中,我们已经看到了管理创新的部分内涵。

熊彼特的创新概念首先是指采用一种新的产品,而不是指开发一种新产品,这是非常重要的,因为开发一种新产品属于技术创新,而采用一种新产品则含有向消费者推销一种他们尚不熟悉的产品的方式方法的运用过程。熊彼特所指出的必须用一种新的生产方法,完全可以理解为必须用一种对组织内资源进行有效配置的新方式、新方法。开辟新市场,控制原材料或半制成品的一种新的供应来源,创建任何一种工业的新的组织,可以被看作是管理顺应环境变化,为实现组织目标必须要考虑的问题和必须从事的活动。因此,熊彼特所指的创新概念的五个方面,虽然本意是要说明它们在经济发展中的功效,但实质上含有创造全新的资源配置方式方法的内在含义。事实上,如果从创新角度来考察经济发展过程的话,整个经济的发展过程无非是靠不断的技术创新和观念更新,导致新的资源配置方式方法不断产生,导致资源配置效率提高,从而逼近帕累托最优的过程。同样,从这个意义上看,熊彼特的经济发展理论,其实是在论述新的资源配置方式对经济发展的推动作用。我们说,管理就是资源有效配置的活动,所以,熊彼特应当是涉及管理创新概念的著名经济学家。

---

① ［美］熊彼特:《经济发展理论》,何畏等译,商务印书馆 1990 年版,第 73 页。

　　熊彼特的创新概念虽然涉及了管理创新的核心,但仍然有许多局限:第一,熊彼特并未准确地认定他所谓的创新的资源配置功能。熊彼特论述了创新概念及创新的五种情况对经济发展的作用,但未意识到创新对经济发展的作用在于成功实施了一种全新的资源配置方式,使资源的利用符合全社会利益最大化的要求。第二,熊彼特认为创新的本质是对现有生产手段进行选择时作不同的使用。而现实生活中存在的闲置的生产手段,是创新的后果或者非经济事件(例如战争)的后果,故新组织必须从旧组合中获得必要的生产手段,而不是从闲置的生产手段中去寻找机会。之所以说熊彼特的这一看法是偏颇的,是因为创新完全可以是创造一种全新的、有效率的生产手段,现代科技的发展充分证实了这一点。第三,在熊彼特新组合的五个方面中,有的是综合性的资源配置方式,如生产方式方法;有的则是专门性的特殊的突破,如开辟新市场、采用一种新产品。实际上,这样的概括并不完全,即使在当时的社会经济环境中,像如何进行价格联盟、如何瓜分市场,也都应该属于新的组合范畴之内。熊彼特的创新概念与创新本身得到了人们的重视,这恐怕是熊彼特的最大贡献。熊彼特之后涉及管理创新的人士和学派,应推科斯教授等新制度经济学派。

二、科斯及其追随者的意见

　　1937 年,罗纳德·科斯发表了一篇被认为是新制度经济学奠基之作的论文——《论企业的性质》。在这篇论文中,科斯教授回答了使他一直迷惑不解的问题:企业的起源或纵向一体化的原因。事实上,如果传统经济学的交易费用为零的假设成立,那么,经济个体之间可以通过市场交易实现生产关联,这样企业组织似乎就没有必要产生和存在了。然而,现实中企业不但存在,而且还具有一定的规模,这是什么因素决定的? 特别是在相继生产阶段或相继产业之间,为什么既存在长期合同关系,又存在纵向一体化现象? 为了解释这些问题,科斯教授提出了"交易费用"的概念。科斯教授认为市场交易是有成本的,这种成本就叫做交易费用。企业组织的产生和存在是为了节约市场交易费用,即用费用较低的企业内交易替代费用较高的市场交易。企业规模大小则取决于企业内交易与市场交易的边际费用相同的那一点上;而相继生产阶段或相继产业之间是制定长期合同,还是实行纵向一体化,则取决于两种形式的交易费用孰高孰低。科斯教授用"交易费用"的概念解释了企业作为市场机制的一种替代的必然。企业是什么? 企业是一种经济功利性很强的组织。因此,科斯教授实际上是在解释企业这种组织产生的客观原因,这样科斯教授的"交易费用"概念就为我们提供了观察组织产生、发展及创新的新视角,而这恰恰是传统经济学与传统管理学所不

具备的视野。^①

科斯教授的追随者威廉姆森(O. Williamson)教授进一步发展了科斯的思想和观点,对企业组织、公司发展进行了颇有建树的研究。他这样写道:"我认为要将现代公司主要理解成许许多多具有节约交易费用目的和效用的组织创新的结果。"即企业或公司的形成与发展,是追求节约交易费用目的和效用的组织创新的结果。在威廉姆森的理论里,组织创新可以节约交易费用,而组织创新的原动力又在于追求交易费用的节约。因此,他认为组织创新的方向和原则有三条:

第一,资产专用性原则(Asset Specificity Principle)。在组织构造中资产专用性程度要高。资产专用性程度越高,组织取代市场所节约的交易费用越大。

第二,外部性内在化原则(Externality Principle)。所谓外部性及机会主义行为,也称"搭便车"。外部性越强,交易费用越高,因此,组织创新的方向与原则之一是将外部性尽量内部化从而使外部性降低,节约交易费用,防范机会主义行为。

第三,等级分解原则(Hierarchical Decomposition Principle)。即在组织创新的过程中,组织结构及相应的决策权力和责任应进行分解,并落实到每个便于操作的组织的各个基层单位,从而有助于防止"道德风险",进一步节约交易费用和组织运作成本。

组织创新实际上是管理创新的一个组成部分,这是因为从形式上看,组织是一群人为了实现一定的目的,按照一定的规则组成的一个团体或一个实体。当欲达成的目的发生变化,或既定目标未能达成时,组织就需要变动或革新。由于管理本身是在进行有效资源配置以实现组织既定目标,而管理又是组织内的管理,所以也可以管理组织本身。这样,组织形式的变革或创新,自然是管理创新的一部分。另外,如果从动态角度来理解组织的话,组织是将组织内拥有的各种资源,按照科学规则与目标要求进行的有序的结合或安置。显然,这样的活动是管理活动中的一类,是有效配置资源所必需的活动。如果从这个角度来理解组织创新的话,那么,此时的组织创新则是资源结合和有序安置方式的一种创造与发展,当然也属于管理创新的概念之中了。根据上述两个方面的理解,我们可以看到,新制度经济学派的经典作家们虽然未能直接讨论管理创新问题,但他们在回答企业组织的产生与发展原因时,所提出的组织创新概念本身已经涉及了管理创新这一命题。

小艾尔费雷德·钱德勒(A. D. Chandler, Jr.)在其名著《看得见的手——美国企业的管理革命》一书中,实际上已经证明了企业组织的创新与发展实为管理

---

① [美]R. 科斯:《论生产的制度结构》,盛洪、陈郁译,三联书店1994年版,第3~7页。

革命、管理创新的一部分。他指出："因为新的大量生产,工业成了资本密集型的工业,它引起了固定成本的增加和充分利用其机器、工人和管理人员的迫切需要……这些大公司的活动已不仅限于协调生产过程中材料的流动,他们所管理的是从原料供应者开始,经由所有的生产和分配过程,一直到达零售商或最终消费者的整个过程。""现代工业企业——今日大型公司的原型——是把大量生产过程和分配过程结合于一个单一的公司之内形成的,美国工业界最早的一批'大公司',就是那些把大行销商所创造的分配组织形式同被发展起来以管理新的大量生产过程的工厂组织形式联合起来的公司……这些活动和它们之间的交易的内部化降低了交易成本和信息成本。"大公司出现之后,管理的复杂化程度提高,从而导致了经理阶层的职业化和科层制管理方式的形成,而这就是人类历史上最伟大的一次管理创新。

三、技术创新及扩散理论

(一)技术创新的扩散:曼斯菲尔德模型

熊彼特曾经把创新促进经济由复苏走向繁荣的过程分成三个步骤:首先,为追逐超额利润而进行"原始创新";其次,进入者为分享这种利润开始"模仿";最后,旧组合为避免被淘汰而进行的"适应"。模仿和适应都意味着原始创新的大面积扩散。但熊彼特并未进一步论述原始创新与模仿之间的关系和二者变动的速率,这个理论空白被曼斯菲尔德所填补。

通过界定模仿、守成、模仿率、模仿比例及假定分析的前提,曼斯菲尔德得出技术扩散速度的三个重要结论:

1.模仿率与模仿比例成正比。当一项新技术刚刚进入扩散链条时,继起模仿的企业数目尚少,采用该项技术的经验和新技术的市场前景的信息不足以使厂商事先估算其利润率,此时的投资风险往往被高估,模仿率较低。随着模仿比例的提高,有关采用新技术的成功或失败试验不断增加,减少了扩散链条下一环的模仿企业的不确定性,投资风险随之降低,模仿比例的增大对守成企业产生示范效应,促使模仿率提高。

2.模仿率与模仿企业的相对盈利率成正比。相对盈利率指企业投资于采用新技术的领域相对于其他可供选择的投资机会的盈利率。这个指标之所以对企业是否由守成转为模仿的决策起更主要的作用,是因为在经济周期的不同阶段,相对盈利率的变动可能小于绝对盈利率的变动,所以它对采用新技术的影响是重要的。相对盈利率越低,模仿的可能性越小;相对盈利率越高,新的模仿者加入的速度越快。

3.模仿率与采用新技术所要求的投资额成反比。曼斯菲尔德论证说,在相对盈利率和资本供给能力相同的情况下,采用新技术所要求的投资额越大,这笔资产占企业总资产的比例越高,模仿的可能性越小。

(二)技术创新与市场结构:卡曼、施瓦茨理论

卡曼和施瓦茨关于技术创新和市场结构关系的研究,不但填补了熊彼特创新理论和垄断竞争理论之间的空白,而且修正了曼斯菲尔德模型中完全竞争的假设。其观点如下:

1.竞争程度、企业规模和垄断力量这三个变量是决定技术创新的重要因素。竞争压力构成技术创新的动力机制,这是由技术创新所带来的超额利润预期所致。企业规模影响技术创新所开辟的市场份额之大小,一般来说大企业的技术创新所开辟的市场大。垄断力量影响技术创新的持久性,一般来说,企业对市场的垄断力量越强,市场就不容易在短期内被模仿者占领,那么它所进行的技术创新带来的超额利润保持得越久。

2.技术创新最有利的市场结构是介于垄断和完全竞争之间所谓"中间程度的竞争"。他们认为,垄断虽有利于创新收益的持久性,对创新者形成一定的利润刺激,但垄断限制了竞争,在缺少竞争对手的情况下,垄断者进行重大技术创新的动因减弱。在完全竞争的条件下,企业规模较小,加上缺少保障获取持久创新利润的机制,尽管小的技术方面的进步在竞争中不断出现,但基础性的重大创新难以产生。中等程度竞争的市场结构弥合了两个极端的缺陷,既能保证技术创新快速出现,也有利于进行具有广泛经济和社会价值的基础创新的试验。他们写道,"一个介于垄断和完全竞争之间的市场结构,将会促进最高速度的发明活动"。

3.技术创新按照其市场前景分为垄断前景推动的技术创新和竞争前景推动的技术创新。前者是指企业为获取超额垄断利润而进行的创新,一般指开创性的原始创新;后者是指企业为避免自己已经享有垄断地位的产品被竞争者模仿或更新后丧失超额利润而采取的创新,通常包括创新的扩散和二次创新。创新活动之所以能够波浪式前进,是因为同时存在两种动机推动下的创新。如果只有垄断前景推动的技术创新,则创新会停滞在某一个水平上,不会有所改进和发展。如果只有竞争前景推动的创新,那么在企业发展史上一直震荡的创新波动将因阻力系数太大而明显衰减乃至湮灭。因为在这个没有垄断利润前景的单纯竞争世界里,模仿而非创新是符合成本收益分析的理性行为。企业宁愿模仿而不愿创新,这就遏止了企业投资于"R&D"项目进行创新的冲动。

(三)技术创新与企业规模:弗里曼假说

随着现代大公司的成长和科学技术的日益专门化、复杂化,企业技术创新与企业规模之间的关系引起越来越多的经济学家的关注。熊彼特在他早期的企业创新模型(模型 I)中,将科学和发明看作外生的,即认为小企业在创新中充当主要角色;在模型 II 中,熊彼特注意到了大企业不可替代的作用,将科学和发明作为内生变量。这个论断已经引起争论。有人基于实证材料争辩说,小企业在现代企业创新中起主要作用。施莫肖尼(Shimshoni)发现在电子科学仪器行业,几项关键的技术创新是由小企业完成的。小企业的主要优势在于创新的动力、低的成本、产品设计到实际投产的时间和灵活性。弗里曼不同意这种看法。他是从以下几方面进行论证的:(1)企业规模与"R&D"支出。弗里曼认为,现代产业的一个显著特点就是技术创新主要由专门机构(R&D 体系或称工业实验室)承担。统计资料显示:①R&D 项目的主要载体是拥有 5000 名雇员以上的大企业;②大约 95% 的小企业没有任何专门的 R&D 项目;③R&D 企业的雇员总规模与 R&D 项目的规模呈显著正相关关系。(2)企业规模与创新。弗里曼坚持认为,总的来看大企业是推动创新的最重要力量。二战以来,小企业完成的技术创新仅占所有产业创新的 12% 左右,而且这个数字相当稳定。与此形成鲜明对照的是 10000 人以上的大企业的创新份额在这段时期内显著上升(从 36% 到 59%),开发、设计和试验的费用构成了小企业难以逾越的壁垒。

通过论证,他得出两点结论:(1)拥有专门的 R&D 体系的大企业是技术创新的主导力量。创新的研制费用与大企业的相对优势成正比,研制费用越高,由大企业进行该项创新越有利。(2)小企业低耗、快速、灵活的特点使之在某些资本密集度不高的第二类产业部门(如科学仪器、电子、地毯、纺织、纺织机械、造纸木材和家具、建筑等)的技术创新中占有相当比重,甚至占绝对优势。

(四)技术创新与行业进入:列文的动态考察

曼斯菲尔德对技术创新扩散的研究是在模仿不存在进入障碍的前提下进行的;弗里曼关于企业规模与创新关系的论述虽已经注意到了小企业进入某些行业是存在壁垒的,但他的分析仍属于静态的、描述性的;理查德·列文(R. Lerin)进一步从动态上考察了影响企业进入创新行业的诸因素。

列文认为,企业规模的扩大程度和企业生产量的增长函数之间的变动关系影响企业的进退:(1)如果企业规模的扩大程度与企业生产量的增长幅度相等,那么企业的超额利润不变,R&D 支出占总收入的比例不变,企业的技术创新程度也保持不变,此时,没有新企业的进入,原有企业也不退出。(2)如果企业生产量的增长函数大于企业规模的扩大程度,企业的超额利润上升,R&D 支出增加,技术创新速度加快,有新企业加入而原有企业不会退出该行业。(3)如果企业生产量的增长程度小于企业规模的扩大程度,企业的超额利润将减少,相应地 R&D 支出在其总收入中所占的比例下降,企业减少技术创新的举措,出现原有企业的退出现象而不会有新加入者。

列文指出,在技术创新的可能性和收入的增长率不变的条件下,产品的需求弹性对企业进退该行业起决定性作用:(1)需求的收入弹性增大,新加入者容易进入该行业;(2)需求的收入弹性减小,进入壁垒比较大。实际上,产品的需求收入弹性增大,意味着收入增加后,对产品的需求量的增幅更大,也就是该产品的市场容量加大,出现供不应求的状况。旺盛的需求拉动新企业通过引进或模仿进入该行业。与此相类似的是放宽收入增长率既定的限制,在整个经济的增长率是上升的,也就是在收入增加的情况下,如果需求的收入弹性大于需求的价格弹性,也会出现需求拉动的进入。

四、制度创新:熊彼特之后创新理论的发展

熊彼特的创新理论在着重阐述"技术创新"的同时,也提出了"实现任何一种工业的新的组织"这一创新内容,遗憾的是,熊彼特并未就这个问题进行专门论述。兰斯·戴维斯(Lance Davis)和道格拉斯·诺思率先在制度创新领域进行了实质性开拓。这里所谓的"制度",用诺思的表述,"是一系列被制订出来的规则、服从程序和道德、伦理的行为规范",具体包括企业的组织方式、产权结构、管理体制以及市场规则等。西方学者关于制度创新理论的基本内容如下:

(一)制度创新与技术创新

制度创新与技术创新两者之间存在某种相似性。无论是技术创新还是制度创新,只有当创新的预期收益超过创新的预期成本时,才有可能发生或实现。两者的区别不仅在于创新的内容不同,而且在于因内容的不同两者在创新的时间延续上存在差异:技术创新的时间依存于物质资本的寿命的长短,制度创新的时间并不取决于物化的因素。

(二)制度创新的推动因素

1.国家偏好。诺思的新古典国家理论模型把国家作为一个经济变量纳入分析。诺思认为国家本身也是一个特殊的追求收益最大化的新古典式的经济主体。它的特殊性在于国家是一个依靠在暴力方面的相对优势而处于界定、保护和行使产权地位的组织。国家偏好的差异可能导致不同性质的国家结构的出现。若暴力潜能在公民之间平等分配,则产生契约性的国家,公民达成共同性的社会契约——国家——它要为公民服务;若国家倾向于将暴力潜能在不同的利益阶层或阶级之间进行倾斜式分配或偏置,便出现掠夺性国家,国家成为掠夺和剥削被统治阶级的暴力工具。这就是诺思倡导的独具特色的"暴力潜能"分配论。由此诺思导引出国家的三个基本特征:一是国家提供以保护为主的一组服务来获取收入,二是为使收入最大化而为每一个集团设计产权,三是同潜在的统治者或其他国家竞争。由于统治者同时处于竞争和交易费用两种约束之下,制

度方面的缺陷或低效终会导致国家的不稳定,国家的内在不稳定也会迫使统治者的偏好有所改变,对制度进行调整。诺思在研究了"搭便车"问题之后认为,制度创新来自国家统治者而不是选民,因为"搭便车"问题的普遍存在使大集团活动趋向解体。而国家不存在"搭便车"问题,"它要不断地进行制度创新以适应相对价格的变化"。

2. 市场规模。市场的出现和拓展本身就是一种制度创新,市场规模的扩大进一步诱发了组织的变化,使市场机制被企业组织部分地替代。随着市场规模的扩大,交易额增加,由市场组织一笔交易的费用远远高于企业内部组织同样交易的费用,其结果助长了权威和中心对投入品的监督。诺思在分析工厂体制如何从亚当·斯密式的专业化分工中演变出来时写道,从手工生产的简单纵向一体化到分料到户制,再到工厂制跨越了三个多世纪。解释这一转变的关键是市场规模的扩大与质量控制问题。通过在整个制造过程中保持对原材料的所有权,制造商能够以低于在生产过程的连续阶段中进行交易所需成本的费用来实施质量管理。工厂的出现实际上是进一步施行更大规模的质量管理。诺思指出,市场规模扩张导致组织变化的一个经典事例是分料到户制的发展。与手工制造业相比,分料到户制是以生产任务的不断分离为特征的,它的发展起因于市场需求的扩张。总之,市场规模的扩大导致了更高的专业化和劳动分工,从而增加了交易费用,制度创新的目的在于降低这些交易费用。

3. 生产技术。戴维斯和诺思在《制度变迁与美国经济增长》一书中从两个方面阐明了技术发展对制度创新的促进作用。其一,在规模经济的约束范围内,技术突破引致的生产规模的扩大能够使厂商获得递增收益,从而使与技术进步共生的较复杂的生产组织和经营管理方式成为可能。其二,生产技术的进步引起生产场所的集中,人口密集分布在工业中心的周围,而形成大城市,从而创造了一系列新的盈利机会,厂商在追求潜在利益的过程中,往往自觉不自觉地实行了制度创新。实际上,生产技术进步与制度创新是一种互动的关系。

4. 意识形态。在当代西方经济学理论中,诺思在《经济史中的结构与变迁》中提出的意识形态理论可以说"独树一帜"。诺思认为,经济人的简单假设不能捕捉到人们在决策过程中的其他因素。制度创新必然会涉及许多人的利益,它是一种"大团体行为"。简单的成本收益分析不能解释这种"大团体行为",只有意识形态的变化才能使人们克服"搭便车"行为,从而推动制度的重新安排。意识形态的本质是:(1)它是一种节约交易费用的机制。通过它,人们认识了所处的环境,并被一种"世界观"导引,从而使决策过程简单明了。(2)意识形态的核心是关于制度的公平或公正的评判,对收入分配的恰当评价是任何一种意识形态的重要组成部分。(3)当人们的经验与其思想不相符时,他们就会改变其意识形态去发展一套更"适合"于其经验的新的理性。诺思认为,人们的相对利益格局的变化会改变个人对制度公平性的原有看法,并导致其意识形态的改变。这包括以下四种情况:一是产权格局的改变,攫夺某个集团原有的权利并重新配置给另外的集团;二是市场交换的条件偏离了公平交换的比率;三是在劳动力供给方面,一个特殊集团的相对收入状况发生了明显变化;四是信息成本的降低使人们得知更公平的交换条件在别处占优势。所以,不断演变的意识形态观点使个人和集体对自身地位的公平性产生怀疑和不满,推动人们进行制度创新以使自己适应收入分配公平化后的地位,或阻止预期收入分配继续朝不公平的方向发展。

(三)制度创新的五大步骤

第一步,形成"第一行动集团"。所谓"第一行动集团"是指能预见到潜在利益,并认识到只有进行制度创新才能够得到这种潜在利益的决策者。它对制度变迁起主要作用。

第二步,"第一行动集团"提出制度创新的方案,如果还没有可行的现成方案,那就需等待制度方面的新发明。

第三步,在有了若干可供选择的制度创新方案之后,"第一行动集团"按照最大利益原则进行比较和选择。

第四步,形成"第二行动集团",即形成在制度创新过程中帮助"第一行动集团"获得利益的组织,它能促使"第一行动集团"的制度创新方案得以实现。

第五步,"第一行动集团"和"第二行动集团"共同努力,实现制度创新。

戴维斯和诺思举例说,当农产品供过于求时,农产品滞销,价格呈现跌势。农场主认识到,如果使政府建立农产品价格保护制度,即由政府规定一个高于均衡价格的最低限价(floor-price),由政府按此价格收购供大于求的那部分农产品,那么农场主至少不会因农业丰收以及随之而来的价格下降而受到损失。于是农场主集团形成"第一行动集团",推动这项制度创新。这个利益集团通过向政府施加压力,争取到了政府的支持,政府充当了"第二行动集团",建立了农产品价格保护制度。

(四)制度创新的三级水平

制度创新可以在三级水平上进行,即由个人、合作团体或由政府进行。制度创新也就相应地分为三种,即分别由个人、合作团体或政府担任"第一行动集团"的制度创新。在以下情况下,由政府担任创新主体的选择是合理的:(1)私人市场尚未得到充分发展;(2)存在私人财产权的阻碍;(3)潜在收益不可能量化到个人;(4)制度创新涉及强制性的收入再分配;(5)制度创新的预付成本巨大;(6)社会成员对制度创新存在意见分歧。由政府进行制度创新可以充分利用其具备的暴力优势强制性地进行权利和利益格局的再造。

五、变革与创新的技能与方法

创新技法又称创造技法,它是进行工作和研究的一种思路。迄今为止,世界上已有了 360 多种创造技法,但在工作中实际运用的不过那么几十种。这里仅对以下几种创造技法作简要阐述。

1.头脑风暴法(Brain-Stormming)

头脑风暴法是一种比较著名的群体决策或创新的技术。它是 1940 年由美国创造工程专家 A·F.奥斯本(Osborn)发明的。这种方法是通过一种别开生面的小组畅谈会,在较短的时间内充分发挥群体的想象力和创造力,从而获得较多的创新设想。当一个与会者提出一个新的设想时,这种设想会激发组内其他成员的联想能力,当人们卷入"头脑风暴"的洪流之后,一个提出的构想就像放一串鞭炮一样,点燃一个,就会引燃一连串。

一般说来,这种方法有以下几条基本的原则:

(1)参加会议人数不超过 10 人,时间限制在 20 分钟到 1 个小时。

(2)绝不允许批评别人提出的设想,任何人不作判断性结论,把创意阶段与评价阶段分开。

(3)提倡自由思考。鼓励个人提出组合的、改进的观点。提出的改进设想越多越好,各种设想不分好坏一律记录下来。

(4)集中注意力,针对目标。不私下交谈,不干扰别人的思维活动。

(5)参加会议的人员不分上下级,平等相待。鼓励与会者积极参与,畅所欲言,各抒己见。

(6)不允许以集体意见来阻碍个人的创造性设想。

2.形态方格法(Morphological Grids)

形态方格法是瑞士裔美国人、加利理工学院茨维博士提出的一种从形态上寻找创新方案的系统方法。

很多发明创造的成果并非都是全新的东西,而只不过是旧东西的新组合。因此,如能对问题加以系统的分解和组合,便可大大提高创新成功的可能。形态方格法的核心就在于此。

(1)形态方格法的实施步骤

具体实施分为五个步骤:搞清所要解决的问题;确定影响给定问题的创新解的重要独立要素,列出上述各要素的所有可能形态;将独立要素及其可能形态排列成矩阵形式;从每一要素中各取出任意可能状态作任意组合,从而产生出解决问题的可能构想;对众多的可能构想加以比较和评价,从中选择出符合评价标准的相对最优的构想。

(2)应用形态方格法应注意的问题

第一,因为形态方格法要求对问题进行系统的分析,并借此确定影响创新解的重要独立要素及其可能形态,这就要求要有较高程度的有关问题的专门知识,所以,无论是选择个人还是小组来编制形态方格,只能挑选那些对问题堪称行家的人。

第二,通过形态方格的编制,能否得出重要的创造性构想,或者说能否保证重要的创造性构想不至于被遗漏,完全取决于如何确定要素。因此,确定要素是应用此方法的关键性步骤。

3.综摄法(Synectics)

综摄法是由美国麻省理工学院教授戈登创造并经普林斯加以发展而形成的,它是利用非理性因素通过召开一种特别会议来激发群体创造力的一种创新技术。戈登创造综摄法的基本论点是:第一,创造能力是每个人身上都有的,而不是通常所认为的那样,只是少数人身上才有的神秘的东西。第二,发明创新不是阐明事物间的已知联系,而是要发现事物间的未知联系。因此,对于创新来说,非推理因素和情感因素特别重要,有许多创新发明都是把在逻辑推理上看似毫无联系的东西联系起来时产生的。第三,创新能够成功是需要一些特殊技巧的,类比和隐喻是一种可以提高创造力、诱发新构想的特殊训练方法和组织形式。

基于以上认识,戈登主张:为了打开思路,探索新的构想,要在一段时间内抛开原问题,通过类比探索得到启发。为此,他把综摄法分为两大步骤:

第一,"变陌生为熟悉"。这一步实际上是综摄法的准备阶段,即把问题分解为若干小问题,以便深入理解问题的实质,然后再找出解决哪些小问题才是创新的关键所在。可具体分为如下几个步骤:给定问题,分析,问题的重新表述,简单分析和排列。

第二,"变熟悉为陌生"。这是综摄法的核心。在这一阶段中,通过各种类比方法的运用,暂时离开问题,从陌生的角度进行探讨,得到启发后再回到原问题上来,通过强制联想把类比到的结果应用于解决原问题。可具体分为如下几个步骤:远离问题,强行结合,方案的认可。

4.观点激发技术

除头脑风暴法之外,在管理中还可以运用许多其他的观点激发技术,如价值分析法和符号代表法等。

(1)价值分析法。这种方法比较多地运用于产品成本管理方面。它追求的是在提供相同功能的产品或服务时,使成本最小。就是说把综合的产品和服务分成各个细节考虑,思考各种节约成本的替代零件,从而从总体上在不削弱产品性能的情况下降低成本。

(2)符号代表法。这是一种比较新颖的激发新观点的方法,由凡·古第思在1988年提出。他用与问题相关的抽象符号集或图画来激发新观点。把对问题的陈述转化成抽象的符号,然后通过自由联想的方式,由第一个符号出发引出一连串相关的其他符号,以此激发并记录联想到的观点和想法。这种思维方式可以用简单的符号记录人的思维过程,使连贯的思维尽量免受打扰(用文字记录会比较麻烦)而一直进行下去。将这种方法广泛传播到员工中去,将会极大地增加新观点和新思路的数量,为管理层提供更多可供选择的解决问题的途径。

5.类比创新法

类比就是在两个事物之间进行比较。这两个事物可以是同类的,也可以是不同类的,甚至差别很大,通过比较,指出两个事物的类似之处。然后再据此推出它们在其他方面的类似之处。因此,类比创新法是一种富有创造性的发明方法,它有利于发挥人的想象力,从异中求同,从同中求异,产生新知识,得到创新性成果。例如,瑞士科学家皮卡尔原是大气流层专家,后又研制成深潜器,虽然高空和海底是两个完全不同的世界,但皮卡尔运用空气与海水都是流体这一共同原理而获得成功。类比方法很多,有拟人类比法、直接类比法、象征类比法、因果类比法、对称类比法、综合类比法等。

(1)拟人类比法。在进行创新性活动中,人们常常将创造对象加以"拟人化"。如挖土机可以模仿人体手臂动作来进行设计。它的主臂如同人的上下臂,可以上下左右弯曲;挖土机的斗如同人的手掌,可以插入土中,将土挖起。在机械设计中,采用这种"拟人化"的设计,常常会使人收到意想不到的效果。

(2)直接类比法。从自然界或者已有的成果中寻找与创造对象相似的东西,如设计汽艇的控制系统,可直接将汽车上的操纵机构、车灯、喇叭、制动机构等加以改进,运用到汽艇上去,这比凭空设想容易获得成功。

(3)象征类比法。所谓象征,是一种用具体事物来表示某种抽象概念或思想感情的表现手法,或者赋予创造对象一定的象征性,使它们具有独特的风格。

(4)因果类比法。两个事物的各个属性之间,可能存在同一种因果关系。因此,我们可以根据一个事物的因果关系,推导出另一个事物的因果关系。如合成树脂中加入发泡剂,制造出泡沫塑料。同样,在水泥中加入发泡剂,创造了一种气泡混凝土。

(5)对称类比法。许多事物都具有对称性,可以通过对称关系的类比,发明创造出新的东西。如英国物理学家狄拉克从电子运动方程中,得出正负对称两个解,从类比中提出正负电子见解,而后被证实。

(6)综合类比法。事物属性之间的关系虽然很复杂,但是有时可以综合它们的相似特征进行类比。例如,设计一种新型飞机,先做成一个模型在风洞中进行模拟飞行试验,就是综合了飞行中的许多特征。

6.检核表法

这种方法几乎适用于任何类型与场合的创造活动,因此又被称为"创造技法之母"。它是用一张一览表对需要解决的问题逐项进行核对,从各个角度诱发多种创造性设想,以促进创造、发明、革新或解决工作中的问题。长期以来的实践证明,这是一种能够大量开发创造性设想的方法。

当今世界上有多种各具特色的检核表,但其中最有影响的是美国奥斯本于1964年设计的一种检核表。奥斯本最初制定的检核提纲多达75条,后精简为9个方面,其主要内容有:

(1)现有发明有无其他用途;

(2)现有发明能否引入其他的创造性设想;

(3)现有发明能否改变形状、颜色、音响、味道、制造方法;

(4)现有发明能否扩大范围、延长使用寿命;

(5)现有发明能否缩小体积、减轻重量;

(6)现有发明有无替代品;

(7)现有发明是否可以和别的发明组合在一起;

(8)现有发明可否更换一下型号或更换一下顺序;

(9)现有发明可否颠倒过来。

检核表法的"魅力"之所以如此巨大,在于它是一种多渠道的思考方法,包括了以下一些创造技法:迁移法、引入法、改变法、添加法、替代法、缩减法、扩大法、组合法和颠倒法。它启发人们缜密地、多渠道地思考问题和解决问题,并广泛运用于创造、发明、革新和企业管理。它的关键是一个"变"字,而不把视线凝固在某一点或某一方向上。

7.逆向思考法

这种方法是顺向思维的对立面。如果说顺向性思维是一种常规性、传统性思维的话,那么逆向思维则是一种反常规、反传统的思维。顺向思维的常规性、传统性,往往导致人们形成定势思维,是一种从众心理的反映,因而往往成为一种思维"框框",阻碍着人们创造力的发挥。这时,如果转换一下思路,用逆向法来考虑,就可能突破这些"框框",取得出乎意外的成功。逆向思考法由于是反常规、反传统,因而它具有与一般思考不相同的特点:

(1)突破性。这种方法的成果往往是冲破传统观念和常规的产物,常带有质变或部分质变的性质,因而往往能取得突破性的成就。美国莱特兄弟1903年发明飞机就是一个典型的例子。

（2）新奇性。由于思维的逆向性，改革的幅度较大，因而必然是新奇、新颖的。如电风扇一般都用于夏天，其功能是使人"凉快"，有家电扇厂却来个颠倒，使它同时也能发热风，使人在冬天也能"取暖"，这无疑是个创新。

（3）实效性。上海淮海路地铁车站的建设，按传统"由下而上"的工艺，要两年半才能完成，现在颠倒一下，把工艺改为由上而下的顺序进行，大大提高了工效，竟提前19个月完成了任务，提高工效达63％，成效十分显著。

（4）普遍性。逆向思考法应用范围极广，几乎适用于一切领域。

8. 信息支合法

它是通过若干类信息在一定方向上的扩展与交合，来激发创造性思维，提出创新性设想。信息是思维的原料，大脑是信息的加工厂，通过不同信息的撞击、重组、叠加、综合、扩散、转换，可以诱发创新性设想。美国宇航局局长卸任时，记者问他：你从事宇航事业多年，把人送到了月球上面，成绩很大，你体会最深的是什么？他讲了一句话："不要让同一个专业的人坐在一张桌子上吃饭。"他为什么这样说呢？因为同一个专业的人所拥有的信息大致相同，在饭桌上交谈时不会得到什么启发。不同的专业才有不同的信息，不同信息相碰撞才会迸发创造的火花，才能相互启发，产生新的思想和新的解决办法。

控制论的创始人维纳指出："要有效地生活，必须掌握足够的信息。"社会上、企业内天天产生着大量的信息，企业应如何收集、运用这些信息，及时采取对策和措施，无疑对企业的发展和经济效益的提高有着极其重要的作用。因此，要正确运用信息交合法，必须注意抓好以下三个环节：

（1）信息收集。由于信息与领导的决策有着极为密切的关系，一般企业都会设立专门的机构来收集信息。网络化已成为当今企业收集信息的发展趋势。如日本三菱公司，在世界各地设置了115个海外办事处，约900名日本人和2000多名当地职员从事收集信息工作。另一家三井物产公司的情报网络超过了三菱，它的全球通讯网络专线长达40万公里，能绕地球10圈，仅东京总公司一天就能处理300万份以上的情报，其能力被人们认为"超过了美国中央情报局"。

收集信息的重点在收集"新"的信息，新的信息才能反映科技、经济活动中的最新动态、最新成果，这些往往对企业有着直接的利害关系。

（2）筛选信息。这里包含着以下几项内容：核对信息、整理信息、积累信息。

（3）运用信息。收集、整理信息的目的都是为了运用信息。运用信息，一要快，快才能抓住时机；二要交合，即这个信息与那个信息进行交合，这个领域的信息与那个领域的信息交合，把信息和所要解决的目标联系起来思考，创造性地解决目标。信息交合可通过本体交合、功能拓展、杂交、立体动态四个原则进行交合。现以杯子为例：①本体交合原则——如让搪瓷杯内壁裸出一片银，则银对液体能消毒，并能测知液体（如酒）是否有毒物掺入。②功能拓展原则——任何商品的功能都可以拓宽。如杯子除了喝水外，能否在内壁上标上刻度做量具呢？③杂交原则——可搞出一整套茶杯的新系列。如可以在杯子上嵌上温度计；在杯体上绘历史年代表或地图；还可制成小学生用的"九九歌"杯、英文字母杯等。④立体动态原则——可在杯盖顶嵌个指南针，再在盖上划出方位，在杯体上画出世界地图等。

总之，信息交合法就像一个"魔方"，通过各种信息的引入和各个层次的交换会引出许多系列的新信息组合，为创新对象提供了千万种可能性。

9. 特征列举法

它是美国科学家克劳福特发明的一种创造技法。这种方法是通过对革新和发明对象的观察与分析，尽量列举该事物的各种不同的特性或特征，然后进行探讨，分析能否改革，以及如何进行改革。在应用特性列举法时，一般应包括以下三个步骤：

(1) 选择一个目标明确的革新或发明课题，一般宜小不宜大，这样可使注意力集中在革新对象上，同时也易于发现问题。

(2) 列举革新对象的特性或特征。尽量把构成事物或物品的所有组成部分及其特性全面列举出来，通过分析，找出可以改进的地方。

(3) 依次从各个特性或特征出发，通过提问诱发出许多新的创造性设想，然后进行分析评价，挑选出性能好、经济效益高、行之有效的设想。

特性列举法是一种适用于具体事物的革新或发明的创新技法，特别适用于轻工业产品的小改革和升级换代，也适用于行政措施、机构体制及工作方法的改进。

10. 联想创新法

联想创新法是依靠创新者从一事物想到另一事物的心理现象来产生创意，从而进行发明创造或革新的一种方法。按照联想对象及其在时间、空间、逻辑上所受限制程度的不同，可以分为以下三种方法：

(1) 非结构化自由联想。非结构化自由联想是在人们的思维活动过程中对思考的时间、空间、逻辑方向等主要方面不加任何限制的联想方法。这种方法在解决某些疑难问题时很有效，产生的解决方法往往新颖独特，但是，不适合解决那些时间上较为紧迫的难题。

(2) 相似联想。相似联想是根据事物之间在原理、结构、功能、形状等方面的相似性进行想象，期望从现有的事物中寻找发明创造灵感的方法。比如，看到鱼在水里用鳍划水就能自由自在地游动，就会联想到自己如果用手和脚划水是否就可在水里游动了呢？于是乎,人们学会了游泳。并且能够模仿动物的动作和姿势发明创造出各式各样的泳姿,如蛙泳、潜泳等。

(3)对比联想。对比联想是指创新者根据现有事物在不同方面具有的特征,反其道而行,从相反的方向、角度进行联想,以此来改善原有的事物,或发明创造出新的东西。

第四节　创新机制及过程

一、创新的机制

"机制"一词,原指机器、机械、机构的构造和工作原理,后来应用于生物学和医学,用来表示生命有机体的各个组织和器官如何有机地联系在一起,并通过它们各自的相互作用产生特定的功能,从而维护生命有机体的正常活动。一部大机器或一个生物有机体,要通过各个环节和组成部门的相互作用,才能实现它的总体功能。大机器运转或生物有机体的生物活动,主要是依靠各种组织和器官的有机组合,才能维护机器或生物有机体的运动和发展。同样,社会经济形态作为社会有机体,必须依靠自身经济体制的功能,才能维持和规范整个经济的运行和发展,否则将出现各种毛病。

所谓创新机制,就是不断追求创新的内在机能和相应的运转方式。在市场经济条件下,企业是独立的商品生产者和经营者,是社会经济有机体的细胞,它的运行和发展,需要有一定的机制来推动。创新活动是个过程,各个过程的有效运行也需要依靠一定的机制来支持和推动。这种机制就是创新机制。创新活动是一个循环过程,它从创新设想的产生与形成到研究与开发,从创新内容的形成到创新结果的扩散,再到市场效益的形成,既存在顺序,也有交叉和交互作用。研究创新机制应当着重分析创新活动全过程的内在机制和运转方式。

创新机制体系主要是由动力机制、决策机制、运行机制和发展机制构成。

创新动力机制。创新动力机制是创新的动力来源和作用方式,是能够推动创新实现优质、高效运行并为达到预定目标提供激励的一种机制。对于以营利为目的的企业来说,这种机制主要是自身的经济利益,是利益的最大化。要使企业创新具有强大的动力源泉,首先要进行产权制度创新,这是建立创新机制的前提条件。其次要求企业家具有创新精神。再次是要建立激发创新意识的人事制度、工资制度和鼓励人们勇于创新的其他激励制度。最后是要搞好推动创新的文化建设,通过企业文化建设,形成具有特色的企业精神。

创新决策机制。决策机制是创新机制体系的核心,它是在市场经济条件下,为谋求创新主体、创新客体、创新载体、创新媒体的协调,成果的显现进行系统决策的方式,包括创新内容决策、创新投入决策、实施方案决策等。在构建创新决策机制的过程中,必须确保决策主体到位,即始终有人能对创新有关的问题作出决策,避免因为推诿而延误整个创新过程;必须确保决策的有效性,即有关决策必须能够得到切实有效的最终执行。

创新运行机制。创新运行机制主要包括创新管理的组织机构、运行程序和管理制度。一个良好的创新运行机制,能够使创新活动在正确的计划下不断地高质量、高效率地运行。在运行机制建设方面,企业应当建立一套能够有效进行决策、指挥、控制、信息反馈的组织制度和各种人才的合理结构。企业内部有很多组织环节,有各类管理人才、技术人员、各职能科室、生产车间,还有质量检验、计量等机构,这些人员和机构只有成为一个有机协调的整体,企业才能实现创新的要求。

创新发展机制。创新发展机制是在创新利益的驱动下,加强人才、技术、资金、信息等资源储备,建立能够吸纳外部资金,不断谋求发展的创新。现代企业处于科学技术飞速发展和竞争日益激烈的环境中,企业如果不能不断地更新并有所发展,就会在市场竞争中处于不利地位,最终可能会被淘汰。企业要想能够不断地创新,就要有资源的储备和机制,就要处理好近期和长远发展的关系。

以上四种机制是相互有机地联系在一起的,由内在动力、方向目标、有效运行和不断发展四个方面的机制构成一种企业创新活动不断循环增值的创新机制系统,贯穿于创新过程的始终。

二、创新的过程

创新性思维是人类智能活动的最高表现。世界上一切创新成果都是创造性思维的外现或物化。创新思维是一个极为复杂的多因素交互作用的过程。日本创新学家高浩说:“创造性思维的过程是一种身心的综合性劳动。因而单是掌握方法是不能解决问题的,这里既要具备发现问题的自觉性,又不能缺少信息的积累,而更重要的则是身心健康,且斗志旺盛。”要有效地组织系统的创新活动,就必须研究和揭示创新的规律。

创新有无规律可循? 对这个问题是有争议的。美国创新活动非常活跃,从而经营成功的 3M 公司的一位常务副总裁在一次讲演中甚至这样开头:“大家必须以一个坚定不移的信念作为出发点,这就是:创新是一个杂乱无章的过程。”

创新是对旧事物的否定,是对新事物的探索。对旧事物的否定,创新必定要突破原先的制度,破坏原先的秩序,必须不遵守原先的章程;对新事物的探索,创新者只能在不断的尝试中去寻找新的程序、新的方法。在最终的成果取得之前,可能要经历无数次反复,无数次失败。因此,它看上去必然是杂乱的。但这种"杂乱无章性"是相对于旧制度、旧秩序而言的,是相对于个别创新而言的。有不少人以为学习创新的关键是掌握创新方法,其实这是一种误解,单纯掌握方法是不能解决问题的,而必须了解和掌握创新的工作过程,这对开发、促进创新性思维,从事创新工作大有好处。就创新的总体或"创新一般"来说,它们必然依循一定的步骤、程序和规律。一般而言,创新过程大体上经历了以下 6 个步骤:

(一)准备阶段

创新需要具备一定的前提条件:

1.要有广博的知识和经验的积累

这是人们进行创新的基本条件。不管你进行何种创造与革新,你对创新对象的有关知识和经验,必定是比较熟悉的。创新不是无中生有,而是在已有知识和经验基础上的升华。一个对发明对象一无所知的人,发明不可能"从天而降"。这就是说,一个人的发明创造决不会超出他的知识范畴。著名发明家爱迪生曾说:"天才=1%的灵感+99%的汗水。"这"99%的汗水"就是知识和经验的积累。

2.要有客观压力

即社会需要,这个需要越迫切,越能推动人们去进行创新,可以说需要是创新之母。如果准备开发的新产品是社会迫切需要的,企业必定会抓得紧,压力就能转化为动力,促进创新。

3.要有主观压力

即创新者要有发自内心强烈的创新愿望和动机。愿望和动机支配、决定着人们的行动。没有创新的主动性、积极性、自觉性,就不会有创造性。对创新来说,始终需要的是"身心健康"和"斗志旺盛"。只有具备这两条,才能在创新过程中不畏艰险,知难而上,不屈不挠地去夺取胜利。

4.要有强烈的好奇心

真正的强烈好奇心往往会带来一些意想不到的创新结果。强烈的好奇心会驱使你去思考一些在别人看来是司空见惯的现象或现有理论无法解释的现象。如果你顺着这些现象深入地探究其背后的原因,也许会有惊人的新发现。例如,苹果熟了掉到地上在一般人看来是再正常不过的事了,但掉到牛顿的头上,却引起了具有强烈好奇心的牛顿的思考:苹果为什么是掉到地上而不是飞到天上去?通过对这件事的深入研究,牛顿发现了重力,后来又发现了万有引力定律。

5.要有敢于推陈出新的勇气

事物是不断向前发展的,人类对世界的认识也是在不断的否定中不断深化和提高的。不敢否定"旧的",就不可能出现"新的",正所谓"不破不立"。因此,在事实的基础上就要敢于质疑旧有的"金科玉律",就要敢于突破甚至否定那些被一般人视作神圣不可侵犯的所谓的"理论"、"原则"。要知道"真理永远只是相对的",在创新者眼里是没有不可突破的禁区的。如果爱因斯坦不敢触动牛顿的质量守恒定律,就不可能有后来的质能关系方程。

(二)寻找机会

创新是对原有秩序的破坏。原有秩序之所以要打破,是因为其内部存在着或出现了某种不协调的现象。这些不协调对系统的发展提供了有利的机会或造成了某种不利的威胁。创新活动正是从发现和利用旧秩序内部的这些不协调现象开始的。不协调为创新提供了契机。

旧秩序中的不协调既可存在于系统的内部,也可产生于对系统有影响的外部。企业的创新,往往是从密切地注视、系统地分析社会经济组织在运行过程中出现的不协调现象开始的。

1. 就系统的外部来说,有可能成为创新契机的变化主要有:

(1)技术的变化,从而可能影响企业资源的获取、生产设备和产品的技术水平。

(2)人口的变化,从而可能影响劳动市场的供给和产品销售市场的需求。

(3)宏观经济环境的变化。迅速增长的经济背景可能给企业带来不断扩大的市场,而整个国民经济的萧条则可能降低企业产品需求者的购买能力。

(4)文化与价值观念的转变,从而可能改变消费者的消费偏好或劳动者对工作及其报酬的态度。

2. 就系统内部来说,引发创新的不协调现象主要有:

(1)生产经营中的瓶颈,可能影响了劳动生产率的提高或劳动积极性的发挥,因而始终困扰着企业的管理人员。这种卡壳环节,既可能是某种材料的质地不够理想,且始终找不到替代品,也可能是某种工艺加工方法的不完善,再就是某种分配政策的不合理。

(2)企业意外的成功和失败,如派生产品的销售额,其利润贡献不声不响地、出人意料地超过了企业的主营产品;老产品经过精心整顿改进后,结构更加合理,性能更加完善,质量更加优异,但并未得到预期数量的订单……这些出乎企业意料的成功和失败,往往可以把企业从原先的思维模式中驱赶出来,从而可以成为企业创新的一个重要源泉。

(三)提出构想

敏锐地观察到了不协调现象的产生以后,还要透过现象究其原因,并据此分析和预测不协调的未来变化趋势,估计它们可能给组织带来的积极或消极后果,并在此基础上,努力利用机会或将威胁转换为机会,采用头脑风暴法(也称畅谈会法)、德尔菲法、类比创新法、逆向思考法等多种方法,提出多种解决问题、消除不协调、使系统在更高层次实现平衡的创新构想。

(四)迅速行动

创新成功的秘密主要在于迅速行动。由于外部环境的不确定性以及决策时掌握的信息有限,提出的构想可能还不完善,甚至可能很不完善,但这种并非十全十美的构想必须立即付诸行动才有意义。"没有行动的思想会自生自灭",这句话对于创新思想的实践尤为重要,一味追求完美,以减少受讥讽、被攻击的机会,就可能坐失良机。把创新的机会白白地送给自己的竞争对手。T·彼得斯和 W·奥斯汀在《志在成功》一书中介绍了这样一个例子:20 世纪 70 年代,施乐公司为了把产品搞得十全十美,在罗彻斯特建造了一座全由工商管理硕士(MBA)占用的 29 层高楼。这些 MBA 们在大楼里对第一件可能开发的产品设计了拥有数百个变量的模型,编写了一份又一份的市场调查报告……然而,当这些人继续不着边际地分析时,当产品研制工作被搞得越来越复杂时,竞争者已把施乐公司的市场抢走了 50% 以上。创新的构想只有在不断的尝试中才能逐渐完善,企业只有迅速地行动才能有效地利用"不协调"提供的机会。

(五)坚持不懈

构想经过尝试才能成熟,而尝试是有风险的,是不可能"一打就中"的,是有可能失败的。创新的过程是不断尝试、不断失败、不断提高的过程。因此,创新者在开始行动以后,为取得最终的成功,必须坚定不移地继续下去,决不能半途而废,否则便会前功尽弃。要在创新中坚持下去,创新者必须要有足够的自信心,有较强的忍耐力,能正确对待尝试过程中出现的失败。既为减少失误或消除失误后的影响采取必要的预防或纠正措施,又不把一次"战役"(尝试)的失利看成整个"战争"的失败,知道创新的成功只能在屡屡失败后才姗姗来迟。伟大的发明家爱迪生曾经说过:"我的成功乃是从一路失败中取得的。"创新者应该从这句话中得到启示。创新的成功在很大程度上要归因于"最后五分钟"的坚持,浅尝辄止、因噎废食或企图一蹴而就都是创新的大忌。

(六)形成模式

模式也称范式,是在某种环境下组织发展过程中形成的从工作程序到行为方式、管理方式、思维习惯和价值观念都成为某种内在一致的特定类型的状态。某种特定的模式要经过一定的时间发展才有可能形成,它是组织内部各方面经过反复学习、调整、探索和适应才能形成的。对某种特定的环境而言,组织的模式化和管理水平的提高、效率的提高和内耗的减少互为因果,相互促进。就创新而言,经过在实践中的不断坚持、不断完善,组织将形成一整套适应内外部新环境的新观念、新方法、新体制。

【课后案例分析】

案例-1 春兰的创新型矩阵管理

在"第八届中国机械行业企业管理现代化创新成果奖"大会上,"春兰创新型矩阵管理"夺得新中国成立以来我国企业管理领域评选的唯一特等奖。

春兰的创新型矩阵管理有一个"16字方针",主要内容是"横向立法、纵向运行、资源共享、合成作战"。前8个字重点解决集团和产业公司集权与分权的矛盾,力求放而不乱,提高运行效率。所谓"纵向运行",指保留"扁平化",按产业公司运行的特点,以产业为纵向;"横向立法",是指针对原来管理有所失控的问题,将集团的法律、人力、投资、财务、信息等部门划为横向部门,负责制定运行的规则,并依据规则对纵向运行部门实施监管。这样一来,横向部门"立法"并监管,纵向部门依然大权在握,能充分发挥主观能动性和积极性,不过是在"法"定的圈子里,要依"法"运行。"16字方针"中的后8个字,重点解决原来资源不能共享的问题。把横向职能部门划分为A系列和B系列,制定运行规则,"立法"的是横向中的A系列;B系列则负责实现对春兰内部资源的共享,为产业公司提供专家支持和优质服务。比如春兰的整个法律事务,在公司总部设一名法律副总裁,分管法律事务工作,对首席执行官负责;集团下设法务处,在法律副总裁的领导下,具体实施对集团所属各子公司法务工作的指导和管理;集团所属子公司根据工作需要设立法务部门,在子公司负责人领导下开展本单位的法务工作,业务上接受集团公司法务处的指导和管理。按照原先的运行制度,48个部门都需要律师。而根据矩阵管理模式现在只设立一个法律顾问组,为集团所有部门使用,大大节约了管理成本,而且,容易规范化。

思考题:

请结合创新理论对春兰的创新型矩阵管理的优点进行分析?

案例-2 国美的连锁经营模式

用理性的语言给国美模式进行总结就是:"以低价打市场(以包销、勤进快销、薄利多销为支撑);以管理服务稳市场(三级管理体系、奖惩分明、严密细致的管理制度),推行全方位本土化策略(管理人员本土化、业务本土化)。"国美之所以胜,就胜在它的观念新、业态新。

1.业态模式

连锁经营。国美在北京、天津、上海、成都、青岛等拥有70余家商城,年销售能力超过100亿元。国美每个地区、每个门店在经营管理上保留自己的特色,真正形成连锁模式。

专业特色。经营家用电器的国美,在产品种类、型号规格、价位、性能上连营业员也能如数家珍般道来。其专业性还体现在售前的电话咨询,售中的专业讲解,以及周到细致的售后服务。

超市运作。国美一方面让样机、货品堆积店内,方便顾客试听筛选;另一方面以自己的资金实力包销某些品牌或型号,让利于消费者,又将资金及时兑付厂家。

2.组织结构

国美现有的连锁店,均采用了"正规连锁"或"加盟连锁"的经营形态,它们都由国美总部或分部全资经营,国美电器连锁系统组织结构纵向设立,分为三个层次:

总部:负责统一管理,实行经营方针、经营规划、工作计划、人事、培训、采购、财务、保险、法律事务、店铺的选择、设计及装修、商品配置与陈列等工作的规划、服务、调控和发展等各项管理职能。

地区分部:依照总部制订的各项经营管理制度和规定,负责对该地区的各门店实行二级业务经营及行政管理,并实施对所属门店的监督、指导、服务、沟通等功能,同时接受并服从总部各职能部门的职能管理。

门店:接受并服从总部及地区分部的领导和职能管理,依照总部制订的各项经营管理制度和规定,负责对本门店实施日常经营管理。基本职能是商品销售、进货及存货管理、绩效评估。

思考题:

请结合创新理论分析国美电器管理创新的价值?

第十章　管理绩效

美国著名管理学家彼得·德鲁克指出，发展中国家并不是发展上落后，而是在管理上落后。在知识经济时代的今天，国内越来越多的学者专家和企业界人士认识到加强管理的重要性，他们认识到管理是经济增长中起决定性作用的要素，管理绩效的高低决定了企业组织绩效提高的程度和社会活动任务的完成情况。因此，加强管理就必须把提高管理绩效作为出发点，研究管理绩效也就成为了管理学研究的重大课题。本章将从管理绩效的含义、绩效评价的标准、绩效评价的方法、绩效的改进四个方面对绩效管理问题进行探讨。

第一节　管理绩效的含义

一、绩效的概念及内涵

绩效(Performance)是管理活动中最常用的概念之一，但是人们对其却有不同的理解和解释。在目前，主要有两种观点：

从工作结果的角度来理解绩效，这种观点认为：绩效是在特定的时间内，由特定的工作职能或活动的产出，也就是说，管理绩效是管理工作或管理过程所达到的结果，是一个人的工作成绩的记录。有不少国外学者认为：管理绩效应该定义为工作的结果，因为这些工作结果与组织的战略目标、顾客满意度及所投入资本的关系最为密切。

另一种观点则对绩效是工作成绩、目标实现、结果、生产量的观点提出了质疑和挑战，他们认为应该从行为的角度来定义绩效，即"绩效是行为"。比如说，将绩效定义为"人们所做的与组织目标相关的、可观测的事情"或者"绩效是具有可评价要素的行为，这些行为对个人或组织效率具有积极或者消极的作用"。①这种观点的依据是：第一，许多工作结果并不一定是个体行为所致，可能会受到与工作无关的其他因素的影响；第二，员工没有平等地完成工作的机会，并且在工作中的表现不一定都与工作任务有关；第三，过分关注结果会导致忽视重要的

---

①　Michael Armstrong and Angela Baronl, *Performance Management*, The Cromwell Press, 1998.

过程和人际关系因素,不适当地强调结果可能会在工作要求上误导员工。

事实上,这两种观点都有其合理的地方,行为是产生绩效的直接原因,而组织成员对于组织的贡献,则是通过其工作的结果来体现。一般地,在管理实践中是以结果为评价标准的,但是,如果结果难以评价,则只好以行为来进行了。由此,我们认为,在绩效管理实践中,应当采用宽泛的绩效概念,即包括行为和结果两个方面。行为是达到绩效结果的条件之一。行为由从事工作的人表现出来,将工作任务付诸实施,它不仅是结果的工具,其本身也是为完成工作任务所付出的脑力和体力的结果,并且能与结果分开进行判断。就是说,绩效应包括应该做什么和如何做这两个方面。为此,我们兼顾工作行为和结果,采用综合的方法来定义绩效,即绩效是人们所做的同组织目标相关的、可观测的、具有可评价要素的行为,这些行为受到企业的业务性质、战略取向、战略目标和工作性质等要求的规定和标准的约束和引导,并且这些行为对个人或组织效率具有积极或消极的作用。

综合上述观点,管理中的绩效大体上包括三个方面的含义:第一,工作产出或结果,如高层管理团队在一年内所实现的公司的价值增长额,销售人员在一定时期内完成的销售额,生产工人单位时间内的工作量等等;第二,工作行为,如及时上交月季度报表,对下属进行培养等等;第三,与工作相关的员工个性特征或特质,如敬业精神、团队合作、创新意识等等。

二、绩效评价的目的与意义

绩效评价(Performance Appraisal)是组织管理的核心职能之一,它是收集、分析、评价和传递有关某一个人在其工作岗位上的工作行为表现和工作结果方面的信息情况的过程。由于组织的目标最终是要通过众多员工的共同努力才能实现,因此,对每一个员工的努力成果和工作绩效进行合理的评价就显得非常必要,可以据此激励、表扬先进,鞭策后进。在现代企业管理实践中,绩效评价已经成为激发员工积极性、获取竞争优势的一个重要因素。

绩效评价是有效管理员工以确保员工的工作行为和产出与组织目标保持一致,进而促进个人与组织共同发展的持续过程。绩效评价和绩效管理对一个组织的正常运营过程具有重要的作用,其目的和意义主要体现在:

(一)能为组织的战略实施提供基础性支持

组织战略需要与部门、团队以及个人的行动联系起来,才能把战略转化为行动,促进战略目标的实现。通过绩效评价和绩效管理,可以把组织中个人的目标和组织的整体战略目标结合起来,同时也能把众多组织成员的单个行为与组织的战略实施过程联系起来,通过员工的行动推动组织战略顺利实施。

为实现这一目标,组织首先要识别和确认成功实施组织战略的关键因素,根据这些因素来界定绩效,把目标和关键的成功因素具体化为工作绩效指标。然后通过沟通,让员工理解工作绩效标准或成功标准是什么,通过什么途径、方式或怎样努力就能达到这种标准。这些标准可以是一系列任务、目标或结果,也可以是一系列行为,但必须是明确的和员工能接受的,使得员工了解努力的方向,明确要取得的成果和执行该战略所必需的技能、行为等。最后,建立绩效评价和反馈体系。通过该体系使员工的技能得到最大限度的发挥,并展现出最佳的行为表现,产生预期的效果。

(二)能为人力资源管理决策提供依据

通过绩效管理所获得的信息,特别是绩效评价结果,常常被用于人力资源管理的有关决策,如调整薪资、员工晋升、调任、辞退等,通过这些决策来认可个人的表现。

1.绩效评价是人员任用的依据。人员任用的原则是因事择人、用人所长。要想判断人员的德才状况、长处短处,进而分析其适合何种职位,就必须对人员的各方面素质如心理、知识、业务等进行评价,在此基础上对人员的能力和专长进行推动。也就是说,绩效评价是"知人"的重要手段,而"知人"是善于用人的主要前提和依据。

2.绩效评价是决定人员调配和职务升降的依据。人员调配之前,必须了解人员使用的状况,人事配合的程度,其手段就是绩效评价。人员职务的晋升和降低必须有足够的依据,这就必须要有科学的绩效评价作保证,而不能只凭领导者的个人好恶而轻率地做出决定。通过全面、严格、科学的评价,如果发现有人素质和能力已超过现所在职位的要求并适合担任更具挑战性的职位,则可晋升其职位;如发现有人素质和能力已达不到职位的要求则应降低其职位;如发现用非所长或素质和能力发生变化的则可进行横向调动。

(三)能为人力资源开发提供信息

通过绩效评价,可以发现员工绩效的不足及其原因所在,然后通过反馈和沟通,帮助员工认识不足,指导员工改进。同时,在绩效评价和绩效管理过程中,能够识别培训的需要,发现可开发的潜力,进行有针对性的人力资源开发。培训的前提是准确地了解各类人员的素质和能力,了解其知识和能力结构、优势和劣势,了解其需要什么、缺少什么,为此也必须对人员进行评价。

(四)是激励组织成员的重要工具

没有科学、公正的绩效评价,奖罚、报酬就没有了依据。因此,绩效评价是一个组织确定对其成员进行奖罚和发放报酬的基础。绩效评价的好坏,会在很大程度上影响一个组织的激励效果,进而影响全体组织成员的积极性和士气。奖罚分明是组织激励的基本原则。要做到奖罚公正、分明,就必须科学地、严格地进行评价,以评价的结果为依据,来决定奖或罚的对象以及奖或罚的等级。

三、绩效评价管理的基本流程

绩效评价管理的基本过程包括五个环节:制定绩效计划、进行持续沟通、实施绩效评价、提供绩效反馈和辅导绩效改进。如图 10-1 所示:

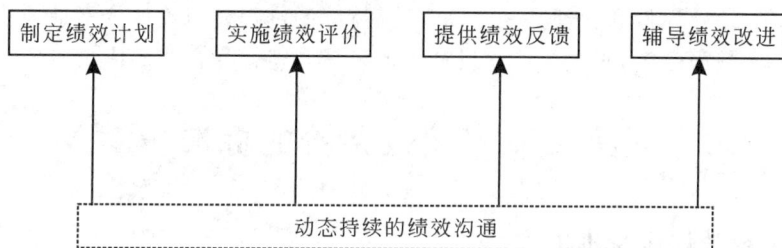

图 10-1　绩效评价管理的基本流程

制定绩效计划是绩效评价管理过程的起点。绩效计划是主管与员工合作,对员工下一阶段应该履行的工作职责、各项任务的等级和授权水平、绩效的衡量、所要求提供的帮助、可能遇到的障碍及解决的办法等一系列问题进行探讨并达成共识的过程。在绩效计划中,绩效评价标准的确定是关键,即组织必须在充分沟通的基础上,就期望员工达到的绩效水平及其衡量达成一致意见。

动态持续的绩效沟通就是主管和员工共同工作,分享有关信息的过程。这些信息包括:工作进展情况、潜在的障碍和问题、可行的解决问题的措施以及如何才能帮助员工等。首先,在进行绩效考核之前,管理者应该认清目标,分析工作,制定绩效标准,把标准告知员工并加以讨论。其次,在绩效考核过程中,主管人员与员工应该就计划的实施随时保持联系,全程追踪计划进展状况,及时为员工排除遇到的障碍,必要时可对计划进行修订。这是绩效管理体系的灵魂和核心。考核结束后,上下级之间也应该对考核结果进行沟通,以便找出每个人工作的优缺点,并确定今后改进的方向和措施,然后设定新目标。总之,通过沟通,企业要让员工很清楚地了解绩效考核制度的内容、制定目标的方法、衡量标准、努力与奖酬的关系、工作业绩、工作中存在的问题及改进的方法等。

绩效评价所要的结果绝不是一个奖罚的手段,更重要的意义在于它能为企业提供一个促进工作改进和业绩提高的信号。绩效考核的一个重要目的是要发现员工工作中的问题并加以改进,所以考核结束后,要对考核结果进行分析,找出问题,并提出工作改进的方案以供员工参考,帮助员工提高工作绩效。此时,管理者充当的是辅导者的角色。正确地进行绩效管理,关键并不在于考核本身,而在于企业的管理部门如何综合分析考核资料并将其作为绩效管理过程的一个切入点,这才是最有价值和最有积极意义的。如果通过绩效考核,发现了绩效低下的问题,最重要的是找出原因。这时,员工是查找原因的重要渠道,企业要努力创造一个以解决问题为中心的接纳环境,鼓励员工实事求是地指出企业存在的问题,积极出谋划策,改善企业绩效低下的问题。一旦查找出原因,主管和员工就要齐心协力地去解决问题。

总之,绩效评价和管理是一个动态的、持续的过程。绩效评价不是为了评价而评价、考核而考核,必须要能激发员工的发展并整合为企业的成长。

第二节　绩效评价的标准

一、绩效评价标准的原则

绩效评价标准的制定必须遵循一定的原则,如果背离了科学的原则和方法,就有可能出现脱离管理实际的机械化、形式化倾向,降低绩效评价的有效性。

严格来说,绩效评价标准的制定应该包括两个方面的工作:第一,关键绩效指标的确定;第二,制定绩效指标的评价标准。

(一)关键绩效指标的确定

绩效指标指的是从哪些方面对管理绩效进行衡量或评估,它解决的是需要评价"什么"的问题。

1. 绩效指标类型

通常来说,管理工作中的绩效指标主要有四种类型:数量、质量、成本和时限。表 10-1 列出了企业中常见绩效指标的典型例子以及对这些指标进行度量的方式。

表 10-1　绩效指标的类型

绩效指标的类型	示　例	度量方式
数量	产量 销售额 利润	工作业绩记录 财务数据 财务数据
质量	破损率 独特性 准确性	生产记录 上级评估 客户评估
成本	单位产品成本 投资回报率	财务数据 财务数据
时限	及时性 到达市场的时间 供货周期	上级评估 客户评估 客户评估

指标在量方面的深化表现为数量指标和质量指标。数量指标应表现为生产经营活动各方面所达到的数量目标,通常以绝对数来表示,如产值、销售额、利润总额、流动资金总额等,一般情况下多为财务指标,但此外还包括缺勤率、维修费、设备老化率、研究开发经费等。质量指标是企业的经营管理活动各方面达到的"效率"要求,通常以相对数即比例、比值、百分率来表示,包括产品合格率、优质品率、销售额增长率、材料利用率、资金利用率、设备利用率等。

2.指标制定原则

一般来说,在制定绩效评价指标时要遵循一个重要的原则,即 SMART 原则。SMART 是 Specific(具体的)、Measurable(可度量的)、Attainable(可实现的)、Realistic(现实的)和 Timebound(有时限的)这五个英文单词第一个字母的缩写。

(1)具体的,即绩效评价指标应尽可能具体化、细化,符合某一工作、任务的特定情况。抽象的、一般性的或者是难以刻画具体工作特定情形的指标都无法用来做出有效的绩效评价。

(2)可度量的,即绩效评价指标最好是量化的,可以明确测度的。一般来说,绩效评价尽量用数据来"说话"。有些工作产出没有办法给出数量化的指标,那么就需要给出一些行为化的指标。比如,服务和管理工作,考核标准往往会因不具体而流于形式,这时工作就必须做细,将指标具体化,这样才能使绩效评价真正起到有效监督、人事决策的依据等作用。

(3)可实现的,即绩效评价指标应当是适度的,既不能太高,也不能太低,形象一点说就是"使劲跳一跳你就可以摘到树上的果子"。从评价指标上来说,应该是在部门或员工个人可控制的范围内,而且可以通过部门或个人的努力来实现。

(4)现实的,即评价指标的选择和制定必须建立在对组织以往实际情况和未来发展进行科学、客观分析的基础上,而不是主观臆断的结果。比如,利润指标的确定就要对企业往年的财务数据、生产情况、市场变化等诸多因素进行综合考虑。

(5)有时限的,即评价指标是有时间限制的。这里有两层含义:第一,对绩效评价来说,考核指标中应有时间内容,如"每天生产 1000 件产品"、"每月销售额为 1000 万元",否则就失去了意义;第二,与绩效评价指标相关的资料必须能够定期和迅速地得到,如果不能做到这一点,某些评价就将失去时效性,从而就没有多大的价值了。

(二)绩效标准制定原则

在绩效评价指标的基础上,应当进一步明确绩效评价的具体标准。绩效标

准与绩效指标在制定原则上有相似之处,除了上述 SMART 原则之外,在制定绩效标准的过程中还应符合以下几个原则:

1.认知性原则

其含义在于绩效标准应当具体明确。在编制标准时,应充分考虑组织内部使用的方便,标准的内容和形式应尽量简化,切忌繁琐冗长;用词准确,应简明易懂,切忌模棱两可。这样可以帮助主管领导和下属员工对绩效标准有清楚明了的认识,让员工明确组织对他们的期望以及如何实现这种期望。这样,绩效标准才具有可操作性,也才能达到绩效评价和绩效管理的最终目标。

2.有效性原则

有效性原则是指绩效标准应涵盖绩效的所有相关方面,即包含所有与工作绩效相关的信息。在有效性方面常见的错误有两种:标准过窄,即遗漏某些重要的绩效信息;标准过宽,即包含了不相关的信息。

3.可靠性原则

可靠性原则是指依据绩效标准可获得一致的评定结果,它分为内在可靠性、重复测量的可靠性。前者是指不同的人根据统一标准对同一员工的绩效进行评价应当得到基本一致的结果;后者是指在不同时间依据同一标准进行重新评价应当得出基本一致的结果。

4.可接受性原则

可接受性原则是指标准的使用者能够接受该标准。由此可见,所有使用绩效标准的人都需要有机会参与标准的制定过程,使绩效标准得到接受和支持。绩效标准应当是得到大家认可的,是经过员工同意而制定的。主管领导和下属员工都应该同意绩效标准的确是公平的,这对激励员工十分重要。

5.文本性原则

绩效标准应落实到文字书面上,成为可供稽查的依据。标准要形成文字,主管与下属都应有一份彼此同意的并写好了的工作标准。

二、常用的绩效评价标准

绩效评价应根据工作内容、性质和评价目的的不同,采取不同形式的评价标准。绩效评价标准一般包括三个部分:评价要素、评价等级和标准主体。标准主体又称为标体,即规范化行为或对象的程度和相对次数,它是绩效评价标准的主要部分。常用的评价标准有以下五种类型:

(一)分档式标准

分档式标准又称为分段式标准,即将每个要素分成若干个等级,然后将指派给要素的分数分为相应的等级,再将每个等级的分值分布若干个小档(即幅度)。

分档式标准是一种简易标准,其特点在于分档较细,编制和使用都比较方便。比如:在组织绩效评价中,"标准流程操作的准确性"这一要素可以划分为"从无差错"、"基本正确"、"时有差错"、"经常出错"四个等级,再将每一个等级划分为上、中、下三档;对某一特定员工或团队评价时,先确定属于哪一个等级,然后再确定其业绩表现属于哪一个细分档次,由此可以得出评价的具体分值。

(二)评语式标准

评语式标准的编制,首先要确定要素的内涵,然后进行分解。评语式标准编制的关键是分解要得体,每个方面都要具有代表性。其次是评语要清晰明确,能够准确区分业绩表现。在绩效评价实践中,可分为积分评语标准和期望评语标准。

1.积分评语标准。它是指将要素分解为若干个子要素,给每个子要素指派独立的分数,各子要素相加就是对该要素的评价。如表 10-2 示例所示。

表 10-2　得分积分评语标准实例

结　构	要　素	分　值	评价标准
能力结构	用人能力	4	①对本部门人员能够合理安排,做到用人所长(1分) ②注意培养人才(1分) ③能够选拔、推荐人才(1分) ④正副领导能够相互尊重,合作意识强(1分)

2.期望评语标准。它是指根据职位职责所要求达到的能力素质和工作水准,将每一个要素划分为若干等级,每一个等级制定相应的评语,代表每一个具体工作中该要素的期望水平。比如,对工作中的"书面表达能力"这一要素进行评价,可以制定出不同级别的期望评语标准。如表 10-3 示例所示。

表 10-3　工作任务中的书面表达能力评价

评价要素	等　级	期望评语
工作任务中的书面表达能力(以书面方式与组织成员或客户交流的能力)	第一级	能清晰、准确书写简单的词组和句子(如发货标签等)
	第二级	能清晰、准确书写复杂句子(如申请、订单等)
	第三级	能清晰、准确书写一般性报告和文本
	第四级	能清晰、准确书写常用的较复杂报告和文本(如市场情况报告)
	第五级	能清晰、准确书写专业性的复杂报告和文本(如服务手册、说明书、市场营销方案等)

(三)量表式标准

量表式标准和分档式标准有类似之处,在绩效评价中使用较为广泛。通常做法是将绩效评价的不同要素划分为若干等级,不同的评价要素有不同的权重,同一要素中的不同等级赋予高低不等的量化分值。如表 10-4 示例所示。

表 10-4　量表式评价标准示例

评价要素	描述	完全符合	符合	中立	不符合	完全不符合
团队领导能力	团队成员协作精神强,配合默契					
	为每一位团队成员创造发挥才干的机会					

(四)对比式标准

在绩效评价中,对比式标准的主要特点是在设定绩效指标时同时考虑两类标准:基本标准和卓越标准(或称理想标准)。基本标准是指组织期望被评价者在工作任务中所应达到的基本要求,这一标准应该是每一个被评价者经过努力都能够达到的绩效水平。卓越标准是指对被评价者未作硬性要求的高绩效水准,一般来说,卓越标准所规定的绩效水平并不是每个被评价者都能达到,但这一标准应该是"可望"而非"不可即"的。通过设定卓越标准,可以促使评价对象不断树立更高的努力目标。对卓越标准评价的结果往往和一些激励性较强的奖励措施挂钩,如额外的奖金、职位提升等。具体运用例子如表 10-5 所示。

表 10-5　基本标准和卓越标准的对比使用

评价对象	基本标准	卓越标准
打字员	打字速度不低于 100 字/分钟 版式、字体等符合要求 无文字及标点符号错误	提供美观、节省纸张的版面设计 主动纠正原文中的错别字
营销人员	正确介绍产品或服务 完成基本的销售目标 汇款及时 不收取客户的礼品或回扣	对每位客户的偏好和需求等做详细的记录和分析 为客户提供超值服务,维持长期稳定的客户群

(五)行为特征标准

比较典型的行为特征标准是以关键事件作为评价的标准,就是通过长期的大量的观察和记录,从许多具体行为中提炼出该项工作的关键行为,作为评价的标准。例如,商店服务员的服务态度要素,可选择接待顾客这一关键行为。比如,顾客对服务员说:"我要买某某品牌的电视机。"该店正好卖完了,服务员可以有以下不同的态度和行为:

0——服务员不理睬顾客,不耐烦地走开了;

1——服务员说,卖完了,说完就走了;

2——服务员说,刚卖完,您过几天再来看看;

3——服务员说,我们商场卖完了,你到附近的商场去看看,或许还有;

4——服务员打电话到附近的商场，了解一下是否有货，然后再告诉顾客；

5——服务员了解到附近的商场也卖完了，于是通过业务部门同供应商联系，了解什么时间有货，然后再告诉顾客。

需要注意的是，行为特征标准取决于对员工行为的观察技能，如果关键行为选择失当，则整个标准就会失效。

三、绩效评价中的常见问题

有效的绩效评价系统能给组织的管理和发展带来巨大的价值。但在具体的管理实践中，许多组织的绩效评价常常发挥不了应有的作用，甚至产生负面影响。这里面主要的问题是主观因素。绩效评价实质上是评价者和被评价者之间互动的过程。即使评价指标和评价标准是客观的、科学的，但在不同评价主体的实施过程中，主观因素也可能导致最终的绩效评价结果出现偏差。这种由人的主观判断过程所作出的评价结果与客观、准确、没有偏见或其他外来影响的评价结果之间的差别，称为评价错误(Rating errors)。常见的评价错误有以下四种：

(一)偏见错误

偏见错误(Bias Errors)是由于评价人根据其对员工的肯定或否定的印象，而不是根据员工的实际工作表现对员工做出评价。导致偏见评价的原因有三种：

1.第一印象。带有第一印象偏见的管理者，可能一开始就对下属有有利或不利的判断，然后在此印象基础上忽视或歪曲该组织成员的实际工作绩效。例如，一位管理者对来自名牌大学的硕士研究生第一印象非常好，认为他一定会有非常出色的表现，能成为模范员工。一年后，虽然该员工的许多工作目标并没有很好地达到，但管理者给他的评分还是比较高，这就是第一印象所导致的错误评价。

2.肯定和否定光环效应(Positive and Negative Halo Effect)。造成这种偏见的原因是评价人员把员工工作的某一方面的好或坏的行为推广到对他的其他方面的工作评价。例如，一个秘书在人际交往时很令人讨厌，但他会很熟练地运用各种计算机软件，还是个优秀的打字员。因该秘书的主管经常收到其他员工和顾客对他的投诉，那么在作绩效评价的时候，对该秘书的全面评价可能就是否定的了。

3.类我效应(Similar-to-me Effect)。这是评价人的一种倾向，指容易对和他们自己类似的员工作肯定的评价。有这种偏见的主管对在态度、价值观、背景或兴趣方面与他们自己相似的员工的评价过高。如果有"类我"错误或偏见的主管在评价时倾向于和他是同样种族、性别、国籍或宗教的员工，就很容易导致非法歧视偏见(Illegal Discriminatory Bias)。

(二)对比错误

当主管把一个员工与其他员工进行比较,而不是与具体、明确的绩效标准进行比较的时候,该主管就犯了对比错误(Contrast Errors)。这种对比是一种错误,因为员工只需要达到最低可接收标准。即使其他员工的表现都是优秀或较好,该员工只要工作表现达到最低可接收标准,就应该得到满意的分数。

(三)中心趋势错误

如果主管把所有员工都评为一般或接近一般,他们就犯了中心趋势错误(Errors of Central Tendency)。这种错误最常出现在要求评价人做出书面证明和解释极端行为——得分特别高或特别低——的时候。因此,人力资源专业人员应该要求主管做出对每一级别的评价,而不只是对极端行为的解释。

(四)宽容或苛刻的错误

评价人有时不管员工的实际表现,把每个员工都评为两端的级别。有宽容性错误的经理倾向于把每个员工的表现都评得比实际与标准比较的结果高。如果主管长期犯这样的错误,员工实际得到的绩效评价就会高于他们应得的客观结果。相反,如果评价人把每一位被评价人的绩效表现都评得比实际与标准比较的结果低,那么他就犯了苛刻性错误。

第三节　绩效评价的方法

在企业的管理实践过程中,发展了很多种绩效评价的方法。不同的绩效评价方法各有其侧重点,为了便于学习和研究,本文从不同的角度对这些方法进行了分类。从价值取向看,可以分为历史取向的绩效评价方法和未来取向的绩效评价方法;从主体来看,可以分为单向和多向共八种不同的绩效评价方法。

一、根据绩效评价的价值取向分类

(一)历史取向的绩效评价方法(Past-oriented Method)

1.书面报告法

最简单的绩效评价方法就是写一篇短文来描述员工的工作情况、优点、缺点、整体绩效状况、潜能和改善建议。这种书面报告可以由评价者以评语的形式来写,也可以由被评价者自己撰写,作为自己的述职报告。书面报告不需要复杂的形式,不需要多少训练就可以做到。

2.量表法(Rating Scale)

量表法是最古老、最简单和应用最普遍的绩效评价技术之一。量表法要求评价者对被评价者的工作绩效做出主观的评价,并将他们在不同的绩效指标下的绩效水平放入适合的等级中去。不同的绩效水平被赋予不同的平均得分。通过被评价者的各绩效指标得分的总和得出其综合的绩效水平。通常这种评价是使用绩效量表来完成的,而评价者往往是被评价者的直接主管。

德国西门子公司对该企业中一般员工的例行绩效评价即采用量表法,由其直接上级(各部门经理)进行。绩效评价表分为四个部分:第一部分填写员工的基本情况和评价种类;第二部分为评价表的主体;第三部分为员工确认部分,由被评价者填写对评价结果的意见;第四部分为上级审核的内容。企业要求员工每天对自己的工作做比较详细的记录,每个月将工作日志上交直接主管。西门子企业这样的要求是与其员工的主要业务的工程性质相适应的。各部门经理根据其对属下员工的了解和工作日志的记录内容,分别就该员工的工作数量、工作质量、主动性及独立性、成本意识、合作精神、语言能力和纪律安全意识七个方面做出评价,给出相应的绩效等级,根据相关的等级分得出该员工的绩效分。评价人还要对员工的管理能力和潜质做出评价。评价结果须经过被评价人的认同以及人力资源部门、主管经理和总经理的审核。

3. 关键事件法(Critical Incident Method)

关键事件法是由美国学者弗拉赖根(Flanagan)和伯恩斯(Baras)共同创立的。他要求评价者(一般为直接上级)记录被评价者工作过程中特别好的或特别差的典型行为,然后根据这些关键事件来确定员工的绩效水平。

4. 工作标准评定法

工作标准评定法,就是把工作的实际情况和构成职务的各项业务工作标准加以对比,判断它是超过、刚好符合还是低于标准,然后综合各项业务的成绩,判定总成绩。

所谓业务工作标准,就是用数量、质量、时间、工作方法等因素表示职工应该完成的业务,它应该是明确的、公平的、合理的。采用工作标准评定法进行评价必须具备两个条件:(1)能划分出构成职务的各项业务;(2)确定各项业务的工作标准。

工作标准评定法在评价员工业绩方面非常有用,尤其适用那些承担例行工作,但工作的量化又有一定困难的员工的评价。

5. 强制分布法(Forced Distribution Method)

强制分布法首先假定在某一评价的范围内全部员工的绩效水平符合分布函数,即绝大多数员工具有平均的绩效水平,高绩效水平的人和低绩效水平的人都是少数。事先确定每一绩效水平在整个绩效水平组成中所占的比例,然后针对某一指标对所有被评价者进行评价,确定其所处的绩效水平等级。比如可以按照下属比例原则来确定雇员的工作绩效分布情况:绩效最高的 15%,绩效较高的 20%,绩效一般的 30%,绩效有待改进的 20%,绩效很低的 15%。根据某一评价指标对雇员进行评价,然后根据评价结果将雇员分别放到相应的等级上去。

前述西门子公司的绩效评价,在实际应用量表法进行评价的时候,为了避免平均化的倾向,评价人往往先制定一个评价优秀的比例。绩效分在 90 分以上为优秀,评价优秀的员工一般占被评价人员总数的 10% 左右。绩效分低于及格水平的员工,有可能失去年终奖金和正常的提薪机会。

6. 行为锚定等级评价法(Behaviorally Anchored Rating Scale,BARS)

行为锚定等级评价法是由美国学者史密斯(P. C. Smith)和德尔(L. Kendall)于 60 年代提出的。其目的在于,通过一个等级评价表,将关于特别优良或特别劣等绩效的叙述加以等级量化,从而将描述性关键事件评价法和量化等级评价的优点结合起来,提高评价结果的客观性,降低评价结果的主观性。

一般说来,这种方法要求按以下步骤来进行:

(1)界定关键事件或行为。首先要求对该项工作任务了解的人员对工作中代表优良绩效和差劣绩效的关键事件进行收集、整理和描述。

(2)建立绩效评价维度。上述人员把关键事件进行归类合并,分成若干绩效维度或者绩效要素。

(3)重新分配关键事件。在上述人员确定的关键事件和绩效评价维度的基础上,由另外一个小组把关键事件重新分配到他们认为最合适的上述界定的绩效维度类别中。若该小组 50%～80% 的人对某一关键事件的归类与第二步的归类相近,该关键事件即可保留,其地位也可最终确定下来。

(4)评价关键事件。由第二组人员对关键事件进行评定,确定它们所代表的绩效水平,通常采用 7 点或 9 点等级尺度评定法。

(5)建立最终的行为锚定等级量表。每个绩效维度上的关键事件都按绩效水平进行排列,每个关键事件代表一种绩效水平,称为"行为锚"。在通常情况下,每个绩效维度最终有 6～7 个关键事件作为"行为锚"。

7. 多人比较法

多人比较法评价个体的绩效水平,是与别人相比得到的。这是一种相对的而非绝对的测量手段。最常用的比较法是,群体排序法(Group Order Ranking)、个体排序法(Individual Ranking)和配对比较法(Paired Comparison)。

(1)群体排序法要求评价人员对员工进行分类,例如顶级的 1/5,次级的 1/5。这种方法通常用于推荐学生就读学校,评价人员被要求选取 5% 的顶级学生、5% 的次级学生、15% 的第三级学生进行排序,依此类推。然而当用于评价员工时,管理人员要对所有下属进行处理。因此,如果一个评价人员有 20 个下属,则只有 4 个能进入顶级的 1/5,当然,排序在末级的 1/5 必须也是 4 个。

(2)个体排序法的排序方法是,排列出从最优秀到最差的员工。如果管理人员被要求评价 30 名下属,这种方法假定顶级和次级的员工的差别,就如同 21 与 22 的差别,尽管员工之间只存在些微差别,但将一视同仁。这样做的结果是把从最高绩效到最低绩效的员工一目了然地排列出来。

(3)配对比较法是让每一位员工都同其他员工相比较,不论是主管还是较弱员工都要比较。当所有配对比较之后,员工依据主管给予分数的多少,得到一个概要的评价级别。这种方法确保每名员工与其他所有员工进行比较,但正因为员工要进行如此多的比较,这种方法显然难以采用。

多人比较法可以算是集其他方法既相对又绝对的标准而成的最好方法。例如,对一名大学生或许采用评定量表法和个体排序法,即可得到该学生成绩的较准确的信息。一名学生在班级中的相对排名可以 A、B、C、D 或 F 的级别来绝对标注。如果两名学生在不同会计课程考试中都得过 B,但若在得分后,其中一名学生被教师注明"排在 26 名学生中的第 4 位",而另一名学生被教师注明"排在 30 名学生中的第 17 位"。那么,未来的某一位招聘者或研究生院对同样的 B 会得出显然不同的结论。显而易见,后一位教师给予了更多更好的评价。

其他的历史取向的绩效评价还包括一般排序法、交替排序法、人物比较法、描述表格法等。一般排序法就是根据评价者掌握的被评价者的绩效状况,将被评价者的绩效由高到低顺序排列,根据其排列位置,得出每个人的相应的绩效得分。交替排序法是一般排序法的改进形式,它是将员工按其绩效水平依照最高、最低、次高、次低的顺序交替排列。人物比较法是先在员工中选择一人作为标准,其他人通过与这个标准员工的比较来得出其绩效水平。对照评价法也称普罗布斯特法,这种方法首先随机排列许多种描述员工行为的评价项目,评价者根据对员工表现的掌握情况,选择自己有把握的评价指标,按照一定的计分标准得出员工的绩效。描述表格法是对每一个评价指标都有一个基本的描述,实际上它代表了大多数员工完成工作所必需的重要能力。评价人根据绩效评价标准对被评价者的工作绩效进行评价,同时列举重要的绩效实例,制定出帮助员工达到并超过标准工作绩效的改善计划,而这种绩效改善计划往往通过评价者与被评价者的讨论来完成。

(二)未来取向的绩效评价方法(Future-oriented Method)

目标管理法(Management By Objectives,MBO)是未来取向绩效评价的主要方法,其目的是对员工未来的绩效水平做出事先的控制和预估。

目标管理的概念首先是由彼得·德鲁克(Peter Drucker)在 20 世纪 50 年代作为一种运用目标激励的方法提出的。目标管理是目前应用最广泛的绩效评价方法之一。资料表明,有超过 17% 的美国企业采用目标管理的方法。目标管理的基本思想是企业首先根据其发展的要求制定一段时期内的总目标,然后再将总目标层层分解,从而得到各层次的部门和员工个体的阶段目标。各部门及个人的工作围绕其分目标开展,其过程强调自我约束和上级的监督检查,把完成目标的情况作为评价员工绩效的主要依据。

目标管理包括以下两个方面的关键内容:

1. 制定目标的参与性。必须与每一位雇员共同商讨制定一套便于衡量的工作目标。

2. 有效的反馈。定期与雇员讨论目标完成情况,从而实现自我调节。

目标管理通常按照以下步骤实施:

1. 确定组织目标。根据企业战略要求和规划,制定出企业在未来一段时期内(一般为一年或半年)的总目标。

2. 将组织目标层层分解,制定出相应的部门目标和个人目标。

在制定部门和个人目标时,必须有相关员工的充分参与,在讨论的基础上确定。每位员工必须要充分地理解并全面认同个人和部门目标,在此基础上,自觉引导自己的行为,使之指向目标的实现。企业各层次目标必须具有时效性、明晰性、可操作性,并且要有具体的、可验证的衡量标准。

3. 反馈和过程控制。有效的反馈和过程监督控制是确保目标实现的必要手段。根据不同阶段的目标完成情况,上级的目标控制者对实施状况做出判断,查明困难的出现是否偶然,行动的改正是否必要,并在必要时对目标做出相应的调整。管理者应当在实施目标的全过程经常与员工讨论目标的完成情况,研究目标实现过程中出现的问题,制定相应的解决方案,组织将检查评价的情况记录下来并成为绩效评价的论据。

4. 工作绩效评价。在目标的有效时间段的期末,根据期初制定的目标,与实际的工作结果相对比,确定工作目标的实现状况,从而对每个员工的绩效做出评价。

5. 结果反馈。把绩效评价的结果反馈给每位员工,进一步实现自我调节。

西门子公司在对各部门经理的年度例行绩效评价中,采用了目标评价的方法。部门目标的制定一般是在每年的5月份,由部门经理主持,根据相应的订单数量、预计的收入和利润状况,做出下一财政年度的预算。预算包括完成的营业额、利润额、办公费用的支出、人力资源的需求、培训计划等内容。预算经企业总经理批准后实施。预算实施半年后,各部门可以根据前半年的预算执行情况,对预算做出大幅度的修改,从而形成新的修正预算(Forecast)。财政年度结束后,由企业总经理根据各部门的修正预算完成情况确定该部门的绩效水平。全面完成修正预算的,给予年终的奖金,并正常提薪。完成优秀的,有获得晋升的机会。

目标管理是一个企业中十分有效的管理系统。建立有效的目标体系是目标管理的核心和难点。确定关键业绩指标管理体系有助于解决目标设置中出现的问题。关键业绩指标体系的具体做法如下：

1.确定关键业绩指标。首先根据指标的重要性、可操作性和职位可控性确定每一职位的关键业绩指标。运用价值创造树进行分析，找到影响该职位对企业贡献大小的关键因素，再根据这些因素找出关键指标，确定各指标的权重和评分标准，最后与相关人员讨论其可操作性，直到指标的确定，然后制作关键业绩评定表。对各部门、各层次管理人员进行培训，使其清楚掌握关键业绩指标评价体系的内涵和程序。

2.运用关键指标进行日常管理。在每期末对关键指标的完成情况进行总结和讨论，及时解决实施过程中出现的问题，总结经验教训。

3.依据关键业绩指标进行评价和奖惩。

二、根据绩效评价的主体进行分类

（一）单向评价方法

1.上级评价法

员工的直接上级在绩效评价中具有特别重要的位置，直接上级是评价最常用的评价主体。组织中对中低层员工的绩效评价，95%是由他们的直接上司完成的。员工的直接上司由于所处的位置关系，对员工的了解最多，而同时他对组织对员工的期望和评价标准最为了解。但是，单独采用这种方式，会导致下属员工的不公平感和增加敌对情绪。另外，随着许多组织开始采用自我管理团队、电子通讯等其他组织手段，拉长了上司和下属的距离，这种传统的评价手段的缺陷已被越来越多的人认识到。

2.下级评价法

直接下属的评价能够提供关于管理者的准确翔实的信息，因为评价者与被评价者的接触较为频繁。但由于员工害怕给予上司的评价太低会遭到上司的报复，从而会产生宽大倾向。采用匿名评价的方法可以在一定程度上消除这种倾向。

3.第三方评价

第三方评价往往是由被评价人的服务对象、顾客或供应商来进行的。适用于组织中的那些从事类似销售、采购等独立性较强、工作场地难以监控的一部分人员，但这种评价方法往往难以操作。

4.同级评价法

同事互评中最有价值的信息是协作精神方面的。同事的评价提供了许多独立的评价意见,其综合评价结果比单一评价更为可靠。

5.集体评价法(委员会评价法)

员工绩效的评价有时采用集体评价的方法。评价主体为专门的人力资源管理部门或其他方面主管人员组成的评价小组。这种评价方法可以得到员工各方面的综合绩效信息。

6.自我评价法

员工自己来评价自己的工作绩效,与自我管理和授权观念是一致的。它有利于消除员工对评价过程的抵触,能有效地刺激员工和他们的上司就工作绩效展开讨论,有利于员工的自我发展。自我评价的问题是,大多数研究表明,员工对他们自身所做出的评价,一般总是比他们的主管人员或同事对他们得出的绩效要高。

(二)多向评价方法

1.自我评价和他人评价的结合

传统的人员评价中,评价者与被评价者之间处于分离状态,从而会影响到评价结果的客观性和公正性。完全的个人自评的评价结果过多地受到员工个性的影响。采取他人评价和自我评价的结合,以避免采取某一种方式引起的以偏概全,从而使评价工作做到公正、客观、全面、准确。

2.360度绩效评价方法

360度绩效评价方法是将所有可能的评价主体结合起来,对不同评价主体的评价结果进行综合,从而得出被评价者的全方位绩效的评价方法。具体评价过程一般是:由被评价者上级、同事、下属和客户等对被评价对象了解、熟悉的人,采用不记名方式对被评价者进行评价,被评价者也进行自我评价,然后由专业人员向被评价者提供反馈,以帮助被评价者提高能力、水平和业绩,其实施过程如图10-2所示。

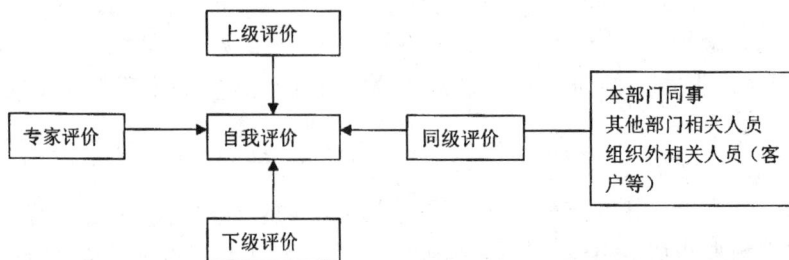

图 10-2　360 度反馈评价方法

360度绩效评价法是一个相关群体共同参与的过程,它既强调结果,也强调工作过程和个人努力程度,有助于强化管理者和普通员工的自我意识,促进组织变革和组织改善。通过这种评价方式可客观地了解被评价对象在职业发展中的不足,激励他们更有效地发挥自己的能力,赢得更多的发展机会。从组织角度看,通过 360 度绩效评价方法来加强管理者与周围的人的沟通,增进相互信任,那么,它的组织文化就会更加富有参与性,从而能迅速地对内部、外部客户的需求做出反应。这种评价方法的推崇者认为,360 度绩效评价是一种公平有效的绩效评价方法。但也有人认为,采用上级、平级(本部门或其他相关部门)、下级左中右八方齐评的评价方式,更容易使评价流于形式,倾向于考察员工的"人缘状况"。

第四节　绩效改进

进行绩效评价之后,如果实际绩效与标准有一定的距离,则需要进行绩效改进。进行绩效改进首先应确定绩效改进的目标,通过对绩效评价的结果进行研究分析,就可以确定绩效改进目标。

一、评价结果分析

在对管理绩效进行评价后,必须对结果进行分析,然后采取一些管理行动,实施反馈控制。反馈控制是唯一可用的控制手段,同前馈和同期控制相比,它有两方面的优点:第一,反馈为管理者提供了关于计划效果究竟如何的真实信息;第二,反馈控制使员工获得了评价他们绩效的信息,增强了员工的积极性。

管理绩效评价受许多因素影响,所以在评价结果分析中总是难免出现一些问题,应当加以注意:第一,客观基础条件的差异会在一定程度上影响管理的整体绩效水平,体现在如资金、技术、劳动等内部条件和如地区性、政策性等外部经营环境的差异。第二,要正确处理指标量化中存在的"悖论"。"悖论"是指:一方面管理者大力推崇顾客关系、经营效率等非财务指标,而另一方面大多数公司却不能建立起一套行之有效的相关指标体系来支持其战略。第三,管理者对于评价指标本身的认识问题。"软指标"与"硬指标"如何权衡与评价,认识不同其评价结果也就大相径庭。第四,建立有效的绩效评价体系是一个变革的过程。

评价和采取管理行动就好比是一把剪刀的两个刃,少了任何一方就起不了作用了。评价后的控制工作可以分为以下两个步骤:

1.确定偏差

通过比较组织的实际绩效与可以接受的良好标准,管理者可以确定其中的偏差,包括偏差的大小和方向。偏差如果在可接受的范围内,就可以认为偏差的大小是正常的,就不用采取什么措施了;如果偏差大大超出了可以忍受的范围,就需要采取措施来缩小实际与标准的差距了。

2.改进方案

(1)改进实际绩效。如果绩效是合理的,而实际绩效较大程度上达不到标准的要求,管理人员就需要采取纠正行动来改进绩效。纠正行动分为两种:治标的纠正和治本的纠正。治标式的纠正的好处就是偏差很快就被纠正了,但很可能会发生越纠越多这种情况。治本式的纠正注重对偏差进行分析,找出问题的症结所在,进行标本兼治的彻底整治行动。

(2)修订目标。工作中的偏差有可能来自不现实的标准,也就是说,标准定得太高或太低了。在这种情况下,值得注意的不再是工作绩效,而是标准。一个有意义的、可实施的目标体系是有效管理的基础。当人们明显感到标准可望而不可即时,他们就会失去卓有成效地完成目标任务的动力;当一个目标定得过低时,又难以把人的潜力激发出来。修订标准,可能会引起许多麻烦。如果某个员工或某个部门的实际工作与目标之间的差距非常大时,对偏差的抱怨自然就会转到标准上来。但是,即使有时传来要求降低标准的呼声,标准也未必是不可达到的,这时就应该坚持原标准。

二、绩效改进的目标

绩效改进的目标就是在绩效评价的基础上,分析组织自身的情况,结合外部环境的特点,采用一系列的策略和方法,充分发挥组织员工的积极性与创造性,最大限度地提高组织的绩效,保证组织战略的正确实施,提高组织的核心竞争力,使组织能够在多变的环境中保持竞争优势,并能够长期生存和发展下去。

(一)保证组织战略的顺利实施

组织发展战略并非注定就是正确的。在瞬息万变的信息时代,无法预料的机遇和威胁随时都会出现,从而会引致新的战略。绩效改进就是一个能够产生并接受反馈从而进行改进的循环过程,调整战略本身就是这个过程的一个环节。随着时间的推移,战略在实施中可能遇到问题,或者市场环境的变化已使得战略不再有效。在这种情况下,如果认为只要输入最好的战略自然会输出最佳的结果,那么这种思维方式将会带来严重的问题。

战略管理学者为研究便利,将企业简化为黑盒子,假设输入正确的战略,自然而然输出理想的结果,这无可厚非。但是,企业管理者是生活在现实当中,不存在那么理想的状态,如果企业管理者也那样思考,认为设计了最好的战略之后,各个部门、所有员工将会正确地勤奋地工作,那么他将会很失望。一般说来这主要有三个方面的原因:其一,即便各部门、员工正确地理解了战略,但他们却可能错误地做另外一些与战略无关的甚至相反的事情,也就是说,他们可能错误地认为这些事情是实施战略所需要的。其二,并非所有员工必然会正确地勤奋地工作,他们需要被激励——因为做了正确的事情而受到奖励,并被激励去改善另外一些方面。这一点并不因企业向知识型组织转变而发生任何变化,不同的只是激励的方式发生了变化。其三,随着时间的推移,战略在实施中可能遇到问题,或者市场环境的变化使得战略不再有效。在这种情况下,简单地修改战略将无法奏效,此时,需要管理者根据原战略实施的情况,重新确定各部门、各员工的职责,并制定相应的奖励制度。

因此,通过绩效改进,可以使组织的成员更加关注战略在组织内如何具体地运行,因时因地因实际情况进行权衡,保证组织发展战略的正确实施。绩效改进必须和组织战略相结合,并为培养组织核心能力服务。

(二)提升组织的核心能力

绩效改进是提升组织核心能力的重要手段,其根本目的是建立组织的长期竞争优势。因此,绩效改进首先应从组织的战略出发,将组织核心能力的培养与提高作为绩效改进的目标,并将其在组织内部贯彻执行,从管理层到员工逐层分解。

从绩效管理改进的角度提升核心能力应注意这样一些问题:[①]

1.绩效改进必须从组织的战略出发,应以提升组织核心能力为目的。

2.组织核心能力的培养是组织全体成员的责任,在确定绩效评价计划时要注意从培养组织核心能力的角度出发,将核心能力指标分解成下一层次的竞争力要素,这样层层分解,直到落实到具体的工作岗位上,使核心能力的培养成为全体成员的共同行动。制定评价计划、确定评价指标的过程就是一个对组织进行竞争力分析的过程,这个过程可以对组织的核心能力有一个更清楚的认识。通过绩效改进,提升组织的竞争能力。

3.组织的核心能力是指组织在一个特定时期的核心能力,随着组织外部环境的变化,外部环境对组织核心能力的要求会有所变化,这种变化要反映在组织的绩效评价计划中。因此,绩效改进要随组织外部环境的变化及组织自身的发展需求而改变,不同时期有不同的改进要求。

4.组织核心能力是综合运用各种知识的能力,它是由很多竞争力要素相互作用而形成的。因此,组织绩效改进要能全面反映核心能力的要求。

5.核心能力的培养需要组织持续不断的努力,是一个艰苦的过程,组织绩效的改进应是这一过程的一个部分。

---

① 谢平、佟仁城:《绩效管理与核心能力》,载《企业管理》2003 年第 4 期。

(三)提高成员与组织的绩效

当企业向知识型组织转变时,绩效改进的最大挑战是提高知识工作者的生产率。而影响知识工作者生产率的主要因素有六个:其一,任务是什么。其二,知识工作者必须自己管理自己的生产率,同时要有自主性。其三,不断地创新必须是知识工作者的工作、任务和责任的一个部分。其四,持续不断地学习和教导。其五,不只是量的问题,质也一样重要。其六,知识工作者必须被视为资产而不是成本,必须使得知识工作者在有其他机会时,仍愿意为这个组织工作。

绩效改进取决于组织愿景、目标及策略。绩效的改进与具体的工作行为,要由"再造工程"等来建立有效的"人"、"事"和"活动"的系统互动关系。绩效改进需要组织进行变革时,组织的变革应以更具绩效的架构来置建,这种变革要由人来推动、由人来接受才会成功。因此,绩效的改进要从人力的发挥及其所关联的环境做起,完成工作的再设计、工作的系统和流程、报酬激励系统的结合,使组织成员投身于更有效率、更有绩效、更具竞争力的活动,从而最大限度地提高员工与组织的绩效。

(四)创造高绩效的组织文化

管理的目的就在于它是一个管理者与下属员工一起努力完成工作、共同创造组织高绩效的过程,绩效改进的目的也正是如此。在绩效改进过程中,创造一种高绩效的组织文化是其目标之一。要想创造高绩效的组织文化,要具备以下六个方面的要素:第一,愿景理念。组织领导必须塑造组织的愿景和经营理念,制定组织的经营方针、目标和策略,逐级推进,以最有效的模式实践组织的愿景。第二,产业知识。了解组织的外部环境,不断延伸知识和经验的领域,同时要具备该产业特色的组织管理和运作能力。第三,调适能力。企业组织对市场的变化能够采取及时的应对措施,并能随时把握该企业组织成功的关键因素。第四,沟通能力。组织必须能够与顾客及供应商进行适当的、明确的、充分的沟通;组织内部高层主管与中下层干部也必须针对经营理念与管理方式进行沟通。第五,人力资源。组织绩效改进包括管理能力与专业能力的提高,同时必须具备高度的反应能力及抓住重点管理的能力,配合组织结构的调整,运用资源有效地建立富有灵活弹性的组织机构。第六,技术能力。明确清楚地了解组织所拥有资产的优劣及设备的使用率,才能提升生产力,并促使企业拥有适应顾客需求的能力、培养创新发展的能力。总之,组织经营绩效的好坏很大程度上取决于组织全体成员是否具备了经营大企业组织的心态和共识,是否具备了同舟共济的心理及认同感,归结于一点,就是是否具备了能够创造高绩效的组织文化。

三、绩效不良的原因

当评价的结果与理想的标准相比有较大的偏差时，就发生了绩效不良。导致绩效不良的原因很多，总体归结起来有以下三种：

(一)外部环境剧烈变化

组织存在于社会环境的大系统中，时时刻刻都在与外部环境进行信息、资金、人员和物资的交流。组织从外部获取资源，在内部进行加工，输出能被外部接受的产品。外部环境是组织存在的出发点和归宿，是管理绩效如何的最终裁决者。尽管企业能在一定范围和程度内对外部环境施加一定影响，使之朝着有利于自身的方向发展，但本质上外部环境是独立于组织的客观存在，组织只能被动地接受它。而当今的组织环境变化尤为迅速，经济全球化带来巨大利润的同时，也带来了巨大的挑战；计算机技术和网络技术的发展缩短了时间和空间的概念，但也为各种投机带来了方便。因而，当今的管理者强烈呼吁组织能够适应变化的环境，要时常改变组织内部机构与运转过程以迎接环境的挑战。

当环境的变化不可预见、预防和防止时，我们称这类变化是"变革性的剧变"。对于这类变化，英特尔公司前 CEO 摩尔指出：第一要保持精简的机构，以便灵活应变；第二要保持警惕的心态，随时关注风吹草动，一旦危机显现，能够抢先占据有利地位，捕捉机会或者逃避陷阱。英特尔前总裁格鲁夫在 1996 年出版的《偏执者生存》(*Only The Paranoid Can Survive*)一书中，罗列出六类因素，认为它们若发生结构性的剧变，会决定企业的生存，哪怕该企业以往一直高奏凯歌。这六类因素分别为：目前的竞争对手、潜在的竞争对手、供应商和上游企业、客户和消费者、与本企业业务有互补性的企业，以及关键技术。其中任何一个发生巨变，竞赛的规则就会随之大变，竞争的结局也就不可同日而语。格鲁夫所说的六类因素都属于企业的外部力量，对这类因素的管理一般称为战略管理，战略管理要考虑的因素还有经济体制、政府管制等。

(二)内部制度问题[①]

内部制度涉及各个方面，这里主要从三个方面进行分析。

1. 产权制度及与之相联系的激励、约束制度

传统计划体制与市场经济的冲突随着我国经济体制改革的不断深化而日益明显，主要表现在以下三个方面：第一，政企不分导致政府对企业行为干预的随意性、经常性和不规范性。第二，动力机制的外部性使企业的激励、约束机制不完善。在传统的体制下，企业负责人、员工的报酬与企业经营绩效不相关，动力

---

① 　尹智雄：《企业制度创新论》，经济科学出版社 1997 年版。

机制是由政府从外部植入企业,从而导致职工吃企业的大锅饭,企业吃国家的大锅饭。第三,企业决策主要不是依据市场信号,而是依据企业主管部门纵向传递下来的计划指令。企业的决策无法适应瞬息万变的市场需求,同时由于决策者并不对决策或国家承担责任,从而使决策失误频频出现却不受处罚。

2.内部组织功能障碍

企业的内部组织可能出现各种各样的功能障碍,诸如:(1)组织成员对职责缺乏了解,相互关系不清,因此引起摩擦、玩弄权术以及效率低下等现象。(2)领导授权不当,花过多精力处理不重要的问题,导致"见树不见林",忽视对全局的把握。(3)过分授权,在发放权力时不能保持均衡,产生各自为政的后果。(4)使用参谋机构不当,使最高管理层自己陷入参谋专家的包围中,而忽视对实际情况的了解。

3.管理者或操作员的风险与收益不对称,导致其为追求自身利益而使企业承受巨大风险或者遭受亏损

金融机构内部监管的有效性问题就能说明这一点。在经历了 20 世纪 80 年代以来的几次金融风暴后,目前世界金融界有识之士都认为,对金融实施外部监管的有效性是十分差的。原因是市场操作人员的风险与收益不对称——市场风险全部由客户承担,而收益则由操作人员与客户一起分享。于是,操作员最终将会从自己的利益出发,选择高风险、高利润同时也是高佣金的投资方向。

(三)组织理念落后

1.忽视组织文化

许多管理人员认为文化是柔性的东西,可有可无。但事实是,组织文化是影响组织绩效的重要原因。如果说制度与规范是组织的硬约束,那么组织文化就是组织的软约束。行之有效的组织文化被视为当今社会中大多数组织的重要组成部分。在各级组织中,管理人员面临的主要挑战之一就是发展一种合适的组织文化。共同的信念和价值观能够保证组织成员精诚团结,同时也能为组织的各项活动指明方向。

通过对许多企业和商业环境的分析,学者们发现有两个关键因素决定着企业文化:与公司活动相联系的风险程度,公司和员工获得判断企业决策成败的反馈信息的速度。根据这两个因素,学者们将企业文化分为四种形态:硬汉型文化、玩命型文化(拼命享受型文化)、赌徒型文化和过程型文化。

不同的组织、不同的环境对应不同的组织文化。组织文化必须与经营目标及环境相适应,不然将拖累整个组织,影响其绩效的提高。组织文化有时会与财务目标发生冲突。强有力的组织文化要求人们坚持这些价值观,牺牲短期利益,追求长期的共同目标。另外,组织文化是长期建设的结果,不能一蹴而就。组织

文化也不能仅凭高级管理者个人的事业心、使命感和良心来执行，它必须形成制度和礼仪，并深深埋藏在每个成员的心中。

2.狭隘的竞争观念

传统竞争观念的假设是"零和博弈"：双方的亏损额和盈利额的总和为零，我盈利的就是你亏损的，为了保持我的盈利，我就必须击败对手，竞争就成为必然的选择。从今天看来，这是非常狭隘的竞争观念。事实上，现实生活中的竞争并非都是"零和博弈"，以前的竞争对手现在可能成为合作伙伴来共同开发新技术或开发新市场以赢得更多的利润。所以，如果你仅仅为竞争而竞争，很可能你就没有多少竞争力了。因此，管理者都需要超越狭隘的竞争观念。那么，哪些方面可以避免不必要的竞争，哪些方面可以开展合作呢？基础研究是竞争者能够合作的一个领域。此外还有证券业的数据资料处理能力可以分享，内部研究工作可以合作等等。总之，只要去发现，去争取，我们就可以发现更多的可以分享、可以合作的领域，就可以争取到双赢甚至多赢。

四、绩效改进的方法

(一)标杆管理①

1.标杆管理的含义

所谓标杆管理是通过对比和分析先进组织的行事方式，对本企业组织的产品、服务、过程等关键的成功因素进行改进和变革，使之成为同业最佳的系统性过程。这种方法是美国施乐公司于20世纪70年代末首创的，被认为是企业"开展工作的一种常规方式(a way of doing business)"。施乐公司前总裁戴维·T·科纳斯曾这样评价标杆管理："它是一个不断地和竞争对手及行业中最优秀的公司比较实力、衡量差距的过程。"

标杆管理具有以下五个方面的特征：

(1)追求完美。标杆管理是一个积极的、能动的过程，这一过程能够改变那些陈旧的模式化经营方式，帮助企业实现最优化经营。

(2)比较衡量。标杆管理首先是对组织内部的行为进行分析，进而了解组织运作的全部过程，然后设立一个外在的参照点，并以此就组织的行为提出一系列量化评价的客观标准。

(3)制定目标。当最优实践活动转化进入所衡量比较的经营单位时，标杆管理是对未来情况和结局的一种规划。标杆管理最为重要的是强调了所探索的方面而不是可以立即取得的具体经营绩效。

---

① 焦叔斌：《标高超越——绩效改进的有力武器》，载《中国标准化》2000年第9期。

(4)多层应用。标杆管理可被应用到一个工商企业的所有层面:能应用于基本产品和服务,能应用于与生产产品有关的过程,能应用于产品和服务的经营管理等全部实践活动。

(5)持续发展。标杆管理是一种连续起作用的自我完善的管理过程,这一过程需要经常革新以适应新形势。行业领先企业组织一般来说会越来越强,其实践活动必须被持续不断地监控以确保发现最优实践,只有规范地探索标杆管理的组织才能够达到最佳运作。

2.标杆管理的实施步骤

标杆管理活动由"标高"和"超越"两个基本阶段构成。标高阶段就是要针对组织所要改进的领域或对象,首先确定"谁"在这一方面是最好的,以及他为什么能做到最好,自身为什么差,差在哪里。这就意味着要标定学习和赶超的榜样,对之进行解剖和分析,同时也要解剖和分析自身,通过对比找出差距及原因。这一阶段实际上是一个"知己知彼"的过程。但实施标高、超越的目的并不在于简单地模仿榜样,而在于"超越"对手,使自己成为"同业之最"。具体来说,可分为以下五个步骤:

(1)确定实施标杆管理的领域或对象。开展标杆管理活动应当集中于那些关键成功因素——那些对于改进组织的业绩和顾客的满意最具有影响的因素。选定了改进的领域或对象之后必须对其加以量化。要明确应使用何种指标来描述该对象,用何种测量方法来衡量对象的状态等。

(2)明确自身的现状。通过调查、观察和内部数据分析,真正了解自己的状况,认真评估组织内部的优点和弱点,为下一步打好基础。

(3)选择标杆管理的榜样。要根据各方面的信息来源确定在所选领域中的榜样。通常有四类榜样,即本组织内部的不同部门、直接的竞争对手、同行组织以及全球范围内的领先者。许多组织在刚开始推行标杆管理活动时,通常是从内部的榜样开始的,这样有利于积累经验、锻炼队伍。面向全球领先者的标杆管理是开展这一活动的最高境界。

(4)明确榜样是怎样做的。通过图书馆、互联网、行业协会、公共论坛、会议、讲座、贸易展示会、实地考察调研等各种公开或不公开的渠道,收集和分析所选榜样的信息,形成准确反映其能力和长处的完整资料,找出其优于自己并成为行业之最的能力和特长所在。

(5)确定并实施改进方案。在详细分析内外部资料的基础上,由标杆管理项目小组和有关人员提出并优选改进方案,在组织内部达成共识,推动方案的有效实施。实施标杆管理活动的最直接的效果是可以给企业组织的产品、服务和过程带来大幅度的改善。此外,它还有利于帮助组织正确认识自身在市场中的真实地位，找出差距；有利于学习并应用更好的方法来减少缺陷、提高质量和降低成本，从而更好地满足顾客的需要；有利于利用外部信息建立有效的目标，从而使组织变得更有竞争力；有利于激发组织中的个人、团体和整个组织的潜能；有利于打破障碍，促进改革等等。

(二)六西格玛(σ)的管理运作方式

σ(SIGMA)，一个反映标准差含义的希腊字母，已被赋予了新的含义。依照摩托罗拉的定义，六西格玛质量意味着差错率为 0.34‰(即 3.4 ppm)。从统计意义上讲，一个过程具有 6σ 能力意味着过程平均值与其规格上下限的距离为 6 倍标准差。此时过程波动减小，每 100 万次机会仅有 3.4 次落入规格限以外。因此，作为一种衡量标准，σ 的数值越小，σ 的个数也越多，质量就越好。[1]

1.六西格玛管理的优势

这里，六西格玛管理主要是指六西格玛改进，可划分为界定(Define)、测量(Measure)、分析(Analyze)、改进(Improve)、控制(Control)五个阶段，简称DMAIC。这五个阶段是六西格玛解决问题的方法的关键，它使六西格玛成为有效的管理模式——解决问题的模型。

DMAIC 的优势可以简化为如下七个方面：

(1)测量问题。在 DMAIC 中，不能仅仅假定你知道问题的所在，而必须用事实来证明它。

(2)关注顾客。外部顾客总是重要的，即使仅仅想降低某一个过程的成本。从供应方(Supplier)、输入(Input)、过程(Process)、输出(Output)、顾客(Customer)这一 SIPOC 中的 C 开始，通过过程分析来关注顾客。

(3)查证问题根源。过去，如果一致同意某一个原因，就可认为具有了足够的证据了。而在现在这个六西格玛的世界中，必须用事实和数据来证明这些原因。

(4)打破旧的习惯。在 DMAIC 中，解决问题的方案将不仅仅是一个在固有的旧过程中作一些较小的改变，而应该是真正的改变和成果需要创新的新方案。

(5)管理风险。测试并完善解决方案——找出其中存在的不足——这是六西格玛原则的一个重要部分。

(6)测量结果。正如我们已经提过的那样，对任何方案跟踪都是要证实它真正的效果，即更多地依赖于事实。

(7)可持续的改变。无论 DMAIC 团队找到的解决方案有多好，如果得不到培养和支持，也会很快消失。如何使改变持续下去是这个解决问题的方法中最

---

[1] 潘德著，王金德译：《六西格玛是什么》，中国财政经济出版社 2002 年版。

后的一个关键。

2.六西格玛改进和设计

关于六西格玛改进和设计见表10-6。

表 10-6　六西格玛改进和设计

	六西格玛改进		六西格玛设计
界定	发现问题 定义要求 确定目标	界定	界定特定的或大体的问题 定义目标/改变愿景 阐明范围和顾客要求
测量	证实问题/过程 修改问题/目标 测量关键/输出(Y)/输入(X)	测量	测量要求是否达到 收集过程效率的数据
分析	得出关于原因的假设 界定"关键的少数" 根本原因 证实假设	分析	界定"最好的运作方法" 　评估过程设计 　增值/不增值 　瓶颈/断开 　其他途径 修改要求
改进	提出去除根本原因的建议 测试解决方法 把解决方法标准化 测量结果	设计	设计新过程 　质疑挑战 　应用创造力 　工作流原则 实施新过程、结构和系统
控制	建立标准的测量手段,以维持绩效 若有必要,修正问题	验证	建立标准的测量手段,以维持绩效 若有必要,修正问题

3.开展六西格玛管理的三个基本途径

开展六西格玛管理的三个基本途径为:业务变革、战略改进和解决问题。每个途径都会有不同的方法或路线,可能会把组织带到不同的目的地。企业组织所要选择的方法或者是六西格玛管理开展的深度,取决于哪种方法最适合企业。每种途径和方法都有它的好处和风险,如果组织采取的是"业务变革"方法,那么有望在几个月之内看到迅速的变化和一些重大改进。此外,组织也可能会出现很明显的混乱场面,这对控制实践和人员都是个很大的挑战。"战略改进"可以帮助组织把重点放在高度优先的问题上,并且限制了管理变革和使整个组织接受变革所带来的挑战。然而,这种方法可能会让一些人觉得被冷落在改进过程之外,管理人员也很难把组织中正在做六西格玛管理的部门与不做六西格玛管理的部门统一起来。"解决问题"相对力度最小,能使组织对六西格玛管理如何起作用有个感性认识。但是,这种方法也是有不小风险的,它不能解决组织的潜在问题,不能对如何获得成功有个全局性的认识。但是,不管组织采取哪种途径和方法,最重要的是做好它。

(三)流程再造①

流程再造(Business Process Reengineering,BPR)起源于对传统分工条件下造成的生产经营与管理流程片段化、追求局部效率优化而整个流程效率低下的再认识。其实践于 20 世纪 80 年代初,概念的提出则是 90 年代的事。M·哈默博士认为"企业流程"是把一个或多个输入转化为对顾客有用的输出的活动;"流程再造"意味着"根本重新思考,彻底翻新作业流程,以便在现今衡量表现的关键上,如成本、品质、服务和速度等方面获得戏剧化的改善"。

1.流程再造的四个本质特性

(1)BPR 的出发点——顾客的需求和面向顾客

在当今消费导向的时代,消费者越来越重视时间。能否快速满足顾客的时间要求,成为企业竞争力的一个重要标志。但某些传统的流程效率低下,或者虽然局部取得了最佳效果但妨碍全局的最高效率,致使企业不能在最短的时间内满足顾客需求。流程再造的目的就是最快最好地满足顾客的不断变化的需求,改革旧有的企业流程以达到全局最优的效果。

(2)BPR 的再造对象——企业的流程

企业的流程是指为完成某一目标或任务而进行的一系列相关活动的有序集合,由活动、活动间的逻辑关系、活动的实现方式及活动的承担者这四个要素构成。因此,彻底再设计就是重新组合这些要素,以产生出更有价值的结果。它并非强调"工作是什么",而是强调"工作是如何进行的",它追求更有效率的、更为顺畅的工作,以取得整体的最优。

(3)BPR 的主要任务——对企业流程进行根本性反省和彻底的再设计

BPR 以最大限度满足顾客需求为思考的出发点,以提高流程的效果和效率为目标,建立在对企业先行流程"怀疑"的基础上,试图对现行流程进行根本性反

---

① 芮明杰、钱平凡:《再造流程》,浙江人民出版社 1997 年版,第 256 页。

省和革命性创新。"彻底的再设计"不是小打小闹,而是根本上抛弃旧的运行方式,放弃不适宜的原则和程序,建立一个全新的流程以及相应的组织结构和运行机制。

(4)BPR 的目标——绩效的巨大飞跃

BPR 所追求的不是渐进式提高和边际进步,而是绩效的巨大飞跃,可以理解为 20% 的提高和 80% 的提高之间的区别,也就是哈默所说的"戏剧化"的提高。

2. 流程再造的五种角色

再造队伍的整体水平如何决定了再造行动的成败。由此,再造流程首要的也是最关键的一步,就是如何选择并组织实际参与再造的人员。纵观各类再造企业,无论成败如何,总有五种角色参与其中:

(1)领导者——负责授权并推动整个再造过程的一名企业的资深高级管理者;

(2)流程负责人——负责一个特定流程,并专注于再造的经理人员;

(3)再造小组——投身于某一特定流程再造的一群人,他们负责分析、诊断现有的流程,制定新流程的设计方案,并监督新方案的实施;

(4)指导委员会——由一些高级管理者所组成的政策制定团体,他们负责制定再造流程的总体战略,监督再造的进程;

(5)再造总监——一名高级管理者,负责全公司再造技术和方法的开发,并对公司各再造项目进行协调。

3. 流程再造的突破

流程再造以选择"关键流程"为突破口。挑选的原则有三个:第一,绩效低下的流程,又称为功能性障碍的流程;第二,位势重要的流程,即对顾客的满意度最有影响的流程;第三,具有可行性的流程。

一般来说,企业流程的突破有以下四种方式:

(1)活动本身的突破,它有三种形式:①活动的整合,把分散在不同职能部门、由许多专业人员完成的几种活动,压缩成一个任务,由一个人来完成,减少活动的传递与重复,从而提高准确性,提高流程的运作效率。②活动的分散,这意味着不将专业的职能集中于专业人员或单一的部门,而是将它打散融进系统中。例如,复印文件资料的工作由一个人的专职工作转变成每个人自行处理的工作。③活动的废除,它以"是否确信为必要"的眼光来重新审视向来被企业视为"理所当然"的活动。

(2)活动间关系的突破,这有两种可能:一种是活动的先后顺序发生突破性变化,导致一个高效运作的新流程的产生;另一种是活动间的逻辑关系发生突破性变化。一般的做法是将串联的活动变为并联来处理,以缩短总时间,例如并行工程(Concurrent Engineering)的思想与方法。

(3)活动执行者的突破,有两种形式:一种是从职能型组织转变为流程性组织(有专案小组和流程工作小组等形式);另一种是通过授权,去除对流程活动的管理,使员工不再是被动的执行者,而是自主的管理者,每个人都对整个流程负责。

(4)活动实现方式的突破,主要靠的是 IT 技术,以加快部门间信息交流速度,加深协作的程度。

流程再造虽然是一个很吸引人的理论,但在实际操作中成功率却很低,据统计只有三成左右。经过研究,学者们发现必须注意以下四点经验:流程再造是一个自上而下的过程;流程再造离不开不断的沟通;流程再造要有明确的目标;流程再造的征程中会碰到各种各样出乎意料的问题,管理层要做好充分准备。

(四)"知识经济"时代提高绩效的方法

知识经济时代的到来迫使管理学家重新审视管理学的理论和方法,企业家也正试图以新的组织方式和运作方式来适应知识经济的环境。于是,基于知识经济时代的管理方法应运而生。下面我们对几个方法作个简要介绍。

1. 第五代管理[①]

"第五代管理"对应于第五代计算机概念,它是适应知识经济时代的一种管理方法。第五代计算机的关键是并行处理技术,它指的是多个处理器之间的联网工作。在并行处理中,两个或者更多相互连接的处理器可以同时处理同一个应用程序的不同部分,这样就可以将一个问题划分开来,以便于多个处理器能够同时处理不同部分,然后将处理结果组合成一个完整的答案。另外,计算机网络化也促进了多任务工作方式成为可能,通过将分布式数据库联网,不同的计算机处理器就可以并行处理多个应用程序。

并行技术和网络化使得不同部门并行工作成为可能,即使相隔千山万水,设计工程师、制造工程师、市场营销专家也能够同时看到同一份设计图、生产流程计划或者市场营销方案。它也使得公司之间能够进行更有效的共同合作。例如,英格索尔磨床机械公司已经开始与它的顾客一起设计新的汽车送货线路图,一家日本建筑公司正雇用远在印度的印度工程师进行工程设计。

2. 知识联盟(Knowledge Linkage)

在知识经济时代,如果一家公司无法拥有或者控制它的重要资源、核心能力

---

①　查尔斯·萨维:《第五代管理——通过建立虚拟企业、动态团队协作和知识联网来共同创造财富》,珠海出版社 1998 年版。

和关键技术,那么它的最终命运只能是被淘汰。常用的获取知识和技术的方法有两种:一种是依靠企业自身的实力进行开发和研制,另一种是到市场上去购买。前一种方法成本高,而且未必能成功;后一种方法往往得到的是落后或者已被淘汰的知识或信息。为此,许多公司创建了知识联盟。

所谓"知识联盟"就是两个或两个以上独立的公司按照一定的协议,由科技人员和经理层相互协作,共同开发研究、交流知识和信息,所获得的成果由合作公司共同分享。知识联盟可以是战术上的,也可以是战略上的。战术上的知识联盟作为一种组织手段,可以帮助公司克服通过市场联系和独立行动等传统方法来获取和创造交叉知识的困难,帮助公司在它有限的业务领域内建立新的技能。而当一个公司同客户、供应商、劳动力组织、大学和其他组织之间建立大批知识联盟,并且彼此加强,相互促进,支持公司的长远目标时,这就是战略性知识联盟。战略性知识联盟能够帮助企业在某个或者更多的方面拓展它的专长,并且能够改变企业的核心能力,甚至改变其产业竞争地位。同产品联盟相比,知识联盟具有如下四个特征:学习和创造知识是知识联盟的中心任务,知识联盟比产品联盟合作更紧密,知识联盟的参与者范围更加广泛,知识联盟比产品联盟具有更大的战略潜力。

3. 柔性组织①

柔性组织最先出现在美国的硅谷,是高科技公司正在进行的组织改进实验。由于处在信息时代的最前沿,它们面前没有现成的模型和蓝图可以遵循,一切有待试验的产品全都是未知数。这就像太阳微系统(Sun Micro-system)公司的合伙人比尔所说的:"高技术领域遵循铁一般的革新规律,技术改变得越多,你必须改变得越多。"

"柔性"是指有灵活和可变的能力来干不同的事和适应不同的需求。柔性组织是一种二元型的组织系统。二元型组织系统的第一部分类似传统标准结构中的基础组织单元,它为聚集技术、汇总工作、分配报告提供一种稳定的机制,而且使雇员有很强的安全感和稳定感。但这一部分不可能因为内部或者外部的原因经常地发生变化,所以不适应环境的变化也就难免了。为了弥补这种不足,柔性组织成立临时性、可变化的另一部分——暂时的项目组,其成员来自各个不同的操作单位。需要时,根据各人的特长,员工会被迅速地集中起来,针对各种项目开展工作,包括新产品开发、战略评估等,任务完成后,这些项目组便宣告解散。有了这种二元结构,企业既能保持一定的稳定性,又能为建立合适的组织做出有效、快速的反应,员工也能在不同的小组中发挥自己的特长,实现自身的价值。

---

① ［美］保罗·迈耶斯:《知识管理与组织设计》,蒋惠工等译,珠海出版社1998年版。

五、绩效改进的策略

(一)完善治理结构

自中央提出国有企业改革的方向是建立现代企业制度和颁布实施《公司法》以来,我国新的公司制企业大量形成。建立现代企业制度的核心内容是对传统的国有企业、集体企业和私营企业进行规范的公司制改造,而构建股东会、董事会、监事会和经理层各负其责、协调运转、有效制衡的公司治理结构是实行公司制的核心。治理结构是影响企业管理绩效的重要因素,它直接影响到绩效的高低。在公司治理结构中,治理主体(所有者)是非常重要的。就产权结构来说,产权明晰在很大程度上取决于企业的产权结构。在多元化产权结构下,将产权结构优化配置,划清企业所有者与经营者之间的责权利关系是经营者构建有力的利益激励机制,提高企业绩效的必要条件。优化产权结构、合理配置企业控制权主要是解决企业经营者的利益激励问题。企业都会存在程度不同的委托代理关系,通过合理配置产权、规范企业合同关系,可以减少委托者与代理者之间的矛盾,降低交易成本,提高企业绩效。

对一般企业而言,要完善公司治理结构,首先,控股股东应依法在董事会、股东大会上发挥作用,无权超越股东的权利、义务、责任,而侵害其他股东,特别是中小股东的合法权益。这是目前完善公司治理结构的最基本的要求之一,即公司治理结构首先应确保全体股东的权益。这一点对于国有股、国有法人股一股独大的企业来说尤为重要。其次,建立与完善公司内部控制制度。包括股东大会议事程序及规则、董事会议事规则、关联董事的回避制度,以及独立董事对关联事项的专项意见等。第三,要建立上市公司高管人员的利益激励机制,在公司董、监事及高管中建立科学的绩效评价体系,同时建立以股票期权机制为主的激励与约束机制。另外,还需要一些部门在法规、政策上有所突破。如股票期权的实施需要有可操作性的实施办法等。

对我国国有企业而言,政府是国有企业的所有者,但由于受政府对所有权的行使方式与行为能力所限,在企业经营自主权逐步扩大的同时,政府却没有足够的能力来履行所有者的职责,对经营者进行有效的监督和激励。[①] 其结果不仅使旧有的政企不分、过度行政干预的问题没有解决,而且"内部人控制"和"合谋"的新问题日趋严重。因此,引入有能力的治理主体,是国有企业培育核心能力和改进绩效的前提条件。一种可行的思路是:一方面通过金融创新,将国有股转化

---

① [丹麦]尼古莱·J.福斯:《面向企业能力理论》,李东红译,东北财经大学出版社1998年版。

为优先股,使政府从积极的所有者转变为消极的所有者,实现治理权利与治理能力的对称;另一方面通过国有股减持和股权主体多元化,引入有能力的非国有机构投资者和自然人投资者,并且新所有者的股权比例要达到一定数值,使他们成为企业的积极所有者,履行对经营管理者的治理职能。

(二)建立学习型组织

学习有三个层次,首先是个人学习,其次是组织学习,最后是学习型组织。对个人学习而言,主要是指认知学习、技能学习和情感学习,而组织学习是将组织作为学习的主体看待的。适应性学习和创造性学习是组织学习的两个阶段,对应而言,学习型组织是一种组织管理模式,组织学习是一个组织成为学习型组织的必要条件。

在知识经济时代,工作的性质是以知识和学习为标志的,学习型组织充分体现了知识经济时代对组织管理模式变化的要求。传统方式的组织与学习型的组织有非常明显的不同之处:

(1)传统的基于命令/执行的工作方式:在投入阶段,利用各种资源,以下达命令为具体活动内容;在中间阶段,工作形式是生产经营过程,以执行命令为具体活动方式;在产出阶段,工作形式主要转向商品和服务,活动形式是完成命令。

(2)知识经济时代的知识流动及工作方式:知识类型分为环境知识、公司知识和内部知识。环境知识如市场情报、技术、政治因素、供应商关系、客户关系,知识信息由环境流向组织;公司知识如声望、品牌形象、广告和促销的内容,由组织流向环境;内部知识如公司文化、风气、数据、雇员等,由组织流向组织。

从以上对比可以看出,知识经济时代,从知识和学习的角度观察企业,发现(1)和(2)两种截然不同的工作方式,知识经济的企业是以(2)所述的三个知识流促使企业运作的。从知识角度理解学习型组织,组织学习包括自觉地运用知识的获得(技能、观察力、关系的发展创造)、共享(知识的传播)和利用(如何使知识产生效益)三个阶段。

麻省理工学院圣吉教授是从另一个角度论述学习型组织的,他认为:学习型组织不在于描述组织如何获得和利用知识,而是告诉人们如何才能塑造一个学习型组织。他说:"学习型组织的战略目标是提高学习的速度、能力和才能,通过建立愿景并能够发现、尝试和改进组织的思维模式并因此而改变他们的行为,这才是最成功的学习型组织。"圣吉提出了建立学习型组织的"五项修炼"模型,即自我超越、改善心智模式、建立共同愿景、团队学习和系统思考。在这五项修炼的基础上,圣吉教授又提出了学习型组织的五个特征:有一个人人赞同的共同构想;在工作中,抛弃旧的思维方式和常规程序;作为相互关系系统的一部分,成员对所有的组织过程、活动、功能和环境的相互作用进行思考;人们之间坦率的相互沟通;人们抛弃个人利益和部门利益,为实现组织的共同构想一起工作。由此,我们得出,所谓学习型组织,就是充分发挥每个员工的创造性的能力,努力形成一种弥漫于群体与组织的学习气氛,凭借着学习,个体价值得到体现,组织绩效得以大幅度提高。关于学习型组织的相关内容还可参阅本书第二章。

(三)提升理念

企业理念的提升对管理绩效的提高有着重要作用,理念的提升主要体现在以下三个方面:

1. 以人为本[①]

在现今知识经济时代,人力资本正在取代金融资本成为最重要的战略资源。英特尔公司前总裁格鲁夫曾说过:"我们公司的资产有腿,每天自己走回家。"人力资本的重要性使得过去以财务管理为重心的管理体系必须进行改革,成立以人为本的管理体系。以人为本的管理是建立在马斯洛人性假说的"自我实现人"的假设之上的。在这种假设基础上,许多企业进行了大胆的探索和创新。以人为本的管理方法能够大大改进管理绩效,这一点已为管理学家所认同,且正被企业家们所实践。如沃尔沃公司实施的"工作内容丰富化",一改过去生产线单调枯燥的操作和心理压抑,大大激发了员工的积极性和创造性。

2. 超越竞争

一种错误的竞争观点认为,对手在哪方面进行发展,我也必须相应地在同一领域选择与对方相同的方式进行竞争,比如低价促销、广告宣传等。但这并不是明智的做法,明智的做法应该是选择另一条道路,超越竞争对手。"超越竞争"的意思是"超越别人",是竞争者选择自己的赛跑,你不是同别人在同一个赛场争先,而是创造了你自己的赛场,创造了你自己的综合价值。你不是找别人争,而是超越了别人,同自己争。"耐克"运动鞋在我国售价动辄几百上千元一双,而我国国产名牌鞋只卖一两百元一双。差距何在? 耐克没有选择价格竞争策略,也没有能力或者不值得玩价格竞争,它选择了以优质品牌使顾客愿意花高价钱来获得心理满足,从而获得高额利润的策略,超越了国产竞争者。

3. 新型的价值链

传统的价值链模型表示为从供应商、公司到顾客,公司对顾客的需要进行定义、检查并制成产品。这种模型称为"顾客需要驱动"方式。新型的价值链在这个模型最后再加上"顾客的顾客"。其特点是企业不仅为顾客定制,而且同顾客一起去满足他们的顾客的愿望。例如,杜邦公司研制了一种地毯纤维,这种纤维能够抗污渍。杜邦把这种新的纤维提供给了地毯厂,但地毯厂却不感兴趣。于

---

① 芮明杰:《管理创新》,上海译文出版社1997年版。

是杜邦公司发起了一次面向公众的广告宣传活动。结果,公众非常满意,订货十分踊跃,以至于地毯厂被迫生产地毯,该厂的利润也随之增长。

(四)建立动态联盟

由于自身力量的限制,企业一般来说很难独自应对来自外部市场环境的各种各样的挑战,由此企业就有必要借助其他企业的优势资源来弥补自身的不足。动态联盟就是在这种背景下产生的。

动态联盟是指两个或两个以上的独立的经济实体之间,在一定的时间和范围内,为了共同开发一种或几种新技术产品,并最终将共同的新成果快速推入市场而形成的一种暂时的组织形式。但共同的目标形成之后,此组织也将解体,为此这种组织也称为虚拟企业。动态联盟包括三方面:第一,"虚拟企业",是指联合多个企业的才干和能力共同创造某项产品和服务的过程。第二,"动态团队协作",是指通过在公司内部或公司之间进行资源重组来把握和传递具体的市场机遇。第三,"知识联网",是指通过不断变化的、互利的方式联合各个企业的知识、经验、技巧和能力。

动态联盟能为企业带来许多优势:(1)迅速捕捉市场机遇,及时满足客户个性化需求。动态联盟将其成员的核心优势集成起来,形成强大的整体力量,并利用并行工程技术,从而加快了产品开发的速度,缩短了产品开发的周期,及时满足客户需求,最终赢得市场份额。[①] (2)共同分担费用。动态联盟可以通过共同出资来克服巨大的研究与开发费用负担。(3)降低风险。动态联盟可以以整体优势承担技术、市场、资金不足、经营决策、政治、环境变动等风险。(4)动态联盟可以使成员企业充分利用规模经济优势。动态联盟有利于克服单个企业研制产品所需的资源不足的情况。而且这种规模经济并不影响组织的敏捷性。(5)扩大市场范围。世界经济一体化要求企业进入世界市场。但单个企业进入某一国市场并不一定顺利,但如果同当地的企业组建动态联盟则可顺利进入该市场。(6)提高产品的设计质量,减少设计缺陷,优化产品的性能;提高工艺规划和加工过程的合理性,优化产品的制造质量。[②] (7)通过生产计划的仿真,可以优化资源配置和物流管理,实现柔性制造和敏捷制造(Agile Manufature),缩短制造时间,降低生产成本。

(五)提倡合作竞争策略

竞争是市场经济永恒的话题,但在不同的时期人们对竞争却有不同的理解。

---

① 刘运哲:《网络化企业组织的特征分析》,载《系统工程》1998 年第 5 期。

② 宋天虎:《积极发展适合我国国情的虚拟制造技术》,载《中国机械工程》1998 年第 11 期。

对于传统思想来说,竞争就是要通过多种经营方式和多种促销手段击败竞争对手。然而,在经历了这种具有排他性、对抗性竞争的悲壮和残酷之后,许多伤痕累累的企业经营者不得不回过头来对竞争进行重新审视和深刻反思:与其在对抗性的竞争中拼个你死我活,弄得两败俱伤,不如依据系统整体性原理,通过改善与竞争主体之间的关系,实现企业与企业之间的结盟,共同把市场做大。于是,一种全新的经营理念——合作竞争便随之出现了。

合作竞争,也称联合竞争,它是指根据单个企业资金薄弱、生产技术水平较低,难以达到规模效益的特点,两个或两个以上的企业、科研单位、大专院校等在自愿互利的原则下,打破地区、部门和所有制界限,打破部门分割与地区封锁,结成紧密或松散的联合体,协同研制生产某种产品,共同开发占领市场的一种竞争战略。这种现代概念的合作过程并未弱化竞争,而是在动态的合作中产生了新型竞争者,构筑了新的行业体系,创造了新的竞争类型。战略联盟就是这样一种合作竞争组织,战略联盟各方旨在创造并分享一个不断成长的更大市场的目标正是这一新竞争观的体现。将合作与竞争这两个对立概念进行完美整合的是经济学的博弈论,博弈论中多方合作对策的提出就是建立在处理利益分配问题的基础上的,当一个问题或一件事情需要多方合作来共同解决时,就有可能导致各方相互合作,以期望达到多赢及利益最大化,即帕累托最优,战略联盟就是为了实现共同利益最大化的有效选择。

合作竞争的经营理念和经营模式好就好在,它不仅是整合传统资源,有效利用或开发新资源的重要手段,也是规避风险,减少交易成本,不断聚合企业市场竞争能力的战略手段,还是企业与企业之间优势互补,实现 1+1>2 双赢目标的有效手段。正因为合作竞争有如此多的优点,所以,从 20 世纪 90 年代以来,人们到处可以看到"冤家对头"拥抱在一起的动人情景。世界两大著名企业苹果公司和 IBM 公司在经历三番五次的拼杀之后,终于达成共识,签订了结盟协议。这对昔日冤家之间的合作,就像许多世界著名企业如可口可乐与百事可乐、柯达与富士、美国福特公司与日本万事得公司、通用公司与本田公司之间的合作一样,似乎令人不可思议,但这又是无可置疑的事实,它们彼此之间既是最大的竞争对手,同时又是不可或缺的、相互依存的伙伴。

上述世界著名企业之间在竞争中合作,在合作中竞争的成功范例启示我们,在国际、国内两个市场的搏杀中,我国企业要想在竞争中求生存、求发展、求壮大,最明智的选择就是,摒弃传统的你争我斗、你死我活的竞争观念,代之以联合、合作、协作等方式与国内外的竞争对手包括相关联的供应商、制造商、销售商等建立相对稳定的、长期的战略伙伴关系,结为利益共同体。唯有这样,才能在合作中不断增强彼此的竞争力,在竞争中实现 1+1>2 的双赢或多赢目标,从而在相互促进中创造出新的竞争优势。

　　绩效的改进,除了上述的策略外,还必须注重技术、管理和制度三类创新的协同与整合。制度创新和管理创新是由经济发展、技术进步导致企业生存与发展问题解决的需求而产生的,技术创新的每一个环节都离不开制度与管理的创新。制度创新和管理创新的目标,一是在既定的技术水平下,尽力使企业收益水平达到技术所允许的最高水平;二是最大限度地激励企业技术创新,提高企业的技术水平;三是技术创新的实现会诱使制度创新和管理创新的发生。因此,企业在绩效改进的过程中,应当始终注重技术、管理和制度三类创新的协同与整合,促进三类创新的有机融合和良性互动,寻求最佳的创新组合,实现创新的协同效应、整合效益和倍增效应,使企业保持持久的生机和活力。

【课后案例分析】

案例-1

　　A公司已有20年的历史,年营业额在12亿元左右。但以往的考评内容一成不变、考评流于形式,不能真实地反映员工的工作绩效。因此,人事部门全面修订考评制度,重新编制了考评表。2004年起,新的考评制度开始实行。公司对普通员工的考评分为自我考评、上级考评和人事部门考评;对部门的考评分为自我考评、上级考评、人事部门考评和下级考评。

　　每月初部门经理在员工考核表上列出员工本月应当完成的主要工作,将考评表发给员工。考评表除了列出本月的工作要求外,还有固定的考评项目如工作态度、工作品质、纪律性、协调能力、团队精神等,每项都说明了含义和分值。考评项目满分为100分,月末员工填写考评表为自己打分,交部门经理。部门经理在同一张考评表上为员工打分,交给人事部门。人事部门对员工进行最终的考评和分数汇总,并向员工通报当月的考评成绩。员工对考评结果有疑问,可直接向人力资源部反映。

　　普通员工的考评自评占30%,人事部门评分占10%,部门经理评分占60%。部门经理的考评自评占30%,下级评分占20%,人事部门评分占10%。考评结果应用于薪酬、晋升、培训等各方面。

　　请根据以上案例,回答下列问题:

　　1.请指出案例中体现了考评制度设计的那些内容?

　　2.请指出该公司在绩效管理方面存在的主要问题。

　　3.请说明运用绩效分析方法确定培训需求和培训对象的主要步骤。

案例-2

　　某公司年底考评工作刚刚结束,人力资源部对销售部门员工的绩效差距进行了分析。该部门共有员工25名,其中销售员22名,销售主管3名,其人员使用效果如图1所示,部分员工的工作情况和绩效表现如表1所示。

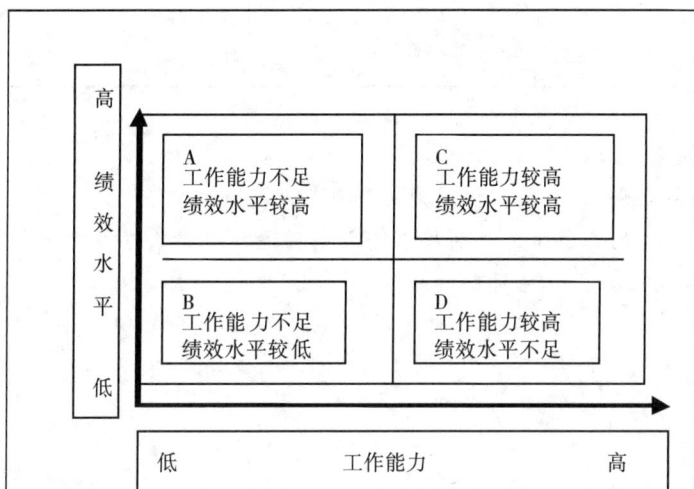

图1　某部门人员使用效果分析

表1　部分员工的工作情况和绩效表现

员工姓名	职位	工作情况	绩效表现
王波	销售员	应届大学毕业生,工作时间不长,业务较为生疏,在工作中频频出现小失误,但勤奋好学,工作态度很积极。	刚刚签了一个52万的销售合同,销售业绩(销售员排名)从第19名跃升为第3名,综合考评结果为良好。
张蕊	销售员	公司的老员工,工作表现一直很优秀,有很强的计划能力和执行能力,市场开拓能力很强,愿意将自己的销售技巧与同事们分享。	销售业绩为该部门销售员的第一名,连续三年的综合考评结果为优秀。

续表

员工姓名	职位	工作情况	绩效表现
李勇	销售主管	猎头公司推荐的资深销售人员,在面试的过程中获得了一致好评,但进入公司十年以来,经常迟到早退,有离职倾向,也不愿意和其他同事合作。	销售业绩几乎为零,综合考评结果为不合格。

请仔细阅读后,回答下列问题:

(1)一般来讲,企业最需要培训的是哪些人员?

(2)表1中的三位员工分别属于图1中描述的哪类人?在为他们制定培训与使用方案时应分别注意那些问题?

参考文献

［美］丹尼尔·A.雷恩:《管理思想的演变》,孔令济译,中国社会科学出版社 2000 年版。

［美］斯蒂芬·P.罗宾斯、玛丽·库尔特:《管理学》,孙健敏译,中国人民大学出版社 2004 年版。

［美］海内茨·韦里克、哈罗德·孔茨:《管理学——全球化视角》,马春光译,经济科学出版社 2004 年版。

［美］哈罗德·孔茨:《管理学精要》,韦福祥译,机械工业出版社 2005 年版。

［美］彼得·圣吉:《第五项修炼——学习型组织的艺术与实务》,张成林译,上海三联书店 1998 年版。

周三多等编著:《管理学——原理与方法》,复旦大学出版社 2003 年第 4 版。

周三多:《管理学》,高等教育出版社 2000 年版。

芮明杰:《管理学教程》,首都经济贸易大学出版社 2004 年版。

芮明杰:《管理学——现代的观点》,上海人民出版社 2005 年第 2 版。

苏东水:《管理学》,东方出版中心 2001 年版。

苏东水:《东方管理》,山西经济出版社 2002 年版。

苏东水:《东方管理学》,复旦大学出版社 2005 年版。

郭咸纲:《西方管理思想史》,经济管理出版社 2004 年第 3 版。

孙耀君:《西方管理学名著提要》,江西人民出版社 2003 年版。

娄成武、魏淑艳:《现代管理学原理》,中国人民大学出版社 2004 年版。

张中华:《管理学通论》,北京大学出版社 2005 年版。

王凤彬、李东编著:《管理学》,中国人民大学出版社 2005 年第 2 版。

刘兴倍:《管理学原理》,清华大学出版社 2004 年版。

莫寰:《新编管理学》,清华大学出版社 2005 年版。

吴照云:《管理学原理》,经济管理出版社 2003 年版。

潘大钧:《管理学教程》,经济管理出版社 2002 年版。

周健临:《管理学》,上海财经大学出版社 1996 年版。

戴文标:《管理学》,上海人民出版社 2003 年版。

杨家陆、方青云:《管理创新》,复旦大学出版社 2003 年版。

邢以群:《管理学》,浙江大学出版社 1997 年版。

蒋运通、傅太平:《管理学》,北京工业大学出版社 2003 年版。

孙耀吾等编著:《管理学教程》,湖南大学出版社 2003 年版。

任志安:《中外管理思想比较研究》,贵州人民出版社 2002 年版。

王德清:《中外管理思想史》,重庆大学出版社 2005 年版。

后　记

　　为了满足行政管理学和其他公共管理类本科生教学工作的需要,我们组织编写了《管理学概论》这本教材。本教材在编写时基本按照管理的职能来编排,并立足于开阔学生的视野,介绍了中外管理思想和理论,着力培养学生分析问题、解决问题的能力。

　　本书在编写过程中,参考和借鉴了管理学界权威专家、学者的最新研究成果及相关教材,这些参考书目附于书后,在此谨向他们表示诚挚的敬意和感谢。

　　本书在编写过程中,得到了福建师范大学公共管理学院领导的关心和支持,行政管理学学科带头人林修果教授作了精心的具体指导,在此一并表示谢意。

　　本书具体分工如下:张铃枣(第一章、第七章);陈历(第五章、第八章);陈济海(第九章、第十章);陈建平(第二章、第三章);余晓青(第四章、第六章)。郑碧强根据教学的需要,撰写了案例。全书由张铃枣统稿。

编　者

2012 年 6 月 1 日

图书在版编目(CIP)数据

管理学概论/张玲枣主编.—2版.—厦门:厦门大学出版社,2012.8(2020.2重印)
ISBN 978-7-5615-2620-0

Ⅰ.①管… Ⅱ.①张… Ⅲ.①管理学-高等学校-教材 Ⅳ.①C93

中国版本图书馆 CIP 数据核字(2012)第 197109 号

厦门大学出版社出版发行

(地址:厦门市软件园二期望海路 39 号   邮编:361008)

http://www.xmupress.com

xmup@xmupress.com

厦门集大印刷厂印刷

2012 年 8 月第 2 版   2020 年 2 月第 2 次印刷

开本:720×1000   1/16   印张:22.25   插页:2

字数:410 千字

定价:36.00 元

本书如有印装质量问题请直接寄承印厂调换